ROMANCERO DE PALACIO

(Siglo XVI)

Edición de

José J. Labrador Herraiz

Ralph A. DiFranco

Lori A. Bernard

Prólogo de

Juan Fernández Jiménez

CANCIONEROS CASTELLANOS

CLEVELAND

1999

COLECCIÓN
CANCIONEROS
CASTELLANOS

–volumen sexto –

Esta obra ha sido publicada con la ayuda de Cleveland State University y University of Denver.

Edición autorizada por el Patrimonio Nacional.

Distribución:

Colección Cancioneros Castellanos
2303 South Benton Court
Lakewood, Colorado 80227

ÍNDICE GENERAL

PRÓLOGO

«Y en lo dulce de mi muerte
conozco mi vida amarga» (70)

La edición del *Romancero de Palacio* representa un nuevo eslabón en la cadena ininterrumpida que han venido forjando los profesores Labrador y DiFranco, a veces con colaboradores como en este caso Lori Bernard. Es una labor constante a la que llevan dedicados más de quince años y que arrancó en 1984 con la publicación del *Cancionero de poesías varias*, un libro-índice de primeros y segundos versos publicado en anticipación de la edición íntegra del manuscrito 617 de la Biblioteca Real de Madrid, edición que aparecería dos años más tarde (Madrid, 1986), y a la que han seguido varias ediciones de cancioneros manuscritos inéditos y una *Tabla de los principios de la poessía española*, guía de primeros versos, de gran utilidad.

Esta ingente labor no podía pasar desapercibida y ha sido reconocida recientemente por el National Endowment for the Humanities, entidad que les ha otorgado una beca para que puedan dedicarse exclusivamente a llevar a cabo su acariciado proyecto de la BIPA (Bibliografía de la Poesía Áurea), con lo cual podemos contar con que el Catálogo general de la poesía del Siglo de Oro será pronto una realidad.

El *Romancero de Palacio*, manuscrito inédito II-996 de la Biblioteca de Palacio, de finales del siglo XVI, es, sobre todo, el resultado del trabajo de dos compiladores que sabían lo que se traían entre manos, tal vez por ser ambos poetas. Al menos, buenos conocedores de los gustos poéticos del momento sí demuestran serlo. Otros dejaron también poemas en este códice, pero queda claro que hubo un primer copista, autor del manuscrito ahora conocido como el MN 17.556 (editado por Goldberg con el título de *Poesías barias y recreacion de buenos ingenios*, 1984) y un segundo copista que trasladó poemas de aquél y añadió otros romances, tal vez de su propia cosecha. Se trataba de aportar romances conocidos, y, por lo tanto, muchos de ellos salidos de la pluma de

Góngora, Liñán de Riaza, Lope de Vega y Juan de Salinas. El resultado es una interesante colección de romances que ahora sale de la imprenta para solaz de los lectores.

No deja de llamar la atención, además de la ausencia de poemas religiosos como apuntan los editores, el tono fatigado y tristón de esa miscelánea. Tras los plumajes, bonetes, adornos, capillas, arandelas y guirnaldas de los elaborados y exóticos romances moriscos, se esconde el negro y triste miedo, o la desdicha, o el dolor de la ausencia. Más allá de las cabriolas de los vistosos alazanes y de las bellas moras descolgando sonrisas veladas, cuando no lágrimas, de los balcones, se oyen las quejas contra el Tiempo, contra la Fortuna, contra la Muerte. De la dificultad de poner cierto orden a esas últimas décadas del siglo marcadas por las inundaciones, la gripe, la derrota, las bancarrotas, la rota unidad europea y la renqueante salud del rey Felipe, surge la contagiosa decepción: «¿De qué sirve tanto amor?, / y tanta fe, ¿de qué sirve?» se pregunta un poeta (179). Y otro, más generoso en detalles, muestra su desencanto en estos versos:

> Vi que no había fee en el mundo,
> vi mill falsas amistades,
> vi mill traydores valientes,
> vi mill valientes cobardes.   (181)

Unos verán que el engaño y la mudanza van de la mano tanto en las relaciones amorosas como en aquel espejo natural en que se retratan: «Lo verde que da el abril / ya el octubre lo quitaba, / ser hojas secas parecen / las que fueron verdes ramas.» (85) Quiero resaltar unos versos del romance 90, tan gongorino, popular desde 1593 (aunque no pasara al *Romancero general*), que ilustran los efectos caducos del tiempo:

> Hazme, niña, un ramillete
> de flores de tu jardín,
> y átale con tus cabellos
> como me has atado a mí.
> Retratra en él tus fabores,
> que a mi ver fueron ansí,
> flores que un tiempo duraron
> una mañana de abril,
> y a la tarde desengañan

> con marchitarse y rendir
> su belleza al tiempo yngrato
> cuyo oficio es destruyr. (90)

Y este otro alegato contra el tiempo, tan próximo a la exhortación gongorina a las mozas para que aprovechen la Pascua:

> Bolued, señora, los ojos
> al tiempo, que presto buela...
> Mira que se va el Aduiento,
> y la Nauidad se allega ... (72)

La vida como ilusión calderoniana se anuncia ya en este otro romance, exclusivo del II-996:

> Llora tu suerte y tu frío,
> ¡oh tristísimo muchacho!,
> tan desgraciado en nacer
> quanto en viuir desgraçiado. (194)

En el tono sombrío de este romancero, la vida se define como «cárcel tenebrosa», «mazmorra de cautibos», «obscuro calaboço», «temerario ynfierno», «estraño laberinto», caótica y abismal (160): conceptos todos ellos que se barajarán a diario en el siglo XVII.

Ante tal actitud, queda «el sueño fácil engaño / de los tristes y afligidos» (185), para escapar de las desdichas (189); quedan los disparates (196, 197); queda el ridículo, ejemplificado en la pre-quijotesca descripción del caballero don Bueso armándose para el reto con don Olfos:

> Vn fuerte casco se pone
> que á sido orinal del tiempo,
> y gola llena de mugre,
> que estaba entre yerro viejo.
> Con vnas guaçamelletas
> que son del género neutro,
> greba en la pierna derecha,
> guardavraço en el yzquiero ... (182)

Queda también la sonrisa de la poesía erótica (87, 116, 217) que se filtra entre endechas femeninas que se quejan del injusto amor, de los desleales amantes (67, 209), y el gemir de las malmaridadas lamentando su aburrida existencia.

Envolviéndolo todo, onmipresente en todo el *Romancero de Palacio* está la muerte, la destrucción real y nada aparente, junto a la literaria no menos dura: la muerte de los siete infantes de Lara (219), la muerte de los tres hijos de Arias Gonzalo (101), los lutos de doña Urraca por la muerte del rey («buélbese muerta y más muerta», 36), la muerte del Cid («Con esto partió del mundo, / llamando a muy altas boces, / a San Láçaro y Pelayo, / y a Dios, que su alma perdone.», 221), la muerte de don Pedro a los pies de don Enrique (63), la muerte de Celestina («Dio la postrer voqueada / Çelestina, y espiró», 215), la muerte del rey Sebastián (102), la muerte del alcalde de Lora (193), la muerte de Riselo («Bine a buscar la muerte / que me dijeron que en la mar estaba», 53) y la muerte de Felipe II (223). Escorial de historia y literatura.

Redondean, finalmente, este manuscrito las traducciones de fray Luis de León, lo que viene a mostrar el interés que los lectores de finales del XVI tenían por la poesía del catedrático salmantino. Son un apéndice humanístico, culto, a la poesía de masas, al romancero nuevo que se había convertido en negocio rentable.

Como dicen los editores al final del estudio introductorio, «el grupo responsable del florilegio dejó constancia de los romances que deleitaban a los lectores, músicos y aficionados del último decenio del siglo XVI». Podemos decir, de igual manera, que el grupo de investigación formado por Labrador y DiFranco, con la colaboración de Bernard en esta ocasión, ya ha dejado constancia de una excelente labor de recopilación y edición de manuscritos poéticos inéditos, con sus anotaciones correspondientes, que, de no haberlo hecho, seguirían dormidos en los anaqueles de las bibliotecas del mundo. Los aficionados a la poesía áurea no podemos menos que reconocer este notable esfuerzo y agradecerles profundamente su labor.

Juan Fernández Jiménez
Escañuela, 1998

I. INTRODUCCIÓN

Rita Goldberg publicó en 1984 la edición del manuscrito de la Biblioteca Nacional de Madrid número 17.556 titulado *Poesias barias y recreación de buenos ingenios*. En la «Nota Preliminar», haciéndose eco de los consejos del maestro Rodríguez-Moñino, se quejaba de la escasez de manuscritos poéticos del Siglo de Oro que nos ha dado la imprenta moderna, y aseguraba cómo «el investigador moderno desconoce la existencia de los manuscritos que se hallan dispersos en las distintas colecciones». Goldberg rotura este campo fértil y conmina a los estudiosos a que además de publicar catálogos e inventarios publiquen los textos.[1] Sin duda, su llamada de atención ha sido la misma que hiciera Rodríguez-Moñino en repetidas ocasiones aunque varios años antes. Hoy el panorama ha cambiado, mucho está apareciendo en librerías; nosotros mismos hemos dedicado 14 años a sacar textos anotados y catálogos de fuentes, a pesar de que los vientos han llevado al grueso por la dudosa luz de la interpretación teórica subjetiva, con frecuencia tan distanciada de textos y contextos y, por el contrario, tan apegada a defender o fustigar ideologías que poco, o nada, tienen relación con ellos y más con sus circunstancias. Sin embargo, la búsqueda de manuscritos en los anaqueles de las bibliotecas, o en los alejados rincones donde se esconde la tradición oral, ha experimentado un rápido avance en el último tercio del siglo que termina.[2]

---

[1] *Poesias barias y recreacion de buenos ingenios*. Manuscrito 17556 de la Biblioteca Nacional de Madrid. I. Edición y estudio por Rita Goldberg. Madrid: José Porrúa Turanzas, 1984, p. 2.

[2] Véase Michelle Dèbax, «Poesía y oralidad en los Siglos de Oro», en *Hommage à Robert Jammes* (Anejo de *Criticón* 1). Toulouse: PUM, 1994, pp. 313-320.

El mismo año en que Goldberg publicara su edición en dos tomos, en California se celebró el Congreso Romancero-Cancionero que más que convencer a los conversos, que sería como llevar hierro a Bilbao, sirvió para alentarlos a continuar trabajando en esos amplísimos campos. Los resultados de aquel simposio se pueden coger a espuertas.

No procede detenernos aquí a repasar la extensa bibliografía del Romancero; sirva con remitir al lector al artículo de Samuel G. Armistead en el que casi cien páginas no le dan bastante margen para meter los estudios romancísticos que se publicaron sólo en el bienio 1985-1987, «prueba elocuente de la vitalidad de los estudios romancísticos en la actualidad».[3]

En los últimos años, los estudios sobre el Romancero y Cancionero, tanto del siglo XV como del XVI, han experimentado un enorme interés, entusiasmo que crecerá aún más cuando Joaquín González Cuenca y Florencio Sevilla publiquen su edición crítica del *Cancionero general*. La gran obra de Brian Dutton, el *Cancionero*, está ahí ofreciendo sus frutos a quienes quieran acercarse a tan frondoso árbol. Nosotros hemos recogido en una *Tabla* el contenido cancioneril y romancístico de un centenar y pico de fuentes manuscritas e impresas dispersas por el mundo. G. Caravaggi ha estudiado los cancioneros españoles de Milán. Pablo Jauralde y sus colaboradores han emprendido la tarea de catalogar los códices poéticos de la Nacional. María Luisa López Vidriero y su equipo han catalogado los manuscritos de la Real de Madrid. Tan reciente como en 1997, Arthur L.-F. Askins y Víctor Infantes han actualizado el *Diccionario de pliegos* que compilara don Antonio. Ahora, en México, Margit Frenk ha engordado el *Corpus* añadiendo mil entradillas más a las dos mil con que ya nos había regalado. Manuel da Costa Fontes reúne en dos volúmenes, después del nutrido *Trás-os-Montes*, el romancero portugués y brasileño tan relacionado con el español. También, en 1998, Antonio Carreira publica su inmaculada edición de los romances de Góngora, y Samuel G. Armistead continúa su larga empresa de compilar los romances sefarditas dispersos en la tradición oral... La tecnología digital se ha sumado asimismo a los estudios literarios y romancísticos; recordemos proyectos como ADMYTE, BETA, BITAP, BITECA,

---

[3]   «Bibliografía del Romancero (1985-1987)», en *El Romancero. Tradición y pervivencia a fines del siglo XX*. Sevilla y Cádiz: Fundación Machado y Universidad de Cádiz, 1989, pp. 749-789.

DEAPHR, Scriptorium y nuestra propia BIPA (Bibliografía de la Poesía Áurea), ahora en preparación.[4]

El creciente interés de los escoliastas hace que el Romancero y el Cancionero gocen de buena salud; la publicación de nuevos textos manuscritos, orales e impresos en papel, o digitalizados, continuará dándonos agradables sorpresas.

Nuestra edición aporta al amplio panorama del Romancero nuevo los textos que se copiaron en «Romances manuscritos», título que estamparon en el tejuelo del tomo cuando fue a la imprenta en el siglo XIX. Se guarda en la Biblioteca de Palacio y lleva la signatura moderna II-996. La página titular, si es que algún día la tuvo, ha desaparecido. Para distinguir mejor esta miscelánea de tantas otras colecciones de romances manuscritos, hemos decidido titularla *Romancero de Palacio*. Su publicación responde, aunque sólo parcialmente, a las observaciones de José F. Montesinos cuando en 1953 concluía: «No será posible nunca hacerse cargo de lo que fue la vida literaria del siglo XVII -en literatura el siglo XVII se inicia hacia 1580— sin un conocimiento cabal del *Romancero nuevo*». «Comedia y Romancero —añade— son la expresión de aquella sociedad española, su idealización, su caricatura; gesto solemne y ademán irónico».[5] El *Romancero de Palacio* es una expresión social más de los gustos predominantes en las últimas décadas del siglo XVI, concretamente en los años en que termina el reinado de Felipe II.

El manuscrito II-996

Rita Goldberg ha sido la primera en notar que el cancionero de *Poesias barias y recreacion de buenos ingenios* había tenido un vástago, el manuscrito II-996 de Palacio. A este códice habían acudido antes que ella Menéndez Pidal para entresacar de él unos

---

[4]   Añadamos las antologías del Romancero preparadas por Manuel Alvar (Ediciones B, 1987), Michelle Débax (Alhambra, 1988), Giuseppe Di Stefano (Taurus, 1993) y Paloma Díaz-Mas (Crítica, 1994).

[5]   «Algunos problemas del *Romancero nuevo*», en *Ensayos y estudios de literatura española*, ed. de Joseph Silverman. México: Ediciones De Andrea, 1959, p. 77.

cuantos romances cidianos, Goyri de Pidal para documentar su estudio del romancero tradicional, Carola Reig para reconstruir el Cerco de Zamora; Bonneville para estudiar a Salinas, Entrambasaguas para elaborar varios artículos sobre Lope de Vega, y Maxime Chevalier para espigar en él cuatro romances de tema ariostesco. Otros investigadores han recurrido a él recientemente, por ejemplo, Carreira, Caravaggi, Frenk, Gornall, Randolph y Pedrosa; y nosotros mismos para preparar ediciones de otros códices contemporáneos. La sucinta historia de su uso nos indica la riqueza del manuscrito, a la vez que justifica también la necesidad de publicar íntegro su contenido.

En la Biblioteca del Palacio Real de Madrid se conserva desde fecha imprecisa este manuscrito II-996, olim 2-H-4, como todavía se puede ver escrito a lápiz en la cara interior de la guarda. Encuadernado en el siglo XIX en pasta valenciana, mide 212 x 155 mm. Difícilmente se percibe la filigrana, que cae en el recosido de los cuadernillos; sin embargo, el papel, a juzgar por su calidad y los puntizones, es sin duda alguna de finales del siglo XVI, aunque algunos han opinado que el códice pudiera ser de principios del XVII. Excepto por un par de folios desprendidos, y de fácil arreglo, el códice se conserva muy bien, sin que la acidez de la tinta haya corroído el papel. La cuchilla, sin embargo, ha afeitado en algunos casos la foliación. Hoy carece de portada, como ya hemos señalado antes, aunque es de suponer que la tuvo.

Procedencia

No se sabe a ciencia cierta cuándo llegó a Oriente. Goldberg supone que «entró en la colección de Palacio antes de la muerte de Fernando VII», sospecha que sigue en pie, pues los responsables del nuevo inventario de la Real Biblioteca tampoco han podido darnos este dato, lo que hacen puntualmente en otros casos cuando, por ejemplo, el códice proviene de Gondomar.[6] Es, como tantos otros «poesías varias», un códice sin historia y sin autor. No obstante, en el folio 1, a caballo entre el epígrafe y el borde superior, se nos indica, con letra ajena a la del resto del códice, que tuvo un amo, que fue

---

[6]   *Catálogo de la Real Biblioteca*. Tomo XI. Manuscritos. I. Madrid: Patrimonio Nacional, 1994, pp. 504-513.

«de la librería de D. Fernando de Henao Monjaraz», antes de pasar a la regia biblioteca.[7]
Rita Goldberg piensa que lo más probable es que perteneciera al poeta Gabriel de Henao,
padre de Fernando.[8] En la Biblioteca Nacional se conserva el manuscrito 4095: *Rimas*
(1631) con poesías autógrafas de Gabriel de Henao. Coincidimos con la editora cuando
afirma que las caligrafías del códice del Palacio y de la Nacional no casan, y por lo tanto
no sabemos quiénes fueron los copistas de los 275 poemas que hemos contado en esta
edición.[9]

Foliación

La numeración de los folios del *Romancero de Palacio* alcanza el número 275, pero
una distracción hizo que se produjera un salto entre el 126 y el 130, sin que este descuido
afectara a los textos. Hay varios intentos de foliación: del 1 al 24 van numerados por la
misma mano y con la misma tinta, y del 216 al 275 a lápiz, aunque muchos folios van sin
el número correspondiente.

Datación

Creemos que se fue haciendo entre 1595 y 1598. El manuscrito no tiene fecha en sus
folios, ni existe otra documentación que nos ayude a fecharlo. La filigrana se esconde en
la costura y ha perdido la encuadernación original. Tampoco podemos señalar su lugar
de nacimiento, como ocurre con algunos que llamamos toledanos, salmantinos o
sevillanos, aunque cabría la posibilidad de que fuera de Valladolid. Sabemos, y lo dejó

---

[7] Véase Goldberg, p. 55, nota 9, donde da bibliografía sobre la familia Henao Monjaraz.

[8] *Ibid*, p. 55.

[9] Aunque numerar los poemas de un códice es tarea que se rige por diversos criterios, hemos echado en falta
en el inventario del códice en el *Catálogo de los manuscritos de Palacio* los siguientes primeros versos: «Agora,
Tirse, que el tienpo» [nuestro núm. 78], «Sobre los tres hijos muertos» [101] y «Niño Amor, nuestras peonças»
[126].

bien sentado Goldberg, que del *Poesia barias* se copiaron directamente casi un centenar de poemas; su editora lo data «aproximadamente de 1594 ó 1595». Nos parece una sugerencia muy acertada, pues el *Romancero de Palacio* creemos que se puede fechar también hacia 1595, cuando entraron en él, como en el MN 17.556, la mayor parte de las poesías que circulaban en esos años por España. Ambos están vinculados además a pliegos sueltos —como los de Pisa—, a las *Guerras civiles de Granada*, a las *Flores sexta* y *Séptima*, impresos todos ellos de 1595. Otro manuscrito contemporáneo, el LBL 10.328 —como veremos más adelante— está también relacionado directamente con estos códices.[10] Se trataba, en efecto, de copiar romances de mucha actualidad, tanta que algunos no tuvieron tiempo de crecer y se quedaron enterrados en los folios de los códices. Pero este criterio no impidió que además formaran parte de la colección romances que por su gran aceptación todavía en 1595 estaban de moda, desde que se copiaran en diversos cartapacios poéticos y salieran en letra de molde los años 1582, 1586, 1588, 1592 y 1593.[11] Vender romances en esa última década del siglo era buen negocio. El soneto de Cervantes al túmulo que se hizo en la catedral de Sevilla con motivo de la muerte de Felipe II cierra el códice. Las traducciones de fray Luis, puestas en los folios en blanco que quedaron, bien pudieran ser del XVI o de comienzos del XVII, suposición que apuntala el análisis que hemos hecho de las fuentes, habiendo notado que, en líneas generales, hay semejanza en las variantes y en que sigue el orden de los poemas de los manuscritos Jovellanos-Lugo, la denominada familia intermedia; es decir, nuestros poemas se sitúan entre la familia primitiva (anterior a la muerte del poeta en 1591) y la edición de Quevedo de 1631.

---

[10] «Add. 10,328. *Poesías varias*; a collection of Spanish poetry by various authors, consisting of "canciones", Romances, Sonnets, and Redondillas, in various hands of the end of the 16th or beginnig of the 17th century. Paper, in 4to. ff. 269.» *Catalogue of the Spanish Language Manuscripts in the British Library*. Don Pascual de Gayangos. London: British Museum Publications, 1875-1881, pp. 17-25.

[11] El romance «En esta cárcel tenebrosa» (160), uno de los cinco exclusivos con que termina de copiar la mano principal, habla de la «máquina soberbia / del famoso rey Philipo, / honor y blasón de España», lo que sugiere que se compuso antes de la defunción del rey.

Concordancias

El manuscrito II-996, por tratarse de un florilegio que se confeccionó precisamente en los años de mayor esplendor del Romancero, vincula su contenido a 72 fuentes manuscritas y 56 impresas. No hemos podido extender más allá de estos límites nuestra compulsa, y estamos seguros de que la lista no termina aquí. Casi cien poemas emigraron directamente del MN 17.556; comparte además un buen número de poemas con manuscritos datados ente 1586-1595 y con impresos cuyas fechas abarcan desde 1589, con la *Flor de romances*, hasta el *Romancero general* de 1600. Se nota que los romances más conocidos de la última década del siglo XVI son los que llenan sus folios. Para el añadido final del códice en que se copiaron obras de fray Luis, remitimos a la edición de José Manuel Blecua en la que se podrán ver las otras fuentes en que se hallan las traducciones del agustino, mientras salga la más actualizada de Cristóbal Cuevas. Hemos añadido a nuestra edición algunos manuscritos más a la lista que da Blecua.

Traslado

Este códice, repetimos, es el fruto de varios compiladores, a juzgar por las caligrafías, los colores de la tinta y los diferentes caprichos, que se reunieron con el interés común y preferente de trasladar romances de moda a sus folios. Esto no excluye que también se copiaran alguna canción y un par de sonetos, y que se filtrara algún romance, tal vez de creación propia, que nos ha sido imposible encontrar en otras fuentes. Un aficionado posterior se aprovechó de los últimos folios en blanco del manuscrito para dejar allí 42 poemas de fray Luis y tres más que no lo son pero que llevan su impronta.

La primera mano abre el códice y de un tirón llega hasta el folio 72, (nuestros números 1 al 43). Se nota que a este copista y a los diversos colaboradores que le siguen les interesan los romances de Lope de Vega, Góngora y Liñán de Riaza, romances que habían adquirido una gran difusión tanto en fuentes manuscritas como en impresas. Sólo siete aparecen entre estos conocidísimos romances que no acertamos a dar con sus orígenes: 15, 17, 24, 30, 31, 38 y 39: ¿serán creaciones originales del copista? Otra mano copia dos poemas más (42 y 43), cuya paternidad se debe a Lupercio L. de Argensola

(1559-1613) el primero y a Pedro Liñán de Riaza (155?-1607) el segundo. No hallamos ninguna otra fuente anterior al *Romancero de Palacio* que copie la canción «Bien pensará quien me oyere» (42), que luego pasó a varios manuscritos del XVII y acabó en las *Rimas*, libro preparado por el hijo de Lupercio y publicado en 1634. El romance de Liñán «Pedaços de yelo y nieue» (43), al que nos referimos, bien pudiera haberse tomado de oído a partir de una canción mal recordada, pues el copista se olvida de varias estrofas y deja espacio en blanco en el folio 77 para pasarlas después. Otra mano distinta copia más adelante el poema con variantes muy notables en ambas versiones; fue este romance muy gustado entre 1592 y 1600, a juzgar por los manuscritos e impresos que lo transmitieron, y acabó formando parte del *Romancero general* de 1600.

Sin embargo, como explicaremos más adelante, estas versiones, como las restantes del *Romancero de Palacio* ni salieron de las *Flores* ni se integraron en el *General*; el copista de «Pedaços de yelo y nieue» (43) dejó el folio 77r en blanco para continuar copiándolo, pero nunca lo remató. De mano diferente es el poema 44 que andaba por las *Flores* y acabó en el *General*, y otra mano, con tinta de otro tono, copia los números 45, conocido romance anónimo pastoril, y 46, compuesto por Liñán.

A veces, los gustos de cada contribuyente desvían la intención primordial y clara de esta colección que no es otra sino copiar romances nuevos de autores conocidos, salpicada a veces de romances sacados del propio coleto de algunos copistas (mientras no encontremos otros antecedentes debemos pensar que son exclusivos de este códice). Pero ese objetivo se pierde de vez en cuando para intercalar, como en el no. 47, la ensalada «Quejóse el cura del olmo» que varios códices indican se hizo para la boda del duque de Alba; en ella se engastan seis canciones de la antigua lírica popular que ha recogido Margit Frenk en el *Corpus*.

Otra mano se ocupó de copiar, no sin dificultad, seis poemas (48-53), entre ellos, un romance que ha fatigado las prensas durante más de un siglo, y que describe la escena del Cid despidiéndose de su familia en San Pedro de Cardeña (48; véase más abajo el 66). La versión que nos ofrece el II-996 es un buen ejemplo de la admiración de los poetas de finales del XVI por el Romancero viejo, acudiendo al uso de la «e» enclítica y a otros giros y expresiones arcaizantes. Copia también dos canciones, una apenas divulgada (49) y otra (50) hecha popular por las *Flores* y el *Romancero general*. Le sigue el romance «Era la noche más fría» (52), del que sólo se copiaron cuatro versos, pero dejó el folio 88v en blanco probablemente pensando acabar su tarea algún día. No lo hizo, sin embargo. Curiosamente el poema completo se copió más adelante en el códice (157), pero tomado de otra fuente que desconocemos.

Las cosas no le debían ir bien a este copista, pues después de haber escrito ocho versos del poema de Liñán «Ençima de un pardo escollo» (53) lo deja y se quedan dos folios en blanco. En nuestra edición hemos reconstruido el texto tomándolo del MP 1581, única fuente que también lo registra.

Más de agradecer es el trabajo de copia de un nuevo compilador que dejó 20 poemas en el II-996 (54 al 74). La colección recupera su enfoque con obras de Liñán (54, 71), Góngora (55), Lope (58) y Salinas (59, 69). La única atribución que se hace en todo el códice aparece en el epígrafe del poema 58: *Romance de Lope de Vega;*[12] es una versión del romance «Peñas del Tajo deshechas» que puso de moda la *Flor séptima* en sus ediciones de 1595 y 1597 y que entró en el *Romancero general.* Suponemos que el poema 62 «Oýd, señor don Gayferos» se copió en el II-996 creyendo que su autor era Góngora; Antonio Carreira opina que hay muy poca posibilidad de que sea del cordobés y que tal vez se lo tengamos que atribuir a Miguel Sánchez. El romance 71, «Pedaços de yelo y nieve», es repetición intencional de este otro copista para dar una versión más completa y distinta a la anterior (43).

Romances históricos, como los conocidísimos «Bitorioso buelue el Zid» (66) —respuesta gozosa al que relataba la triste despedida hacia el exilio— y «A los pies de don Anrrique» (63) se entrelazan con los moriscos (65, «Christiana me vueluo, Çayde», pieza única de esta colección), pero entre las costuras afloran la letra glosada «Quien duerme, quien duerme» (56), las endechas puestas en boca de mujer malmaridada: «La que fue dichosa» y varios romances «exclusivos» de este códice (60, 61, 65,68). Concluye su trabajo este copista con una ensalada (73) en la que cuatro mujeres jóvenes, y por casar, salen a buscar tantas flores como amores la mañana de san Juan, y entre cantes y bailes,

---

[12] Es frecuente que los romanceros y cancioneros lleven el genérico «Otro» u «Otra» sin que presten demasiada atención a los autores. Por ejemplo, el MN 17.556 no da ni una sola atribución. Al epígrafe de nuestro romance 13 se añadió posteriormente «Es de Góngora».

acompañadas del pandero, danzan, enamoradas, con sus galanes; llegada la hora del almuerzo, bajo la enramada y al pie de una clara fuente, entonan cinco canciones de la vieja lírica. Deliciosa «visión de la aldea desde la perspectiva de la corte», como de este género ha escrito José F. Montesinos. Por desgracia, y como tan frecuentemente hallamos en los manuscritos poéticos, alguien ha quitado el folio donde el poema seguiría contándonos las peripecias de un día tan gozoso en «el bal dArançután». La versión pasó a nuestro códice de memoria, en contraste con la versión más ordenada y completa que se conserva en el MN 3913, códice del XVII, que parece haber salido de una copia en papel.[13]

De ahora en adelante y durante 46 folios consecutivos, la miscelánea de Palacio cambia de método; cesa la peregrinación en busca de romances por papeles varios y por las cambiantes sendas de la tradición oral para arrancar todos los poemas de un mismo ramillete. El libro manuscrito está sobre la mesa. Desconocemos cómo pero ahí está: ha caído en manos de otro copista anónimo, de pluma diestra y habilidad para colocar los romances a dos columnas: es un cuidado tomo manuscrito cuajado de romances nuevos del que podrá copiar aquellos que le venga en gana. Es un códice muy bien hecho, incluso elegante, puede que vallisoletano. En él se encuentran composiciones de moda, tanto para ser recitadas como para ser cantadas. Además es prolijo en obras de Lope, Liñán, Góngora y Salinas: la unidad del *Romancero de Palacio* queda así garantizada. Es el MN 17.556, *Poesias barias y recreacion de buenos ingenios*, que será de ahora en adelante la fuente de la que manen romances nuevos que fecunden la nueva colección.[14]

Descartados los primeros poemas del MN 17.556 por no venir al caso o por ser sonetos, y después de haberse saltado dos romances, uno porque quiso y otro porque ya había sido copiado anteriormente por otra mano (1), comienza su labor con el romancillo «La del escribano / la recién casada» (74), muy difundido en los últimos años, compuesto por Salinas aunque el códice salmantino de ca. 1586 se lo atribuye a Francisco

---

[13] *'Ensaladas villanescas' Associated with the 'Romancero Nuevo'*, ed. de John Gornall. Exeter: University of Exeter Press, 1991. Véase en nuestra Bibliografía su artículo de 1987 sobre el mismo tema.

[14] Véase Goldberg, pp. 7-21.

de la Cueva.[15] El resto será coser y cantar: a doble columna y con delicada caligrafía, el nuevo copista tansporta al códice versos de Liñán de Riaza (75, 76, 85, 93, 97, 117, 131, 155), de Lope de Vega (86, 120, 151, 153), de Juan de Salinas (74, 134), y de Góngora, los que aquí y allá se daban como de don Luis (82, 91, 100, 103, 108, 119, 121, 129, 145). Entre las obras de autores conocidos, salen docenas de poemas cuya próxima o remota atribución nos es desconocida. Muchos de ellos los encontramos en el *Romancero general*, pero otros, a pesar de ser muy conocidos se quedaron fuera. Unos gozaron de gran aceptación, otros no: 28 pasaron directamente a nuestro códice del MN 17.556 sin que podamos hallar un precedente. Sea quien fuere el autor, parece evidente que eran romances puestos en papel en fechas recientes y, que sepamos ahora, no corrieron más allá del II-996.

Alternando con los de mayor difusión, aparecen varios poemas copiados únicamente en el *Poesias barias* y después en esta parte del *Romancero de Palacio*. Por ejemplo, «Riselo, pastor de agrabios» (93) y «Lisardo sus sotos mira» (97) de Liñán, y «Los que algún tienpo tubistes» (120) de Lope, sólo se pueden documentar en estas dos fuentes.[16] Muchos romances que aparecen en el MN 17.556 y en el II-996 pasaron, en versión diferente, al *Romancero general*, pero 36 no fueron incluidos en la gran colección de 1600, casi seguro debido a su mermada difusión por ser demasiado recientes.

El autor del *Poesias barias* copió poemas que se habían reunido en otros manuscritos y que se habían publicado en libros impresos y pliegos de cordel coetáneos; innecesario repetir que casi todos ellos pasaron al manuscrito de Palacio. Sin embargo, es curiosa la relación que notamos entre ambos códices y el manuscrito contemporáneo 10.328 que hoy se encuentra en la British Library de Londres.[17] No podemos asegurar si éste sirvió

---

[15] Según el P. Getino, el «famoso poeta Francisco de Quintana usaba el pseudónimo de don Francisco de la Cueva, poeta del grupo de los que en Salamanca celebraron con versos en 1578 la designación de D. Antonio Mauricio de Pazos para la presidencia del Real Consejo», en *Anales Salmantinos* II. Salamanca: Calatrava, 1929, p. 368.

[16] Otros que sólo aparecen en estas dos fuente son: 88, 89, 93, 99, 104, 111, 112, 113, 114, 116, 133, 137-141, 146, 148, 149, 152, 158-162.

[17] Goldberg no llegó a conocer este manuscrito.

de modelo al *Poesias barias* o si fue a la inversa: ambos ofrecen versiones idénticas, o casi idénticas, a nuestros poemas 121 al 130. El romance «Delante de Alboaçén» (125) no pudo copiarse en su totalidad, y el atento copista anotó claramente «Aquí falta un pedazo»; efectivamente, al *Poesias barias* (CXXIV) le falta el folio 103 donde se copiaron cuarenta versos de este romance como se deduce del reclamo. Ahora hemos podido reconstruir el romance y publicarlo completo por vez primera gracias a la versión del LBL 10.328.[18]

Con la mudanza de romances octosilábicos de un códice a otro pasaron también tres romancillos (121, 128 y 133) y un cuarto más, «Rabia le dé, madre» (83), que parece se cantaba ya en 1570(?) y que en versión idéntica a la nuestra se documenta en un códice de la Classense fechado en 1589. También pasaron la zarabanda, ensalada erótica y jocosa, paródica del romance de Liñán «Galiana está en Toledo» (116), y un ramillete de canciones formado casi todo él por glosas a letrillas recogidas de la antigua lírica tradicional.[19]

La labor de trasladar poemas del MN 17.556 se cierra con cinco romances (158-162) que sólo se conservan en éste y en el II-996. No sabemos qué razones tendría el copista del *Romancero de Palacio* para saltarse y no copiar los dos poemas de Góngora, «Hermano Perico / que estás a tu puerta» y «Aquí entre la verde juncia», que se hallan en este grupo.

Si es necesario analizar lo que pasó de un códice al otro, resulta al menos curioso anotar también lo que no pasó, esto es, los muchos poemas que el copista del II-996 no copió o porque no le vino en gana o por el hecho de ser sonetos. Podemos explicarnos muy bien que desestimara los sonetos que abren el *Poesias barias* y los endecasílabos que se copiaron en sus folios 124 al 147, ¿pero cómo explicar que a lo largo del códice no copiara varios romances que se creían de Lope de Vega (XIII, XIV, XXI, XXII), de

---

[18] El *Romancero de Palacio* introduce algunas variantes al copiar estos poemas del *Poesias barias*. No sabemos por qué razón no pasaron al II- 996 dos poemas de Lope (CXXII y CXXX) y el anónimo CXXV.

[19] «Baysos, amores,/ de aqueste lugar» (143), «No me engañaréis otra vez,/ cerotico de pez» (144), «Trébole oledero, amigo, / trébole oledero, amor» (145), «Que si verde era la beruena, / séalo enorabuena» (146), «Yo, que no sé nadar, morenica, / yo, que no sé nadar, moriré» (147), «Desdeñaste a Pedro, /la linda Ysabel» (149).

Salinas (XV, LX, LXI), de Luis de Góngora (XXIX, XXX) y de Liñán de Riaza (XIV, XXVII, CII)? Sólo el capricho puede explicar que fuera poniendo los romances CVI al CXIV (111-119), se saltara dos (CXV y CXVI, de Lope), continuara con el CXVII (120, de Lope), decidiera omitir el CXVIII porque ya había sido copiado en el folio 3 por otro copista anterior (2, que andaba como de Góngora), copiara tres más CXIX-CXXI (121-123), y volviera a desentenderse de otros tres romances de Lope (CXXII, CXXX y CXXXV).

La tónica general del apartado anterior ha sido el predominio de los romances de creación muy reciente, casi todos ellos documentados entre 1590 y 1595, característica que se agudiza más aún en esta parte en la que el mismo copista decide dejar el *Poesias barias* y acudir a otras fuentes. Pero se inicia ahora en el manuscrito un cambio. Aunque sigue siendo un romancero, este apartado recuerda las misceláneas de poesías varias en las que entra un poco de todo. Se siguen prefiriendo los romances de Liñán, Lope, Góngora y Salinas, pero no se excluyen octavas, sonetos y coplas. Además, varios copistas, algunos de ellos poetas, intervendrán directamente en estos folios siempre bajo la mirada atenta del que se tomó la molestia de copiar el MN 17.556, que, por cierto, continúa copiando aunque acceda a que otras manos dejen allí también sus versos. El romance «Hermosas depositarias» (168), que desde 1593 figuraba en un pliego impreso, lo empezó a copiar alguien y después de 18 versos lo continuó la misma mano que trasladó el *Poesias barias*. Es ésta labor de grupo, tarea en equipo y, por lo tanto, se amplían las preferencias poéticas de la colección. En estos folios hace su aparición quien compusiera «romanzes infinitos» Miguel de Cervantes, con su romance de los celos «Yaçe donde el sol se pone» (171), que salió de las prensas en 1592, vio una reimpresión valenciana en 1593 y se recogió en las ediciones de la *Flor séptima* de 1595 (en Madrid y Toledo) y de 1597 en Alcalá. Junto al romance cervantino, sin que sepamos ahora la fuente para ninguno de los dos poemas, se posaron los famosos romances: «En Fuenmayor esa villa», de Salinas (172), y «Desde Sansueña a París», de Góngora (173), por claro diseño del copista.

A continuación se colocaron seis romances «exclusivos» (174-179) con los que el poeta forma un breve conjunto para rimar el llanto del despreciado Belardo y las ingratitudes de Celia y de la bella Laura. Una mano intrusa, con caligrafía que no vuelve a repetirse en el códice, copia el último romance de Liñán «Tan llena el alma de amores» (180), el cual circulaba en los impresos de 1592 y 1593. A continuación, la mano principal copia más exclusivos, sólo interrumpidos por otras obras conocidas y de reciente creación. Son composiciones tan próximas a la tarea previa de recopilación del *Romancero general* que apenas han tenido tiempo de crecer y alcanzar su edición de 1600 y así entran más tarde en la de 1604.

Hay, sin embargo, unos poemas exclusivos en esta parte que ofrecen especial interés, pues todos ellos están copiados por la misma mano, la que copió del *Poesias barias*. Es la mano principal la que al parecer gobierna la colección y la que permitió a otro poeta autografiar un romance (193). El poema merece una respuesta amiga (194) y se la da la caligrafía inconfundible de la mano principal. Todos estos datos nos hacen pensar que quien se hizo cargo del manuscrito desde el folio 122 (poema 74, cuando se empezó a copiar el *Poesias barias*) hasta el folio 214v, cuando varias manos ajenas se acercan al romancero, podría ser el poeta autor de los poemas «exclusivos».[20]

Con romances muy jóvenes,[21] las conocidas coplas de «disparates» (196, 197),[22] unas redondillas tópicas contra el Amor, el Tiempo y la Fortuna, algunas letras glosadas, endechas, estancias y octavas (éstas también con el consabido tópico misógeno «contra las mugeres», 204), un soneto exclusivo inspirado en aquel otro de los serenos y claros ojos (206), el inevitable *Testamento de Çelestina* (215) y las populares *Coplas del ynpotente* (216), de Carranza, se agota la mano principal, que deja un cuarto de columna en blanco en el folio 214. Los folios en blanco restantes se los repartirán tres manos. La primera copia tres romances; la segunda que comienza con el soneto «Voto a Dios que me espanta

---

[20] No hemos encontrado ninguno de estos poemas «exclusivos» entre los 50.000 que hemos compilado en BIPA.

[21] Los romances 211, 212 y 219 son muy nuevos y no se documentan antes de 1595; a su vez, el romance 219 «Sacóme de la prisión» del ciclo de los infantes de Lara, es el último que copia la mano principal sin que sepamos de dónde lo tomó.

[22] Se halla editado por M. Chevalier y R Jammes en «Supplément aux Coplas de disparates» en *Bulletin Hispanique* LXIV bis (*Melanges offerts à Marcel Bataillon par les hispanistes français*). Bordeaux: Féret & Fils: 1962, pp. 358-393. José M. Pedrosa, «Rey Fernando, Rey don Sancho, Pero Pando, Padre Pando, Pero Palo, fray Príapo, fray Pedro: Metamorfosis de un canto de disparates (Siglos XIV-XX)», *Bulletin Hispanique* 98 (1996), pp. 5-27.

esta grandeza» (223), compuesto por Cervantes a la muerte de Felipe II (1598), «honra principal de sus escritos», y termina con el *Credo contra los judíos* que ya se copiaba en manuscritos desde 1570.

Autores

La gran mayoría de los romances son anónimos; bien pudiera suceder que alguno fuera de la pluma de Cervantes, como salió el poema de los celos. Aparte la serie de traducciones del agustino fray Luis, que se añadieron posteriormente a los folios últimos del códice, están representados Lupercio Leonardo de Argensola, Carranza, Espinel, Lasso de la Vega y Miguel Sánchez; pero quienes se llevan la palma son Góngora, Liñán de Riaza, Lope de Vega y Juan de Salinas cuyos nombres tendrían que aparecer si se trataba de juntar los romances nuevos más conocidos de los últimos años del siglo XVI. No está en el *Romancero de Palacio* el omnipresente y prolífico Pedro de Padilla, lo que podría explicarse por ser él una década anterior a los poemas de hechura más reciente que eran los que se buscaron para formar esta colección.

Conclusión

Rita Goldberg ha dedicado casi 50 páginas de su edición a hacer el análisis del contenido del II-996 para contrastarlo con el *Poesias barias*, y, además, ha realizado un detallado estudio de las familias Henao Monjaraz y de los Marqueses del Valle, de raigambre vallisoletana. A su excelente estudio remitimos al lector.[23] La editora ha visto muy acertadamente el interés que ofrece el *Romancero de Palacio* por su riqueza de variantes, ya sean éstas debidas a la extensión de los poemas, al orden estrófico o diferencias léxicas; aventuramos ahora que el copista pudiera ser también el poeta autor de muchas, o de todas, las composiciones exclusivas copiadas por su propia mano, y que como tal sintió la tentación de mejorar la lectura de algunos textos, lo que ha notado

---

[23]   Goldberg, pp. 57-94.

también Goldberg. Es cuidadoso en extremo con la pluma, enmienda errores y evita las repeticiones: cuando le toca copiar un poema del MN 17.556 que ya ha sido copiado anteriormente por otra persona lo omite, a no ser que ambos discurran por distintos cauces. Las versiones que ofrece, hemos comprobado, no salen de las *Flores* contemporáneas ni entran después en el *Romancero general* de 1600. Tienen los romances ese carácter evolutivo, cambiante, memorístico tan propio de la tradición oral, de las canciones que corrían musicadas y que tanto gustaban a la población urbana de finales del siglo XVI. Hay en él un claro intento de novedad, de copiar lo nuevo y desentenderse de lo viejo. Es coherente en cuanto prefiere romances, deshecha versos italianos y abunda en los tres grandes temas consabidos: moriscos, históricos y pastoriles, poemas de corte, de gustos urbanos; sus últimos folios recuerdan a los comunes «poesías varias»; y los versos de fray Luis, aunque no todos pertenecen al conquense, son un añadido fortuito que se justifica por la gran difusión que experimentaron sus composiciones.[24]

No faltan, claro, los deslices y distracciones. Todos tenemos días buenos y malos; y el copista del II-996 no muestra ser ni peor ni mejor que la mayoría de copistas, incluyendo al autor del *Poesias barias*. No estamos de acuerdo con Rita Goldberg cuando tacha de descuidado y de ignorante a quien se dio el gusto de pasar los poemas del MN 17.556 a los folios del *Romancero de Palacio*. Muchos de los errores del último se originaron en el primero, y en el segundo se subsanaron bastantes errores de aquél. Sin embargo otros pasaron, como han pasado también varios deslices a la transcripción moderna. Cuando, por ejemplo, el copista del II-996 se da cuenta de que falta parte de un poema por desprendimiento del folio 103 (125), nuestro copista lo nota y anota: «Aquí falta un pedazo»; no obstante, ni éste ni aquél notan que falta el verso «aunque por perdellas» (v. 47, XCIX/107), ni que en otra ocasión se omitió «El tiempo brauo caudillo», sin el cual la redondilla final del poema queda incompleta (CXIII/118); cuando el primero lee «dada esta respuesta», que no tiene sentido, el II-996 enmienda «dado á esta respuesta» que sí lo tiene CXXIX/129); no fueron a parar al II-996 deslices como «menalio» por «Menalao» (XXXI/77), «alma» por «amor» (XXII/76), «a çien agrauios agenos» por «haciendo agrabios agenos» (XXXVI/80), «plega» por «plegue» (XXXVII/81),

---

[24] Helena García Gil. *La transmisión manuscrita de fray Luis de León*. Salamanca: Diputación, 1988.

«El pan la carne rreto y el agua y vino» por «El pan la carne reto el agua y vino» (CIV/110), «deseo» por «Teseo» (CXIX/121), «Villa doris» por «bella Doris» (CXLVII/141)...

El *Romancero de Palacio* representa la afición por los romances cantados y leídos por la sociedad urbana de los últimos años del siglo XVI. Las viejas historias de España, moras o cristianas, reales o poéticas, revestidas de espléndida riqueza lingüística y figurativa, con sus alazanes, ropajes y perifollos, amores apasionados de guerreros y damas, pastores y pastoras, mozos y mozas en sonadas bodas rústicas, parecen mostrar la otra cara de la sociedad española tras la derrota de la Invencible (1588), de la bancarrota de la Corona (1596) y de la muerte de Felipe II (1598). El *Romancero de Palacio* representa bien el escapismo ante la incertidumbre de un futuro que se inicia con una nueva monarquía y un nuevo siglo. Historias y leyendas medievales, fantásticas aventuras ariostescas nuevamente contadas en impresos al alcance de muchas faltriqueras pueblan las colecciones poéticas de la época. Y el ocio se convierte en negocio: negocio para impresores y poetas que imprimen y componen romances nuevos, o, como Lope, los ponen en escena.[25] Poesía de entretenimiento y de evasión enraizada en «la imagen depurada y embellecida de la sociedad aristocrática»[26] de las novelas de caballerías, de la épica culta, de sentimentales encuentros pastoriles, de la vieja tradición oral dignificada por los poetas urbanos que se divierten con jocosos «disparates» (196, 197) y romances de marcado contenido erótico (116, 222, 217). En el II-996 retumba el irónico «¡Voto a Dios!» cervantino dentro de la catedral sevillana,[27] que recuerda el carácter laical del códice que no recoge ni un solo poema religioso, ni tan siquiera a lo divino, a los que tan acostumbrados nos tienen otras colecciones de la época. No importa que desconozcamos quién comenzó este romancero, que sigamos sin saber a quién pertenece la mano del copista principal —pensamos también que fue el autor de varios romances—, o de los

---

[25] Ver los números 17 (nuestro poema 73), VI (145), 119 (86), 74 Apéndice B (56), 361 (73), 89 y 176 (75), 134 (47), 97 A, B (73) 101 A, B, C (118) en José M. Alín y María B. Barrio Alonso, *El cancionero teatral de Lope de Vega*. London: Tamesis, 1997.

[26] Maxime Chevalier, *Lectura y lectores en la España del siglo XVI y XVII*. Madrid: Turner, 1976, pp. 65-137.

[27] Véase para este soneto el estudio de Adrianne Laskier Martin, *Cervantes and the Burlesque Sonnet*. Berkeley: University of California Press, 1991, pp. 102-114.

otros contribuyentes, lo que sí queda claro es que el grupo responsable del florilegio dejó constancia de los romances que deleitaban a los lectores, músicos y aficionados del último decenio del siglo XVI.

Criterio editorial

Nuestras lecturas han estado guiadas por tan sabios maestros como Carreira, Frenk, Montesinos, Rodríguez-Moñino y muchísimos otros romanceristas que nos han acompañado a hacer esta andadura por el Romancero nuevo. Son tantos que ni han cabido todos en la Bibliografía: imposible agradecerles a todos sus útiles investigaciones.

Por lo que ataña en particular al manuscrito de Palacio, hemos transcrito los textos con fidelidad, excepto por algunas enmiendas que quedan claramente expresadas en las notas a cada poema. Cuando después de haber examinado bien todo el códice hemos determinado que existía un claro e indiscutible error de copista, sin transcendencia para un mejor entendimiento de la transmisión poética o de la evolución lingüística, lo hemos corregido: por ejemplo, la falta esporádica de una grafía o la confusión casual de una letra por otra. Cuando el error, la omisión o el santoalcielo son de mayor importancia, y hemos hecho algunos cambios, éstos han sido explicados en notitas al pie de cada poema. Hemos anotado todos aquellos que nos ha permitido el cotejo digitalizado con otros 50.000 poemas contenidos en nuestra base de datos. Muchas referencias quedan todavía por ver. Hemos añadido un Índice de estribillos a los habituales de autores, de cotejo con otros códices e impresos, de nombres propios y de primeros versos.

Agradecemos el apoyo del National Endowment for the Humanities que nos ha concedido una beca para llevar a cabo la base de datos BIPA (Bibliografía de la Poesía Áurea) ahora en preparación; agradecemos las becas de investigación que nos han dado las Universidades de Cleveland (RCAC y Minority Affairs) y de Denver (Faculty Research Grant); a las bibliotecas de Palacio y Nacional, y también a nuestros respectivos servicios de préstamo interbibliotecario.

«Quizá algún día se podrá publicar el manuscrito entero», escribía Rita Goldberg en 1984. Ese deseo es hoy realidad.

II. TEXTOS

1

ROMANCE [DE LOPE DE VEGA]

"Ensíllame el potro rucio
del alcayde de los Vélez,
dame la adarga de Fez
y la jacerina fuerte,
una lança con dos yerros
entrambos de agudo temple,
y aquel azerado casco
con el morado vonete,
que tiene plumas pajizas
entre blancos martinetes
y garzotas medio pardas
antes que me bista denme.
Pondrélle la toca azul
que me dio, para ponelle,
Adalifa la de Ocaña
hija de Zelinamete.
Y aquella medalla en quadro

que dos ramos la guarnezen,
con las hojas desmeraldas,
por ser los ramos laureles.
Vn Adonis que ba a caza
de los jaualíes monteses,
dejando su diosa amada,
y dize la letra: *Muere*".
Esto dijo el moro Azarque
antes que a la guerra fuese,
aquel discreto animoso
y [a] aquel galán y baliente
Almoraliphe de Vaza,
de Zulema dezendiente,
caualleros que en Granada
paseauan con los reyes.
Trujéronle la medalla,
y suspirando mill vezes
del bello Adonis miraua
la jentileza y la suerte.
Piensa que será Adalifa
Benus que los zisnes muestre,
al tiempo que no podía

gozalle ni socorrelle.

2   "Adalifa de mis ojos,
no te aflijas ni lo pienses,
biuiré para gozarte,
gozosa bendrás a berme.
Breue será mi jornada,
tu firmeza no sea breue,
procur[a], anque eres muger,
ser a todas diferente.
No le parezcas a Venus,
ya que en beldad le pareçes,
en oluidar a su amado
y en no respetalle ausente.
Quando sola te ymajines,
mi retrato te consuele,
sin admitir compañía
que me ultaje y que te esfuerçe.
Mira, amiga, tu rettrato
que auiertos los ojos tiene,
y ques figura encantada,
que habla, que uiue y siente.

2v   Y no me ofendas, mi bida,
que sabré quanto hizieres
y se trocarán en males
nuestros amorosos bienes.
Acuérdate de mis ojos,
que muchas lágrimas bierten,
¡y a fe que lágrimas suyas
pocas moras las merezen!"
En esto llegó Aliazar
y le dijo que se apreste,
que dauan prisa en la mar,
que se enbarcase la jente.
A venzer se parte el moro,
que pues gustos no le venzen:

honrra y esfuerço le animan,
cumplirá lo que promete.

2

3   ROMANÇE [DE
LUIS DE GÓNGORA]

"Galanes, los de la corte
del rey Chico de Granada,
quien zegrí dama no sirue,
no diga que sirue dama.
Ni aun es justo, quien enplea
tan mal su fe, que le balgan
los priuilejios de amor
ni las leies de la gala.
Ni que delante la reyna
en los saraos de la Alambra
se le consienta danzar
con sus amores la zambra.
Ni que pueda del color
de su amiga sacar banda,
ni almayzal listado de oro
trauesado en el adarga.
Ni que el nombre dulce della
le zifre en letras bordada[s],
ni bordado en la librea
le saque en fiestas de plaça.

3v   Ni atar al rrobusto braço
sobre manga toca blanca,
para tirar los bohordos
o para jugar las cañas.
Ni traher en camapheo

ni en tarjeta de oro o plata
debajo de barias plumas
su rettrato por medalla.
Ni en yegua color de zisne
de clin y cola alheñada,
ruar ni hacer terrero
su calle ni su bentana".
Esto plantó en vn cartel
el enamorado Audalla,
galán zegrí de linaje
y que bella zegrí ama
pero las damas Gomeres,
que son muchas y muy damas,
y las pocas Benzerrajes
que quedaron desta casta
4 y algunas Almoradíes
este papel le ymbiauan,
siendo, por voto de todas,
Fatima la s[e]cretaria:
"Audalla: si a cortessía
no está sujeto quien ama,
perdona lo que lleyeres,
y si lo estás, sufre y calla,
que damas ay en la corte,
que ya que por su desgraçia
les falte graçia contigo,
pluma y pico no les falta
para quedar satisfechas,
aunque podrán poco, o nada,
contra ofensa de carteles
satisfaciones de cartas.
Sobre el cuerno de la luna
las damas zegrís levantas,
y asta llegar a ella
todo es ayre lo que passa[s],

4v y a sus galanes prefieres,
preuilejias y abentajas,
en máscaras, en saraos,
en juegos, en camisadas.
Prefiérelos norabuena
y dales blasón y fama
en gala, en ozio y en paz,
en guerra, en trauajo, en armas.
Biendo que el christiano tiene
la çiudad asediciada
y de católicas tiendas
coronada la campaña,
y del río de Jenil
las aguas, vn tiempo claras,
á dos años que se been
tanta sange como agua.
Mas ¿qué se le dará desto,
o qué tendrá por ynfamia
quien no supo perdonar
los regalos de su casa,
5 quando prendieron al rrey
en sangrienta lid trauada,
el alcaide, los donzeles
y el fuerte conde de Cabra?,
¿y quién es tan bien criado
que quando en la bega llana
salen a escaramuçar
jente mora con christiana?"
Por tener continuo buelta
a su señora la cara,
al primer conbate buelue
al cristiano las espaldas;
y quien saue prometer
con soberuia y arrogançia
la caueza del Maestre

de la Cruz de Calatraua;
síruase dél, pues quien gusta
deste amor y esta criança,
y de ber liebres en echos,
y leones en palabras,
5v que gozará dél mill años,
muy contenta y sosegada,
de que si de hedad no muere,
no morirá de lançada.

3

[ROMANCE]

Al tiempo que el sol esconde
debajo del mar su lumbre
y de rojos arreboles
colora y biste las nubes,
allega el fuerte Gazul
de Alcalá de los Gazules,
con quatrozientos hidalgos
de los moros andaluzes.
6   Y apenas allega, quando
suenan tiros y arcabuzes,
atabales y trompetas,
chirimías, sacabuches,

que biene de hechar dEspaña
a Zulema, rey de Túnez,
que estaua ya apoderado
de Marbella y los Alumbres.
Y aunque entra de noche el moro,
no pide ni quiere lumbres,
que el claro sol de Zelinda
quiere que salga y le alumbre.

Y a la entrada de la uilla
suenan tiros y arcabuzes
atabales y trompetas,
cheremías, sacabuches.

Las damas todas, por velle,
a los miradores suben,
su esposa Zelinda, sola,
del suyo se asconde y uye.
6v Como no sale Zelinda
el coraçón se le cubre
de temerossas sospechas
de zelosas pesadumbres.
Apeándose en palaçio
suenan tiros y arcabuzes,
atabales y trompetas,
cheremías, sacabuches.

Gazul del cauallo baxa
y a ber a su espossa sube,
allóla tan sola y triste
que en suspiros se consume.
El moro llega a abrazalla
y ella le aparte y reúye.
Y él le dice: "No es pusible
que tal conmigo se huse".
Y antes quella le responda
suenan tiros y arcabuzes
cheremías y trompetas,
atabales, sacabuches.

7   Al fin le dize con yra:
"Traidor, ¿adónde se sufre
que en quatro meses de ausençia
de escreuirme te descuides?".
Humilde responde el moro:
"Mi bien, no es bien que me culpes,

que la pluma, sin la lanza,
tomar vn ora no pude".
Abrázanse, y al punto
suenan tiros y arcabuzes,
atabales y trompetas,
cheremías, sacabuches.

4

7v   ROMANÇE [¿DE LOPE
                DE VEGA?]

De la armada de su rey
a Baza daua la buelta
el mejor Almoralife
sobrino del gran Zulema,
y aunque llegó a media noche,
a pesar de las tinieblas,
desde lejos deuisauan
de su çiudad las almenas:
"Aquel chapitel es mío,
con las águilas del Çésar,
deuisa de los romanos
que vsurparon esta tierra.
La torre de Felisalua
apostaré que es aquélla,
quen fee de su dueño altiuo
conpite con las estrellas.
¡Gloria de mi esperanza
y esperança de mi ausençia,
compañía de mis gustos,
soledad de mis querellas!
8   Si de mi alma quitases

los reçelos que le acuerdan
algunas fazilidades
que de tu gusto me cuentan.
Si tu belleza estimases
como estimo tu belleza,
fueras ídolo dEspaña
y fama de ajenas tierras".
Dixo, y entrando por Baza,
a sus moros dio la yegua,
y del barrio de su amada
las blancas paredes besa.
Hizo la seña que husaba,
y al ruido de aquesta seña
durmieron sus ansias biuas,
y Felisalba despierta.
Salió luego a su balcón,
y de pechos en las verjas,
a su moro ymbía el ama
que le abraze por ella.
8v   Apenas pueden hablarse,
que la gloria de las penas
les hurtauan las palabras
que en tal trançe no son buenas.
Al fin, la fuerza de amor
rrompió al silençio las puertas,
porque sus querellas mudas,
por declararse, rebientan,
[y la bella Felisalva,
tan turbada como bella,
estando atenta a su moro
a preguntalle comiença:]*
"Almoraliphe, galán,
¿cómo benís de la guerra?,
¿benzistes tantos christianos
como damas que os esperan?

¿Mi retrato biene bibo
o murió de las sospechas
que a su triste orijinal
le dan soledades vuestras?
Del vuestro sabré deziros
que pareçe que le pesa
de que faltándome bos
biuir y miralle pueda.

9   Al fin me sirue de ymajen
a quien mi fe se encomienda,
porque para bos le guardé,
porque para mí no presta.
Respondéme, si merezco
palabras que me enrriquezcan,
palabras solas os pido,
mirad qué humildad tan nezia".
Respondió el moro: "Señora",
y como el ama risueña
despertaua el sueño ozioso
amigo de las tinieblas.
A ber bolar vna garza
pasó Azarque a la xineta,
que por ser aue engañossa
deseaua berla muerta.
Escondióse Felissalba
y Almoralife atrauiesa
por vna pequeña calle
y en su alegre cassa sentra.

9v   Siruientes suyos le aguardan,
y después de mil zalemas,
nouedades le contaron
porque agradan cosas nueuas.

———

*Omitidos; los tomamos de *RG*, 7v

5

[ROMANCE DE LIÑÁN DE RIAZA]

Brauonel de Zaragoza
al rey Marsilio demanda
lizencia para partirse
con el de Castilla a Françia.
Trataua amores el moro
con la hermosa Guadalara,
camarera de la reyna
y del rey querida yngrata.
Brauonel, por despedida
en servicio de su dama,
yzo alarde de su jente
vn martes por la mañana.

10   Alegre amaneze el día
y el sol, mostrando su cara,
madrugaua para berse
en los yerros de las lanças.
Lleuaua en su compañía
marlotas de azul y grana,
morados caparasones,
yeguas blancas aleñadas.
Por el coso ban pasando
donde los reyes aguardan;
colgada estaua la calle
y la esperança colgada.
Deseaua todo el bulgo
a Bravonel y sus galas,
y la reyna, con ser reyna,
tanbién al bulgo acompaña.
Y[a] pasa el moro baliente,
ya las boluntades paran,

y muchos se ban tras él,
10v que no es pusible parallas.
Con vn jaez carmesí
y una banda naranjada,
vna áncora por bozal,
diuisa de su esperanza,
doradas las estriueras
y las espuelas doradas,
la marlota lleua azul
de mariposas sembrada,
mostrando que de sus zelos
más reposa y menos trata;
el capellar era berde
con rapazejos y franjas.
Sembrado lleba el bonete
con granates y esmeraldas,
con dos bolantes le aprieta
listado de seda parda.
No lleba plumas el moro,
que como de veras ama,
11 juró de no componerse
de plumas y de palabras.
Vna adarga be[r]uerisca
con su diuisa pintada,
tan discreta como el dueño
y como el dueño mirada,
era vna muerte partida
que juntarse procuraua,
con vna letra que dize:
"No podrás, asta que parta".
Delante del real balcón
asta el arçón se ynclinaua.
Yzo a las damas mesura,
levantado se án las damas;
no se pudo leuantar

la hermosa Guadalara,
quel graue peso de amor
por momentos la desmaya.
Suplicó la reyna al rey
que a la noche hubiese zanbra.
11v El rey, por darle contento,
dize que es justo que la aya.
Toda la jente se alegra,
llorando está Guadalara,
que hera martes y aze el sol,
zierta señal de mudanza.

6

[ROMANCE DE LIÑÁN
DE RIAZA]

Auisaron a los reyes
que heran ya las nueue dadas
y que Brauonel pedía
liçencia para su zambra.
Juntos salieron a bella,
aunque apartadas las almas,
Brauonel tiene la vna,
y la otra Guadalara.
De la quadra de la reyna
yban saliendo las damas,
12 Guadalara biene en medio
de Adalipha y Zelidaxa,
dos moras que en hermosura
a todas hazían bentaxa,
y también en las desdichas
de aficiones encontradas.
De morado y amarillo

está colgada la sala,
las alhombras heran berdes
porque huellen esperanzas.
A çierta seña, tras esto,
se oyeron a cada banda
conzertados ynsturmentos
y penas desconzertadas.
Brauonel entró el primero,
y dando a entender que guarda
amor, secreto y firmeza
esta diuissa lleuaua:
vn potro de dar tormento
entre coronas y palmas,
12v y una letra que dezía:
"Todas son para quien calla".
Azarque es primo del rey,
muy a par con Zelidaxa,
abriendo puerta al rigor
de sus encubiertas ansias,
traýa en vn zielo azul
vna cometa bordada,
y una letra entre sus rayos:
"Cometa zelos quien ama".
Záfiro, por Adalifha,
vn tiempo su afiçionada,
mostró con esta divisa
de sus amores la causa.
Vna biuda tortolilla
en seco ramo sentada,
y un mote que dize bien:
"Tal me puso una mudanza".
Guadalara y Brabonel
tiernamente se mirauan,
y cansados de penar
13 y disimular, se canssan.

Mucho se ofenden los reyes
y mucho clamor se ensalça,
en ber que allanen sus flechas
a las magestades altas.
Azarque y Záfiro hubieron
sobre no sé qué, palabras.
Sí, lo supe; zelos heran
de Adalipha y Zelidaxa.
Pierden al rrey el respeto,
para la fiesta en desgraçia,
que entre zelos y desdenes
no ay danza syno despadas.

7

13v   ROMANÇE

El baliente Abindarráez,
el brauo moro dEspaña,
camino ba de Antequera
mas él en Coýn estaua,
que adonde tiene su amiga
tiene la uida y el alma;
don Rodrigo de Narváez
prisionero le llebaua.
Con lágrimas de sus ojos
húmeda la ermosa cara,*
y con fuego de su pecho
se enzendía y se abrasaua.
*Suspiros da el moro fuerte,
que se le arrancaua el alma.*

Be que la noche lijera
en breue curso se pasa,
sin gozar de su Jarifa

que por momentos le aguarda.
Senblante lleva de muerte,
pero muerto y biuo estaua:
muerto en el contentamyento,
14   bibo en el mal que pasaua,
aunque quien biue muriendo
en la frájil muerte gana.
Suspiros da el moro fuerte,
que se le arrancaua el alma.

Rodrigo crehe que el dolor
de las heridas lo causan,
y con palabras corteses
desta manera le habla:
"Del dolor de tus heridas
me duele la uida y alma,
pero presto llegaremos
adonde serán curadas.
Sy te duele la prisión
y la desgraçia pasada,
ensancha el ánimo, moro,
no despidas la esperanza,
que tras la braua tormenta
suele benir la bonanza,
que el ánimo jeneroso
á de azer syempre vna cara,
a los suçesos bariables
14v   de fortuna buena o mala,
y a do no ay esta firmeza
qualquier esfuerço desmaya".
"Muy bien dezís —dijo el moro
hablando en común husanza—
mas lo que llamas flaqueza
tengo yo por gran hazaña,
que dar señales de vibo
vn muerto no es cosa vmana".

Suspiros [da el moro fuerte,
que se le arrancaba el alma].

"No me duelen las heridas
que me diste en la batalla,
porque en tan buena ocasión
trofheos son de my fama.
Duéleme berme benir
syn bida y sin esperanza,
llamado de my señora
el más dichosso dEspaña.
Yba a gozar de la gloria
que a redemir me bastaua,
tan hufano Benzerraje
jamás naziera en Granada.
15   Mas siempre a los deste nombre
fortuna á sido contraria".
Suspiros [da el moro fuerte,
que se le arrancaua el alma].

"Y por burlarse de mý
me á mostrado esta mañana
en sólo espacio de vn hora
alegre y ayrada cara.
El cuidado de mi amiga
me lastima, abrasa y mata,
éste llega al corazón,
tus heridas a la capa.
Esta prissión es del cuerpo,
pero la suya del alma,
y donde ésta se atrauiesa
todo lo demás es nada.
Di qué syntirá mi bida
y mi dulçe enamorada
en que se pase la ora
entre los dos conzertada,

viendo que su Abindarráez
en lugar de bolar, tarda.
15v Y di lo que sintirá
biéndolas en mý pasada.
Dexáme llorar, christiano,
suerte tan desbenturada,
y da fin en este punto
a mis días con tu espada,
pues con quitarme la uida
das paz y reposo al alma".

————

*Tachado: "húmido el rostro lleuaua".

8

[ROMANCE]

No hera Medoro de aquellos
que en el sarrazino campo
haçían temblar la tierra
al exérçito de Carlos,
que aunquera mozo animoso
no hera de fuerzas dotado,
hera sólo de hermosura
tal que en ella hera milagro.
Ojos negros tenía el moro
16 cauello crespo dorado,
blancas y rojas mexillas,
de fino rubí los lauios.
Y aliende desta beldad
hera de bondad honrado,
llano, agradable, discreto,
agradezido y honrrado.
No porque el alto linaje

le huuiese a ello obligado,
que humilmente fue nazido
y en humildad fue criado:
mas la fina hidalguía
son las obras del hidalgo.
Tubo Medoro vn amigo
que Cloridán fue llamado,
joben, robusto y lixero
y en la caça exerçitado.
En nombre fueron amigos
y en afiçión más que hermanos,
y en mala o buena fortuna
entrambos auían amado
16v a Dardinelo, su rey,
y con él la mar pasado,
pues sauían que hera muerto,
muerto mas no sepultado.
No puede sufrir Medoro
la fuerça deste cuydado,
y buélbese a Cloridán
desta manera hablando:

Octauas:

"Cloridán, si el ser fiel y amigo zierto
debe ser de su sierbo agradezido,
quién no quando mejor que a mi rey
                                                    [muerto
quespera de las aues ser comido.
Si como el que me tubo fue amor zierto
lo es el que le tengo y he tenido,
pues él hasta la muerte me quería,
débole yo querer asta la mía."

17 "Que si la noche huelga de encubrirme
y la fortuna de fauorezerme,

y en pago de propósito tan firme
a Dardinelo muerto conzedéme,
[   ]
[   ]
aunques al alma más que yel amarga
a mis hombros será sabrosa carga".

"Daréle con mis manos sepoltura
ques el deseo que en el alma llebo,
mas si fuere contraria la fortuna
a enpresa que con tanto amor me atreuo,
con muerte ayrada o en prisión escura
no es pusible cumplir con lo que deuo;
pero a lo menos deste atreuimiento
se verá claro mi piadoso yntento".

Dijo, y callando Medoro,
Cloridán questá escuchando,
su propósito requsa
mill causas bastantes dando.
"Tu falta de hedad —le dize
17v con ánimo tan sobrado—,
no me contenta, Medoro,
ques lleuar la muerte al lado,
y si te niega fortuna
lo que te ofreçe cuydado,
dirán que locura fue
lo que es amor tan sobrado,
ya que para defenderle
de la muerte no hubo manos.
¿Qué ba que coman las abes
lo que han de comer gusanos?"
Esto Cloridán responde,
mas biendo que no á bastado
él torna a contradezirse
con pecho más lebantado:

"Menos tengo yo, Medoro,
a Dardinelo oluidado,
quel azerte compañía
nazerá de muy buen grado.
Sepultar quiero a mi rey
pues soy a más obligado.
18 Y si mueres en la ympresa,
quiero morir a tu lado;
más valdrá morir por ti
de heridas de vna mano
que de dolor de perderte
que será dolor doblado".
Hablando desta manera
aquellos moros bizarros,
toman derecho el camino
del exérçito christiano.
Entre carruaxe[s] y armas
a los nuestros an hallado
questauan asta los ojos
en el bino sepultados.
Hera el sueño que durmían
como hombres sin cuydado,
porque de los enemigos
ninguno les á quedado.
Con el primero que topan,
el mago Alférez llamado,
que aquel año hera benido
por médico del rrey Carlos,
18v lleno de fhilosophía,
de astrolojía doctado,
mas salióle mentiroso
lo que de sí le á enseñado.
Él mismo con sus estrellas
se auía prognosticado
que en braços de su muger

moriría a luengos años.
Más agora Cloridán
á confundido su hado,
cortando aquella caueza
del mentiroso Leandro.
Luego mata a Palidón
de Moncalier esforçado,
que entre dos cauallos suyos
durmía y no á recordado.
Luego toparon a Grillo,
vn beuedor afamado,
por cauezera vn barril
y en su pecho trasegado
pensó dormírsele en paz

19 de vn sueño dulçe tocado,
mas el atreuido moro
la caueza le á cortado,
de donde salió a la ora
bino con sangre mezclado.
El buen duque de Laberto
estaua en estrecho abrazo
con la más hermosa moza
que en Françia se auía allado,
quando allí llegó Medoro
con el puñal en la mano,
pensando que yere a uno
a los dos la muerte á dado.
¡Benturoso amador!
¡Dama de dichoso hado!
Como se amaron en bida
en muerte no se han dejado.
Juntos quedaron los cuerpos
en aquel sangriento campo,
y juntas fueron las almas
almorzar con el diablo.

19v Pasa adelante Medoro,
y tópase dos hermanos,
yjos del conde de Flandes,
balerosos y esforzados.
Son muy nobles caualleros
y armólos el buen rey Carlos,
y al blasón que ellos traýan
añidió el lilio dorado,
porque los bido benir
en el conbate pasado
con cada estoque desnudo
asta el puño ensangrentado.
Prometióles tierra en Frisa,
zierto se la hubiera dado,
mas con su puñal Medoro
de obligaçión le á sacado.
Otro griego, otro tudesco,
dejan muertos en el campo,
que lo más de aquella noche
al fresco se auían gozado.

20 Vnos ratos con la taza
y otros ratos con el dado,
¡benturosos, si supieran
belar lo que auía quedado!;
mas el que fuese adiuino
no sería desdichado.
Con esto pasan los dos
entre los muertos buscando
el cuerpo de Dardinelo,
el qual, por dicha, an allado.
Lo que despúes les auino
sobre sus hombros cargado
otro lo podrá dezir,
que yo siéntome cansado.

9

ROMANZE

20v

Avindarráez y Muza
y el rrey Chico de Granada
gallardos entran bestidos
para baylar vna zambra,
que vn lunes a media noche
fue de los tres hordenada,
porque los tres son cauptiuos
de Jarifa, Zaida y Zara.
El descomponerse el rey,
cosa a los reyes bedada,
y el dalle Muza su ayuda,
poco galán sin las armas,
ques hombre que noche y día
trahe zeñida la espada
y para durmir se ar[r]ima
sobre vn pedazo de lanza.
Abindarráez es mozo
y siempre de amores trata,
Fatima muere por él

21

y a Xarifa él rrinde el alma,
para cumplir con la gente
hecharon fama en Granada,
ques benida zierta nueua
de que Antequera es ganada.
Es la fiesta por agosto,
sacó el rey toda sembrada
vna marlota amarilla
de copos de niebe y plata,
con vna letra que dize:
"Sobre mí fuego no basta".
Gallardo le sige Muza,

de azul biste cuerpo y alma,
labradas en chapas de oro
vnas pequeñas mordazas
con vna letra que dize:
"Acauaré de acauarlas".
Auindarráez se biste
la color de su esperanza,
vnas yedras sobrepuestas

21v

en vnas chapas de plata,
y un zielo sobre los hombros
con vnas nubes bordadas,
con vna letra que dize:
"Más berde, cuanto más tarda".
Sacaron a las tres moras
que eran la flor de Granada;
Avindarráez brioso,
en vna vuelta gallarda,
pisó a Fatima en el pie,
y a su Jarifa en el alma.
La mano se suelta al moro,
y ansí le diçe turbada:
"¿Para qué traes encubierta,
traidor, la engañosa cara,
que bien te conozen todas
por mi daño y su benganza?
Ar[r]oja el finjido rrostro
quel tuyo sólo te basta".

22

Con mil zalemas el moro
la blanca mano demanda.
Ella replica: "No quieras
mano en la tuya, agrauiada.
Baste que Fatima diga
en conbersación de damas
que estimas en más su pie
que mi mano desdichada".

Auindarráez turbado
sale huyendo de la zambra,
si de berde sale el moro,
de negro buelbe a la sala.
Entretanto el rrey y Muza
estauan con Zayda y Zara,
cansadas de tantas bueltas
que son de amor las mudanzas.
Como bienen disfraçados
recostáronse en sus faldas;
tanbién se cansaron ellas,
22v que vn cuerpo muerto no cansa
como el bibo aborrezido
que quiere forzar el alma.
Lebantóse vn alboroto,
que la reyna se desmaya.
La fiesta se acauó en zelos,
que amor sin ellos se acaua.

10

[ROMANCE DE LIÑÁN
DE RIAZA]

A sombra de un azebuche,
entre robles y jarales,
había vna cueba oscura
cauada por vn salbaxe,
baliente moro Zegrí,
señor de los Alixares,
y salbaxe por desdenes
de vna dama Abencerraje.

23 De frutas secas y tardes,
se mantiene, porque sabe
que mantiene berde y seca
lasperança de sus males.
Estando, pues, en su cueba
oyó jemir en vn balle
a una fiera leona
que de su león no saue.
Cargaua el ayre de quejas
y luego, rompiendo el ayre,
a sus querençias boluía
bramando porque bramasen.
Y como en gerra de zelos
el más fuerte menos bale,
pensando que no es querida
biba pena y muerta cae,
que males de boluntad
quando menos son mortales.
Suspirando dijo el moro:
"Amor, de juizio sales,
23v con las fieras te hazes hombre,
con hombre fiera te hazes.
Deja esa leona muerta
por tu gusto y por sus males,
que otra más braua te espera
mantenida con mi sangre.
Tres años me desterró,
oy se cumplen en la tarde,
y mañana parto a bella
con bruto dolor y traje.
Sólo vna merced te pido:
que si a Granada llegares,
la bean mis triste ojos
aunque los suyos me acauen".

11

24 ROMANZE [DE LIÑÁN
DE RIAZA]

Galiana está en Toledo
labrando una berde manga
para el fuerte Sarraçino
que por ella juega cañas.
Matizaua vna diuisa
de seda amarilla y parda,
ympresa que saca el moro
en el campo de la adarga.
Vna flecha de Cupido
quen vn pedernal tocaua,
sacando bibas zentellas
que por letras pocas bastan.
Tenía a su lado yzquierdo
vna cauptiua christiana
llorando memorias bibas
entre muertas esperanzas.
Galiana le pregunta
del llanto la triste causa,
y los ojos en la flecha
24v le responde: "'Pocas bastan'.
Libertad tube algún día,
y fue boluntad de dama,
pedernal algunas bezes
y otras beçes zera blanda.
Y en este tiempo dichoso
me quiso más que a su alma
vn ydalgo cauallero
de los de la cruz de grana.
Ýzeme sorda a sus ruegos,
mas fue su porfía tanta,

que bino a sacar zentellas
de vna piedra fría, elada.
Y apenas le quise bien
quando Fortuna contraria
[hizo que la muere dura
probase en él su guadaña].*
Murió por ser cossas mías
entre mill moriscas lanzas,
quedando yo prisionera
25 de tu pariente Abenámar.
Es mi bida el monumento**
do están sus zenizas caras,
y la memoria ymportuna
de zeniças fuego saca.***
Ansí Dios te dé ventura,
señora, en eso que labras,
que mires por tus deseos,
que son ladrones de casa,
y que dejes que mi llanto
apriesa del pecho salga,
que aunque bes que lloro mucho,
mucho por llorar me falta".

---

* Omitido; lo tomamos de *RG*, 9.
**"mobimiento" en ms..
*** "sacan" en ms.

12

ROMANZE

"Católicos caualleros,
los questáys sobre Granada,
que encima del lado yzquierdo
os ponéis la cruz de grana,
si en los jubeniles pechos
os toca de amor la llama,
como del ayrado Marte
la fiereça de las armas,
si por las soberuias torres
sauéys bolar vna caña,
como hazéys en la bega
bolar furiosas lanzas,
si como en ella las beras
burlas os placen de plaza,
y os bestís de blanda seda
como de ásperas corazas,
seys sarrazinas quadrillas
con otras tantas christianas,
el día que os diere gusto
26 podremos jugar las cañas.
Que no es justo que la guerra,
aunque nos quemas las cassas,
llegue a quemar los deseos
de nuestras hermosas damas,
pues por vosotros están
con nosotros enojadas,
por buestro zerco prolijo
y buestra guerra pesada.
[Y] si tras tantos enojos
queréys gozar de su gracia,
como a las guerras dais treguas,

daldas a nuestras desgraçias,
ques grande aliuio del cuerpo
y regalo para el alma
ar[r]imar la lanza y cota,
y hecharse plumas y banda,
y al que mejor lo hiziere
26v le dan las damas palabra,
que tendrá el mejor lugar
aquella noche en la zambra".
Esto firmó en vn cartel
y fijó[lo] en vna adarga
el baliente moro Tarfe
gran seruidor de Daraja.
En las treguas que el Maestre
de la antigua Calatraua
yzo por mudar de sitio
y mejorar[se] destancia;
y con seys moros manzeuos
de su propia sangre y casa,
y algunos Abenzerrajes,
se lo ymbió a la campaña.
Rezíuelos en las tiendas,
y sauida su enbajada,
dando liçençia el Maestre
se azeptó para la Pasqua.
27 Çesan las traças de guerra,
y los que en el juego entrauan
zierran la puerta al azero
y ábrenla al damasco y galas.
Moros y moras se ocupan
mientras el plazo se pasa:
ellos en correr cauallos
y ellas en bordar las mangas;
y los dos conpetidores
de la pendencia pasada,

que yzo pazes entre ellos
el capitán de La Guarda.
Biendo Almoradí, el galán,
que Tarfe se le abentaja,
y ques señor de la mora
que es señora de su alma,
y que en público y secreto
dos mill fabores le daua,
dando a entender que la quiere
27v con muestras muy declaradas,
vna noche muy oscura,
para el caso aparexada,
se sale el zeloso moro
al terrero de la Halambra,
donde allegándose zerca
bio vna mora a la bentana,
que de sus secretos hera
antigua depositaria.
Hablóle y dijo: "¿Señora,
es pusible que Daraxa,
aunque no me canse yo
de maltratarme no cansa?
Y aquellos ojos que tienen
más que el zielo estrellas, almas,
[cuya luz mata más moros
que el Maestre con sus espada],
¿quándo los bolberá mansos
o quándo bolberá mansa,
dejando a Tarfe que tiene
menos manos que palabras?
28 Pues no soy yo como él
tan cunplido de arrogançias,
pues lo que él gasta en dezillas
gasto yo en executallas".
Esto Almoradí dezía

quando Tarfe, que llegaua,
dio el oýdo a las raçones
y el braço a la zimitarra.
Figurósele al baliente
alguna christiana esquadra,
y dejando la marlota
boluió al moro las espaldas.
Salió Daraja al ruydo,
conozió a Tarfe en la habla,
el qual le dio la marlota
que hera azul con horo y plata.

13

28v ## ROMANCE [DE LUIS DE GÓNGORA]*

Aquel rayo de la guerra
Alférez Mayor del reyno,
tan galán como baliente
y tan noble como fiero,
de los mozos ymbidiado,
y admirado de los viexos,
y de los niños y el bulgo
señalado con el dedo.
El querido de las damas
por cortesano y discreto,
hijo asta allí regalado
de la fortuna y el tiempo.
El que bistió las mezclitas
de bictoriosos tropheos,
el que pobló las mazmorras
de cristianos caualleros,
el que dos bezes a[r]mado

más de balor que de hazero
a su patria libertó
de dos peligrosos zercos,
29 el gallardo Benzulema
parte a cumplir el destierro
en que le condenó el rey
o el Amor, ques lo más zierto.
Amaua a una mora el moro
por quien andaua el rey muerto,
en todo estremo hermosa
y discreta en todo estremo.
Dióle vnas flores la dama
que para él flores fueron,
y para el zeloso rey
yeruas de mortal beneno,
pues tocado de la yerua
le manda desterrar luego,
culpando su lealtad
para desculpar sus zelos.
Sale, pues, el fuerte moro
en vn cauallo hobero,
y a Guadalquibí el agua
29v le beuió, y le paçió el heno.
Tan gallardo yba el cauallo
con grande y ayroso cuello,
con ambas manos medía
lo que ay de la çincha al suelo.
Sobre vn hermoso xaez
bella labor de Marruecos,
las piezas de filygrana,
la mochila de horo y negro.
Sobre vna marlota negra
vn blanco albornoz se á puesto
por bestirse las colores
de su ynoçencia y su duelo.

Partió mil yerros de lanza
por el capellar y el medio,
y en aráuigo vna letra
que dize: "Estos son mis yerros".
Bonete lleba turquí,
enrrizado al lado izquierdo,
y sobre él tres plumas presas
30 de vn precioso camapheo.
No quiso salir sin plumas
porque buelen sus deseos,
que quien le quita la tierra
tanbién no le quita el biento.
No lleua sino vn alfanxe
que le dio el rey de Toledo,
porque para vn enemigo
él le basta, y su derecho.
Desta suerte sale el moro
con animoso denuedo,
en medio los dos alcaydes
de Arjona y de Marmolexo.
Caualleros le acompañan
y le sigue todo el pueblo,
y las damas, por do pasa,
se asoman llorando a bello.
Lágrimas bierten agora**
de sus tristes ojos bellos
las que desde sus balcones
30v aguas de olor le bertieron.
La bellísima Daraja
que llorosa en su aposento,
las sinrrazones del rey
lo pagaron sus cauellos,
como tanto estruendo oýa
al balcón salió corriendo,
y enmudezida le dijo:

"Adónde bas", con silencio.
"Bete en paz, que no bas solo,
y en tu ausençia ten consuelo,
que quien te echa de Jaén
no te echará de my pecho".
Y él con la bista responde:
"Yo me boy y no te dexo:
de los agrauios del rey
para tu firmeza apelo".
Con esto pasó la calle
los ojos atrás boluiendo
31   zien mill bezes, y de Andúxar
tomó el camino derecho.

———————

*"ES DE GÓNGORA" añadido al epígrafe.
**"Las vnas bierten agua" en ms.

14

[ROMANCE DE LIÑÁN
DE RIAZA]

Azarque bibe en Ocaña
desterrado de Toledo,
por la bella Zelidaxa,
vna mora de Marruecos.
Pensando estaua en la causa
de su lloroso destierro,
y contra su rey zeloso
dize rauiando de zelos:
"Para alçarte con mi mora
—dijiste—, rey, en Toledo
que a los moros de la Sagra
les pedí corona y zettro,

31v y que soy en traxe noble
vn Jenízaro pechero,
y que de abuelo traydor
no puede aber real nieto.
Sy te pluguiese, tirano,
que agamos los dos vn trueco,
toma mi billa de Ocaña
dame de Toledo un zerro,
en quya cumbre a tu mando
estaré con guardas preso,
mirando cómo tus moros
tienen a mi mora en zerco;
que finjiendo que me aguarda
y que libralla no puedo,
por lo menos moriré
y bibirás con sosiego".
"¡Mal aya el amor cruel
que flechando el arco ziego
traspasa de solo vn tiro
32   basallos y reales pechos!
Mora de los ojos míos,
segunda bez te prometo
te rescatar con mi alma
la belleza de tu cuerpo,
que amor que me diera vn rey,
tirano y mal cauallero,
me dará esfuerço a mý
para hecharle de Toledo".

15

[ROMANCE]

De Granada partió el moro
que se llama Benzulema,
allá se fuera hazer salto
entre Osuna y Estepa.
Der[r]ibado á los molinos
32v y los molineros lleua,
y del ganado bacuno
hecho auía grande presa,
y de manzeuos del campo
lleua las traýllas llenas,
por hazer enojo a Naruáez
pásalos por Antequera.
Los gritos de los christianos
hazían temblar la tierra.
Hoýdo lo auía Naruáez
questá sobre la barrera,
y como hera buen christiano
el corazón le doliera.
Yncádose á de rudillas
y aquesta oraçión dijera:
"Señor, no me desanpares
en esta ympresa tan buena,
que por te hazer servycio
dejo yo sola Antequera".
33 Mandó aperzeuir su gente
quanta en la uilla hubiera,
y por vn jaral que él saue
al encuentro le saliera.
De quantos que heran los moros
sólo vno se les fuera,
que hera el alcayde de Loxa,

que buen cauallo trujera.
Con la presa y caualgada
buélbese para Antequera.

16

[ROMANCE DE LIÑÁN
DE RIAZA]

Aloxó su compañía
en Tudela de Nauarra,
Brauonel de Zaragoza
que ba camino de Francia.
Con sus claras hondas Hebro
33v parezía que llamaba
a la sombra de vn jardín,
frontero de su bentana.
El moro piensa que son
amigos que le abisauan,
que pasan por Zaragoza
y bea si algo mandaua.
"Amadas hondas —les dize—,
de vosotras fío el alma
y estas lágrimas que bierto
aunque son muchas, llebaldas.
[Si] pasáys por junto a un balcón
hecho de berjas doradas,
que tiene por zelossía
clauellinas y halbaacas,
allí me ymporta que todas
llorando mostréys las ansias
deste capitán de agravios
que ba caminando a Françia.

34 Y si por dicha saliere
a miraros Guadalara,
hazed como entre bosotras
bea mis lágrimas caras.
Mal he dicho; no las bea,
que me corro de llorarlas,
y de que mi pecho duro
cupiese en tiernas entrañas.
El 'Brauo' me llama el mundo,
no se perbierta mi fama.
¡Afuera, ruydos de amor,
que me enbarazáis las armas!"
En esto oyó que a marchar
tocan clarines y caxas,
y que aguardan los jinetes,
le abría vn cauo desquadra.
Y su alférez y albazea,
porque Brauonel estaua
34v más temeroso de ausençia
que de las fuerzas roldanas,
puso vna partida muerte,
divisa agorera y mala;
en su bandera ponía,
adebinando bonanza,
enzima de un n[uevo] mundo,
con una buelta la espada,
en aráuigo esta lettra:
"Para la buelta de Françia".
Alegróse Brauonel,
en vn cauallo cabalga
diziendo: "Para la buelta,
no es vn mundo mala paga".

17

ROMANZE

35 A pasear vna tarde
por la ymperial toledana,
se sale el gallardo moro
Azarque, señor de Ocaña,
en vn cauallo alaçán
sembrado de manchas blancas,
más a parezer de mano
que naturalmente dadas.
Biste vna marlota el moro
porque alegre colorada,
y de trecho en trecho della
bordada lleua una malba.
"Ni ba ni biene mi mal",
por lettra el moro lleuaua,
que como tanto es querido
ni teme mal ni mudanza.
El capellar y bonete
hera de color morada,
que aun quiere bestir el cuerpo
35v del mismo color que el alma.
Plumas lleua en el bonete
costumbre dél muy husada,
porque al prinzipio su amor
dieron plumas y palabras.
Ya pasa el gallardo moro
por la calle más nombrada,
adonde bibe su amiga
parte y todo de su alma.
Al ruido que haçía el cauallo
se pusieron ziertas damas
a ber quién fuese el galán

en balcones y bentanas.
Y conoziendo que Azarque
y questá allí Zelidaxa,
le llamaron y él azeta
la conbersaçión y zambra.
Entre tanto que raçones
entre vnos y otros pasauan,
36   lo que no puede la boca
los dos con los ojos hablan,
porque siempre siruen ellos
de alcagüetes para el alma,
que aunque pintan Amor ziego
por los ojos tiene entrada.
En lo mejor de la fiesta
vna guarda del rey llama,
que pregunta por Azarque
a quien trahe vna enbaxada.
Y es que, sin más detenerse,
fuera de Toledo salga,
el moro dize en leyendo
la zédula, que se haga.
Pero la mora que behe
que su moro se le aparta,
llorando lágrimas bibas
camina a la real casa.
Preguntando por el rey
36v   justiçia a bozes demanda,
y en biéndola de rudillas,
halçando las manos habla:
"¿Por qué causa, ynjusto rey,
de los bienes de mi alma
azes tan franca la feria?
¿Es por ser de Zelidaxa?
¿Es bien que porque no cumpla
tu torpe yntención, y mala,

destierres al moro mío
en quien fío, desdichada?
Mira que no haçes justiçia,
que nu te hofendido en nada.
Bu[é]llbeme mi Azarque, Rey,
o a su Zelidaxa acaua.
¿Qué dirán los de Toledo
quando sepan lo que pasa,
que destierras a tu primo
por enterrar a su dama?
37   ¿Piensas que porque seas rey
y aquesas braueças agas,
te an de amar, aunque no quieran,
las hermosas moras damas?
También es mi Azarque rey,
no de aquí ni de La Sagra
que falsamente le ymputas,
pero eslo de mi alma.
Amigo, será pusible
pierdas la uida en Ocaña,
más no que biba sin ti
la mora que tanto te ama.
Que yo espero en ese brazo
acostumbrado a benganza,
te bengará de la ynjuria
hecha contra tu honrra y fama".
37v   El rrey, que más está atento,
mirando a su Zelidaja,
porque sin remedio muere,
que a las palabras que habla,
mandó que la recoxiesen
en lo más alto de cassa,
que quiere probar si ausençia
causará en ella mudanza.

18

[ROMANCE DE LOPE
DE VEGA]

Sale la estrella de Venus
al tiempo que el sol se pone,
y la enemiga del día
su negro manto descoxe,
y con ella vn fuerte moro
semejante a Rrodamonte
38 sale de Sidonia ayrado,
de Jerez la bega corre,
por donde entra Guadalete
al mar dEspaña, y por donde
de Sancta María el Puerto
rezibe famoso nombre.
Desesperado camyna,
que siendo en linaje noble,
le dexa su dama yngrata
porque se sueña ques pobre.
Y aquella noche se casa
con vn moro feo y torpe,
porque alcayde en Seuylla
del Alcázar y la Torre.
Quexándose dulzemente
de vn agrauio tan ynorme,
a sus palabras la bega
38v con dulzes ecos responde:
"Zayda —dize—, más ayrada
que el mar que las naues sorbe,
más dura y enesorable
que las entrañas de vn monte,
¿por qué permite[s], cruel,
después de tantos fabores,

que de prendas de my alma
ajena mano se adorne?
¿Por qué a tus blandos oýdos
endureze[n] mis raçones,
pues bastan enternezer
a las piedras que las oyen?
¿Es pusible que te abrazes
a las cortezas de vn roble,
y dejas vn árbol tuyo
desnudo de fruta y flores?
39 ¿Dexas tu amado Gazul,
dejas tres años de amores,
y das la mano Albenzayde
que aun apenas le conozes?
Dejas vn pobre muy rico
y un rico muy pobre escoxes,
pues las riquezas del cuerpo
a las del alma antepones.
Alá permita, enemiga,
que te aborrezca y le adores,
y que por zelos suspires,
y que por ausençia llores,
y que de noche no duermas,
y de día no reposes,
y en las zambras y en las fiestas
no se bista tus colores,
ni para belle permita
39v que a la bentana te asomes,
y menosprezie en las cañas
para que más te alborotes,
el almayzal que le labres,
y la manga que le bordes,
y ponga la de su amiga
con la zifra de su nombre,
a quien le dé los cauptiuos

quando de la guerra torne,
y en batalla de christianos
de velle muerto te asombres.
Y ruego Alá que suzeda
quando la mano le tomes,
que si le as de aborrezer,
que largos años le gozes,
ques la mayor maldizión
que pueden hechar los hombres".

40 Con esto llegó a Jerez
a la mitad de la noche;
alló el palaçio rebuelto
de luminarias y bozes,
y los moros fronterizos
que por todas partes corren,
con las achas enzencidas
y las libreas conformes.
Delante del desposado
en los estriuos se pone,
y arrojándole vna lanza
de parte a parte pasóle.
Alborotóse la plaza,
desnudó el moro su estoque,
y por el medio de todos
a su Medina boluióse.

19

40v ROMANZE [DE LOPE
DE VEGA]

El tronco de hobas bestido
de vn álamo berde y blanco,
entre espadañas y juncos

bañaua el agua de Tajo,
y la punta por su altura
del ardiente sol los rrayos,
y todo el árbol dos bides
entre razimos y lazos.
Y al son del agua las ramas
yriendo el zéfiro manso
en las plateadas hojas,
tronco, punta, bides y árbol.
Éste con llorosos ojos
mirando estaua Belardo,
porque fue su gloria vn tiempo
como agora su cuydado.
Bio de dos tórtolas vellas

41 tejido vn nido en lo alto,
y que con arrullo ronco
los picos se están besando.
Tiró vna piedra el pastor
[y esparció en el aire claro]*
ambas tórtolas y nido
diziendo alegre y vfano:
"Dejá la dulze acoxida,
que la quel Amor me dio,
enbidia me la quitó
y ymbidia os quita la vida.
Zese ya vuestra amistad,
como se acauó la mýa,
que no á de aber compañía
donde está mi soledad.
Tan sólo pena me da,
tórtola, el esposo tuyo,
y tú luego allarás cuyo
pues Filis le tiene ya".

41v Esto diziendo el pastor
desde el tronco está mirando,

adónde van a parar
los amantes desdichados.
Y bio que en un verde espino
otra bez se están mirando,
admiróse y prosiguió
oluidado de su daño:
"De vuestro nido os heché,
ya tenéis compañía,
espero en Dios que algún día
con Filis me juntaré".
Boluntades que abasalla
amor con su fuerza y arte,
quién abrá que los aparte,
que apartallas es juntallas.

———

*Omitido; lo tomamos del *RG*, 31v.

20

₄₂   ROMANZE

Quando el piadoso Eneas
de la tormenta arrojado
surjió con sus rotas naues
a los puertos de Cartago,
transformado el niño dios
en forma de Julio Ascanio,
yrió de la bella Elisa*
el pecho amoroso y casto.
Ni le caue el corazón
en los soberuios palaçios;
chicos son los hedifiçios,
aunques mayor su cuydado.
Sube a buscar a los montes

remedio de tantos daños,
sin mirar que yba con ella
quien siempre le ba atizando.
Los africanos se ocupan
_{42v} en cazar corzos y gamos,
mientras que la triste reyna
cazaua consejos barios.
El zielo les fue propizio,
aunque después fue contrario,
turbió el christalino zielo
vn muy oscuro ñublado,
el qual, con furor biolento,
de tal suerte á descargado
que sólo quedó con Dido
hese capitán troyano.
Metiéronse en vna cueba
morada de vrauos faunos,
los quales fuero[n] testigos
de los contentos de entranbos.

———

*"y bio" en ms.

21

₄₃   ROMANZE

Contando está sobremesa
el piadoso troyano
a la uiuda de Sicheo,
fundadora de Cartago,
cómo la famosa Troya
hera de zenizas campo
por aquel caballo muerto
de vibos griegos preñado.

Al triste caso y cuento nunca oýdo
atenta por su mal estaua Dido.

Contaua cómo sus reyes,
a fuego y a sangre entrambos,
murieron en vn altar
con vn laurel por retablo,
y que los ados crueles
repiten por sus palacios
los agüeros de Casandra*
[cumplidos y no esperados].**

43v *Al triste caso, al cuento nunca oýdo*
atenta por su mal estaua Dido.

Contó quel humo y las llamas
de los ojos le robaron
a su querida Creusa,
la madre de Julio Ascanio.
Y que en el seno ascondido[s]
sacó a sus Penates sacros,
y sobre los hombros fuertes
a su padre de zien años.
Al triste caso y cuento nunca oýdo
atenta por su mal estaua Dido.

Contó de su madre Benus
aquel zelestial milagro,
por do bino a conozer
que hera de Cupido hermano;

44 su mucha flota perdida,
sus amigos haogados,
al piloto Palimuro,
al fiel Acates lozano.
Al triste caso [y cuento nunca oýdo
atenta por su mal estaua Dido].

Oyó la phenise reyna
quel çiego Amor, entre tanto,

secreta flecha le tira
al pecho seguro y casto.
Vn dios le pareze Aeneas,
y entre respetos contrarios,
labraua humildes despojos
y no fuertes muros altos.
Al triste caso, al cuento nunca oýdo
atenta por su mal estaua Dido.

———

*"aquejos" en ms.
**Guillotinado; lo tomamos del *RG*, 256.

22

ROMANZE

44v

La desesperada Dido,
de pechos sobre vna almena,
dize, biendo por el mar*
huyr la flota de Heneas:
"¡Oh dura Troya, oh fementida Elena,
primeras ocasiones de my pena!

"Si Paris fuera buen güesped
y buena esposa la griega,
Troya gozara su ymperio
y sus capitanes Greçia:
¡Oh dura Troya, [oh fementida Elena,
primeras ocasiones de my pena!]

"Ni las reliquias troyanas
poblarán a mis riberas,
ni el cruel hijo de Anchises
se burlará de mi pena:
¡Oh dura Troya, [oh fementida Elena,
primeras ocasiones de my pena!]

45 "Parézeme que su naue
es la que va más lijera,
y yo, triste, con suspiros
más biento doy a sus belas:
*¡Oh dura Troya, [oh fementida Elena,
primeras ocasiones de my pena!]*

"¿De quién huyes, fementido?
¿A quién buscas, a quién dejas?
A lo ynçierto te abenturas
y lo ques zierto desprezias:
*¡Oh dura Troya, oh fementida Elena,
primeras ocassiones de my pena!*"

————

*"Corre" en ms.; lo tomamos del *RG*, 93.

23

[ROMANCE]

El cuerpo preso en Sansueña
y en París cauptiua el alma,
puesta siempre sobre el muro
porquestá sobre su cassa,
45v está siempre Melisendra
y sus ojos hechos agua.
Mira de Françia el camino
y de Sansueña la plaza,
y en ella be vn cauallero
que junto a la zerca passa.
Házele señas, y biene,
que biene porque le llama.
"Sy soys christiano —le dize—
y auéys de pasar a Françia,
preguntad por don Gayferos,

dezilde que a quándo aguarda,
que muy mexor pareziera
quebrando aquí muchas lanzas
que no allá con pasatiempos
jugando dados y cañas;
que sy espera berme mora,
46 que otra cosa no me falta,
que amándole, no es pusible
uibir sin alma christiana".
Tanto llora Melisendra
que las raçones no acaua.
Don Gayferos le responde,
halçándose la zelada:
"No es tiempo de disculparme,
señora, de my tardanza,
pues de no tenerla agora
no es de tanta ynportanzia".
Conózele Melisendra
y, sin replicar palabra,
le dize quespere vn poco
y en menos de vn credo baxa.
A ella en las ancas sube,
y él en la silla caualga,
46v y a pesar de la morisma
se entraron dentro de Franzia.

24

[ROMANCE]

Muerto yaze el gran Ponpeyo
en el mar de Alexandría,
el cuerpo sin la caueza
que cortó el rey de Zizilia.

Entran y salen las aguas
por vna y otra herida,
y el cruel biento le lleua
mar abajo y mar arriba.
Andaua alçando el cuerpo
por vna y por otra uía,
47   muy cargado de heridas
sin aber quién le reziua,
sino el piadoso Codro,
que lesperaua a la orilla.
Y porque benía la noche
aguardó que benga el día,
y en busca de su Pompeyo
entra por la mar arriba.
Y a poco trecho que andubo
bido el cuerpo que benía,
sacudido de las ondas
de la mar enbrauezida.
Y como le conozió
caminaua muy apriesa,
mas ympídenle las hondas
del biento que las regía.
Como bio la mar ayrada
47v   desta manera dezía:
"No ympidáis, sagradas ondas,
la piadosa hobra mýa,
no la honrra ni la fama
que le otorgo en este día.
No pide el magno Pompeyo
sepoltura alta ni rica,
ni las soberuias colunas
de mármol de Alexandría,
ni que le lleuen en hombros
la jente noble y patrizia,
ni que le llore la muerte,

la muger y la familia;
pide sepulcro al arena
de pleueya y baxa estima,
como se lo da a qualquiera
de los que a su costa arriua".

25

48   ROMANZE [DE LIÑÁN
DE RIAZA]

Los pámpanos en sarmientos
el estío ba trocando,
y entre los berdes raçimos
maduran algunos granos.
Segadas ya las espigas,
son rastrojos los sembrados
y el labrador, en sus heras,
tiende parua, trilla vfano.
Hechas muela las obexas
temiendo del sol los rayos,
vnas a la sombra de ottras
hazen siesta en campo raso.
Aquesta saçón Riselo
estaua junto a un ribazo
hecho por las abenidas
vn pedregoso barranco.
No tiene miedo al buchorno,
48v   cuya calma abrasa el campo,
que sólo el fuego de amor
le pudo pasar del sayo.
Con mil imajinaziones,
entre los duros guijarros,
hescuchando el ruydo sordo

de un ar[r]oyo claro y manso,
por el qual bio que benía
ya paçiendo, ya topando,
vna baca y vn nouillo
pasando el agua despaçio.
La baca es baya y zerril,
remendada cuello y manos,
el novillo es chico y nuevo,
lomo negro y pecho blanco.
"Que aya amor entre estos brutos
—dize torçiendo las manos—
49   y que me oluida Narzisa:
¿es pusible tanto agravio?
Mis esperanzas floridas
son abrojos, heno y cardos,
¡Ay sospechas mugueriles,
más banas que el biento bano!"
En esto bio que salía
de la sombra de un peñasco
un toro de agudos cuernos
y de zerviguillo pardo.
Hazia el nouillo arremete
el pendençiero Ribaldo,
quitarle quiere a su baca
y le amenaza bramando.
Riselo que bio esta fuerza,
quitando al cayado el gancho,
le puso de presto vn yerro
que compró para su dardo.
49v   Con la honda le desuía
sin balerse del cayado,
que si el toro es brauo y fiero,
el pastor es fiero y brauo.
Seguro quedó el nouillo
aunque medroso el contrario,

se buelbe al espeso bosque
huyendo por vn atajo.
"Allá vayas, bestia fiera,
—dize el pastor suspirando—
¿tan poco cuesta vn fauor
que quieras tiranizallo?
Deja que goze el nouillo
de su baca tiempo largo:
¡maldito sea [d]el amor
quien buscare amor forzado!"

26

ROMANZE

50   Lisaro, que fue en Granada
caueza de los Zegríes,
más galano en guerra y paz
que el mejor Almoralife,
sale de Alcalá de Henares
donde siruiendo reside
el alcaydía famosa
que le dio su rey Tarife.
No ba, qual suele, a Toledo
a jugar cañas, ni biste
morado alquízar de seda,
ni dorado alfanje ziñe;
ni siembra el bon[e]te azul
de granat[e]s y amatistes,
ni lleba listadas de oro,
blancas tocas tunezíes.
Buscando sale furioso
50v   la bella Zaida, a quien sirue,

y a su padre que la lleba
siguiendo a quien le persigue.
Enzerralla quiere el moro
por sospechas que le oprimen,
siendo tal, que pueda al templo
lleuar el agua de Tíber.
En estas ansias Lisaro
aze que su jente aplique
la color del corazón
al bestido negro y triste.
Quatro moros le acompañan,
todos de negro se bisten:
de luto son los jahezes,
de luto los tahelíes,
en alfanjes y azicates
relunbran nueuos barnizes,
51   y en yguales estr[i]ueras,
de cordobán borzeguíes.
Las lanzas de color negro,
los yerros la bista ympiden,
asta las blancas adargas
con bandas negras diuiden.
Yeguas negras andaluzes
que al biento los pasos miden,
sólo los frenos son blancos
por la espuma que los tiñe.
Lisaro, solo entre todos,
vn ramo de laurel ziñe
a las tocas del bonete
entre los penachos tristes.
Y en el camino se para,
aunque ymporta que camine,
y mirando el ramo berde
51v   a sus esperanzas dize:
    "Sólo en mis entrañas puede

ser poderoso y pusible,
nazer de esperanzas berdes
la muerte que los marchite.
En las manos de mi Zaida,
alegre ramo, naziste,
con tan serenos prinzipios
quesperan a alegres fines.
Pero en la flor de tu gloria
quatro enemigos tubiste,
agua, niebe, yelo y ayre
que aun cortado te persiguen.
Pero aunque boy a la muerte
no he querido que me priben
de que mi luto acompañes
tú que mi esperanza fuyste,
52   para que en mi sepoltura
el que te biere ymajine
quel dueño de tanto bien
bibo muere y muerto bibe".
Tales quejas dize el moro
qual suele en su muerte el zisne,
quando Amor le enseña a Zaida
que tiene bista de linze.
Lisaro anima su gente
y haze que las yeguas piquen,
y a los cauallos contrarios
que alborotados relinchen.
La jente se pone en armas,
pero de poco les sirue,
porque al fin buelbe [a] Alcalá
con su esposa alegre y libre.

27

52v

ROMANZE

Don Rodrigo de Bibar
está con doña Jimena
de su destierro tratando,
que sin culpa le condenan.
El rey Alfonso lo manda,
sus enemigos se huelgan,
llórale toda Castilla,
porque huérfana la queda.
Gran parte de sus aberes
á gastado el Zid en guerras,
no alla para el camyno
dineros por su hazienda.
A dos judíos combida,
y siéntalos a su mesa,
con agradables carizias
mil florines les pidiera.

53 Diziendo que por seguro
dos cofres de plata tengan,
y que si no los pagaran,
los enpeñen o los bendan.
Dales dos cofres zerrados,
y entrambos llenos de arena,
y confiados del Zid
dos mil florines lenprestan.
"¡O nezesidad ymfame,
a quántos honrrados fuerzas
a que, por salir de ti,
agan mill cosas mal hechas!
¡Rey Alfonso, señor mío,
a mal omes das orejas,

y a los hidalgos honrrados
palaçio y oýdo zierras!
[Mañana saldré de Burgos]*
53v a buscar en la frontera
algún pequeño castillo
adonde my jente quepa,
porque son ta[n] orgullosos
los que llebo en mi defensa,
que quatro partes del mundo
tendrán por posada estrecha.
Y estarán mis estandartes
tremolando en sus almenas,
caualleros agrauiados
allarán amparo en ellas.
Y por no perder el nombre
de tu reyno, ques mi tierra,
los lugares que ganare
serán Castilla la Nueba".

―――――

*Omitido; lo tomamos del f. 135 del códice.

28

54

ROMANZE [DE LOPE DE VEGA]

Por los jardines de Chipre
andaua el rapaz Cupido,
entre las yeruas y flores,
jugando con otros niños.
Quál trepa por algún sauze,
presumiendo alcançar nidos;
quál anda cojiendo el biento
por cojer los paxarillos;

quál haze jaulas de juncos;
quál labra palaçios ricos
en lo güeco de los frexnos
y troncos de los oliuos.
Quando, cubiertas de abexas,
alló el trauieso Cupido
dos colmenas en vn robre
con mil panales lasçiuos.
54v Metió la mano primero,
llamando a los otros niños,
picóle en ella vna aueja
y sacóla dando gritos.
Huyen los niños medrosos,
el rapaz pierde el juizio,
base a buscar a su madre
a quien, lastimado, dijo:
"Madre mýa, vna avezilla,
que cassi no tiene pico,
me á dado el mayor dolor
que pudiera el áspid liuio".
La madre, que le conoze,
bengada de verle herido
de quando la yrió de amores
de Adonis, que tanto quiso,
riéndose le responde:
"De poco te admiras, yjo,
55 syendo tú de las abejas
tan semejante en el pico,
que siendo niño y pequeño,
desarmado y zieguezillo,
dejas el pecho do llegas
ponzoña de basilisco".

29

[ROMANCE]

Huyendo ba el rey Rodrigo
del exérçito pagano,
derriuado de su a[l]tura,
por vn apetito bano.
Subido en un a[l]to zerro
mira su gente de vn llano
desbaratada y rompida,
por vn [apetito bano].
55v Tendiendo en ancho la bista,*
bio que el bárbaro africano,
pose[e] lo que á perdido,
por [vn apetito vano].
Suspira el triste diziendo,
puesta en el rostro la mano:
"¡Fortuna, quánto he perdido,
por vn apetito bano!
Bien pronosticó my suerte
Hércules el Africano,
pues figura vn rey perdido
por vn [apetito vano].
¡O Caua, nunca nazieras!,
pues por ti, como billano,
perdí my zeptro y corona
por vn apetito bano.
56 No sólo soy el que pierdo,
pues pirmitió el soberano
que perdiese el reyno todo
por vn apetito bano.
Al qual le pido y suplico,
ya quel cuerpo mal christiano,

pero no se pierda el alma,
por vn apetito bano".

———

*"Pendiendo" en ms.

30

[ROMANCE]

En vn furioso cauallo,
con el asta blandeando,
Bernardo el Carpio se sale
de los de Françia triumphando.
Súbese en vn alto zerro
56v por estar de allí mirando
el atroz y duro fin
de los del contrario bando.
Bido a Oliueros por tierra
y espirar al fuerte Horlando,
y por vna cuesta ar[r]iba,
hir huyendo a Carlomagno,
de sudor y polbo lleno
y en vn cauallo tan lasso,
que aunque con priesa le bate
adelante no hecha vn paso.
Be al fuerte Dardín de Ardeña
de parte a parte pasado,
y trae él a Montessinos
del braço spañol temblando.
Be al gallardo Durandarte
57 yr cayendo y lebantando,
y quexarse tiernamente
al famoso don Reynaldos.

Be a los suyos muy furiosos
hir bictoria apellidando,
y sus trompas y clarines
en el çielo retumbando.
Be el campo de roja sangre
de paladines bañado,
y sus pintadas banderas
por el ayre tremolando.
Bernardo que aquesto mira,
aunque dolor le á causado,
hacia los franceses buelto
les dize con rostro ayrado:
"Enemigos alebosos
del rey don Alonso el Casto
57v y de toda España y míos,
no os yréis désta alabando".

31

[ROMANCE]

Al ruydo sonoroso
de vnas ondas christalinas,
que naçiendo de vna peña
bañan oro y perlas finas,
cuyas orillas adornan
jazmines y clauellinas,
tocando con sus raýzes
las claras aguas y frías,
al pie de vn álamo berde
Albanio, solo, yazía,
comtemplando a su Lisea
58 a quien contento atendía.

[   ]
largos años se le haçían,
porque siempre al que bien quiere
qualquier punto le fatiga,
y si hoja el biento muebe,
ya piensa que es su alegría
y ansí alegre y muy gozoso
sale apriesa a rezeuilla.
Mas biendo su claro engaño
paso a paso se boluía,
do con recatado oýdo
a su officio se boluía.
Su hermosísima Lisea,
que ascondida aquello mira,
las berdes ramas bullendo
prueba en su amante hazía,
58v y quebrándose vna a casso
con quella más se cubría,
hazertóla a ber Albanio
y gozoso allá camyna;
mas no con tal lixereza
la zierba parte herida
a buscar la clara fuente
como ella se partía.
Otra pastora la llama,
del cuytado condolida,
y tanto con ella pudo
que al pastor aguarda y mira.
Albanio llegó temblando,
diziendo: "Pastora mýa,
sy a caso yo te he ofendido,
executa en mý tu yra".
59   La pastora le responde:
"Bete, adiós, zagal, camina,
que el que firmemente quiere
por pago toma vna bista".

Fuela a responder Albanio,
mas ya la pastora altiua
con azelerado passo
largo trecho se retira.
El que quiso o quiere bien
contemple quál quedaría,
el que aguardaua contento
y llegado fue fatiga.

32

[ROMANCE DE LOPE
DE VEGA]

La diosa a quien sacrifica
Chipre y Samo en sus altares
59v ba buscando, peregrina,
del mundo las quatro partes
a buscar el niño Amor,
que á días que dél no saue,
que se le huyó de su esphera,
temiendo que le azotase
porque probando vnas flechas,
que en ferias le dio su padre,
hirió su pecho diuino
de amor y prendas mortales.
Pero, al fin, como muger
más rendida a sus conbates,
le busca entre las mugeres
donde más sus llamas arden.
"¿Quién á bisto un niño ziego,
perdido desde ayer tarde,
con vnas flechas al hombro,
60   lo demás del cuerpo en carnes?

Tiene muy buenas palabras
aunque malas hobras haze;
regala en la casa quentra,
aunque mata cuando sale.
No come sino corazones
porque es amigo de carne,
y de la caza que mata
es suya la mayor parte".
Las mugeres le responden
que niño de prendas tales
nunca le bieron, ni crehen
que se perdiese tan grande,
y que ellas sólo conozen
vn biexo que las abate
que se llama el Ynterés
60v más hombre y de peor talle,
nazido en las minas de oro,
criado en ricas çiudades,
muy perezoso de pies
y de manos liberales.
No en carnes co[mo] el Amor,
ques vn poco frío y graue:
ropa de martas se biste
guarnezida de diamantes.
Desesperada la diossa
para los hombres se parte.
Todos dizen que ese niño
á muchos días ques frayre,
y quellos nunca pudieron,
por más que dél se preziasen,
alca[n]zar sin ynterés
fabor que vn ora durase.
61 Bisto aquesto, Benus fuese
por vna sierra adelante,
donde, cubierta de niebe,

bio vna choza de zagales.
Y dentro bido a Cupido
temblando de frío y ayre,
calentándose las manos
en vnas llamas que salen
del pecho de vn pastorçillo
que sobre vnas pieles yace,
cuyo nombre hera Belardo,
sólo berdadero amante.

33

[ROMANCE DE LOPE
DE VEGA]

Sacó Benus de mantillas
a Cupido vn día de fiesta,
61v que quiere la sauia diosa,
que a ler y a escriuir aprenda
porque no piensa dejalle
ningún mayorazgo o renta,
ques poco lo que le biene
al pobre niño de herençia.
Y luego, el lunes siguiente,
manda que baya a la escuela,
y porque ba[ya] contento
compróle cartilla nueba.
Dale zestilla en que llebe
el almuerço y la merienda,
Cupido, luego en entrando,
le tomó muy gran tristeza
en ver azotar a un niño
porque la liçión no azierta,
y que el maestro enojado,

62   las manos en la correa,
      dize a bozes a los niños
      que la letra con sangre entra.
      Todos comienzan a leher,
      Cupido a trazar comienza
      cómo podrá deslizarse
      antes que a dar liçión benga.
      Pidió el astuto rapaz
      para yr al campo lizençia,
      y en retorno de boluer
      se fue en cas de vna maesa,
      a donde vio muchas niñas
      sacando curiosas muestras:
      quál dellas sacando rondas,
      ottras hazían cadenetas,
      ottras hazían baynillas,
62v   otras labran castañuelas,
      y las que poquito saben
      hazen lomillos y trenzas.
      Entre aquestas auía vna
      hermosa en grande manera,
      que aunque es de poquita hedad,
      es en estremo discreta.
      Labra vnas lisonjas de oro
      en lo blanco de vna rueda,
      que aunque fuera de Fortuna
      la tubiera en sí sujeta.
      Y quando el oro le falta
      vn cauello suyo enebra,
      que del horo a sus cauellos
      no hay ninguna diferenzia.
      Enbelesóse Cupido
63   en ber su grande belleza,
      él la procura hablar,
      ella lesconde la horeja.

La maesa que lo á bisto
hechóle la puerta afuera,
que no quiere que en su cassa
desgraçia alguna acontezca.
Cupido se fue a la suya
y a su madre pide y ruega
antes le ymbíe a labrar
que le mande yr a la escuela.
La madre que ya entendía
de qué pie el triste coxea,
con vna benda morada
los ojos le tapa y benda,
que por yspirençia saue
que amor por los ojos enttra.

34

63v   ROMANZE

Pensatiuo estaua el Zid,
biéndose de pocos años
para bengar a su padre
matando al conde Lozano.
Miraua cómo en la cortes
del rrey de León, Fernando,
su boto hera el mejor
y en guerra mejor su brazo.
Miraua el camp[o] temido
del baleroso contrario,
que tenía en las montañas
mill amigos asturianos.
Todo le pareze poco
respeto de aquel agrauio,

el pr[i]mero que se yzo
a la sangre de Laýn Calbo.

64 Al çielo pide justiçia,
a la tierra pide campo,
y al biexo padre liçençia,
y a la honrra fuerza y brazo.
No cura de su niñez
que, en naçiendo, está obligado
a morir por cossas de honrra
el hijo del h[i]jodalgo.
Descolgó vna espada mohosa
de Mudarra el castellano,
que estaua mohosa y bota
por la muerte de su amo.
Y biendo que aquesta sola
bastaua para descargo,
antes que se la ziñese
ansí la dijo turbado:

64v "Haz cuenta, baliente espada,
que ottro Mudarra te ziñe
y que con su brazo riñe
por su honrra maltratada.
Bien sé que te correrás
de venir a my poder,
más no te podrás correr
de verme hechar paso atrás.
Muy más fuerte que vn azero
me berás en campo armado,
segundo dueño as cobrado
tan bueno como el primero.
Y si alguna desbergüenza
te forzare a ymfame hecho,
hasta la cruz en mi pecho
te asconderé de vergüenza.

65 Bamos al campo, ques ora

de dar al conde Lozano
el catigo que mereze
tan ynfame leng[u]a y mano".
Determinado ba el Zid,
y tam bien determinado,
que dentro vn hora quedó
muerto el conde y él bengado.

35

[ROMANCE]

Formando quejas al biento
la boz con rauia lebanta
de dolor la triste Olimpia
que al duque Bireno llama.
Y biendo que no aprouecha
65v y que ansí en bano se cansa,
y que por el mar adentro
ba el robador de su fama,
que ni buelue por la toca
ni por señas de la manga,
y que la naue del puerto
con lijereza se aparta,
buelue al lecho do durmieron*
juntos la noche pasada;
sus dos ojos hechos fuentes,
dize, con la boz cansada:
"¡Ay, despoxos de mi gloria,
con tal renombre alcanzada!,
¿cómo no tenternezistes,**
mi memoria no olvidada
de aquella dichosa noche
66 donde reposó mi alma

con mi querido Bireno
que agora de mý se aparta?"

————

*"durmiendo" en ms.
**"henternezistes" en ms.

36

[ROMANCE]

De luto bestida toda,
persona, aposento y alma,
negro el estrado y más negro
el corazón, vida y alma,
está doña Hurraca bella
por muerte del rey dEspaña,
a quien ella más quería
que al corazón, bida y alma.

66v Con la mano en la mejilla
muchas lágrimas derrama,
y con ellas mil suspiros
del corazón, [vida y alma].
El buen biexo Arias Gonzalo
entraua ya por la sala,
y con él sus quatro yjos
del corazón, [vida y alma].
Sacó vna carta del seno
sobrescripta a doña Hur[r]aca,
con la qual se entristezió
el corazón, [vida y alma].
Con vn león y un castillo
yba la carta sellada,
dásela con gran dolor
del corazón, [vida y alma]:

67   Carta:

Perdona, doña Hurraca, si te fuere
congojosa mi carta y laberinto,
que yo muy mal haría si sufriere
el reyno y patrimonio estar distinto.
Dame a Zamora, si te pareziere,
no dejes de mi sangre el suelo tinto.
Arélo, pues en ello el reyno ensancho.
Nuestro Señor te guarde.
                          El rey don Sancho.

De ber palabras tan duras
doña Vr[r]aca se desmaya,
buélbese muerta y más muerta
que el corazón, [vida y alma].
Y después de buelta en sí
consejo a todos demanda,
ofrézenle con que alegre
el corazón, [vida y alma].

37

67v   ROMANZE

De vna fragosa montaña,
en la parte más espesa,
haziendo está Montessinos
con vna daga la huesa
para ya el difunto primo,
flor de la nazión franzesa,
que acauaua despirar,
¡ay, Dios, y cómo le pesa!

Y porque ya de los montes
baxaua la sombra apriesa,
del noble trauajo propio,
aunque se cansa, no zessa.
Porque el cuerpo no se quede
aquella noche por presa
de las fieras y las aues,
¡ay, Dios, y cómo le pessa!

68 Hecha, pues, la sepoltura,
con jemidos, le confiesa
por baliente y desdichado
y en el carrillo le bessa.
Y sacado el corazón
donde está Belerma ympresa,
con sus lágrimas le laua:
¡ay, Dios, y cómo le pessa!

Y auiéndole sepultado
de vna antigua aya y gruesa,
cuelga las sangrientas armas
no por tropheo ni ympresa,
syno por memoria triste
de que en parte tan auiesa
se plantó vna flor de lis:
¡ay, Dios, y cómo le pessa!

38

68v   ## ROMANZE

En grande estrecho está Roma
que Porsena la á zercado
deseoso de rendir
al fiero pueblo yndomado,

y meter en sujezión
quien al mundo á sujetado.
Todos estauan gozosos
de ver el fin deseado,
y biéndola desta suerte
vn baleroso romano
que Széuola se dezía,
de morir determinado,
porque no goze de ver
lo que tanto á deseado,
ni triunphe de los despojos
que de tantos á triumphado,

69 quiere darse alegre uida
por la de su pueblo amado,
y con muerte de Porsena
hazer a todos bengado.
Y queriéndose partir
al hecho azañoso y brauo,
dize mirando a su tierra,
de gran dolor lastimado:

Amada patria, alegre, dulze y claro,
exçelsos muros, fuertes torreones
que de tantas belicosas naziones
auéys sido reparo,
pues el rigor del zielo así á hordenado
rendíos a Porsena,
mas antes se ajunta fenezida
en ti la libertad y en mí la uida.

69v Mientras que fuystes fuertes fundamentos
de Rómulo y de Romo fabricados,
fuystes del tiempo prosperados
y en libertad contentos.
Mas, ¡ay!, que la Fortuna ya canssada
con buelta hazelerada

quiere que sea conozida
en tí la libertad y en mý la uida.

Mas si es dispusición de fiero hado
antes que bea el miserable hecho,
de aquel tirano y riguroso pecho,
pretendo ser bengado
pues lo tenía a dicha y buen[a] suerte
morir por le dar muerte
antes que sea fenezida
en ti la libertad y en mý la uida.

39

70   ROMANZE

Después de aquella sangrienta
y memorable batalla
que para eterna memoria
la de Rábena se llama,
Diego García de Paredes,
yjo natural dEspaña,
extremeño baleroso,
asombró a toda Ytalia,
pues, como Aníbal, la tubo
por su esfuerzo amedrentada;
saliendo a probar bentura
con tres compañías de armas,
armadas por los franzeses,
dieron en vna enboscada
que en el número a los nuestros
hazían desygual bentaja;
70v   mas no por la multitud
nuestro español se acobarda,
antes con ellos enviste

y ellos todos sobre él cargan,
y por matalle el cauallo
preso entre quatro se alla,
que, como fieros leones,
de la riefriega le sacan,
y el exérçito franzés
con gran de[s]contento marcha,
para presentar la presa
ques triumpho de toda Franzia.
Y a la pasada de vn río,
por vna puente muy alta,
myrólos Diego Paredes
con ojo y con risa falsa,
71   y reboluiendo con furia
con todos quatro se abraza,
y como otro brauo Alzides
en el ayre los lebanta,
a[r]rojándose con ellos
caen los zinco en el agua,
y los franzeses se ahogan
por ser pesadas las armas;
y la ymitaçión de Horazio
se fue adonde se escapaua.
Este es hecho despañol
digno de gloria y de fama.

40

[ROMANCE ¿DE
VICENTE ESPINEL?]

71v   A reñir salen furiossos,
sin padrinos ni terzeros,
de la benerable Yllescas

dos cansados escuderos.
Haziéndose el vno al otro
muchas brauatas y fieros,
por enbustes de vna dama
a quien andauan quat[r]eros.
Y a la salida encontraron
dos amigos tauerneros,
en cuyas casas entraron
a templarse los azeros.
Y con dos gordos solomos
y dos bien tostados cueros
de vn gordo lechón, se hecharon
bien quattro azumbres enteros.

72 Puestos a treinta con rey,
ban hechos unos Rujeros,
dejan a guardar las capas
a los vezinos postreros,
porque á de ser la batalla
de la zinta arriba en cueros,
como lo estauan los dos
que an cargado delanteros.
Y halzadas ya las espadas,
para hazerse arneros,
bieron estarse topando
allí zerca dos carneros
que sobre vna triste obexa
se daban golpes tan fieros
que no pueden despartirlos

72v a palos los ganaderos.
Asta que llenas las frentes
de sangre y mill agujeros,
cayeron muertos en tierra
y en la cuenta los guerreros.
Y como es descuderazos
ser de nonada agoreros:

"¿Qué os parece —dijo el vno—
que causan de amor los fueros?"
"Que dejemos —dijo el otro—
nuestros yntentos primeros,
que lo que hazen los brutos,
no lo han de hazer caualleros".

41

[CANCIÓN]

73 *Filis, ¿por qué te apresuras*
a encubrir tus ojos bellos,
siendo el uellos o no bellos
tener luz o estar ascuras?

Adbierte vn poco y berás,
si aduertençia caue en ti,
que no ay más luz para mí
de aquella que tú me das.
Y aunque su curso apresuras,
verán esos ojos bellos,
que pues son mis luçes ellos
no es raro dejarme ascuras.

Pudiera el agua que vierto
formar nubes cuyo belo
dejaran ascuro el çielo
de su esperança cubierto.
Mas los soles que apresuras
nayde pudo escureçellos,
questá en yrte o quedar ellos,
tener luz [o estar ascuras].

73v A todos tus luçes bellas
comunicas blandamente,

y aquel que su efeto siente
áçese yncapaz de bellos.
Si de mi fe te aseguras,
detén esos ojos bellos,
pues es bellos o no bellos,
tener luz o estar ascuras.

42

[CANCIÓN DE LUPERCIO
L. DE ARGENSOLA]

Bien pensará quien me oyere,
biendo que [é] llorado tanto,
que me alegro agora y canto
como el çisne cuando muere.
Créalo quien mal me quiere,
mas sepa quien se lastima
74 de que el duro amor me oprima,
que con este mismo son
pude romper la prisión
y disimular la lima.

Que como las esperanças
le dejaron la salida,
aunque hermosura lo ynpida
rompí por sus açechanças.
Las plantas hazen mudanças
sigún las ynfluye el çielo,
no dan flor en medio el yelo
y la que la da se pierde,
y a la región questá verde
hazen las aues su buelo.

En dulçe correspondençia
creçe el amor cada día,

mas en la descortesía
mengua toda su potençia.
74v Ya se acauó mi paçiençia,
ya el tiempo me desengaña
y la razón me aconpaña:
que siempre vn hombre no deue
contemplar vn corcho leue
como pescador de caña.

Negarme lo que no es mío,
señora, no es caso ynjusto,
que no tiene ley el gusto
ni es cautiuo el albedrío.
Mas tiniendo el pecho frío,
dar a entender que se arde,
para que, llegando tarde,
trayga el desengaño furia,
vengança pide esta ynjuria
en el pecho más couarde.

75 Mas yo no tengo este yntento
por no turbar mi sosiego,
que aun las çenizas del fuego
se las á lleuado el viento.
Alguno dirá que miento,
y que de los grandes males
siempre quedan las señales,
pues sepa el tal que vn despecho
puede conuertir vn pecho
que fue çera en pedernales.

Ya de la memoria borro
todas las obligaçiones,
porque vnas sinrrazones
me dieron carta de orro.
Y tal estoy, que me corro
75v de que tengáis p[r]endas mías;

mas, por no mouer porfías,
en vuestras manos las dexo,
qual la culebra el pellejo
para renouar sus días.

43

[ROMANCE DE
LIÑÁN DE RIAZA]

Pedaços de yelo y nieue
despiden las sierras altas
por las llubias ynportunas,
quedando a pedaços pardas.
Sacuden los altos pinos
de sus rrenueuos la escarcha,
murmuran los arroyuelos
que antes, elados, callaua[n],
quando estaua vn pastorçillo
a la vista de Xarama,
76 çercado de su cabrío
a quien haze ynútil guarda,
juntando estacas de enebro
al güeco de vna carrasca,
para lebantar su choça
que a su ventura ymitaua.
Cansado, pues, de poner
para su defensa ramas,
así se quexa del tiempo
y de fortuna voltaria:
"¿Por qué pasaste en mis bienes,
Tiempo, con ligeras alas?
¿Por qué te paras, Fortuna,
si en rrueda fijas tus plantas?

¡Ay de mis cabras,
y ay de la perdiçión de mi esperança!

76v "Yo soy Riselo el humilde,
que al nouillo y a la vaca
libré del ribaldo toro
que amor forçado vuscaua.
Muere, rabiando, mi vida
de ver que mis ojos lauan
manchas de çelosas quexas
y que no salen las manchas:
¡Ay de mis [cabras,
y ay de la perdiçión de mi esperança!]

"Otros muchos ganaderos
ufanos a estremo pasan
que andauan ayer desnudos
tras diez ouejuelas flacas.
Sólo mi hato desmedra,
que anda solo en tierra estraña:
¿ por qué pasaste en mis bienes,
Tiempo, con ligeras alas?
¡Ay de mis cabras,
[y ay de la perdiçión de mi esperança!]"

44

ROMANCE

77v

Mi cobarde pensamiento
de medroso no se atreue
a pensar en uos, señora,
por más que el amor le enseñe.
Anímale mi esperança,
que siempre a su lado viene,

pero en empresa tan alta
no hay fuerça que no le dexe.
Piadosos tenéis los ojos,
quiera Dios que no me cieguen,
que si desde lexos matan
¿qué podrán cuando me acerque?
No es posible que aya fuego
debajo de vuestra frente,
que sería marauilla
estar cubierto de niebe.
Aunque entre flores y lirios
el áspid suele esconderse,
no es mucho que en uos, mi uida,
escondida esté la muerte.

78 Mil vezes voi a hablaros
e ymaginar me detiene
lo poco que yo merezco
y vuestro valor merece.
Si de vuestra condición
me informo de algunas gentes,
quien más os trata me dize
que ni de burlas lo piense.
Los suspiros que os embío
ban ardiendo y fríos bueluen,
que al pecho de niebe tocan
y como centellas mueren.
En vuestra calle me miran
los vezinos y parientes,
por esso os hablan mis ojos,
porque mi lengua no puede.
Pero por mucho que os hablen
aún [n]o dizen lo que sienten,
mas yo creo que los vuestros
78v quando me miran, me entienden.

45

[ROMANCE]

A la burladora Filis,
jamás de Tirsi burlada,
más cruel que burladora
y más que cruel yngrata,
pastora del blanco Turia
de quien aprenden sus aguas
a correr, porquel correr
es jénero de mudanza,
desde la estéril ribera
del elado Guadarrama,
escriue aquestas raçones
Tirsi, ofendido sin caussa:
"Reciue aqueste papel,
Filis, que te enbía vn alma
presa entre tristes memorias
79 de alegres oras pasadas.
No respondo a carta tuya,
que acá no llegan tus cartas,
¿pero cómo an de llegar
si no salen de tu cassa?
Prometiste descreuirme
dos bezes cada semana,
y enbiarme siempre llenas
del pliego las quatro planas.
Mas ya beo en tu descuido
y en ber tus promesas falsas,
que como ausente me oluidas
y en presencia me engañauas,
si allá me quisieras bien,
acá xamás me oluidaras:

no llames, Filis, amor
al amor quel tiempo acaua.
De mí, no de ti me quexo,
que avnque te juzgo culpada,
mayor culpa á sido en mí
79v dar crédito a tus palabras.
Quise por oýrte a ti
hazerme sordo a tu fama,
mas quien no saue engañar
quán fázilmente sengaña.
Mi ynozençia me consuela
con ser la que más me daña,
perdíme de puro amor,
¿mas quién por amor se gana?
Si lo que digo te enoxa,
enmienda en algo tus faltas,
y donde lloro mis culpas
cantaré tus alabanzas.
Pero si bengarte quieres
de lo que ba en esta carta,
saué que cuando la escriuo
ya de todo estás bengada.
Que si me atrebo a ofenderte
80 es con tanta pena y rauia,
quel açerte a ti la ofensa
es la más çierta benganza.
Juzga por esto cuál quedo
y no más, lo dicho basta;
callo aquí por no cansarte,
que sé quán presto te canssas".

Fin

46

ROMANÇE [DE LIÑÁN]

Al camino de Toledo,
adonde dexó empeñada
la mitad del alma suya,
si puede partirse lalma,
se sale Çayda la uella
y a su pensamiento encarga
que se entregue a sus suspiros
y a ber a su Adulçe baya.
Que ausençia sin mudanza
comiença en çelos y en morir acaua.

80v A qualquiera pasaxero
que se detenga le manda,
y si a Toledo camina,
llorando le dize Zayda:
"Benturoso tú mill bezes
y yo sin dicha otras tantas,
tú porque bas a Toledo,
yo por quedarme en La Sagra".
Que avsenzia [sin mudanza
comiença en çelos y en morir acaua].

Adulçe, quen su memoria
está mirando la estampa
que pintaron sus deseos,
como en el alma la guarda;
al dolor de Zaida vella
con triste llanto acompaña,
a los suspiros con quexas,
con bozes a las palabras.
Que avsençia [sin mudanza
comiença en çelos y en morir acaua].

47

ENSALADA

81

Quejóse el cura del olmo
al alcalde de la çarça
de que casaron a Pedro
con la hija de Costança.
Casáronla sin liçençia
y dexaron por casarla
a Olalla la del baruero
moza gorda y repulgada.
El auad le fauoresçe
que mal enojado estaua,
porque no le assentó el nouio
en caueçera de tabla.
Tomó el alcalde el processo,
y vien mirada la caussa,
con acuerdo del conçejo
assí lo sententia y manda:
que vaya el nouio a seruir
en vna vieja atalaya
do tenga conuersaçión
con las grullas y las graxas,
que si corriere sortija,
no saque letra tan mala
que por seruir a la suya
baxe [a] las otras zagalas.
Y a la nouia la condenan
a que se quede en su cassa,
con pessadumbres pressentes
soñando glorias passadas.
Y a Domingo, el de la güerta,
que fue el destierro de Sancha,

le mandan que no se duerma
quando visitare a Juana;
y porque acompañó al nouio
en el vayle y las mudanças,
baya a regar en sus tierras
y no riegue en las estrañas.
El cura le dio liçençia
para que, allá en su cauaña,
pueda hazer requessones
de la leche de sus cabras.
A todos se notifica
lo quel alcalde les manda,
y que dentro de seys días
lo ouedezcan y se partan.
Todos juntos lo ouedezen
y al nouio, la despossada,
al despedirse, le dize
del qüello amado colgada:

Baysos, amores,
de aqueste lugar,
¡tristes de mis ojos,
y quándos verán!

Yo mera niña,
de vonito asseo,
casséme con vos
81v *sin veros primero,*
y aora que os quiero
queréysme dexar:
¡Tristes de mis ojos
[y quándos verán].

El desposado, llorosso
de uerla tan lastimada,
con suspiros le responde
pretendiendo consolarla:

No lloréys, cassada,
de mi coraçón,
que pues yo soy vno
yo lloraré por vos.

Cassada hermosa,
si destierros míos
os han echo ríos
essa luz preçiosa,
la pena amorossa
nos de más passión:
que pues yo soy vuestro,
yo lloraré [por vos].

Maryana la de Domingo,
contenta de sus desgraçias,
por verse con su destierro,
de mill offensas uengada,
al son de un pandero ronco,
con la uoz mal entonada,
oyéndola su Domingo
esta letrilla cantaua:

Taño en vos el mi pandero,
taño en uos y pienso en al.

No penséys que canto en uano
que yo sé bien lo que gano,
pues no coxerá otra mano,
el fruto de mi peral.
Taño en vos [el mi pandero,
taño en vos y pienso en al].

Domingo, que la está oyendo,
sobre la mano la cara,
haciendo son con los pies
assí le responde y canta:

No suele ser verdadero
lo que se canta al pandero.

Yré a cumplir la sentencia,
y pues hará penitentia
el cuerpo en vuestra presentia
y el alma do uiuo y muero,
no suele ser verdadero
lo que se canta em pandero.

Velilla, que con el nouio,
en respuestas y demandas
gastó mil sabrosos días
de su juventud dorada,
82 viendo con tanto desdén
sus esperanças burladas,
a su amor viejo se buelue
y desta suerte cantaua:

Çerotico de pez,
no mengañaréys otra uez.

Pues que os hauéys desposado,
yngrato, y me hauéys dexado
y anochecéys a mi lado
y amanecéys en Xerez:
no mengañaréys otra uez.

Sancha, que se fue a la hermita
a encomendarse a la sancta,
suuida sobre el otero
así diziendo, lloraua:

Pressentes uenganzas
de passados bienes,
soledades tristes
de ratos alegres,
memorias cansadas
que os llaman las gentes
de pasados gustos
berdugos pressentes,
bien podréys dexarme,

pues mandan que dexe,
al que fue en mi alma
la fiesta solemne.
¡O siglo dichoso!,
quando las mugeres
yuan sin pessares
a tomar plaçeres,
conságrente altares
y adornen doseles
de tu sacro templo
las sacras paredes.
Era el mundo entonçes
muchacho ynoçente,
sin los maliçiossos
que agora nos venden.
Brotaua la tierra
perlas del Oriente,
y eran esmeraldas
los cardos que tiene.
La tierna donzella
del amor doliente
yva con su amado
al prado y la fuente,
y como palomas,
sin que lo ympidiesse[n],
82v como haze aora
miedo de parientes,
se ueuían las almas
en sus accidentes,
a vista de todos
hechos vnos reyes.
Era el siglo de oro
y agora es de peltre,
que andando desnudos
andamos calientes.
Quitan los enuoços,

como si pudiessen
quitarnos con ellos
sus ynconuinientes.
Por nuestros peccados
las injustas leyes
destierran del mundo
a los que bien quieren.

En esto dio vn trueno el çielo
envuelto en fuego y en agua,
borrando los pensamientos
y las palabras de Sancha.

48

83   ROMANÇE

Ese buen Cid Canpeadore,
que Dios con salud mantenga,
açiendo está una uixilia
en San Pedro de Cardeña.
Quel cauallero cristiano,
con las armas de la yglesia,
deue de guarnir su pecho,
si quiere bencer las guerras.
Doña Eluira y doña Sole,
las dos sus yjas donçellas,
en cauello con su madre
puesentaua[n] rica ofrenda.
Cantada que fue la misa,
el auad y monjes llegan
a uendeçir su pendone
aquel de la cruz bermeja.
Soltó el manto de los onbros
y en cuerpo, con armas nuebas,

83v del pendón prendió las cruces
y desta guisa dijera:
"Pendón vendiçido y santo,
vn castellano te lleua,
por su rey mal dester[r]ado,
bien plañido por su tierra.
A mentiras de traydores
que maluaron sus orejas,
dio su prez y mis açañas:
¡desdichado dél y dellas!
¡Quando los reyes se pagan
de falsías alagüeñas,
mal parados ban los suyos,
luengo mal les uiene cerca!
Rey Alfonso, rey Alfonso,
esos cantos de serenas
te adormeçen por matarte,
¡Ay de ti, si no recuerdas!
Tu Castilla me bedaste

84 por cauer olgado en ella,
que soy espanto de yngratos,
y conmigo no cupieras.
¡Plega a Dios que no se caygan
sin mi braço, tus almenas!
Tú que sientes, me abandonas,
sin sentir me lloran ellas.
Con todo, por mi lealtade
te prometo las tenencias
quen las fronteras ganaren
mis lanças y mis ballestas;
que uengança de basallo
contra el rey, traiçión semeja,
y el sufrir los tuertos suyos
es señal de sangre buena.
Esto juro", dijo el Çid,

y luego a doña Ximena
y a sus dos yjas abraça,
mudas de llanto las lenguas.
84v Vmillóse ante el auad,
grande uendiçión le diera,
y a las fronteras camina
al galope de Bauieca.

Fin

49

LETRA

Bolued acá, pensamiento,
suspended el buelo vn poco,
mirad que me llama loco
quien saue uien mi tormento.

Bien pareçe que soys ciego,
pues tras tantas oras malas
aunque os abrasáis las alas
os bais a entrar en el fuego.
Dejad ese bano yntento
y bolad más poco a poco:
mirad [que me llama loco
quien saue bien mi tormento].

85 Yos uiera bajar temiendo
de dónde suuís osando,
si como lo vais pensando,
pudiérades bolar biendo.
No deys fuerça al sentimiento
con que la uida me apoco:
mirad que me llama loco
quien saue uien mi tormento.

En el sol que resplandeçe
con nueba luz a mis ojos,
vn nueuo mundo de enojos
para mi daño amaneçe.
No deys fuerça al sentimiento
con que la uida me apoco:
mirad que me llama loco
quien saue uien mi tormento.

Mirad que vuestra suuida
no está de peligros falta,
85v pues quanto fuere más alta
sserá mayor la caýda.
No açotéis en bano el uiento
que ya mi perdición toco:
mirad que me llama loco
quien saue uien mi tormento.

Fin

50

OTRA

A fe, pensamiento, a fe,
que si uibís moriré.

Bos soys mi muerte y yo soy
estoruo de vuestra bida,
daisme esperança atreuida
por desengaños que os doy.
Tras bos con el alma boy,
y ansí me dice mi fe
que si uibís moriré.

86 Dos estremos ençer[r]amos
en vn sugeto deseo,

comigo y con bos peleo
y fingida paz nos damos.
Ardéys quando acá tenblamos,
esforçáisme, más yo sé
que si uiuís moriré.

Si mata vn pequeño esceso
al que más robusto bemos,
bos y yo muchos aremos
que juntos dimos en eso.
Ligero soys, graue peso
tiene mi mal y ansí sé
que si uiuís moriré.

Dos uidas son menester:
vna vmilde y otra altiba,
en que yo por tierra biba
y en el ayre os podáis ber.
Si esto con vna á de ser
y ésta es mía, bien diré:
que [si uiuís moriré].

51

86v   ROMANCE

En la noche más ter[r]ible
quenuía a la tierra el çielo,
de uientos y oscuridades,
soledad, frío y silençio,
quando todos se rrecrean
en dulçes y blandos lechos,
deja Melinoro a Rronda,
rauiando de mal de çelos.

Quanto lleuaua vestido,
mostraba su desconsuelo,
con reçelosas medallas
y çifras puestas a trecho.
Lleuaua vna yegua uaya,
y escrito en un jaez negro:
"Vaya quien supo mudarse
fuera de mi firme pecho".
Y en una librea açul,
desperança y cautiberio,
lleuaua vnos eslauones
y en medio este mote puesto:

87 "Catiua está mi esperança
de un moro, no cauallero,
que si cauallero fuera,
no fuera mi mal tan fiero".
En un capellar pajiço
lleua de açules ueros
vna çinefa bistosa,
y esta letra en medio dellos:
"Veros me dio nueba bida,
y fuera mejor no beros,
pues ui con ueros mis beras
bueltas en burlas y juegos".
Y cerca de la capilla,
pintado en el onbro yzquierdo,
lleuaua vn blanco vnicornio
y escrito en medio del cuerno:
"Vno sólo puede dar
a mil mundos desconsuelo,
y de vno más quien sufriere
sufrirá le carguen dellos".

87v Y un uonete de brocado
senbrado de camafeos,
y por pluma dos espigas

y ençima un pájaro negro.
Y deçía ansí vna letra:
"Granó sin saçón ni tienpo,
y el pájaro más cercano
la priuó, por ser primero".
Y por medalla, vn delfín,
torçiendo la cola y cuello,
y escrito en medio del lomo:
"Del fin me quedó el deseo".
Y un uorçiguí turquesado,
lleno de dorados sellos,
y en cada sello dos caras,
de donde naçió su duelo.
Y en los cantos de la adarga
lleua los quatro uientos
y una letra que decía:
"El menor pudiera dellos".
Y en medio vna grande mar
y una ballena uyendo,

88 y por letra: "Mi esperança
ba llena de desconsuelo".
Con tan cansadas diuisas
yba bramando y muriendo,
y entre rauiosos suspiros
ablaua consigo mesmo:
"¡Mal aya el honbre que fía
de muger y sus contentos,
pues saue que sus dulçuras
son ponçoñosos uenenos!;
y que jamás dieron gloria
sin pena y amargo ynfierno,
y el más filiçe prinçipio
le turba con fin sangriento.
Y ten por çierto, Çorayda,
que ya estás muerta en mi pecho,

que mora que quiso a dos
podrá querer a dosçientos".

Fin

52

[ROMANCE]

88v Era la noche más fría
que tuuo el lluuioso inbierno,
la más oscura y zerrada
y la de mayor silençio.

53

[ROMANCE DE LIÑÁN
DE RIAZA]

89v Ençima de un pardo escollo
que tiene la mar por sit[i]o,
donde sesconden los peçes
y se rronpen los nauíos,
caýdo estaba Riselo
que dio al traués su barquillo,
y allí le echaron las olas
medio muerto y medio bibo.
[Después que del biento ayrado*
se callaron los gemidos,
començaba su memoria
a darle en el alma gritos.
"Enemiga, ¿qué me quieres?,
mis cuydados son tus hijos;
si me ausenté de mi gloria,

ellos me abrieron camino.
Puse fuego a mi cabaña,
porque mi pastora dijo
que mal hubiesen las rramas
donde yo hallase abrigo.
No persigas mi memoria,
pues que me anparan los rriscos,
el cielo quiere balerme,
que mis agravios á visto".
Bolbiendo a tierra los ojos
bio benir un pastorçillo,
dueño de pocas obejas
que daba en la playa silbos.
Híçole señas Riselo,
y quando çerca le bido,
le dijo con bos llorosa
lo que yo cantando digo:
"Bien sabrás, ynsulano,
si amaste por bentura o desbentura,
que no hay ora segura
en todo tiempo del amor tirano,
que a su gusto nos guía
con bara de rigor y tiranía.
Bibía yo en España
mi dulçe libertad soleniçando,
y mis cabras guardando
desde el espeso monte a la cabaña,
mas por çiertos desdenes
cobré mill males y perdí mill bienes.
Bine a buscar la muerte,
que me dijeron que en la mar estaba,
quando en tierra faltaua
y hoy la tube tragada, mas mi suerte
se conçertó con ella
porque yo no acabase de temella.

Sálbame, si es posible,
qualquiera que tú seas, rico o pobre,
porque de nuevo cobre
esfuerzo y llanto mi penar terrible,
y alcançen de días
a la muerte ynmortal mis agonías."]

―――――

*Desde este verso hasta el final proceden del MP 1581,
142. El resto del folio en blanco y así el 90r, que debie-
ron quedarse en blanco para que se copiaran en ellos
los versos que tomamos del MP 1581, 142, única fuente que incluye el romance completo.

54

[ROMANCE DE LIÑÁN
DE RIAZA]

90v Los que mis culpas oýsteis
oýdme de penitencia,
que me quiero confesar
y entrar con mi vida en qüenta.
¡Maldita sea de Dios
esta opinión de poeta,
que me dieron mis desdichas
desde que andaua a lescuela!
¡Malaya la fama libre
que así me trae y me lleua
por esas calles del bulgo
sin culpa y a la uergüença!
Por no ser terrero suyo
ni del rubio Apolo hebra,
sangré mi uena hinchada
y quebré mi ruda uena.
Juré de no componer

si no es memorias esentas
que del conuento del alma
son torno que da mill bueltas.
91 Mas perjuro en vn romançe
seré por no sé qué reyna*
de mi alma, ques Castilla,
y solía ser Uenecia.
Esta confissión profana
no es al fuero de la Yglesia,
que algunas harán mejores
los deuotos de Ginebra.
Dos botos hizo mi alma:
el primero, fingir penas
y el segundo de negarse
a toda figura necia.
Y es mi cuerpo tan uellaco
que no los cumplió, pues reynan
en su fee mil engañosas
y en pelo corre vna vestia.
Acúsome de tres años
que quise a cierta donçella,
que lo fuera de labor
si no la guardaran dueñas.
91v F[u]i su serenado amante,
fue mi amadora serena,
ella pez de medio abajo
yo de medio arriba çera.
Firmas en blanco nos dimos
quedó en blanco la firmeza,
tal tenga yo las camisas
y tales los ojos ella.
Deste cuydado al quitar
desta voluntad a secas,
prometo oluido a mis años
y a mi desengaño enmienda.
Acúsome, lo segundo,

que é sufrido ynfames befas,
por ser de participantes
con vna casada bella.
Bime entre sus poderosos
como entre lobos oueja,
y al cauo a "topa Ramiro"
jugamos todos con ella.
Solía esconderme ar[r]iua
al fin de su chimenea,
92 porque otro pudiese abajo
besalla de oreja a oreja.
A tales cargas se obliga
quien no compone despensas,
quien por desnudo no biste,
quien por flaco no sustenta.
Terçeramente me acuso
que é sido *Níquil* y Çésar,
con gente de a teja uana,
de mil encajes punteras.
Quando estaua com Pelaya
dezía mal de do Menga,
mintiendo de quatro y ocho
con mil tachas de trauiesa.
Llamé a las necias calladas
y gentiles a las feas,
fresconas a las ancianas
y palomas a las cuerbas.
Con esto gané sus bocas
y la de mi faltriquera,
quien pueda, me lo castigue,
perdónemelo quien pueda.
92v De tantos romançes moros,
de tantas fieles endechas,
pido perdón a los cascos
de mill quebradas caueças.
Que ya Riselo y Açarque

será razón que se mueran,
y que de la tierra hablen
pues, en efecto, son tierra.
De pasos que di por muchas
pasantes, mas no primeras,
del uiejo Cupido gafas,
del nueuo Ynterés uallestas.
De todo me acuso al mundo
y le pido que su greda
aplique a las manchas mías,
que tengo el alma muy puerca.
Los que de paternidades
son agora reuerencias,
alçen sus uenditas manos
que ya es tiempo que me absueluan.
Aguarden, otra palabra,
93 de escrúpulos que me queda,
de sospechas que en uerdades
la ymaginación me trueca.
Quando por donzella casan
a una que no lo era,
sospecho que ay sirgo y paño**
que la surza y la endurezca.
La madre pobre, y no sancta,
cuyas hijas rroçan telas
y sólo beligos labran
con María de la Puebla,
sospecho, Dios me perdone,
que quando otros duermen, bela,***
y que de española masa
haze enpanadas ynglesas.
Casadas con sotacolas,
cuyos maridos rodean,
lleuados de comissiones,
el distrito de la tierra,
sospecho quel matrimonio

no le comen sin especias,
y que están sus abundancias
93v en el cuerno de Amaltea.
Opiladas blanquezinas
que del rouo de sus çejas,
para la çarça y el palo
con todo rigor apelan
su regla que está en espacio,
sus corrimientos de açequias,
por arte mayor lo juzgo
y que tiene *Las Tresçientas*.
El alguacil trasnochado
sospecho que se desuela,
más por la espada que quita
que por la uida que enmienda.
Alguno que anda a cauallo,
que andaua al pie de la letra,
pienso que subió tan alto
por ser trujamán de yeguas.
De otros me escuso callando,*****
tocantes a gente gruesa,
que en cumplir con mi perroquia
descomulgo las agenas.
94 Guarda el coco, pluma mía,
ojo al pico, que destierran,
demos onrra con el mundo
a quien menos la merezca.
Ya de rodillas aguardo,
que vuestros ojos me uean
y que vuestras lenguas digan:
"¡Vete en paz, traydor poeta!"

***

*"se ue" en ms.
**"piña" en ms.
****"belan" en ms.
*****"acuso" en ms.

55

OTRO [ROMANCE DE LUIS DE GÓNGORA]

Dejad los libros agora,
señor liçenciado Ortiz,
y escuchad mis desuenturas
que, a fe, que son para oýr.
Yo soy aquel gentilhombre,
digo aquel hombre gentil,
que por su dios adoró
a un ceguezuelo ruin.
Sacrifiquéle mi gusto,
94v no vna vez, sino cien mill,
en las aras de vna moça
tal como os las pinto aquí:
El cauello de vn color
que ni es cuarto ni florín,
y la releuada frente
ni azauache ni marfil,
la çeja entre parda y negra
muy más larga que subtil,
y los ojos más compuestos
que son los de quis uel qui,
entre cuyos bellos rayos
se deriua la nariz,
terminando las dos rosas
frescas señas de su abril;
cada labio colorado
es vn precioso rubí,
y cada diente el aljófar
que el Alua suele bertir.
Con su garganta y su pecho
95 no tienen que competir

el nácar del mar del Sur,
la plata de Potosí;
la blanca y hermosa mano,
hermoso y blanco alguacil
de liuertad y de bolsa,
es de nieue y de neblí.
Lo demás, letrado amigo,
que yo os pudiera dezir,
por mi fee que me á rogado
que lo calle el faldellín;
aunque por brúxula quiero,
si estamos solos aquí,
como a la sota de bastos
descubriros el botín:
Cinco puntos calça estrechos,
y esto, señor, baste. Al fin
si ay seraphines trigueños,
la moça es vn serafín.
Pudo comigo el color,
95v porque vna vez que la ui,
entre más de cien mil blancas
ella fue el marauedí;
y porque, no sin razón,
el discreto en el jardín,
coje la negra violeta
y deja el blanco alelí.
Dos años fue mi cuydado,
lo que llaman por aý
los jacarandos, respeto;
los modernos, tahelí;
en cuyos alegres años,
desde el ave al peregil,
por esta negra odisea
la bucólica le di.
Sus piezas en el ynvierno

vistió flamenco tapiz,
y en el verano sus pieças
andaluz guadamací.
Oy desechaua lo blanco,
96 mañana lo carmesí,
tanto que en la Peña Pobre
era ermitaño Amadís.
Preguntadle a mi vestido,*
que rriéndose de mý,
si no habla por la boca
habla por el bocazí.
Ya yba quedando en cueros
a la lunbre de un candil,
pasando el estrecho
de no tener y pedir
quando, Dios y norabuena,
me fue forçoso partir
al cuidado de la corte,
a la villa de Madrid.
Començó a mentir congojas,
y a suspirar y jemir
más que viuda en el sermón
de su padre fray Martín.
Dijo que açero sería
en esperar y sufrir;
fue después zera y, si açero
ella se tomó de orín.
Ternísima me pidió
que ya que quedaba anssí
la obejuela sin pastor,
no quedase sin mastín.
Y así la dejé vn mulato**
por espía y adalid,
que me espió a mý en saliendo,
y se lo vino a dezir.

Dejéla en su onrrado lustre,
y luego que me partí,
echó la carnaça afuera,
¡o maldito borçeguí!
Púsome el cuerno vn traidor
mercadante corchapín
que tiene volsa en Orán
y ynjenio en Maçarquiví;
rico es, y maçacote
de los más lindos que bi,
es reçio para pessado
como palo de Brasil.
¡Ynterés, y cómo eres
o por fuerça o por ardid:
para los diamantes, sangre,
para los bronzes, buril!
Déme Dios tienpo en que pueda
tus proeças escreuir,
y quítemelo en buena ora
para los echos del Zid.

Fin

---

*"preguntadole" en ms.
**"dejo" en ms.

56

[LETRA]

96v *Quien duerme, quien duerme,
quien duerme, recuerde.*

O tú, que mis males
con senblante alegre

contenplas y causas,
niegas y consientes,
quando en tus venganças
arrogante reynes,
oye al desengaño
que a dezirte viene:
*quien duerme, [quien duerme,
quien duerme, recuerde].*

Amarra en el puerto
con ánchoras fuertes
las soberuias naues,
que a la mar ofrezes,
que el ayre que juega
con sus gallardetes,
de mis esperanzas
hundió los vajeles:
*quien duerme, [quien duerme,
quien duerme, recuerde].*

Mira que una esca[r]cha
roua fáçilmente
a las vellas plantas
sus adornos verdes,
y si de vn roçío
atanto se estiende
97 el poder tenplado,
¿qué harán las nieues?:
*[quien duerme, quien duerme,
quien duerme, recuerde].*

El tienpo caduco
sustentar no puede
firmeças seguras
de ynçiertos baybenes.
Fujitiuos años,
limitados meses,

crían nuestras vidas
flores de la muerte:
quien duerme, [quien duerme,
quien duerme, recuerde].

Lo liso y lo blanco
de tu tez no pienses
que ay Jordán humano
que así lo sustente.
Presto á de subirse
lo blanco a las sienes,
y presto los años
surcarán su frente:
quien duerme, [quien duerme,
quien duerme, recuerde].

Tu fee mal rejida,
¿qué vien te promete?,
¿quésperanças viste
cunplidas ni breues?
Por las tuyas mira,
que barias se pierden,
y a muchos dan vida
quando en muchos mueren:
[quien duerme, quien duerme,
quien duerme, recuerde].

97v Tus ojos me diste
amorosamente,
sienpre los adore
y abrásanme sienpre.
Mis querellas justas,
tus yras crueles,
suertes son de amantes
que trocarse pueden:
quien duerme, [quien duerme,
quien duerme, recuerde].

57

OTRO ROMANZE

"Aquel que para es Hamete,
este que corre es Audalla,
el que en tu fee mal segura
fatigan sus esperanças.
¡Qué firme que ba en la silla!
¡qué vien quenbraça ladarga!
¡qué segura lança lleua!
¡qué bien matiçada manga!
Tres veçes paró la yegua,
hizo mesura otras tantas
a tu balcó, cuyas rejas
son más que tu pecho blandas.
Tras tantas nubes de oluido,
por fauor divino aguarda
de tu sol los rayos vellos
que a dalle su gloria salgan.
98 Acáuense las tinieblas
de su pena y tu vengança:
vellísima Zara, espera,
abriré las dos ventanas,
que ymagen como la tuya,
desde Jenil a Jarama,
sustenta y conpone el tienpo,
adora y junta la fama.
Eres mucho para vista,
fueras mucho para amada,
pero con las veras yelas
y con las burlas abrasas.
Audalla buelue a correr,
estremo de gala y de armas,
Tú le alavas y él te adora,
para que le mires, vasta".

Esto a Zara le dezía,
viendo en Granada vnas cañas,
Çelisa la de Antequera,
y ansí la rresponde Zara:
"¡Qué novedad me encarezes,
qué estremo de gala y de harmas,
de mis querellas prinçipio
y fin de mis alabanças!
¡Qué mal ynformada biues,
qué poco saves de Audalla,
98v qué de verdades desmienten
a sus apariençias falsas!
Yrá muy firme en la silla
porque es el correr mudanza,
su lança sigura rije
peligrosa mano falsa.
Tantas son las damas suyas
que si cada qual le labra
sólo un punto de fauor,
podrá matiçar diez mangas.
Para aquí y allí la yegua
su voluntad nunca para,
humildes mesuras finje
con alma reuelde, yngrata.
Façilidades humildes
le ocupan, sauiendo Haudalla,
a disfauores altiuo
que a vajos fauores no ygualan.
No ay cuydado de altos fines,
no ay fe de osadías altas,
grandes tachas sufre Amor
en tres galanes y damas.
Yo confieso que me burlo,
confiesa tú que es hazaña
pasar por grandes peligros

con mil cautelas de guarda.
Çelisa, tú conbalezes,
99 el aire colado passa,
esta sala está muy fría
bolbámonos a la quadra.
Si Azarque viniere a verte,
dirásle que a uerme vaya;
y de plática mudemos,
que bienen Jarifa y Zaida".

58

ROMANCE DE LOPE
DE VEGA

Peñas del Tajo, deshechas
del tierno curso del agua,
¿cómo el de los ojos míos
vn tierno pecho no ablanda?*
Bien pareçe que naçió
entre bosotras la yngrata
que me desterró el cuerpo
y me á perseguido el alma.
Bien la ueis, piedras amigas,
que en la dureza os yguala,
y aún podéis dezir que os vençen,
pues mis lágrimas os gastan.
Gloriosa Filis [s]e goça
de que me destruye y mata,
como si vençer un muerto
99v fuera vitoria tan alta.
Vmilde sufriendo estoy
el cuchillo a la garganta,
y con ser sentençia ynjusta,

no le rreplico palabra.
Mis agrauios me dan vozes
para que tome vengança,**
y engáñoles con dezirles
que poca vida me falta.
Aconséjoles que sufran,
y respóndenme, que osaran,
si como ella tiene el pecho
tuviera yo las entrañas.
Con quien se vmilla al león,
con ser fiera, no le agrauia,
y a mí me mata, rendido,
una mujer enojada.
Der[r]ite por altas sierras
su nieue el sol Guadarrama,
y a coraçón de mujer
todo mi fuego no ablanda.
Consuélome que la muerte,
aunque [a] desdichados tarda,
rronperá los fuertes yerros
en que me tienes el alma.
Y así quedarás furiossa
el tienpo que libre parta,
100 viendo quel cuerpo no siente
los azeros de tu lanza.
Y que los ecos del nonbre,
que a pesar tuyo se cantan,
te traerán corrida y triste
por los sotos de Jarama".
Ansí se queja de nueuo
de su pena antigua y larga,
con pastor que ygual estuuo
en vida, destierro y fama.

---

*"ablandan" en ms.
**"que tope" en ms.

59

OTRO ROMANCE [DE JUAN DE SALINAS]

Llegó en el mar al estremo
que pudo de su desdicha,
y en una faluga al puerto
de Villafrança de Niza,
vn gallardo cauallero,
la flor de la Andaluçía,
viendo la de su esperanza
entre las ondas marchita,
vna noche ziega y triste,
y él más que la noche misma,
después que Muratarráez
lleuó su luz y alegría:
¡Ay suerte esquiva,
que apenas das el vien quando le quitas!

100v Rouóle su dama el moro,
de padres ylustre hija,
que él la lleuaua rrobada
de Barçelona a Çeçilia.
No preçia por su rrescate
promesas de joyas ricas,*
que sólo esperar goçarla
estima en más que las Yndias.
Y al triste libre le deja
de Villafranca vna milla,
que porque ausencia le mate,
ni le mata ni cautiva.
¡Ay suerte esquiva,
[que apenas das el vien quando le quitas!]

De peste guardan el puerto,
y desde tierra le gritan

que sin fee de sanidad
no se açerque a la marina.
"Si de sanidad tuviera
—dize con lágrimas vivas—,
lo que me sobra de fee,
fueran eternos mis días.
No traigo de Varçelona
el mal que os atemoriza,
antes della entre mill muertes
saqué rrobada mi vida.
¡Ay suerte esquiva,
[que apenas das el vien quando le quitas!]

101   "Vn cuerpo difunto soy
que arroja el mar a la orilla,
negándole en sus entrañas
lo que a ninguno le quita.
Y porque no le corronpa
del largo tiempo la envidia,
en vez de uálsamo lleua
el cuerpo lleno de azívar.
Soy vn viuo fuego ardiente
ya conuertido en zeniças,
sin esperar rretrouarsse
a los rrayos de mi Almida.
¡Ay suerte esquiva,
[que apenas das el vien quando le quitas!]

"Soy una piedra que al zentro
desde la cunbre desliça,
vn sepulchro de esperanzas
antes muertas que naçidas.
No soy sino vn desdichado
viuo por nigromançía,
que por su gusto vn cosario
sin alma quiere que biva.
No es milag[r]o que sea piedra,

sepulchro, ceniças frías,
muerto y viuo juntamente,
que todo caue en mi dicha.
¡Ay suerte esquiva,
[que apenas das el vien quando le quitas!]

101v   "No consienta, Armida, el çielo
que pagues blandas cariçias,
de vn rrenegado sin fee
con rrenegar de la mía".
En esto tocan al arma,
que de las torres vezinas
con mudas lenguas de fuego
de doçe fustas auisan.
No se alborota ni teme,
que destos miedos se libra
quien á llegado al estremo
que pudo de su desdicha.
¡Ay suerte esquiva,
[que apenas das el vien quando le quitas!]

————

*"preseas por" en ms.

60

OTRO ROMANCE

Ziego Amor, couarde y fuerte,
como dios y como niño,
verdugo de la paçiencia
de la fee premio y castigo.
Hijo de agradezimiento,
hijo de ynuidia y oluido,
hijo de firmeça y çelos,
rrigor, mudança y desvío.

Hijo de tus propios daños
y de tus efetos hijo,
que por ser de tantos padres
no te conoçen prinçipio.
102   A los vasallos leales
te muestras fiero enemigo,
tienes ynfernales obras
teniendo nonbre divino.
Maldigo tus uejeçiones,
y tu livertad maldigo,
pues no viues libremente
sino quando estás cautivo.
Entonces todo lo yntentas,
pasas por qualquier peligro,
sin rreparar en que sea
ynjusto o justo el camino.
Nunca entiendo tus milagros,
entiendo tus desatinos,
y con entenderlos tanto
por solos ellos te sigo.
Lejos del fuego me abraso,
çerca del fuego menfrío,
son grandes mis esperanças
y mi deseo enconjido.
Lo posible me acouarda,
y a lo ynposible me animo,
tan estraños son mis males
que no los tengo por míos.
La lengua pongo en los ojos
y a la boca se la quito,
porque no agradan mis cosas
102v   en su lugar conoçido.
Y para que agora den sienpre,
con muestras de fee y serviçio,
es neçesario tocarlas

contra el natural estilo.
Puse el pensamiento vn día,
temerariamente altivo,
en la mayor hermosura
que humanos ojos han visto.
Estuve entre mis cuidados
condenado y ofendido,
defendido por osado,
condenado por yndigno.
Engañáronme gran tie.npo
tus engaños no entendidos,
mas al fin se declararon
en mi mortal perjuiçio.
Despareçióse la sonbra
de aquel primer desvarío,
subí del auismo al çielo,
bajé del çielo al auismo.
Dio causa sólo vn papel
a subcesos tan esquivos:
yo muero de dessengaño
que es afrentosso partido.
Respondióme aquella yngrata
que entrase en qüenta conmigo,
103   busquéme para este efeto
y nunca me hallé en mí mismo.
Mandóme que rrefrenasse
mis deseos enzendidos,
pero fue su mandamiento
ynposible, aunque preçiso.
Más pueden estos deseos
que el alma adonde los crío,
y es porque la causa suya
tiene poder ynfinito.
¡O, Amarilis, quán en vano
que te oluide me as pedido,

sauiendo bien que no tengo
sufrimiento ni albedrío!
Piensas que temo la muerte
y muéstrasme ya el cuchillo,
como si en querer matarme
no quisieras darme aliuio.
Executa tu rrigor
contra la fee de un amigo,
que no tendrá que perder
quien el temor á perdido.
Y si otra uez te escriuiere,
para dar fuerça a lo escripto,
vna pluma de sus alas
pediré al Amor benigno.

Fin

61

103v OTRO ROMANZE

Alvaneses eran todos
quantos a las fiestas yvan,
toda París los conoce
en el traje y la divisa.
Úngaros lleuan leonados
bordados de plata fina,
sonbreros negros que zercan
plumas blancas y amarillas.
Los cauallos españoles,
ydalgos de Andaluçía,
bota negra, espuela de oro,
jaez, freno, estriuo y silla.
¡Oh, cuán gallardos que pasan
por las puertas de la villa!

La ynfanta los quiere ver,
desde el valcón los auisan.
Boluió la rrienda a palaçio
el capitán que los guía,
que era el famoso Aluadoro,
alemán de mucha estima.
Carlos se alegra de verlos,
el prínçipe los admira,
la ynfanta y damas se ríen,
los françeses los envidian.
Corrieron de dos en dos
la calle de Francelissa,
104 y luego juntos, diziendo:
"¡Viva Alvania, Alvania viua!"
Fauorezido Aluadoro,
pasados algunos días,
ansí le diçe a su dama
con máscara de sortija:
"¡O reyna de las mujeres!,
a quien es justo que sirvan
quantos aquí me parezen
ser tus esclauas yndignas.
Divinos, hermosos ojos,
biuo sol y alua divina,
que as echo quel mundo ynvidie
mi esperança y mi porfía.
Por ti pasaré los Alpes,
los desiertos de la Livia,
y aré la fama de Alçides
con mis azañas mentira.
Yré a la guerra en tu nonbre
pide en toda la morisma
la caueza que te agrada,
pendón, vandera o divisa.
A Rrujero te prometo,

y a Rrodamonte sin vida,
y para ser tus esclauas
a Anjélica y a Marfissa,
104v que aunque soy vn honbre solo,
amor me fuerça a que diga
que nadie puede vençer
pecho que viues y animas".
Aýn quisiere rresponderle
Françelisa enterneçida,
mas temiendo los testigos
respóndele con la vista,
desojando vn rramillete,
a urto de sus amigos:
como llama quando llueue,
le cubrió de cauellinas.
El aluanesco no uió
que le llueue el zielo enzima,
dejando el alma en sus manos
parte a vuscar su quadrilla.

62

OTRO ROMANZE
[¿DE MIGUEL SÁNCHEZ?]

"Oýd, señor don Gayferos,
lo que como amigo os hablo,
que los dones más de estima
suelen ser consejos sanos.
Dejad vn rrato las tablas
y escuchadme lo que entranuos,
yo aconsejar, vos haçer,
devemos a ley de ydalgos.
105 Melisendra está en Sansueña,

vos en París descuydado,
vos ausente, ella mujer
harto os é dicho, miraldo.
Asegúro[o]s su nobleza,
asegúro[o]s, mas no tanto,
que vençe vn pressente gusto
mill nobles antepasados.
Si enferma la voluntad,
morirán rrespetos altos,
que no vasta sangre vuena,
si el coraçón no está sano.
De Carlos, el rey, es hija,
mas es mujer, y á más años
la mudança en las mujeres
que no la nobleça en Carlos.
Trayçiones ay vien naçidas,
que artos rreyes, sin pensarlo,
porque fueron padres de hijas
an sido agüelos de engaños.
Galanes moros la sirven,
y aunque moros, rreçelados,
que sin duda querrá vn moro
lo que oluidare un christiano.
Contrarios son en las leyes,
mas no ay ley en pecho humano
105v quando llega a ser el alma
ydólatra de vn cuidado.
Si la fee a vos os rronpiere,
rronperála al çielo santo,
que quedó por fee en los gustos
la esperança de goçallos.
Son las mujeres espejo
que mirándole es retrato,
mas ausentáos, y otro llegue
y hará con él otro tanto.

Su memoria es mar rebuelto
que luego que pasa el barco,
si le buscáis el camino,
no hallaréis señal ni rastro.
Su confuso entendimiento
es cudiçioso letrado,
que haçe leyes sienpre al gusto
de el que llega a consultallo.
Su voluntad mesonera,
que acoje a los más estraños,
y oluida al que de el unbral
de sacar acaua el passo.
No quiero deziros más
que en esto aun de mi vmor salgo,
mas an mouido mi lengua
vuestro amor y mis agrauios".

Fin

63

OTRO ROMANÇE

106

A los pies de don Anrrique
yaçe muerto el rrey don Pedro,
más que por su valentía,
por voluntad de los çielos.
Al envaynar el puñal
el pie le puso en el pecho,
que aun allí no está siguro
de aquel ynbençible cuerpo.
Riñeron los dos hermanos,
y de tal suerte riñeron,
que fuera Caýn el viuo

a no auelo sido el muerto.
Los ejérçitos mouidos
a conpasión y contento,
mezclados vnos con otros
corren a uer el subçesso.

Los de Anrique,
cantan,
repican y gritan:
¡Viua Anrique!
Los de Pedro,
clamorean,
doblan, lloran
su rey muerto.

Vnos diçen que fue justo
y otros diçen ques mal hecho,
quel rrey no es cruel si naze
en tienpo que no ynporta serlo,
y que no es rraçón quel vulgo
con el rrey entre a consejo
106v a ver si casos tan graues
an sido vien o mal hechos.
Los que con ánimos viles,
o por lisonja o por miedo,
siendo del vando vençido
al vençedor sigen luego,
valiente llaman a Anrique,
y a Pedro tirano çiego,
porque amistad y justiçia
sienpre mueren con el muerto.
La trajedia del Maestre,
la muerte del hijo tierno,
la prisión de doña Blanca,
sirven de ynfame proçesso.
Algunos pocos leales
dan voçes, pidiendo al zielo

justiçia del muerto rey
y entre tantos desconçiertos:

Los de Anrique,
[cantan,
repican y gritan:
¡Viua Anrique!
Los de Pedro,
clamorean,
doblan, lloran
su rey muerto].

Llora la hermosa Padilla
el desdichado subçesso,
como esclaua del rey viuo
y como viuda del muerto.
"¡Ay, Pedro, qué muerte ynfame
te an dado malos consejos,
confianças engañadas
107 y atrevidos pensamientos!"
Salió corriendo a la tienda
y vio, con triste silençio,
lleuar cuvierto su esposso
de sangre y de paños negros.
Y que en otra parte Anrrique
le dan con aplauso el zeptro;
canpanas tocan los vnos
y los otros, ynstrumentos:

Los de Anrrique,
[cantan,
repican y gritan:
¡Viua Anrrique!
Los de Pedro,
clamorean,
doblan, lloran
su rey muerto].

Y que los yerros de amor
son tan dorados y vellos,
quando la hermosa Padilla
á quedado por ejenplo.
Que nadie verá sus ojos
que no tenga al rrey por cuerdo,
mientras, como otro Rodrigo,
no puso fuego a su reyno:

Los de Anrrique,
cantan,
repican y gritan:
¡Viua Anrrique!
Los de Pedro,
clamorean,
doblan, lloran
su rey muerto.

Finis

64

107v   OTRO ROMANÇE

¡O gustos de amor traidores,
sueños lijeros y vanos,
goçados sienpre pequeños
y grandes ymajinados!
¡O memorias ynbenzibles
que en la mía podéis tanto,
que estáis agora más nueuas
que al prinçipio de diez años!:
Entre los ojos traygo
que tengo de morir enamorado.

Quise vien y fui querido
y despés que me oluidaron
tanto más la causa quiero
quanto más son los agrauios.
E prouado mil remedios
pero todos son en vano,
que lo que el tienpo no cura,
locura á sido curallo:
Entre [los ojos traygo
que tengo de morir enamorado].

Éme finjido valiente
para no torçer mi braço,
pero ya que estoy rendido
confieso que á sido engaño.
¡Ay Dios, a quántos amigos
esta verdad é negado!,
108 pero ya lo digo al mundo,
porque rremedio no hallo:
Entre [los ojos traygo
que tengo de morir enamorado].

Seis años á que porfío
para memorias de quatro,
mira si tengo rraçón
de rrendirme a tantos daños.
¡Piedad, piedad, vella Filis!,
si pueden lágrimas tanto:
sed mujer vn ora sola,
pues fuistes piedra seis años:
Entre [los ojos traygo
que tengo de morir enamorado].

Si asta el río del oluido
vajaran vmanos pasos,
en çielo, tierra o ynfierno
remedio ubiera vuscado.

Pedí yeruas a la tierra,
milagros al çielo santo,
y al infierno oluido, y diome
este fuego en que me abraso:
Entre los ojos traygo
que tengo de morir enamorado.

Finis

65

108v OTRO ROMANZE

"Christiana me vueluo, Çayde,
çelosa y desesperada,
de verte yngrato y cautivo
de los cristianos dEspaña.
No quiero en tu ley quererte,
sino seguir la contraria,
que yo sé que en tu prisión
damas christianas te agradan.
Dos años se uan cunpliendo
que mi desdicha [   ]*
te aprisionaron el cuerpo
y me lleuaron el alma,
y, como si yo pudiera
salir con lança y adarga
a defender tu prisión,
me prenden y me maltratan.
En vn castillo me tienen
llena de guardas y lanças,
que diçen que las mujeres
an menester muchas guardas.
Aquí, con mill enemigos,
entre peñascos y ramas

destos árboles y montes
mis mudas quejas te hablan.
109 Y tengo tantas respuestas
de sospechas confirmadas,
que ya le cantan mis zelos
endechas a mi esperança.
Y para que no me digas
que por ser mujer soy varia,
el día que mudo fee
otra soy, que soy christiana.
De ninguna suerte puedes
quejarte de mi mudança,
que la que por Dios se deja
con ningún honbre se agrauia".
Esto escriue desde Túnez
la vella turca Othomana
a un jenízaro cautivo
del bravo conde de Palma.
El várbaro, con despecho,
ymajinaua la caussa,
que algún capitán christiano
era señor de su dama.
[   ],*
çielo, tierra, mar y guardas,
desesperado y ausente,
así lescrive vna carta:
109v "Si desta suerte consuelas,
tras una prisión tan larga,
señora, a un triste cautivo
mejor diré que le matas.
Buena color as hallado
para mudarte sin causa,
dezir que por Dios me dejas
y que te vuelues christiana.

No porque yo no lo crea,
porque ser mudança vasta,
pues no ay cosa en ti más çierta
que todo lo ques mudança.
Mas mira, Othomana mía,
si no estás determinada,
no te enpeñes de manera
que des a mí más vengança.
Ejenplo serás al mundo
como de ermosa de yngrata,
y yo lo seré tanuién
de destierros y desgrazias.
Por lo que é visto en la ley
de los christianos, me agrada
que la sigas y me lleues
la liuertad de ventaja,
110 que yo lo seré tanvién
quando no ubiera otra causa,
mas que después de mi muerte
yr a lugar que tú vayas,
que siendo en leyes contrarios
[   ]*
las almas que yo deseo,
que eternamente se partan.
Y por la misma razón
sigo tu ley, Othomana,
porque muerto o bibo esté
adonde goçe tu cara.
Parézeme que te veo,
si por dicha no mengañas,
a la christiana vestida
más que deuota, gallarda.
Ojallá que tú lo fueses
tan santa en su ley christiana,

que como a santa y ermosa
te yziesen ymagen santa.
Que si yo christiano fuere,
tú lo serás de mi alma,
como lo fuiste en la ley
en que por dios te adoraua".
Con esta carta el cautivo
de sus agrauios descanssa,
110v   y a Othomana se la envía
con una espía africana.

Fin

―――――

*En blanco en ms.

66

OTRO ROMANZE

Bitorioso buelue el Zid
a San Pedro de Cardeña,
de las guerras que á tenido
con los moros de Valençia.
Los vençidos estandartes
con las medias lunas lleua,
auatiéndolos delante
de aquel de la cruz vermeja.
Las tronpetas van sonando
por dar auiso que llega,
señalándose entre todos
los relinchos de Babieca.
El abad y monjes llegan
a resciuirle a la puerta,

dando alabanças a Dios
y al Çid mill enorabuenas.
Apeóse del cauallo,
y antes dentrar en la yglesia,
tomó en la mano el pendón,
y desta guisa dijera:
111   "Salí de ti, tenplo santo,
desterrado de mi tierra,
mas ya bueluo a uisitarte
acojido en las ajenas.
Desterróme el rey Alfonso
porque allá en Santa Gadea,
le tomé aquel juramento
con más rigor quél quisiera.
Las leyes eran del reyno,
que no exçedí vn punto en ellas,
pues como leal vasallo
saqué a mi rey de sospechas.
¡O ynvidiosos castellanos,
quán mal pagáis la defensa
que tuvistes en mi espada,
ensanchando vuestras zercas!
Veys aquí os traygo ganados,
otro reyno y mill fronteras,
que os quiero dar tierras mías,
aunque me echáis de las vuestras.
Bien pudiera darlo a estraños,
mas para cosas tan feas
soy Rodrigo de Viuar,
castellano a las derechas".

Finis

67

OTRO [ENDECHAS]

La que fue dichossa
en casarse a gusto,
sobre ser hermosa
tóquese, ques justo.
Yo, que a mi digusto
vi mi hermosura,
¿cómo mi ventura
tengo caue [e]llos?:
que para el más villano
sobra...

Si el traidor villano
tiene por ya gusto,
a qualquier disgusto,
echarles la mano;
si este fue el tirano
deste thesoro,
siendo yerro el oro,
perderán menos:
que [para el villano
sobra...]

Madre, el que me distes
más villano á sido,
luto se an vestido
mis cauellos tristes.
Si rubios los vistes,
negros se boluieron,
112   si ellos le prendieron,
páguenlo ellos:
que [para el villano
sobra...]

Púseme caue [e]llos
quando me mirauan
vnos ojos vellos.
Mis ruvios cauellos
peynados andauan,
vi que los burlauan
los traidores ojos;
por darles enojos
venderlos quisiera,
como...

Vn mal cauallero
rondó esta ventana,
anduve galana
vn año entero.
Mudóse lijero,
yo, como le amaua,
mis cauellos daua
a quien más diera
como...

Daua en lavallos
quando me quería,
112v   y yo, madre mía,
daua en enrrubiallos.
Sentí despreçiallos,
descuydéme dellos,
quién vio mis cauellos
que tal creyera,
como...

Fin

68

OTRO ROMANZE

"Acusáronme envidiosos,
creýstete de lijero,
amor, me uengue de ti
que tú me vengarás dellos.
Declaraste por traidor
el amor más firme y zierto,
yziste mi fee aleuosa
por haçer justo tu yntento.
Por el suelo derribaste
mis locas torres de viento,
senbrando desconfianças
sobre tus flacos çimientos.
Enterraste mi esperança,
yziste mi gloria ynfierno,
y de tu presençia amada
yntoleras el destierro.

113 ¿Qué culpa tuve en quererte
que tanta pena merezco?,
¿qué yerro abrá que no pague
el menor de mis tormentos?
Buelue tus airados ojos,
que si rrayo son de Febo,
quiçá boluerán tenplados
con la niebla de mis duelos.
Mira, Palmela, que son
lançadas en cuerpo muerto,
pues ya de puro sentir
apenas mis males siento.
Pues si son males [los] tuyos,
cuitado, ¿de qué me quejo,
o por qué los llamo males
si de tu mano binieron?

¡Ay montañas de León!,
agora berís de nueuo
otra Diana mudable
y otro escuidado Sereno".
Esto cantaua Tebano
al son de un manso a[r]royuelo
quen aquella soledad
le sirue de gran consuelo,
a quien sus ojos tornaran
otro Tajo o otro Duero,
si lágrimas fueran parte
para conprar su remedio.

Finis

69

113v ### OTRO ROMANÇE [DE JUAN
DE SALINAS]

Quando los canpos se visten
de rrojo, blanco y açul,
y salen de Arjel en corso
los bajeles de Dragut,
quando el otro conde Claros,
estando en esclauitud,
le cantaua vn aueçica
al despuntar de la luz,
quando traçiende la rrosa
y creçe el almoradux,
tomando estaua la çarça
en la corte vn andaluz,
por si a bueltas del françés,
berdugo de su salud,
sudase vn negro martelo
que le tiene puesto en cruz.

Y viéndose en su obrador
nadando como vn atún,
adonde el ynjenio cobra
sutileça y prontitud:
"Lleguen —dize—, mis querellas,
por su ordinario arcaduz,
a uos el çiego flechero,
dulçe enemigo común,
que ponéis en acauarme
114   tal fuerça y solicitud,
como si mi tierno pecho
fuera a prueua de arcabuz.
De solos yerros de jaras
tengo en él más de vn almud,
que no puedo dijerillos
como no soy abestruz.
A Satanás los ofrezco,
y la yerua a Bercebú
con que tanto fiel christiano*
muere sin dezir Jesús.
Tanuién me quejo a tí, falsa,
fiscal de mi jubentud,
que los gustos me destierras
a las yslas de Corfú;
que me tienes de caueza
tan sin seso ni virtud
que pago ya de baçío
las ystancias del testuz.
Quinientos papeles tengo
en el suelo de un baúl,
borradores de mi musa
que diçen quién eres tú.
En vnos me finjo Çayde,
en otros Çelingaçul,
114v   ya te llamo yngrata vella,
ya perla del mar de sur.

¡Quántos dellos te cantaua
con su sol, fa, mi, re, vd,
que desto, por mis pecados,
é sido un poco tahúr!,
rascando ynfinitas noches
là pança de mi laúd,
por suspenderme al tormento
como Dauid a Saúl.
Derretido como çera
y dulçe como alajur,
que para ser portugués
sólo me falta el capuz.
Vertiendo lágrimas tantas,
sólo por tu yngratitud,
que pudiera ynchir con ellas
la cuba de Sahagún.
Y con auerme ya visto
mill veces a tres de flux,
jamás saqué de la posta
lo que uale vn altramuz.
Mis amadas esperanzas
no bien naçidas aún,
ya por ynjustos desdenes
115   las lloro en el ataúd.
Adiós, que es gran molimiento
viuir haçiéndote el buz,
ynquieto y atado sienpre,
a fuer de gato paús".
En esto entró con candela
Catalina de Araúz
a sacalle del sudor,
y el galán dijo: *Non plus.*

Finis

_____

*"fue" en ms.

70

OTRO ROMANÇE

Todos diçen que soy muerto,
no deue de ser sin causa,
que quiçá pienso que viuo
y alguna sonbra mengaña.
Cunplidos son mis deseos,
sólo morir me faltaua,
¡o, bien aya el ynbentor
de aquesta mi muerte amada!,
que a no sauer quera ansí,
a mi tierra y a mi casa
no me lo ubieran escripto
en quatro pliegos de cartas.
Y lo que fuera peor,
115v según descuidado estaua,
que por uiuo me tuviera
y como muerto espantara.
Graçias a Dios que acauó
de mi enemigo la saña,
pues diçen que con los muertos
es ynfamia la uengança.
Trauajos como los míos
sólo el morir los acaua,*
y en lo dulçe de mi muerte
conozco mi vida amarga,
que según son los deseos
de quien agora me mata,
con soga deuió de ser,
porque yo no é muerto en cama.
Bien diçen que quando mueren
la uida no siente nada,
pues se me ha salido a mý

sin dolerme la garganta.
Y pues me á dejado el zielo
el estrumento de la habla,
hablar pueda sin temor
de la justiçia y las armas,
que a un muerto poco le ynporta
de vna mujer la uengaça,
la cólera del juez
116 ni del contrario la espada.
¡O verdades ynbensibles
que me dejastes con habla,
conózcaos el mundo agora
si tantos milagros vastan!
¡O, qué verdades mesperan
que en la vida las callaua,
porque las tubo el temor
con treinta llaues zerradas!
"¡Oýd, señores crueles,
nobleça al fin heredada,**
sangre que uiene del rrío
como al artifiçio el agua!
¡Tiranos en los seruiçios
y alguaçiles en las faltas,
los que no adquerís nobleza
que la del agüelo os basta!
¡Oýd, abarientos pobres,
aduladores de casas,
abentureros de misa
y penintentes de cama!
¡Oýd, quebrado esquadrón
de bonete y opalandas,
a quien es todo posible
en lo ques potençia vmana!
¡Oýd, amantes al vsso,
116v camisas azafranadas,

pañales del niño Amor
el día que come pasas!
Bosotros los que coméis
con delantal en las baruas,***
y en hormas de pan de açúcar
hacéis sonbreros de Françia.
Mártires de cuera estrecha,
tudescos de calças largas,
verdugos por una nezia
de vuesas carnes malsanas.
Donçellas con escriptorio,
para hordinario de cartas,
casadas con dos sentidos,
equíbocas en las faldas,
las que tenéis bula propia
para qualquiera desgraçia,
que ya no castiga el mundo
los maridos de las cabras.
¡Oýdme tanbién bosotras,
oýdme, señoras damas!,
tahúras del biçio triste
y de toda mezcla rrajas,
cuyos bussanos no tejen
más rredes que su gananzia.
¡Oýdme, santas biudas,
sólo en apariençia santas!,
117 tocas blancas que se tocan
a manera de casadas,
que al rruido de vuestras qüentas
queréis tapar las de cassa.
¡Oýd, biejas Celestinas,
las que cubrís con mill mañas
y en onbros, como sigüeñas,
sacáis a bolar muchachas!;
las que de naturaleza

soléis enmendar las faltas;
adouando zerraduras
que ya perdieron las guardas.
¡Oýdme tanuién, poetas,
romansistas de Gra[na]da,
los que bibís en el mundo
porque entendéis el Pretarca,
canoniçados del bulgo
por ýdolos de Auenámar.
Comenzemos, pues, la ystoria,
pero no digamos nada,
que aunques verdad questoy muerto
quiero dejar buena fama ...

Finis

_____

*"no se acaua" en ms.
**"neuedada" en ms.
***"adelantar" en ms.

71

117v   [ROMANCE DE
          LIÑÁN DE RIAZA]

Pedaços de yelo y nieue
despiden las sierras falsas,
por las lluuias ynportunas
quedando a pedaços pardas.
Sacuden los altos pinos
de sus renueuos la escarcha,
sudauan las peñas duras
por sus grietas moho y agua,
¡Ay de mis cabras!
¡Ay de la perdición de mi esperança!

Quando estaua vn pastorçillo,
a la uista de Jarama,
cercado de su cabrío
a quien haçe ynútil guarda,
hincando estacas de enebro
a sonbras de una carrasca,
para leuantar su choça
que a su ventura ymitaba.
¡Ay de [mis cabras!
¡Ay de la perdiçión de mi esperança!]

Cansado ya de poner
para su defensa ramas,
así se queja del Tienpo
y de Fortuna boltaria:
"*¿Por qué posaste en mis bienes,*
Tiempo, con lijeras alas?
¿Por qué te paras, Fortuna,
si en rueda fijas tus plantas?
¡Ay de mis cabras!
¡Ay de la perdiçión de mi esperança!

118   Yo soy aquel pastorçillo
que al novillo y a la baca,
libré del ribaldo toro
que amor forçado buscaua.
Yo canto tristes endechas
y alegres tonos cantaua.
Gabán de seda vestía
y defusa visto capa.
¡Ay de [mis cabras!
¡Ay de la perdiçión de mi esperança!]

[   ]*
de cuyos duelos espantan
desesperados pastores
y mal queridas zagalas.

¡Ay de mi vida que muere
de ver que mis ojos lavan
manchas de çelosas quejas
y que no salen las manchas!
¡Ay de [mis cabras!
¡Ay de la perdiçión de mi esperança!]

Otros muchos ganaderos
vfanos de estremo pasan,
que andauan ayer desnudos
tras diez ouejuelas flacas.
Sólo mi hato desmedra,
que anda solo en tierra estraña.
¿Por qué pasastes mis vienes,
Tienpo, con lijeras alas?
¡Ay de [mis cabras!
¡Ay de la perdiçión de mi esperaça!]

118v   Vna palabra me dieron,
que a no ser falsa palabra,
me respetaran medrosos
los émulos que me ultrajan.
Pues de mi contraria estrella
te á cauido la uengança.
¿Por qué te paras, Fortuna,
si en rueda fijas tus plantas?
¡Ay de mis cabras!
¡Ay de la perdiçión de mi esperanza!"

Finis

———

*No se copió este verso.

72

OTRO RROMANZE

Bolued, señora, los ojos
a el tienpo, que presto buela,
y a la rrueda de Fortuna,
que nunca está un punto queda.
Mira que se ua el Aduiento,
y la Nauidad se allega,
y se uan los pleyteantes
que an perdido sus haziendas.
Mirad quel color del oro
de la encrespada melena
con las muchas Nauidades
en color de plata trueca.
Y antes quel hermoso rostro,
119   siendo de Venus, lo buelua
en Sarra, o su semejante
quando pasa de noventa,
buscad a vn moço peludo
de vna cathedral yglesia,
que de puro diestro en dar
pueda ya poner escuela.
Y si no vn viejo pasante,
señora, como primera,
que por una cada mes
os dé cada día renta.
Haçed como el albañíl
que ningún rripio desecha:
para en medio, los pequeños
y los grandes para afuera.
Mira que os soy buen amigo
y que sé que os biene a qüenta
que dexéis la grauedad

para allegar la moneda.
Mirad que ya no hay greçianos
que le den a Troya guerra
para rrecobrar solamente
aquella costosa Elena.
No miréis lo que dirán,
que no ay dama que no tenga
vno o dos, y alguna quatro,
119v   que a vnos quiere y a otros pela.
Que ya no ay castas Elisas,
ni conpuestas Puliçenas,
ni Porçias que troquen brasas,
ni dentro en Roma Lucrezias.
Dejad el amor de Bibles,
que por su hermano, Lucrezia
quedó en fuente convertida
sin goçar lo que desea.
Ni tanpoco parezcáis
a Nagarete, que en piedra,
diçen que se conbertió
en pago de su dureza.
Hartas ystorias é dicho,
bien será que se me crea,
que ynporta más el dinero
que malograda velleza.
Mirad que Aldanio os auisa,
que la ocasión no se pierda,
que el que la deja pasar
jamás a su puerta allega.
Advertid bien mis raçones,
mi señora, que me pessa,
que el tienpo pase y no deis
color a vuestras madejas.

Finis

73

120   OTRO ROMANÇE
            [ENSALADA]

Quien madruga Dios le ayuda,
si lleua buena yntençión.

Bartola de Pero Luis,
Costança la de Marruecos,
Petronilla Ronpeçuecos
y Margarita Solís
fueron a uer qué pasaua
en el bal dAraçután,
la mañana de San Juan,
al punto que alboreaua.
Y a escojer flores tanuién
para que a misa mayor
el cura Frutos de Onor
les dé vendición solén.
Yua Bartola moyna,
porque no quiso su suegra
prestalle la saya negra
y enprestósela a su vezina.
Pero dejando a una parte
renzillas de entre semana,
con Bríjida la ortelana
cantó al pandero desta arte:

¡Quándo saliréis, alua galana!,
¡quándo saliréis, alba!

Quando sale el alba
rresplandeçe el día,
creçen los amores
120v *con el alegría.*

Galana.
¡Quándo saliréis, alba!

Quando sale el alba
resplandeçe el sol,
con el alegría
creçía el amore.
El amore, galana.
¡Quándo saliréis, alba,
quándo saliréis, alba!

Margarita sospechó
que Eujenio yba a caçar
fuera, lejos del lugar,
y desta guisa cantó:

¡Cómo cojeré yo berbena
la mañana de san Juan,
pues mis amores se van!

Cómo cogeré yo claueles,
albaaca ni mirabeles,
sino penas más crueles
que nunca se cojerán,
pues mis amores se van.

Llegaron al bal florido
do estaua todo el lugar,
Pero Nuño, el escolar,
y Luquillas, el garrido;
porque Lucas se consuele
cantó su prima Leonor:

121   *Tréuole, ¡ay Jesús, cómo uele!*
       Trébole, ¡ay Jesús, qué olor!

Tréuole de los mis cuidados,
en mala tierra senbrados,
con mis lágrimas regados
para más pena y dolor.

Trébole, ¡Jesús, cómo uele!
Trébole, ¡ay Jesús, qué olor!

Devajo de unas enrramadas
a pie de una clara puente,
se juntaron juntamente
y almorçaron su[s] quesadas.
Con las manos en la çinta
cantó Benito Monterdes:

Río Berde, río Berde,
más negro bas que la tinta.

Todos vn corro hiçieron,
los galanes enamorados
con sus moças a los lados
de cuyas manos se asieron.
Pero Nuño el escolar,
biendo a Ysauel ya casada,
de su fe tan oluidada,
dijo al corre este cantar:

Mala noche me diste, la cassada:
¡Dios te la dé mala!

121v *Dijiste que al gallo primo*
biniese ablar contigo,
y abraçada a tu marido
dormiste, y dormí a la elada.
¡Dios te la dé mala!

Tañó a misa el sacristán
y dijo la de Quirós:
"¡Mala Pasqua te dé Dios,
pues tú nos das mal san Juan!
Y qué negro de mañana
a tañer nos madrugó,
sin duda queste nació
para lenyo de canpana".

Y luego, atando su azaz
y destrençando el cauello,
ponen guinaldas sobre ellos
por más contento y solás.
El sacristán Bras Testuz,
por mirar a Seuastiana
junto a las puertas de Ana,
dio consigo y con la cruz.
Y por esto y porquel frontal
estaua puesto al rrebés,
le descontó el cura vn mes
apricado al ospital.
Enpero luego a la par...*

─────────

*El folio ha sido arrancado.

74

122 ROMANÇE [DE JUAN
DE SALINAS]

La del escribano,
la recién casada
con el francesillo
de la cuchillada.
La que tiene al río
vista y puerta falsa,
para ser tan moza
no es del todo sana.
Como paño malo,
descubre la ylaza,
y en materia desto
lindos cuentos pasa.
Al marido ayuda

a llebar la carga,
y los arançeles
tiene ya en estampa.
Él corta las plumas,
y ella las arranca
a los pajarillos
que en su tienda caza.
Él cuelga en la çinta
su tintero y caxa,
y ella da madera
de la que se labra[n].
Él da fee de todo,
ella da esperanças
a los pisaverdes
que en su tienda caza.
Toma él confesiones,
ella las dilata,
avnque dé mil bueltas
la Semana Santa.
Él haze preguntas
con los que declaran,
ella da respuestas
y ninguna mala.
Él da testimonios,
ella los lebanta
a la veçindad,
por cubrir sus faltas.
Haze tinta fina
que gasta en su casa,
ella en su escritorio
de la agena gasta.
Él se ba a juhiçio
a segir sus causas,
ella fuera dél
da al marido artas.

Haze él testamentos
y testigos llama,
ella muy sin ellos
cunple bien sus mandas.
Él renuncia leyes
que en el caso ablan,
ella se somete
a los que le agradan.
122v Él haze contratos
con fianças brabas,
ella tiene tratos
llenos de mudanças.
Toma él juramentos
y ella los quebranta,
si juró algún día
de no ser vellaca.
Él protesta costas
y niega demandas,
ella las concede
a los que la pagan.
Él, antes que firme,
los yerros salba,
ella en los suyos
condena mill almas.
Con la del biolero,
que vibe de cara,
comunica mucho
y son como hermanas.
Ésta es de la vida,
y tanbién muchacha,
que con su marido
encuerda guitarras.
Él busca la[s] primas
finas de Alemania,
y ella las terçeras

de la tierra y Francia.
Él mira las cuerdas
que solas dos hagan,
y ella, por no serlo,
hacen las que bastan,
y otras mill cosillas
quel hombre se calla
por tener presente
la amistad pasada
y otro la celebre,
como la escribana,
asta haçer entre ellas
la trabiesa pata.

75

OTRO [ROMANCILLO
DE LIÑÁN DE RIAZA]

Riñó con Juanilla
su hermana Miguela,
palabras le diçe
que mucho le duela:
"—Ayer en mantillas
andabas pequeña,
oy andas galana
más que otras donçellas.
Quando estás labrando,
no sé en qué te piensas,
al dechado miras
y los puntos yerras;
dícenme que haçes
amorosas señas,
si madre lo sabe,

abrá cosas nuebas.
Clabará bentanas,
cerrará las puertas,
para que baylemos
no dará licencia.
Mandará que tía
nos llebe a la yglesia,
y que no nos ablen
las amigas nuestras.
Quando fuera salga,
diréle a la vieja
que con nuestros ojos
tenga mucha cuenta,
que mire quién pasa,
si mira a la reja,
y quál de nosotras
bolbió la cabeça.
Por tus libertades
seré yo sujeta,
pagaremos justos
lo que malos pecan.
¡Ay, Migela hermana,
oye aora mis quexas!
Mis males presumes
mas no los açiertas.
A Pedro el de Juana,
que se fue a la guerra,
afición le tube
y escuché sus quejas;
mas visto ques vario,
mediante la ausencia
de su fee fingida
ya no se me acuerda.
Fingida la llamo,
porque quien se ausenta

123

sin fuerza y con gusto,
no es vien que le quiera".
"—Ruégale tú a Dios
que Pedro no buelba",
—respondió burlando
su hermana Miguela—,
quel amor conprado
con tan ricas prendas
no saldrá del alma
sin salir con ella.
Creciendo tus años
crecerán tus penas,
y si no lo sabes,
escucha esta letra:

Si eres niña y as amor,
¿qué harás cuando mayor?

Si al niño dios te ofreciste
desde niña, con la hedad
le darás más voluntad
de la que le prometiste.
Si pequeña te atrebiste
a tenelle por señor,
¿qué harás cuando mayor?

Como estás hecha a querer
desde que sabes andar,
en faltando a quien amar
te bendrás aborreçer.
Según esto podrás ver
si eres niña y as amor,
¿qué harás cuando mayor?

76

OTRO [ROMANCE DE LIÑÁN DE RIAZA]

Cansado estaba Tisandro
del engaño y de su dicha,
de las sie[r]ras de Jarama
123v del Tajo y de sus orillas.
Deja el gabán jironado
con mill enlaçadas çintas,
que por ser flojas laçadas
desatadas se caýan,
y del yerro de su amor
la malla espesa vestía,
que aburriendo sus contentos
hirse quiere a la miliçia,
porque presume hallar
entre las lanzas y picas
más dicha que entre cayados
o más vrebe fin de vida;
y antes quiere que le acabe
vn tiro de artillería,
que los tiros engañosos
de su adorada enemiga,
que avnques gentil, es ingrata,
discreta, como fingida,
como gallarda, mudable,
quanto vella, fementida,
perdida por vn pastor
que vn tienpo, por biçarría,
a pedradas espantaba
las amantes tortolillas.
Y por desfogar su pecho,
cercano a su despedida,

estas quejas postrimeras
al alma triste publica:
"Adiós llanos, valles, montes,
zagales y pastorcillas,
vosques, arroyo[s] y fuentes
y alamedas de Castilla.
Adiós, ganado sin dueño,
quien te alle, te vendiga,
quien te vendiga, te guarde
y quien te guarde, te rija.
Sea pastor cuydadoso
que sin cuydado te siga,
y no como yo, que a beçes,
te olbidaba y me perdía.
Adiós, zurrón remendado,
guardador de alebosías,
archibo de falsedades
y tesoro de mentiras.
Adiós, cayado y pellicos
de la color de mi dicha,
adiós, azules fabores,
adiós, çintas amarillas".
Al fin tomando el rabel,
y entonando en su agonía,
por fin de sus tristes ansias
con voz quejosa, deçía:
"¿Por qué de mí te alejas
y tratas mal, Lisena, a quien te adora?
¿Por qué llebar te dejas
de quien tu fama y tu veldad desdora,
y tus merecimientos
apocas con humildes pensamientos?
¿De qué ramas floridas
la fresca sonbra te conbida y ruega,
quando hechada, te olbidas,

debajo vn seco tronco de la bega,
que su mayor verdura,
su fruto ynfame fue tu desbentura?"

77

124

OTRO

El suelto cabello al viento
que desordena sus trenças,
hurtándole de ynbidiosos
algunas preciosas ebras,
más ligera que los vientos,
tan arisca como vella,
ta[n] vella como cruel
y más cruel que lijera:
huyendo va de amor la zagaleja,
y el rapacillo ciego no la deja.

Tan veloz muebe las plantas
que pierde la color dellas,
dando a la veloçidad
lo que a los ojos les niega.
Yba tan feroz y ayrada
que lo que mormura entrella,
con los dientes despedaza
y en sus palabras se benga:
huyendo ba de amor la çagaleja,
y el rapacillo ciego no la deja.

Quando inpaciente y sañudo
de vna libertad esenta,
puso al arco trabajado
aquella rabiosa flecha,
tan libre salió la jara,

esculpida, de la cuerda,
que sin tocar al pellico
ronpió vn corazón de piedra:
huyendo ba de amor la zagaleja,
y el rapacillo çiego no la deja.

Ella, que se vio herida
de la benenosa yerba,
dejó de ollar el viento,
estanpó el pie en el arena,
y buelta humillde, a Cupido
inclinó la cerbiz yerta,
do enlazó el pesado yugo
que tan tarde se deshecha:
huyendo va de amor la zagaleja,
y el çegueçuelo niño no la deja.

Y ansí alçó el buelo Cupido
tan hufano de la presa,
mandándole que a Menalao,
su querido, esté sujeta,
por cuya lira suabe
en todo el Vetis resuena,
bengando el nonbre de Alcina,
en sus ecos por las selbas:
huyendo va de amor la zagaleja,
y el rapacillo ciego no la deja.

78

OTRO

Agora, Tirse, quel tienpo
toma residencia al alma,
quiero yo que tu belleza
venga juzgar en mi causa.
Vengan los alegres canpos,
juren las mieses armadas,
questas dirán de esperençia
la verdad, pues tienen canas.
124v ¡O hedad falsa,
malamente creýda y adorada!

Qué me dirás, Tirse mía,
si á de ser tu hermosa cara
por arrugas enbidiosas
desmentida y afeada.
Encierra, amiga, tres trenzas,
ondosas y encarrujadas,
que si agora peynas oro,
ya verná que peynes plata:
¡O hedad falsa,
malamente creýda y adorada!

Qué ynporta quel niño çiego
en tus megillas rosadas
haga siesta a los sonbríos
de tus yguales pestañas.
Si las pestañas se caen,
si el amor vate sus alas,
si la rosa se marchita,
si, en efeto, todo pasa:
¡O hedad falsa,
malamente creýda y adorada!

Mira los meses floridos:
qué libreas tan viçarras
que les da el curso del çielo,
desposado con el alba.
Y mira los del estío,
arrastradas por sus plaças,
a bista del esquadrón,
de las mieses condenadas:
¡O hedad falsa,
malamente creýda y adorada!

Deja a Menalao que llore
las oras y las palabras,
que por selbas más seguras
desparció la libre planta.
Considera, amiga, el tienpo,
solo juez de esta causa,
¿qué hará de mí, cruel
si a tantos buenos arrastra?:
¡O hedad falsa,
malamente creýda y adorada!

79

OTRO

Mirando estaba Damón,
desde vn risco, solitario,
vn cierbo y vna corçilla
que se arrojaba[n] al Tajo.
Desangrada va la çierba
y el cuerpo va agoniçando,
en el alma lleba el yerro
y en el pecho lleba el dardo.

Alló los monteros duros,
vencidos y coronados
de las más hermosas flores
que produjo el suelo arabio.
Mill açechanzas los puso
por montes y desierto canpo,
siguiólos asta la muerte,
matólos enamorados.
Las ya conocidas aguas
tocaban muriendo, quando
vna flecha rigurosa
despidió el montero ayrado.
Llebó la flecha cruel
de vn copioso y fértil árbol
de vna tórtola cuytada
conpañero, nido y ramo.

125   Ella viuda, y sin ventura,
su soledad lamentando,
con los dolientes aýncos
de su arrullo tierno y blando,
llorando la desbentura
de su conpañero amado,
permitió el amor llorase
la de sus cierbos amados.
Biolos después sobre el agua
cuerpos muertos, desangrados,
que los lleba la corriente
para arriba y para abajo.
Quiso llorar y no pudo,
quiso suspirar y vn lazo
le dieron al coraçón
que le dexaron pasmado.

80

OTRO

Enlazados los cabellos
que a tantos an enlaçado,
con vna encarnada çinta
y el vestido de encarnado,
del alberge de su aldea,
por goçar del ayre manso,
al canpo va Fabia vella,
enrriqueciendo va el canpo.
No es de[l] va[n]do del amor,
no faboreze a su bando,
quen las aras de Diana
juró de hazer lo contrario.
Tiene de Silbia, su amiga,
fresca en la memoria el caso,
y haciendo agrabios agenos
á escarmentado su agrabio.
Açia la agradable sonbra
de vna encina tiende el paso,
en cuyos antiguos senos
oyó cantar vn reclamo.
Mill lazos vee alrededor
y al engañador vfano,
con las pintadas perdiçes
que engañó para su amo.
Suelta Fabia las cautibas
y dalas al suelo franco,
buelan, y huyendo agradecen
la libertad de su canto.
Tras esto los lazos ronpe
que no es amiga de lazos,

y bolbiendo el rostro, diçe*
al perdigón enjaulado:
"Tú y el Amor, abe alegre,
debéys de yr orros entranbos,
de amor son estas semejas,
suyos son estos resabios.
Asta en las abes çençillas
hazes, Amor, tus ensayos,**
pones en el campo escuelas
donde se aprenden tus daños.
Como perdigón te ascondes
en la flor de verdes años
a pregonar libertad
y es serbidunbre tu trato.
125v Das reclamo de esperanças
y ronpes con ellas vanco,
suenas blando y heres duro
más questa encina y peñasco.
Rayo del çielo te abrase,***
mas deso estás bien guardado,
pues a vn árbol te recojes
que nunca le abrasó el rayo".
Esto dijo Fabia, y suelta
el pájaro aprisionado,
que avnque su engaño le ofende
no fue el autor del engaño.

———————

*"al rostro" en ms.
**"sus" en ms
***"te atrebiese" en ms.

81

OTRO [LETRA]

Plega a Dios que si a otra mira
mi alma que tanto quiera,
que de mala muerte muera
a manos de vuestra hira.
Y si llora y si suspira,
si no por vuestra beldad,
plegue a Dios que mi verdad
tengan todos por mentira.
Plegue a Dios que si este pecho
por su tesoro no os guarda,
que en el fuego de amor arda
asta estar çen[i]za hecho.
Y si el mal que me á deshecho
entiendo que ay bien tamaño,
plegue a Dios que sea en mi daño
quanto fuere en mi probecho.
Plegue a Dios si he pretendido
gusto que yguale a quereros,*
que quando llegare a beros
alle falto aquel sentido.
Y si a quejarme he venido,
por más que ese rigor crezca,**
plega a Dios que yo enmudezca
y que able y no sea oýdo.
Plega a Dios si no se encierra
en vos todo mi consuelo,
se cierre para mí el çielo
y se me abra la tierra.
Y si el amor que me atierra
de mucho bien no es capaz,

plegue a Dios quen son de paz
me hagan amigos guerra.
Plegue a Dios si no bendigo
y alabo esa hermosura,
que no me dé Dios ventura
en el dulze bien que sigo.
Y si hago otro testigo
de mi alma, sino a vos,
que me alcanze, plegue a Dios,
todo quanto me maldigo.
Plegue a Dios si no creýs
que soys la questo causáys,
que mala muerte muráys
que sin duda moriréys.

————

*"puesto que yguala" en ms.
**"rigor tuerza" en ms.

82

OTRO

Pensábase mi vecina
que por su caraza grande,
más redonda que la mesa
de los francos Doze Pares,
por su copete de azofar,
126 mejor dijera de alanbre,
por sus melidres de niña,
con más desgracias que vn Martes:
Landre en mi gusto, landre,
quando por pensamiento tal me pase.

Por decir que solamente
los varrillos bien le saben,

y júrame su docella
que come infinita carne;
por sacar de sebo y niebe
la flaca mano del guante,
y decirme que con pocos
esta suçiedad se haze:
Landre en mi gusto, landre,
quando por pensamiento [tal me pase].

Porque de puro mordellos
los labios le vierten sangre,
y porque en calor me mete
con su brasero de erraje;
por decir que dos marqueses,
desde conpletas a lavdes,
su calle por ella rondan
y miente, Dios es mi padre:
Landre [en mi gusto, landre,
quando por pensamiento tal me pase].

Me abía de andar tras della
las mañanas y las tardes,
bramando como la mar
quando la enojan los ayres.
Coplas de ojos me pedía
en que soles los llamase,
arcos de amor a las çejas
como en el tienpo de Agrajes:
[Landre en mi gusto, landre,
quando por pensamiento tal me pase].

Rogábame que a su tía
vnas oras le comprase,
porque mientras que ablamos
los penitenciales reçase;
que a su escudero le diese
los atos que deshechase,

y a la parlera vecina
de regalos vn tabaque:
Landre [en mi gusto, landre,
quando por pensamiento tal me pase].

Bonito soy yo, por çi[e]rto,
para amores semejantes:
¡qué Macías sufridor,
qué dadiboso Alexandre!
Sepa la señora mía
que soy general amante,
de mis antojos pechero,
traydor de dificultades:
Landre [en mi gusto, landre,
quando por pensamiento tal me pase].

Tu linage es de veçerro,
gabilán por todas partes,
a los lobos se lo cuenten
para que vaca le llamen.
A los glotones de amor
les puede alabar sus carnes,
que yo con güesos podría
algunos meses pasarme:
Landre [en mi gusto, landre,
quando por pensamiento tal me pase].

Sus guantes y sus pastillas
mill escrúpulos me haze,
que no güele bien quien sienpre
de olor ageno se vale.
Sufra Judas su çeceo
y aquel trocar las vocales,
126v diçiendo que vn descontento
ynpusible daño haze.
Landre [en mi gusto, landre,
quando por pensamiento tal me pase].

No me satisfaçen Doñas
Elviras y Giomares,
que me enbargaron por suyo
las Martínez y las Sánchez.
La naturaleza es vna
en producir semejante,
que la señora y la sierba
de vna mesma suerte paren.
Landre en mi gusto, landre,
quando por pensamiento tal me pase.

83

OTRO

Rabia le dé, madre,
rabia que le mate.

Madre, el caballero
que a las fiestas sale
y mata a los toros
sin que ellos le maten,
más de quatro veçes
paseó mi calle,
mirando mis ojos
sin que le mirase.
Músicas me daba
para enomorarme,
papeles y coplas
que los lleba el ayre.
Sígueme en la yglesia,
sigióme en el valle,
de noche y de día
sin que me dejase:

Rabia [le dé, madre,
rabia que le mate].

Sacaba ynbenciones
con dibersos trajes,
y de mis colores
dio en vestir sus pajes,
al vso moderno
ques corto de talle.
Como son mis vienes,
sí fueran mis males,
todas estas cosas
nunca fueran parte,
ni jamás lo fueran
para que le amase.
Viendo mi dureza,
procuró ablandarme
por otro camino
más dulze y suabe.
Rabia [le dé, madre,
rabia que le mate].

Diérame vna cofia
con vnos corales,
çarcillos de plata,
botillas y guantes,
y vnos cuerpos vlancos
como vnos cristales:
negros fueron ellos,
pues negros me salen.
Ronpí el desamor
y las libertades,
quísele bien luego,
bien le quise, madre.
Començé a querelle,
començó a olbidarme,*

muérome por él,
no quiere mirarme:
Rabia [le dé, madre,
rabia que le mate].

Pensé enterneçelle,
mejor mala landre,
alléle más duro
que vnos pedernales.
130 Anda enamorado
de otra de vuen talle,
que al primer villete
le quiso de balde.
Nunca yo le fuera,
madre, ynteresable,
pues no ay interese
que al fin no se pague.
Mal aya el presente
que tan caro sale
y mal aya él
que tanto más sabe:
Rabia [le dé, madre,
rabia que le mate].

Quando entre las fiestas
mañana en la tarde,
mal fuego le queme
todos sus plumages.
No saque el valor,
ni la lança saque
con que antaño hizo
tan dibersos lançes.
Fáltale el caballo
y el rejón le falte,
no haga la suerte
que en mi alma haze.

Y al correr la plaza
con otros çagales,
cayga del caballo,
que no se lebante.
Y quando en las cañas
más gallardo ande,
cañaço le den
que le descalabren.
Salga de las fiestas
cubierto de sangre,
y salir no pueda
sin que otros le saquen.
Si estas maldiciones,
madre, no le caen,
plegue a Dios, que bean
mis ojos llorarle:
Rabia [le dé, madre,
rabia que le mate].

————

*"començe" en ms.

84

OTRO

La noble Ximena Gómez
hija del conde Loçano,
con el Çid marido suyo
sobremesa están ablando,
triste, quejosa y corrida
en ver quel Cid aya dado
en despreciar su conpaña,
por preçiarse de soldado,
sospechando quel enojo

del muerto conde Loçano
vengaba de nuebo en ella,
avnque estaba vien vengado.
Y con este sentimiento,
el rostro grabe vañando
en lágrimas amorosas,
ansí le diçe llorando:
"Desdichada la dama cortesana
que casa lo mejor que casar puede,
y dichosa en estremo el aldeana
que no hay quien de su bien la desherede,
que si amaneçe sola a la mañana,
no ay suceso a la tarde que la vede
130v de amaneçer al lado de su cuyo,
segura del ausençia y daño suyo.
No la despiertan sueños de pelea,
sino el sediento hijuelo por el pecho,
con dársele y bri[n]çalle se recrea,
dejándole adormido y satisfecho.
Piensa que todo el mundo está en su aldea,
debajo de un pajiço y probe techo,
de dorados palaçios no se cura,
que no consiste en oro su ventura.
Viene el disanto y múdase camisa,
y la saya de boda alegremente,
patena y corales de debisa,
deseo y libertad quel alma siente.
Vase al solaz y en él tiene gran risa,
con la vecina encuentra y el pariente,
y con raçones rústicas se goça,
y en años de vejez la ju[z]gan moza".
No quiso el Çid que Ximena
se aflija y congoje tanto,
y en la cruz de su Tiçona,
espada que ciñe al lado,

la jura de no bolber
más al fronteriço canpo,
sino en paz goçando della
y de su noble condado.

85

OTRO [ROMANCE DE LIÑÁN DE RIAZA]

Lo verde que da el abril
ya el otubre lo quitaba,
ser ojas secas pareçen
las que fueron verdes ramas.
Por mudanças.

Ya humean los tiçones
de las humildes cabañas,
ya con las primeras niebes
dan muestras las sierras altas.
Por mudanças.

Ya desocupan el mar
las galeras despalmadas,
huçiosos están los remos
que traspalaban las aguas.
Por mudanças.

¡O, quál estaba vn pastor
de cuydados y de cabras
en este tienpo que digo,
y qué de suspiros daba!
Por mudanças.

A su pastora le diçe:
"¿Así, fingida, me engañas?
'Mi alma' llamaste a otro,

¿cómo tienes tantas almas?"
Por mudanças.

"Solíasme tú decir
'vna sola fee me agrada',
pues la voluntad común
con otra común se paga".
Por mudanças.

En esto vio que venía
Fabio siguiendo sus vacas,
conbaleciente de olbido
que vn mes le tubo en la cama.
Por mudanças.

"O Fabio —dixo Riselo—,
venturos[o] tú que pasas
alegres noches y días
sin temer nuebas desgracias.
Por mudanças.

Y desdichado de mí,
porque a mi pastora ingrata
de neçio y firme no puedo
como me dejó, dejalla".
Por mudanças.

86

131   OTRO [DE LOPE DE VEGA]

Mientras duermen los sentidos
y la vida los engaña
con las flores del verano
de la hedad que presto pasa,
desde los canpos del mundo
el canpo del tienpo marcha,

que vienen a más correr
contra los muros del alma:
Que tocan al arma, Juana.
Juana, que tocan al arma.

Anle dicho que tus ojos
al sol, de ynbidiosos, mata,
y pretende que la muerte
los escureçe y deshaga.
Tu cara de niebe y rosas
a fee que te cueste cara,
quando la veas marchita
como lo está mi esperanza:
Que tocan al arma, Juana.
Juana, que tocan al arma.

Tanta gracia y hermosura,
Juana, ¿para quién la guardas?:
que bienen tus enemigos
tan cerca que ya te alcançan.
El capitán es el tiempo,
el aférez, su mudanza,
sarjento, la enfermedad,
la muerte, cabo de esquadra:
Que tocan al arma, Juana.
Juana, que tocan al arma.

No te fíes de los honbres,
porque son como las cañas,
muy verdes y altas de fuera
y de dentro todo nada.
Y si por fuerça á de ser
que á de amar quien es amada,
mira en el alma primero,
que tanbién ay almas falsas:*
Que tocan al arma, Juana.
Juana, que tocan al arma.

Si quando naciste hermosa
entendieras tu desgracia,
rogaras al cielo entonçes
que la vida te quitara.
Muchos desean tu muerte,
porque a muchos se la causas,
está prebenida al tienpo,
no des a nayde bengança:
Que tocan al arma, Juana,
Juana que tocan al arma.

Para tus ojos trahen nubes,
para tus cabellos plata,
arrugas para tu niebe
y lirios para tu grana.
Toda te piensan mudar,
quel tienpo todo lo acaba:
despierta, Juana, despierta,
no pienses ques arma falsa:
Que tocan al arma, Juana.
Juana, que tocan al arma.

————

*"armas falsas" en ms.

87

OTRO

Vn grande tahúr de amores
y vna jugadora tierna,
para entretenerse vn rato
tratan, muy enorabuena,
131v   jugar los dos mano a mano
desafiados por tema,

y que allá dentro en su casa,
dé la orden y manera.
El juego es largo y tendido,
y al fin de toda vna siesta,
y es él grande enbidador,
y gran queredora ella.
A la primera es el juego,
porque esta es la vez primera,
y él procura desquitarse
lo que á perdido y le cuesta.
Antes jugaban papeles,
palabras firmes y ciertas,
mas ya es moneda que corre
y pasa toda la tierra.
Él se abrasa de picado
y sólo picarla espera,
porque si vna bez la gana
en inpusible perdella.
Á de ser a resto abierto
pero çerrada la puerta,
que si pasan de la tasa
denunciará quien los vea.
Véaselo quien qu[i]siere,
mas no más de lo que puedan,
y es ygual la posta y saca
para quitar diferencias.
Por mesa toman la cama,
que no quieren mejor mesa;
a barajar enpeçaron
y él a dar la mano enpieza.
Y él alçó por vna parte
do está la pandilla hecha;
ella alcanzó a ber el juego
y al primer envite se hecha,
porque él es fullero y arma,
mas ella alçando la treta,

y a dos bueltas que barajan
lo armado se desconçierta.
Ençiéndese el fuego apriesa,
no ay enbite sin rebuelta,
y lo que tienen delante
a cada mano se mezcla.
Dan medios en los partidos,
avnque ba a querer por fuerza,
y tal bez metido el resto
le sacan y se conçiertan.
A la dama le entró el basto
estando puesto a primera,
mas él hizo flux en todo
hiçiendo mesa gallega.
Quiso luego lebantarse,
mas que no se alçe le ruega,
y que la mantenga mano,
pues tan picada la deja;
que haga resto de nuebo
pues todo el suyo le lleba,
y quella hará otro tanto
que allí está su fa[l]t[r]iquera.
Tanto pudo vn ruego blando,
y avn el juego dio tal buelta,
quél fue la bolsa vaçía
y ella no quedó contenta.

88

OTRO

Belardo, aquel que otro tienpo
moraba el dorado Tajo,
agora en el claro Vetis

apacienta su ganado.
Ya no ba como solía
por entre los olmos altos,
ni se sienta entre los juncos
132 al pie del olmo blanco.
Ya de espadañas y lilios
no pisa el florido prado,
sino la abrasada arena,
playa del Vetis sagrado,
que çerca de las orillas
le abrasa los pies descalços,
que solía, por el yelo,
cubrir con pieles de gamos.
Acordóse en vna siesta
de Filis y de su engaño,
cuando quebró la palabra
del casamiento esperado.
Y biéndose ya tan libre,
como de nuebo prendado
de la hermosa Galatea,
ninfa del Vetis sagrado,
no asentado entre los juncos
pero en la tabla de vn varco,
a la sonbra de sus velas
cantó glorioso y hufano:

Ya dex[é], morena,
tu sierra,
por otra morena.

Tu sierra amorosa
que vn tienpo gozé,
por falta engañosa
de vivir dexé.
La sierra pasé
de más aspereza
porque tu velleza

no me diese pena.
Ya dex[é], morena,
tu sierra,
por otra morena.

Sospechas esquibas,
penas encubiertas
con memorias vibas
de mill glorias muertas
hicieron tan ciertas
mi desconfianza,
que vrebe mudanza
de tu luna llena.
Ya dex[é], morena,
tu sierra,
por otra morena.

89

OTRO

No quiso Fili a Belardo
ni a su Bartola Bireno,
ni al bello Adonis la diosa
ni a la ingrata Daphe Febo,
como a su Celio Marfida
y como a Marfida Celio,
que en ygual grado se aman,
mas con desigual deseo.
Vn arco hirió a los dos
y vn lazo los tiene presos,
en vna llama se ençienden
nasçida de vn mismo fuego.
En cada cuerpo ay dos almas

y vna rije los dos cuerpos,
a vn tienpo se quejan anbos
y anbos se alegran a vn tienpo.
Avnque éste le es contrario,
y avn le es co[n]trario el çielo,
porque quiere debidillos
y es ynpusible haçello,
ni ronper los fuertes laços
del nudo que dio Amor çiego,
quel que lo ató con su mano,
no está en su mano el ronpello.
132v Malayan males de ausençia
pues que matan quando menos.
En fin Çelio á de partirse,
ques fuerza del ado fiero,
y al que le sigue [y] le huye
arrastra por los cabellos.
¡O, Tajo de arenas de oro
y quánta enbidia te tengo!
A tus sagradas riberas
está Marfida diçiendo:
"Pues que te llebas mi bien
y con mis males me quedo,
ensancha tus sacras ondas,
estiende tus verdes senos,
que de perlas y de aljófar
esmaltan los prados vellos.
Y vosotras, castas ninfas,
dexad el dichoso asiento
y[d] con coronas de flores,
al son de los ynstrumentos;
cantaréys a mi pastor
los más concertados versos,
que yo en tanta soledad
lloraré mis males fieros,

y será en mi conpañía
estos peñascos desiertos.
Y tú, fuente clara y pura,
que agora me estás oyendo,
enturbiarás tus cristales
que antes me serbían de espejos,
que ya ¿qué an de ver mis ojos
sin mi Celio y sin mi cielo?".
El qual pareció que hizo
a sus quejas sentimiento,
y por no escuchar las dél
se cubrió de vn negro velo.
"Si te olvidare, Marfida
—Celio diçe—, al cielo ruego
que entre desgracias yo muera
y tú me olbides primero.
Y que antes que buelba a berte
me acaben olbido y celos,
de aquel villano pastor
del listón blanco en el pecho,
que por más atormentarme
atrabiese aquel sendero,
y por ver, si al despedirnos,
quedas tú viba y yo muerto.
Pero serálo a mis manos,
si nos deja el estranjero,
de rrodear tu cabaña
donde puedes hirte luego,
que ya, señora, la noche
nos ba las sonbras cubriendo.
Y guarda la fee que debes
al alma con que te quiero,
que dentro de cinco días,
mi Marfida, nos veremos".
En esto los dos amantes

llorando se despidieron,
y entre temor y desdenes
gastaron el vrebe tienpo,
avnque al amador ausente
mill años es vn momento.

90

OTRO

Hazme, niña, vn ramillete
de flores de tu jardín,
133 y átale con tus cabellos
como me as atado a mí.
Retrata en él tus fabores
que a mi ver fueron ansí,
flores que vn tiempo duraron
vna mañana en abril,
y a la tarde desengañan
con marchitarse y rendir
su belleça al tienpo yngrato
cuyo oficio es destruyr.
Llebe biolas moradas
y vn amarillo alhelí,
y algo açul, que tengo çelos,
de que te visitó Gil.
¡O, mal grado a mi ventura
y a las suyas gracias mil!
¡Esperanças, ya no os quiero
que muchas veçes mentís!
Como te canta alboradas
entra amor por el oýr,
y sale al alma derecho,
¡ay, quién le hechara de [a]llí!

No eres sola la Ysabela
dese dichoso Çerbín,
sus postreros gustos goças
y el gusto no da de sí.
Ya diçe que te aborrezco,
luego besa tu chapín,
estáys a matar agora
y luego alegre reýs.
De tu trato Gil á sido
vn maldicente pasquín,
y avn del suyo, porquel honbre
que duque dice que deçir.
Si esto sabes y le quieres
por galán y Amadís,
doyme a Dios si no te abrasa*
con su fuego el dios Machín.
Pensaba yo que primero
los ríos Tajo y Genil
en los Alpes se juntaran
que tú quisieras a Gil.
Mas si Migela le quiere,
si le sale a recebir,
si a su amor le da prinçipio
y al mío le tacha el fin,
no me espanto que le quieras
porque en la corte decís
que vna amiga de otra amiga
fácilmente alcança el sí.
No diré en mi vida tanto
en romançe ni en latín,
bien es que sufra el culpado,
sin culpa malo es sufrir.

———

*"diome" en ms.

91

OTRO

El escudo en quien Fortuna
sus duros golpes descarga,
alteça de los amores
y exemplo de cosas bajas,
el forcado de Dargut,
que en las galeras remaba,
ya hecho ortelano, llora
entre las ojosas ramas:
"¡Ay madre España,
ay patria venturosa,
rica depositaria de mi esposa!

133v Ortelano me hiçieron
por pareçerle que estaba
dispuesto para entender
de los tienpos la mudança.
No se engañaron en ello,
pues quando faltaron aguas,
contra el tienpo bolberán
las nubes de mis entrañas:
¡Ay madre España,
ay patria venturosa,
rica depositaria de mi esposa!

Sacáronme de galeras
por merçed sublime y alta,
y asta en esto me fue
tan gran merçed mi contraria.
Porque si el trabajo es menos,
más pena es no ver sus playas,
do el deseo, por los ojos,
remoçaba mi esperança:*

¡Ay madre España,
[ay patria venturosa,
rica depositaria de mi esposa!]

A, bosotros, los que andáys
bogando en tierras estañas,
y las agenas ciudades
haçéys naturales patrias,
hijos desagradecidos,
vna cosa os sobra o falta,
o os falta el forçoso amor
o os sobran forçosas causas:
¡Ay madre España,
[ay patria venturosa,
rica depositaria de mi esposa!]

Esposa y señora mía,
relicario de mi alma,
solíanme sobrar tus letras
y deseo ya tus cartas.
Sienpre largo me escrebiste
de lo mucho que me amabas,
pero pues ya no me escribes,
más me escribes que me amas:
¡Ay madre España,
[ay patria venturosa,
rica depositaria de mi esposa!]

Sacáronme de la mar,
mensagero de mis ansias,
con quien sienpre te ynbié
lágrimas encomendadas.
Si el mansagero no os falta
por la enemiga distançia,
yo haré mar de la tierra,
pues ay lagrimas que bastan:
¡Ay madre España,

[ay patria venturosa,
rica depositaria de mi esposa!] ”

———

*“remoçaban su” en ms.

92

OTRO

Cansado y prolijo día,
verdugo de mi esperança,
huyendo bas de la noche
mi querida y tu contraria:
Vayas muy enorabuena,
muy enorabuena bayas.

Tú, sol, que de las sierras
tocas las cunbres más altas*
hiciendo largas las sonbras
de las sabinas cortadas:
Vayas muy [enorabuena,
muy enorabuena bayas].

Bete a los pastores yndios
que soñolentos aguardan,
vnos contando el cabrío
y otros contando las vacas:
Vayas muy [enorabuena,
muy enorabuena bayas].

Y tú, pensamiento mío,
pues tienes ligeras alas,
a mi pastora querida
questá de ti descuydada,
Vayas muy [enorabuena:
muy enorabuena bayas].

Dirásle que allá te buelbes
porquel pecho adonde estabas
memorias suyas le ocupan
y tú por los ayres andas:
Vayas muy [enorabuena,
muy enorabuena bayas].

Dirásle que no se olbide,
avnque más estorbos aya,
de escucharme en dos razones
mill sin raçones contadas:
Vayas muy [enorabuena,
muy enorabuena bayas].

Dirásle que mis venturas
son venturas acabadas,
y que estriba mis deseos
en sospechas desdichadas:
Vayas muy [enorabuena,
muy enorabuena vayas].

Dirásle que ya la noche
está corrida y cansada,
de ver mi bentura corta
y de ver sus oras largas:
Vayas muy [enorabuena,
muy enorabuena bayas].

Pensamiento venturoso,
si allá te dieren posada,
cumple, si puedes, mis obras
pues que yo cunplo mis faltas:
Vayas muy [enorabuena,
muy enorabuena bayas].

———————

*"tocan" en ms.

93

OTRO [ROMANCE DE LIÑÁN DE RIAZA]

Riselo, pastor de agrabios
y de memorias que viben
entre quejas no escuchadas
y entre pensamientos tristes,
oyendo está el dulçe canto
de vn ruyseñor que conpite,
con otro que de su amada
reçié[n] namorado vibe.
Entre las ojas de vn olmo
que dos arroyos le çiñen,
pareçe que lengua humana
tales querellas repite:
"¿Por qué escuchas, compañera,
y avn, al pareçer, te engríes
con las terneças y ruegos
dese que mi bien inpide?
¿Cómo, estando yo a tu lado,
questás solitaria finges?
¿Porque te dejo lo hazes?
¿Conbídasme a que te olbide?
Quanto pedías, buscaba,
y tu menester prebine,
porques la necesidad
gran maestra de obras viles.
Agora que por consejos
de quien sin ley me persigue,
o que por dádibas caras
que mudan montañas firmes,
tu verdad pareçe falsa,
tu pecho, de muger libre,

134v pues ya que gusto no tengas,
ocasión de gusto admites".
Bolaron las simples abes,
quédase el pastor humilde
de pecho sobre el cayado,
y mirando al árbol diçe:
"La causa de mi aldeana
eres, olmo, y soy el triste
que vido a su conpañera
casi vençida de vn sinple.
Jura que no ha de ofenderme,
mas si á de dar quien recibe,
ya la qüento por trocada,
y por más falsa que Cirçe.
Si a mí me llama, y al otro
güelga de no despedirle,
faltará sin duda el vno
el que a dos señores sirbe".
Con esto, para memoria,
en el olmo verde escribe
que[s] la voluntad forçada,
boluntad que dio en rendirse.

quando el fuerte Mandricardo
esperaba a la vatalla.
Sintiendo tocar el cuerno
apriesa pide las armas,
Doraliçe, como vido
que a su Rugero no basta,
otra vez ansí le diçe
toda en lágrimas vañada:
"Mandricardo, dulçe esposo,
déjasme muy mal pagada,
pues preçias vna debisa
más que en contentar de damas,
¿qué mejor debisa quieres
que mi coraçón y alma?
Di, ¿quándo la ayas ganado
que sacarás de ganalla?
Mira que abenturas mucho
por tan mísera esperança.
Considera cómo puedo
quedar, si entras en vatalla,
pu[e]s tú estarás peleando,
yo, rindiendo a Dios el alma".

94

OTRO

Ya quel rutilante Febo
toda la tierra yllustraba,
se sale el fuerte Rugero
a la batalla aplaçada.
Armado de todas armas
en ellas el águila blanca,

95

OTRO

Don Rodrigo de Vibar
está con doña Ximena,*

———

*[Repetido; ver núm. 27.]

96

OTRO

En medio de vn canpo solo
do las diosa Çeres planta
sus frutíferos manojos,
y a do la chicharra canta,
herida de vn fuego ardiente
que su ronca vos lebanta,
y adonde las amapolas
se suelen bolber moradas,
y de moradas en negras
del reçio sol abrasadas,
entre las cañas y espigas
mill florecillas senbradas,
vnas verdes y amarillas
y otras açules y blancas,
en vna cabaña estrecha
hecha de palos y paja,
en braços de su pastor
llorando está vna çagala.
Las lágrimas que prodeçen*
de sus ojos, quando bajan,
caen al rostro del pastor,
y con su fuego le abrasa.
Diciéndole está: "Cruel,
¿es pusible que te casas,
que me olbidas y me dejas,
135v que a otra entriegas el alma?
Bien pensé yo que tu pecho,
según firmeza mostrabas,
gustaras verle desecho
entre los que agora te abraçan,
antes que con tal desvío

vsaras de tal mudanza.
Mas, traydor, ¿cómo me sufren
tus braços, si ya en el alma
por vn falso sí que diste
a otra tienes abraçada?
Góçesla muy largos años
con pesadunbres tan largas,
que las palabras muy dulçes
te parezcan muy amargas.
Y si algún amor le tienes,
se buelba en çelosa rabia,
para que rabiando creas
lo que dudas de quien amas.
Sienpre la veas rostituerta
a la noche, a la mañana,
mire a quantos la miraren
y procuren de miralda,
tanto que tus cortos ojos
sean pocos para guardalla.
Tus parientes la deseen,
y ella salga tan libiana,
que a los estraños se allegue
y a los propios haga cara;
para en el año dos veces
y mill pesadunbres para.
Los hijos no te parezcan,
para que te sea más causa
de desgustos y de zelos,
y de çelos y de rabia".

———

*"produçen" en ms.

97

OTRO [ROMANCE DE LIÑÁN
DE RIAZA]

Lisardo en sus sotos mira
cómo sus manadas paçen,
Damón y Fabio deleytan
al mundo con sus cantares.
Lauso trilla ricas mieses
y colma sus trojes grandes,
Velardo, avnque canta penas,
de alegres principios naçen.
Sólo Riselo no tiene
memoria en que deleytarse,
manadas, cantares, mieses
son quejas, tormento y males.
"¡Ay lijereça del Tienpo,
quánto puedes, quánto haçes!
Al fin, tu vejez caduca
del bien y del mal es madre.
Buelas acabando gentes
y crías gentes, y naçen,
que como tienes buen gesto
apeteçes nobedades.
Oye las endechas mías
y no para que las calles,
que me ynportan que las sepan
por donde quiera que pases.
Ya sabes que soy humilde,
136   por mí, que no por mis padres,
que tú que lo miras todo
los viste en altos lugares.
Heme de quejar de ti,
de aquella yngrata que sabes,

que diçe que bien me quiere
y procura abandonarme.
Testigo de sus terneças
eres tú, que algunas tardes,
de enbidias de nuestros gustos
con más presteça volaste.
Dilata plaçeres dulçes,
suspende tristes pesares,
oygan todos mis querellas,
que ansí comienzo a quejarme.
Mas no, Tiempo, no me cunple
que duele el deçir verdades,
y si las digo, sin duda
que habrá muchos que la agrabien.
Hereje de amor sería,
si blasfemase a la ymagen
que adoro y avn adoro
tan bien agora como antes.
¡Ay Tienpo!, que de las yerbas
sabes tú las propiedades,
por merçed que me des vna
para que padezca y calle."

98

OTRO

Por las montañas de Ronda
el brabo Almadán salía,
celoso y desesperado,
desdeñado de su amiga.
No con las luçientes armas
de que profesión haçía,
y mirando si el caballo

por buen camino le gía.
Llebado por vn desdén
que le haçe conpañía,
lleno de ymaginaçiones
sigió del monte la vía.
Ba determinado el moro
de asta perder la vida,
no poner los pies en Ronda
ni bolber a su alcayldía.
Riberas del río Verde
que entre dos çerros salía,
vino a parar a vna sonbra
que estaba junto a la orilla.
Apeóse del caballo
por el gran calor que hacía,
sobre vn tronco se recuesta
de vn taray que allí abía.
La vna mano en el espada
y la otra en la megilla,
despés de alentado vn poco
contra su dama decía:

"Aquí verás, o fiera endureçida,
el miserable fin de tu enemigo,
que bien te sigue a tan pesada vida
el duro yntento que en mi muerte sigo.
Y no porque de burlas consumida
la piedra allara en tu pecho abrigo,
136v que bien se vee de tanto desconçierto
que no te he de ablandar vibo ni muerto.

Que en la fuerza de tu pecho altibo
conozco el yntento orrible y fuerte,
que si en mis obras te he cansado vibo
tanbién te cansará mi ayrada muerte.
Mas no pretende vn mal tan exçesibo
con desesperación enterneçerse,

que bien entiendo, avnque morir açierto,
que no te he de ablandar vibo ni muerto."

99

OTRO

Con cabello y barba crespa,
y con la color tostada,
desnudos los mienbros bastos,
fuera del pecho y espalda,
vestida vna piel de vn tigre
de varias vetas manchada,
y con un bastón ñudoso
hecho de vna tosca rama,
rendido al coraje el cuerpo
y sujeta a amor el alma,
que como a nayde reserba
alló en su aspereza entrada,
en la saçón que la tierra
apenas es avitada,
quando el relánpago çiega
y quando el trueno amenaça,
quando cielo y suelo cubren
sin diferenciarse en nada,
al cielo las blancas nubes
y al suelo la blanca escarcha,
dentro de vna selba fría
Tirreno, vn pastor, se abrasa,
que todo tienpo es estío
para él después que ama.
Y quéxase eternamente
de su pastora Rosana,
que sólo para quexarse
en el blandura se alla,

y crudamente propone
tomar de Timbio venganza,
ques el pastor que le tiene
lleno de cellosa rabia.
Llegó a este punto los ojos
y en vn árbol vio vnas rayas,
y llegando a vellas bien
dos figuras vio entalladas.
Reconociólas, y era
vna Timbio, otra Rosana,
la della en los braços dél
estrechamente enlaçaza.
Y ayrado, como presente
al tierno Timbio no alla,
bengóse en el árbol duro,
hasta el suelo le desgasta;
mas ya con las dos mitades
casi en la tierra tocaban,
quando, perdiendo el aliento,
se torna a juntar la planta.
Y cojiéndole las manos
queda enxerto y hecho rama,
quedando de ella colgado
quien lo estaba de esperanza.

100

OTRO

137 *Ya nos mudamo[s], Marica.*
Marica, ya nos mudamos.

Olgámonos tanto dello,
Marica, pues nos mudamos
a casa si veçindad
de pozo, corral y naranjo,

y para jugar la argolla,
con vn tan hermoso patio:
estará la argolla aquí
y acullá lejos el tajo.
Ya nos mudamos, [Marica.
Marica, ya nos mudamos].

Donde podremos jugar
los domingos y disantos
sin que diga la veçina,
questá su marido malo.
Y otra veçina se queje
que las bolas que jugamos
le abollaron la caldera
o el cántaro le quebraron.
Ya nos mudamos, [Marica.
Marica, ya nos mudamos].

Y sin que todos los días
esté con madre mesando
sobre deçir que la carne
le comieron nuestros gatos,
y sobre que nuestros pollos
la albahaca le picaron,
o que allá, en el tendedero,
le rebolcaron los paños.
Ya nos mudamos, [Marica.
Marica, ya nos mudamos].

Por esto estaremos bien,
sin vecindad estimados,
por señores disolutos
de lo alto y de lo bajo,
en casa de dos ventanas
desde donde oyremos anbos
las tronpetas de las bulas
quando vengan otros años:

Ya nos mudamos, [Marica.
Marica, ya nos mudamos].

Y solitos a plaçer
veremos, el Ju[e]bes Santo,
pasar los deceplinantes
de la Virgen del Traspaso,
donde suele llebar tío,
el que viue acullá vajo,
el pendón de las dos borlas
con las andas del Calbario.
Ya nos mudamos, [Marica.
Marica, ya nos mudamos].

Començemos, pues, hermana,
a mudar aqueste ato:
cárgate tú esa artesa
y yo de aquestos çedazos.
Si quieres llebar primero
la cama, ten esos bancos,
y porque pesan más
quiero llebar este çarzo.
Ya nos mudamos, [Marica.
Marica, ya nos mudamos].

Llebe Juanilla la tuerta
el almirez jaspeado,
que tiene el agua del trébol
apurado al sol de mayo.
Y la hija del conpadre
llebe quedito el retablo
137v de quien es madre debota
después que parió a Gonçalo.
Ya nos mudamos, [Marica.
Marica, ya nos mudamos].

Y bolbamos después todos
por el belador y el palo,

y por aquellos dos tiestos
de la ruda y el tabaco.
Y seguidme apriesa todos,
porque voy el más cargado,
porque en acabando aquí
tengo de ir a los mandados.
Ya nos mudamos, [Marica.
Marica, ya nos mudamos].

101

OTRO

Sobre los tres hijos muertos,
dentro de la enpaliçada,
con dolorosos suspiros
Arias Gonçalo lloraba.
Busca las frescas heridas
por lo roto de las armas,
y quantas le vee en el cuerpo
recibe al doble en el alma.
No llora su honrrosa muerte
ni que á sido tan tenp[r]ana,
ni se querella del çielo,
contra sí buelbe la saña,
por no aber sido el primero
que se ofreçió a la estacada
para librar a Çamora
del reto de tanta ynfamia.
Bien piensa que si saliera
con don Diego a la vatalla,
que no murieran sus hijos
ni la honrra de su patria.
En yra se ençiende el viejo,

porque los jueçes tardan
en sentençiar el suçeso
de don Diego y Rodrigo Arias.
Entre temor y deseo
el brabo conde tenblaba,
que avnque la sentençia teme
más desea la vengança.
Y lleno de sobresaltos
con los fríos cuerpos abla:
"No lloro que en agraz fuistes,
avnque siento vuestra falta.
Mortales érades, hijos,
no os agrabió el cielo en nada,
que quien pudo daros vida,
pues pudo, quiso quitarla.
Dichoso yo si alcançase
en el fin de mi jornada
gloria de tan claros nonbres
como es: 'Murió con las armas'.
En poco tienpo ganastes,
más que yo en edad cansada,
en el çielo, rico asiento
y en el mundo, eterna fama".
Entre raçón y dolores
a toda priesa llegaba
vn ydalgo con la nueba
de que la sentencia es dada.
Y antes que la diga el viejo,
sin saber si es buena o mala:
"Detente —dice — mançebo,
ya voy, si don Diego aguarda.
Armado estoy esperando,
138 mi suerte toca la quarta,
que con la raçón que llebo
no temo será contraria".

"Por libre dan a Çamora
y no vençido el de Lara",
le responde el mensagero.
Guardando fueros de España,
ordena el padre el entierro,
guarda[n]do de guerra vsança,
con vélicos instrumentos,
pífanos y roncas cajas.
Y para mayor tristeza
la ciudad sale enlutada,
con los estandartes della
quel v́mido suelo ar[r]astran.
Armados sacan los cuerpos
y descubierta la cara,
toda la gente les llora
y el padre la voz lebanta:
"Çamoranos, numantinos,
çiudad bienabenturada,
sola tú mereçes tryunfo
pues la gané casi esclaba.
Heredaste la virtud
en los fuegos de Numançia,
y agora se te confirma
con precio de sangre clara".

102

OTRO

Discurriendo en la vatalla
el rey Sebastián el brabo,
bañado en sangre enemiga
toda la espada y el braço,
herida su real persona,

pero no de herir cansado,
que en tan valeros[o] pecho
no pudo caber cansançio,
a todas partes acude
do el peligro está muy claro,
poniendo en orden su gente
y temor en el contrario,
entre los alarbes fieros
hiçiendo en ellos estrago,
con la priesa y peso de armas
se le cansó su caballo.
A rremediar su peligro
venir vio vn valiente ydalgo,
las armas trahe sangrientas,
por muchas partes pasado,
en vn caballo ligero
viene moros tropellando,
y, sacando de flaqueça
la voz, dice suspirando:
"Deste caballo te sirbe,
ýnclito rey Sebastiano,
y salbarás en salbarte
lo que queda de tu campo.
Mira el destroço sangriento
de tu pueblo lusitano,
cuya belicosa sangre
138v haçe lastimoso lago.
Sin orden tu ynfantería,
ronpidos los de a caballo,
señal del triste suçeso
faborable en el contrario.
Que te apartes desta furia
te suplican tus vasallos
llenos de sangre los pechos,
puestas las vidas al cabo.

Pon los ojos en su fee
y recibe mi caballo:
prefiérase el bien común
a la vida de vn ydalgo.
No abandones mi deseo,
huye las manos del daño".
De cuyos ruegos mobido
responde el rey aceptando:
"A tal estrecho he venido
que tengo de ser forçado
a recebir con tu muerte
la vida que ya desamo.
Pero poca es la ventaja
que me llebarás, ydalgo,
que a quien derriba Fortuna,
no está mal morir trenpano".
Deçiende, le dijo el rey,*
pero no pudo el vasallo,
que mill honrrosas heridas
le tienen en tal estado.
Ayúdale a deçender
el Rey con sus propios braços,
y hechándoselos al cuello
y subiendo en su caballo.
"Adiós —le diçe— caballero,
que a buscar vengança parto
en los fieros enemigos
y a morir con mis vasallos".

————

*"deçiende en el suelo el rey" en ms.

103

OTRO

Quedáos so ese peñasco,
qual mi ninfa, duro y sordo,
redes que ya desta playa
calastes senos y fondo.
Quedaos, porque en vos se queden
mis glorias en vuestros corchos,
mis años en vuestro ylo,
mis penas en vuestros plomos.
¡O destierro mortal, mortal partida,
antes que parta el pie, parta la vida!

Sola tú, varquilla mía,
firme qual yo en medio el golfo
al fiero orgullo del mar
y del viento al fiero soplo,
no te quedes, y pues fuyste
en aquel tienpo dichoso
cuna de mis pensamientos,
viene a ser tunba de todos.
¡O destierro mortal, mortal partida,
antes que parta el pie, parta la vida!

Siete veçes an sacado
los alciones sus pollos,
después que mis ojos tristes
139 vieron los alegres ojos
de aquella yngrata que saca,
sin cesar vn punto solo,
mi pecho de sus desdenes,
su gesto, de mis enojos.
¡O destierro mortal, mortal partida,
antes que parta el pie, parta la vida!

Y si por fuerça de tienpo
blandas quexas tierno lloro,
muda lengua vez alguna,
desatado en dulçes modos,
pudiera librar en ella
lo que en mí la punta de oro
sin escusa me condena
larga avsencia y viuir corto.
¡O destierro mortal, mortal partida,
antes que parta el pie, parta la vida!

Ven, pues, pobre batelejo,
al viaje peligroso
de quien será el norte vela
y el amor será el piloto.
Ben a rronper nuebos mares
de que camino no solo,
veré si ay otra tan fiera
o si ay tan humilde otro.
¡O destierro mortal, mortal partida,
antes que parta el pie, parta la vida!

Ven, no me dejes agora
y si te duele no poco,
dejaré este vndoso seno
como a mí este seno vndoso.
Presto, según ymagino,
contrari[a]s fuerças denoto,
nos volverá a estas arenas
a mí anegado y a ti roto.
¡O destierro mortal, mortal partida,
antes que parta el pie, parta la vida!

104

OTRO

Con luz blanca y rostro claro
Diana al canpo alunbraba
de Pánfilo de Narbáez
que esperaba la batalla,
cercado de quatro torres
llenas de cuydosas guardas,
y de más de mill soldados
de arcabuz, vallesta y lança,
cuando el sosiego y silencio
ronpieron las trompas claras,
diciendo: "¡Fernán Cortés,
cierra, cierra!, ¡al arma, al arma!"
Entró el capitán gallardo
armado de blancas armas,
desnuda en su diestra mano
el aguda y fuerte espada,
y con tal fuerça y denuedo
ronpe en la coraça y malla,
que sólo se vee en el canpo
la questá despedaçada.
Quedó Narbáez turbado
viendo sus gente turbada,
pero bolbióle en su acuerdo
139v   vn gran golpe de alabarda.
Y avnque el golpe le á dejado
de vn ojo la luz quitada,
con el otro vio a Cortés
a quien dixo estas palabras:
"A mucho podréys[s] tener,
capitán, aberme preso,

pues no abía ningún suceso
que ansí os pueda engrandecer.
Y pues con tan poca gente
me ponéys en prisión dura,
tenedlo a más bentura
que a ser diestro ni valiente".
Rióse Fernán Cortés,
y viendo que ayrado abla,
con rostro grabe y sereno
dixo en vos tenplada y mansa:
"Lo menos que yo he podido
y he hecho en aquesta tierra,
después que trato en la guerra,
es el aberte vençido.
Y porque menos te asonbres
basta que sepas, en suma,
que yo prendí a Moteçuma
entre quinientos mil honbres".

105

OTRO

De yerbas los altos montes,
de mieses los canpos llanos,
para ti se visten, Filis,
y se desnudan cada año.
Los valles en el ynbierno,
las cunbres en el verano,
como si fuesen de niebe
blanquean con sus rebaños.
Mas qué aprobecha,
si te ma[ta] el dolor de vna sospecha.

Nunca el sol mudó de casa,
siendo con la tuya yngrato,
ni vbo mes que no fuese
ricamente tributario.
Asta por los ayres libres,
[hasta por los hondos vados,]*
obedeçieron tus gustos
las abes y los pescados.
Mas qué aprobecha,
si te mata el dolor de vna sospecha.

Mill flores, que no naçieron
jamás juntas en vn prado,
en tus girnaldas se junta
y mezclan colores varios,
y quando el tienpo las niega,
les da la curiosa mano,
haciendo naturaleça
artificiosos engaños.
Mas qué aprobecha,
si te mata el dolor de vna sospecha.

Nunca lo[s] ojos bolbiste
sin allar anticipados
de tus públicos deseos
los fines adebinados.
Avn las palabras que diçes,
sin fundamento y acaso,
las interpretan y guardan
como leyes con cuydado.
Mas qué [aprobecha,
si te mata el dolor de vna sospecha].

140 ¿Mas de qué me sirbe, triste,
si en la ribera de Tajo,
Damón, que me llebó el alma,
se detiene y tarda tanto?

Yo disculparle procuro
fingiéndome cortos plaços,
pero pásanse y suçeden
desabridos desengaños.
Mas qué aprobecha,
si te mata el dolor de vna sospecha.

Mil ag[üe]ros me persigen,
Dios quiera(n) que salgan falsos,
sueño que se ba y me deja
solo en vn disierto canpo;
otras veçes que en las olas
del mar me boy anegando,
y pudiendo socorrerme
no quiere alargar la mano.
Mas qué aprobecha,
si te mata el dolor de vna sospecha.

Encendido en mis deseos
en mar de lágrimas nado,
sustentando en mis suspiros
la tierra de mis cuydados.
De suerte que ya en mi pecho
viue aquel antiguo caso,
pues caben en vn sujeto
a vn tienpo tantos contrarios.
Y no aprobecha,
si te mata el dolor de vna sospecha.

Hermosísima pastora,
çesa ya de haçer agrabios,
a tu fee y a tu balor
que se ofenden con tu llanto.
Todos esos ynpusibles
que a tu pecho as ybentado,
podrá ser antes que sea
Damón aber acabado.

Mas qué aprobecha,
si te mata el dolor de vna sospecha.

———

*Omitido; lo tomamos del MN 17.556, 74v.

106

OTRO

El cuerpo preso en Sansueña
y en París cautiba el alma,
puesta sienpre sobre el muro
porque está dentro en su casa,
buelta en ojos Melisendra,
y sus ojos bueltos agua,
mira de Francia el camino
y de Sansueña la playa.
En ella vio vn caballero
que por junto al cerco pasa,
háçele señas, y viene
que viene por quien le llama.
"Si soy christiano —le diçe—
y abéys de pasar a Françia,
preguntad por don Gayferos
y decilde a quándo aguarda;
que si espera que sea mora,
que otra cosa no me falta,
que amándole no es posible
viuir sin alma christiana;
que muy mejor pareçiera
quebrando aquí por mí lanças,
140v   que no allá sin pasatienpos
jugando dados y cañas".
Don Gayferos la responde

alçándose la çelada:
"No es tienpo de disculparme,
señora, de mi tardança,
pues el no tenella agora
no es de tanta ynportancia".
Conocióle Melisendra,
y sin replicar palabra,
le diçe que espere vn poco
y en menos de vn poco baja.
A ella en las ancas pone
y él en la silla cabalga,
y a pesar de la morisma
entraron dentro de Françia.

107

OTRO

Vínose Ynés del aldea,
adonde contenta estaba,
para la villa en que viuen
sus tías y su madrastra.
La niña de buenos ojos
y de discretas palabras,
cuya risa alegra el monte
y en el valle sienbra gracias,
aquella que da ynbidia
a las más vellas serranas,
reçelos a mill pastores
y al ciego Amor çien mill almas,
de verse agena en su tierra
con tristes sospechas paga
las oras de pasatienpo
que tenía en tierra estraña.

Y al son de vn arroyo triste
que mormura entre vnas çarças,
ansí cantaba, haçiendo
obsequias de su esperança:

¿Qués de mi contento,
decit, pensamiento?
Soledades tristes,
¿dónde me perdistes?

¿A qué despoblado
quisiste traherme?
Y para perderme,
mi memoria al lado,
mi gusto pasado
se le llebó el viento.
Decid, pensamiento,
¿dónde le perdistes?
Soledades tristes,
[¿dónde me perdistes?]

Niña temerosa,
sola con mi fee,
¡ay, que pasaré
vida peligrosa!
Si seré animosa
contra mi contento,
decid, pensamiento,
¿dónde me perdistes?
Soledades tristes,
[¿dónde me perdistes?]

Lleguen mis querellas
a do está mi amigo,
véngase conmigo
y saldré yo dellas,
*[aunque por perdellas]**
141 *perdida me siento.*

Decid, pensamiento,
¿dónde le perdistes?
Soledades tristes,
[¿dónde me perdistes?]

―――――

*Omitido; lo tomamos del *RG*, 152v.

108

OTRO

Por los chismes de Chamorro,
desterrado y perseguido,
Simocho, el pastor de Albanio,
se parte para Çuyço.
El sayo de entre semana
y de la fiesta el pellico,
todo lo trueca por armas,
que quiere salir luçido.
Galán sale de su aldea,
con vn greg[ü]esco amarillo,
jubón de lienço casero
y las pestañas de rico.
Del color de su ventura
lleba vn negro coletillo
que fuera blanco en vn tienpo*
que la fortuna lo quiso.
Vn bohemio verde lleba
del tienpo del rey Perico,
que avnque le tienen los honbros
se ba teniendo en sí mismo,
que siempre larga esperança
se apolilla en el sentido
si no lo sacan al ayre

que se la llebe de frío.
Cabeçón de puntas lleba
almidonado de linpio,
la gorra con martinetes,
los pies con juanetes finos,
que lleba entre vnos y otros
de su dama el nonbre escrito,
que Juana Martín se llama,
hija de Pero Francisco,
el que la fiesta de Dios
lleba el gigante más chico,
y otras veçes la tarasca
que haçe llorar los niños.
Desterraron a Simocho,
porque Chamorro le dixo
que hiço coplas a Juana
y a Pascual su marido,
en que dixo, sobre todo,
quél no comía toçino,
y quella comía carne
en viernes como en domingo.
Con esto parte Simocho
desterrado y despedido,
sus enemigos se güelgan
y lloranle sus amigos.
Aconpáñanle piojos,
ganado de los perdidos,
que ban con el desterrado
aconpañando el vestido.
Lleba vna espada mohosa,
y de vna soga los tiros,
medias de lana morada
y las ligas de pajiço.
Vna pica lleba al honbro
141v   porque su agüela le dixo

que á de ganar por la pica
lo que perdió por el pico.
Con esto parte Simocho
diçiendo: "Dáseme vn prisco
de Juanilla y de su padre,
de sus tíos y sus primos,
que tres ducados da el rey
y a cuenta dellos, vestidos.
Yrme quiero a las Italias,
pues teng[o] buen cuerpo y brío:
llamaréme don Simocho,
diré que soy bien naçido;
quiçá seré general
o muchillero de amigos,
porque, como de los puercos
se haçen los obispillos,
ansí tanbién de los honbres
los curas y los obispos".

————

*"que fueron blancos vn tienpo" en ms.

109

[OTRO]

Todos diçen que soy muerto
no debe de ser sin causa,
que quizá pienso que viuo
y alguna sonbra me engaña.
Cunplidos son mis deseos,
sólo morir me faltaba,
¡o, bien aya el ynbentor
de aquesta mi mue[r]te amada!,
que a no saber quera ansí

a mi tierra y a mi casa
no me lo vbieran escrito
en quatro pliegos de cartas.
Y lo que fuera peor,
según descuydado estaba,
que pensara quera viuo
y como muerto espantara.
Graçias a Dios que acabó
de mi enemiga la saña,
pues diçen que con los muertos
es ynfamia la vengança.
Trabajos como los míos
sólo el morir los alcança,
y en lo dulçe de mi muerte
conozco mi vida amarga,
que según son los deseos
de quien agora me mata,
con soga devió de ser,
porque yo no he muerto en cama.
Quantas he dicho y escrito
verdades fueron sin falta,
pues a vn honbre questá muerto
la lengua le queda sana.
Y pues me á dexado el çielo
el ynstrumento del alma,
ablar puedo sin temor
de la justiçia y las armas.
¡O verdades ynbençibles
que me dexastes con abla,
conózcaos el mundo agora
si tantos milagros bastan!
¡O qué verdades me esperan
quen la vida las callaba,
porque las tubo el temor
con treynta llabes çerradas.

142

¡Oýd, señores crueles,
nobleça al fin heredada
sangre que os biene del río,
como al artífiçe el agua!
Tiranos en los serbiçios
y alguaciles en las faltas,
los que no adquerís nobleça,
que la del agüelo os basta!
¡Oýd, abarientos pobres,
aduladores de calças,
abentureros de mesa
y penintentes de cama!
¡Oýd, inchado esquadrón
de bonete y sopalandas,
a quien es todo pusible
en lo ques potençia humana!
¡Oýd, amantes al vso,
camisas açafranadas,
pañales del niño Amor
el día que come pasas!
Muçuelos por quien la pita
pasa de milagro a España,
vençiendo el color que tiene
preciosa púrpura y grana.
Vosotros, los que coméys
con delantal en las varbas,
y en ormas de pan de açúcar
hacéys sonbreros de Françia;
mártires de cuera estrecha,
tudescos de calças largas,
verdugos por vna neçia
de vuestras carnes malsanas.
¡Oýdme tanbién vosotras,
oýdme, señoras damas!,
casadas con dos sentidos

equívocas en las faldas;
las que tenéys bula propia
para qualquiera desgraçia,
que ya no castiga el mundo
los maridos de las cabras;
donçellas con escritorio,
para ordinario de cartas;
oýdme, santas viudas,
sólo en apariencia santas,
tocas blancas que se tocan
a manera de casadas
y al ruydo de vnas cuentas
queréys tapar las de casa.
¡Oýd, viejas Celestinas!,
las que cubrís como mantas
y en ombros como çigüeñas
sacáys a bolar muchachas,
las que de naturaleça
soléys enmendar las faltas
adobando çerraduras
que ya perdieron las guardas.
¡Oýdme tanbién, poetas,
romancistas de Granada,
los que viuís en el mundo
por que entendéys el Petrarca,
canoniçados del bulgo
por ýdolos de Venamar.
142v Començemos, pues, la historia
pero no digamos nada,
que avnques verdad questoy muerto
quiero dejar buena fama,
pero si ablamos de veras,
¿por qué raçón, por qué causa
tanto gusta de mi muerte
quien con la lengua me mata?

Mala vida te dé Dios,
mal San Juan y mala Pascua,
malos pleytos te persigan
secuciones y demandas.
Si eres muger, plegue a Dios,
que te enpreñes y no paras,
y que te vean mis ojos
más arrugada que pasa,
que a tu pesar viuiré
y engordaré por semanas
la que Dios fuere serbido
a quien ofrezco mis canas.

110

OTRO

Suspensa está doña Vrraca
por las nuebas que le an dado,
que mataron a trayción
al rey don Sancho su hermano.
Güelga de verse vengada,
pésale del triste caso,
porque teme que a Çamora
venga por ella algún daño.
Y estando ansí pensatiba
llegó el viejo Arias Gonçalo:
"No es menester, doña Vrraca,
que diga lo que á pasado,
pongamos cobro en Çamora
quel canpo está alborotado".
Y diçiendo estas palabras,
de vna ventana mirando,
vio venir vn caballero

a Çamora amenaçando,
todo cubierto de luto
asta los pies del caballo.
Debajo del luto lleba
vn arnés fino trançado,
y con la lança en la tierra
y desta suerte á ablado:
"El cielo me dará cruda venganza
traydores, del delito cometido,
y si no sale vana mi esperança
terná Çamora el pago mereçido.
Yo tiñiré muy presto aquesta lança
y en el traydor malbado y fementido,
y desde agora os reto de traydores
honbres, mugeres, grandes y menores.
El pan, la carne reto, el agua y vino,
los peçes que en el río andan nadando,
las abes que en el ayre haçen camino,
yerbas, plantas y frutas que estáys dando".
Responde Arias Gonçalo: "Es desatino
lo ques sin culpa estar ansí retando,
y el que reta a conçejo está propi[n]quo
a mantener vatalla solo a çinco".

111

143

OTRO

El gallardo Palmerín,
caballero que en España
en fuerças, valor y yngenio
a los demás aventaja,
el más querido del vulgo
y deseado de damas,

a quien enemigos tienblan
y los amigos le ensalçan,
aquél que en sus años tiernos
quando otros apenas tratan
de jugete jubeniles,
ya destroça, ronpe y mata;
aquél que al ayrado Marte
aquí y acullá retrata,
aquel a quien por más galán
le puso su escudo Palas;
aquel ynfante animoso
ynsigne conde de Palma,
cuyos pasados domaron
las almenas de Granada;
aquél que pudo quitar
de mill pechos la arrogancia,
y con vna espada sola
rendir vn mundo de espadas,
quánto más diestro brioso,
por serbicio de su dama,
en la corte del Filipo,
sale a festejar la plaça.
Celebrábase la fiesta
del Bautista, cuya causa
por la costunbre del pueblo
se corren toros y cañas;
mas la poca prebención
que así en tales cosas falta,
haçe falta, al mismo tienpo,
y mill fiestas desbarata.
Por la mucha brebedad
a las cañas puso pausa,
encerráronse los toros
como pájaros en jaula.
Lunes era, si me acuerdo,

quando ya la fiesta amansa,
y quando el dorado Febo
nos va bolbiendo la cara,
de mill doseles y telas
adornadas las ventanas,
y en ellas ángeles puestos,
costodias de cien mill almas,
quando al vatallar de vn toro,
a cuya insigne vatalla
las tres diosas se juntaron
de la descorde mançana.
Paso a paso se va el conde,
aguárdale cara a cara,
y con vn corto rejón,
que apenas al suelo alcança,
meneando el braço fuerte,
cuya fortaleça y maña
siente la dura cerbiz
de la yndomable alimaña.
Por cima del çerbigillo
con tanta fuerça le alcança,
que rindió de vn solo golpe
143v   toro en vida, lança, y damas.
Ocupa el cuerpo la tierra
y de medrosa no brama,
que teme, si guarda herida,
de quien a segunda mata.
Enpieça el ronco mormullo,
dibulgóse por la plaça
y, a su pesar, mill guerreros
le vienen a dar la palma.
Detiénese el sol por verle,
alegre le abraça el de Alba,
el vno le da la mano
y otro le mete en el alma.

De aquí para allí le trahen
mostrándosele a las damas,
reçibiendo parabienes
de su brazo y su pujança.
Dejo el dulçe sentimiento
de aquella que fue la causa
y pudo darle fabor
para semejante haçaña:
no sera visto ni verá
tal fruto en tan tierna palma.

112

OTRO

¿Por qué me tapas la voca?
¿Es tu gusto que me aogue?
¡No me h[a]gas rebentar,
déjame, por Dios, dar voçes!
¡Cómo que quieres que sufra
tantos cansados coplones,
en romançes transformados,
de pohetas maricones
que muy de beras çelebran
las lançadas de rejones,
encareçiendo sus glorias,
por del mundo las mayores,
y lebantan a las damas,
que todas mueren de amores,
por el vrío y gentileça
destos Narçisos leones,
y enbelesadas no comen
sino son tiernos capones,
ni reposan en la cama,

faltando blandos colchones,
y que de la valentía
los estremos y primores
se allan todos en ellos
qual cifra de perfiçiones!
¡Qué ynpresas tan señaladas
de los romanos feroçes,
que a despechos de los tienpos
las muestran piedras y bronçes,
que por librar ciudadanos
las coronas de los robles,
o las de grama que daban
al que libraba trayciones,
que por vatallas nabales,
las rostradas y las nobles,
mural, triunfal y açebuche,
premios de fuertes varones
que a cañas de soldadesca,
desbaratando esquadrones,
para eterniçar con toros
sus ynbencibles renonbres!
144 ¡Qué Çides, Carpios valientes,
Fernán Gonçález y Ordóñez;
qué Garçilasos haçiendo
de moros muertos montones!
No quiero entrar en exemplos
de antiguos y nuebos honbres,
que la lisonja y mentira
las verdades desconoçe.
Tornas a pretar; que calle:
callo, porque no te enojes,
que a las beçes mejor se abla
callando vibas raçones.

113

OTRO

Tirsis, el pastor ausente
de Lausa su prenda cara,
desterrado del amor
[y] de su pastora yngrata,
triste, solo y afligido,
afligida vida pasa
apacentando cuydados
en las dehesas del alma,
de quien su memoria triste
engendra suceso y causas
de los vienes que perdió
y de los males que halla.
Sus raçones son el llanto,
dolor, suspiros y ansias
que lleguen a los oýdos
de aquella que así le trata.
Trocó por cayado y onda
otras diferentes armas,
el sufrimiento y paçiençia,
ques mucho aberla en quien ama.
No viue con el regalo
que tubo allá en su cabaña,
que a quien amor le persigue
de cama sirben las çarças.
Fortuna, el çielo, la tierra,
trabajo, angustias, vengança,
a dos manos le destruyen
con sus míseras desgraçias.
Y para defensa destos
le sustenta vna esperança,

que avnque se tarda su fin
le llega quanto más falta.
Y si el duro sentimiento
de su beneno salga
le aprieta la fee que tiene,
le entretiene y le lebanta.
Entre estas aduersidades,
de su disgusto se fragua
tormento de su castigo
y pena de sus açañas.
Ni las dulçes abeçillas,
ni el prado y sus flores varias,
ni los ar[r]oyos y fuentes
con sus cristalinas aguas
le alegra[n] y dan plaçer,
mas antes todo le enfada,
que muestras esteriores
jamás vn dolor apagan.
Pero olbidándose vn poco
de sus quejas ya tan banas,
desechando de su pecho
144v   la pasión que se la[s] causa,
tomó su rabel tenplado
con quien sienpre se aconpaña,
y dispidiendo la voz
aquestos versos cantaba:
"¡Ay, Lausa rigurosa,
cruel y inexorable a mi gemido,
si el serme piadosa
mereçe el grabe mal por ti sufrido,
ablanda tu dureça
para que alcançe el premio mi firmeça".

114

OTRO

Admiróme tanto en verte
el vello donayre y gracia,
que siento dentro en mi pecho
que me tienes presa el alma.
El día paso muy triste,
no me alegra el sol y el alma,
ymaginando que tienes
pura luz de mi esperança.
De noche estoy elebado,
soñando mill cosas falsas,
que me dan gloria contigo
y que vna paz nos enlaça,
y que lo que es de tu gusto
es el mío sin mudança,
y que entranbos coraçones
se dan una fe y palabra,
y que yo muero por ti
y tú por verme te abrasas,
y vna misma voluntad
cada qual al otro guarda.
Con aquesto me entretengo
asta ver tu hermosa cara,
si fortuna venturosa
me es propia y no contraria.
Y estoy tan pagado desto,
ni sé si es mentira o trama,
que qualquier cosa que oygo
me pareçe verdad clara.
Y estando ansí contenplando
se llegó a mí vna gitana

diçiéndome la ventura
que Amor me tiene guardada,
y que vna hermosa y rubia,
por estremo hermosa y blanca,
me quiere más que a sí misma
y que por mí suspiraba,
y que con laços estrechos
tiernamente me abraçaba,
ablándome dulçemente
por saber que yo la amaba.
Ruego al çielo no me mienta,
porque se alegran mis ansias,
que en algo suele açertar
el que demasiado abla.

115

OTRO

Rendidas armas y vida
queda Rodamonte el brabo,
y el vitorioso Rugero
lleba el rey sobrino y Carlo.
145 "¡Viua Ruger, Ruger viua!",
va la gente apellidando,
entre el regocijo viene[n]
Danés, Oliber y Orlando.
Viene Astolfo y Ricardeto,
Baldobinos y Ricardo
y los dos, tío y sobrino,
Malgesi y don Reynaldos.
Entre aquestos paladines
que a Ruger sacan del canpo,
va la gallarda Marfisa

con el cuerpo bien armado,
que avnque no dudó el suçeso,
al fin, como era su hermano,
fue al palenque apercebida,
el alma puesta en cuydado.
A los corredores sale
quando entran en palaçio,
la contenta Bradamante,
vibas colores mostrando.
Adelántase de todos
y a su Ruger ba mirando,
antes que llegue le abraça,
los braços al ayre hechando.
¡Quán los cuerpos se juntaron
y se enlaçan con los braços!
No se ablan, avnque quieren,
con el contento turbados.
En los ojos se regalan
rostro con rostro llegando,
mas sosegándose vn poco
Bradamante se á esforçado,
y díçele: "Mi Rugero,
descanso de mi cuydado,
en devda me estáys, señor,
del pasado sobresalto,
quel pecho quen amor arde
contino está recelando
y en los mayores peligros
son los temores doblados.
Quando en la vatalla os vía
con tan soberbio contrario,
en mi ventura temía
y fiaba en vuestro braço.
Dos mill vidas diera juntas
por ser yo el desafiado,

que en menos las estimara
que en vos el más fácil daño".
"Si Rodamonte supiera
—Rugero le á replicado—
questábades en [mi] alma
no viniera tan osado.
Con dos contrarios pelea
quien tiene conmigo canpo,
y así pudiera llamarse
este sarraçino a engaño".
No se diçen más terneças
porque no los an dejado,
que llegó la enperatriz
145v   y por otra parte Carlos.
Suenan dulçes instrumentos,
y los paladines francos
corren lanças y tornean
en la plaça de palaçio.

116

ÇARABANDA

Galiana está en Toledo
señalando con el dedo,
quel que fuere buen guerrero
morirá desbaratado:
Antón pintado,
[Antón colorado].

Labrando una rica manga
para el fuerte sarraçino
que por ella juega cañas:
"Amigo de mis entrañas,

quítame estas telarañas,
que me quedan malas mañas
de aquel marido pasado":
Antón pintado,
[Antón colorado].
Matiçaba vna dibisa
debajo de su camisa,
la boca llena de rrisa
y el papo de carne dura,
para su ventura,
con seda amarilla y parda,
ynpresa que saca el moro
en el campo del adarga.
Diçe: "Aquesta carga
es dulçe y no amarga,
quien della se encarga
no terná tristura,
para su ventura.
Lo que le cuelga al cura,
y si no colgare,
lo que le cuelga al frayle,
vna flecha de Cupido
que apunta haçia el endido,
y por letra ese te pido,
pues me lo tienes mandado:
Antón pintado,
[Antón colorado],
que en vn pedernal tocaba
sacando muchas çentellas,
y por letra pocas bastan,
y pues no contrastan
desdenes y olbido,
no quiero marido,
pues que me á dejado:
Antón pintado,
[Antón colorado]".

Tenía a su lado hizquierdo
la que con ánimo lerdo
diçe: "Antón, por tí me pierdo,
por ser en la lid probado:
Antón pintado,
[Antón colorado],
una cautiba cristiana
llorando memorias viuas
entre muertas esperanças:
Con estas mudanças
andube en balanças,
porque las tardanças
me dan mucha pena".
María de la Puebla, etc.
Galiana le pregunta

146 si tiene buena la punta,
porque la triste barrunta
que se hechó con vn soldado:
Antón pintado,
[Antón colorado].
Del llanto la triste causa
y los ojos en la flecha
le responde: "Pocas bastan,
y pues no se gastan
lanças en tal justa,
mi demanda es justa,
espéreme armado:
Antón pintado,
[Antón colorado].
Libertad tube algún día
que sacaros yo podía,
y estorbólo vuestra tía,
y fue muy mal estorbado:
Antón pintado.
[Antón colorado].
Mas fue libertad de dama,

pedernal algunas veçes
y otras veçes cera blanda.
Y pues no se manda,
señora, conmigo,
busque nuevo amigo,
que ya estoy cansado:
Antón pintado,
Antón colorado".

117

OTRO [ROMANCE DE LIÑÁN DE RIAZA]

Tronando las nubes negras
y espesos los claros ayres,
con remolinos y polbo
señalaban tenpestades.
Tinieblas cercan la tierra
sin que la noche llegase,
el sol se esconde huyendo
de los relánpagos grandes.
Entre dos tajadas peñas
en vn monte de arrayanes,
estaba Rislo solo
con sus bacas esta tarde.
Y antes quel pastor pudiese
recogerlas y guardarse
ronpen las nubes sus senos
y disformes piedras caen.
Muéstranse contrarias suyas,
sin temor ban a buscarle,
que al honbre buscan los brutos
en peligros semejantes.

"¿Qués esto, çielo, —deçía—
que tanta vengança cabe
en vuestro pecho dibino
contra estos animales?
Si soy yo el que pequé,
mi ganado no lo pague,
y si en él me catigáys,
el ques ageno dejalde.
Bien sabe todo el egido
que le apaçiento de balde,
y que busco a mi pastora
que me erede y que me acabe".
En esto pasó la nube,
y con alegre senblante,
apareçe el sol tendido
146v por vna y por otra parte.
Alegre quedó el pastor,
diciendo: "No ay quien aguarde
vna mudança de aquestas,
a pesar de los pesares".

118

OTRO

La niña que allá en la fuente
perdió sus çarçillos de oro,
candados de su querido,
contra lisonjas y antojos;
la que cantaba al pandero
"taño en vos" y "no sé cómo",
"cuydo en el que está olbidado"
"de que le lloran mis ojos";
la que a la guerra marchaba

tras su querido dichoso,
si su pundunor no fuera
de su voluntad estorbo,
viendo que por lenguas malas
dexa de cunplir vn boto
en fabor de su esperança,
con que hiço ya diborçio
a su hermana, que volbió
a querer bien a Bartolo,
esta letrilla cantaba
con vos triste y triste el tono:

"*Velador quel castillo velas,*
vélalo vien y mira por ti,
que velando en él me perdí.

Dile, hermana, a tu sentido,
velador del coraçón,
castillo de tu afición
con deseos conbatido,
que no se quede adormido
y tome escarmiento en mí,
que velando en él me perdí.

*[El tiempo brauo caudillo,]**
*vn engaño y mill suspiros***
serán los contrarios tiros
para batir tu castillo,
y perderás los sentidos,
y dirás fuera de ti,
yo velando en él me perdí.
Velador quel castillo velas".

————
*Omitido; lo tomamos de RaC 263.
**"sospechas" en ms.

119

OTRO

A los boquirrubios,
damas de la villa,
que yo en lo moreno
parezco de tinta.
Cálome el sonbrero,
tengo falsa risa,
melosas palabras
y el pecho de acíbar.
Diçen que me abraso,
y son mis caricias
de gustos quemados
eladas çeniças.
Con tan grabes yerros
con que Amor que obliga,
me dio el desengaño
vna sorda lima.
Quando más me prende
ojos y megillas,
anochezco en llanto
y amanezco en risa.
Si llora mi dama,
147   pienso que endida
está la herrada
de sus aguas tibias,
o que sus engaños,
sin fuego, distilan
flores de Medea
y de Cirçe espinas.
Si el ayre se saca,
suspirando apriesa,
siento que se afloxa

por diuersas vías.
Mis ojos, la llamo,
llámame, su vida,
viuo bien sin ella
y sin mí está viua.
No come ni çena
por memorias mías,
quando almuerça carne
o merienda anguillas.
Oýd, amadores,
que tragáys saliba
por qualquier desprecio
de vuestras amigas.
Ya el amor no es neçio,
que agujas enhyla
con antojos de oro,
gloria de su vista.
Sus hechiços fuertes
son en nuestros días
hechiços pasteles
y tortas hechiças.
En verano, abanos,
ayre de la China,
tefetán y raso,
seda, floxa y lisa.
Para ynbierno, felpa,
velludo y borlilla,
la ropa de ardas
o de çebellinas.
Milagro de preçio,
noble marabilla,
que pellejas muertas
calienten las viuas.
Vendito sea el tienpo
que me hechó de ençima

pesadunbres tantas,
tantas carestías.
Sufridor me haçe
de todas cosquillas,
amador taymado,
gallo con pepita.
Sé yo que a mi dama
otro la convida,
hago que no veo,
como lo que ynbía.
No acuchillo a nayde,
guarde Dios mi crisma,
quien castiga colas,
corcobos le tiran.
Galanes picados,
buena es mi cartilla,
respondedme todos:
buena sea su vida.
El que trata en çelos
su mercaduría,
de yntereses come,
ques de amor polilla.
A mí me an curado
ciertas demasías:
ya quiero a lo nuebo,
doy por oro alquimia
en aquella calle,
y en estotra esquina
repartió sus postas
147v   mi caballería.
Si vna está tomada,
otra allo linpia,
quando Ynés no puede
búscame Francisca;
desde mi sotana

sé ques cosa rica
pagar con mudanças
lágrimas fingidas.

120

OTRO. SÁTIRA [DE LOPE DE VEGA]

Los que algún tienpo tubistes
noticia de Labapiés,
de oy más sabed que su calle
no laba, que çucia hes.
Que en ella ay tres damas
que a ser quatro, como tres,
pudieran tales colunas
haçer vn burdel françés.
La capitana de todas,
hija de la sabia Ynés,
avnque quién es no se sabe,
Espinel dirá quién es.
O su antiguo coronista
el poeta Magançés,
conocido por Velardo
como Juan de Leganés.
Las virtudes desta dama
por quien andubo Turlés,
sus romançes la çelebra,
como el dotor don Andrés.
El alférez doña Juana,
quel don se puso después,
que supo quera parienta
del conde Partinoplés.
El sobrenonbre Ribera,

vn linaje montañés,
tan antiguo que se acuerda
de aquel poeta Moysés.
Es puta de dos y quatro,
y a mí me dixo vn ynglés
que la vio sus blancas piernas
por dos varas de lantés.
El cabo de escuadra onrrado
Anilla Velázques es,
antes puta que naçida,
como lo sabe el marqués.
Estáse el pobre librero
hecho venado montés,
y la vellaca en su reja,
como ramera cortés,
por no dexar a su prima
perrochiano o feligrés,
avnque ser hechura suya
es lo mejor de su arnés.
A quantos piden su cuerpo
se le da por ynterés,
hiço profesión de puta,
¡ved qué conbento de Vclés!
Enpreñóse de vn farsante
enamorada al rebés,
¡mal parió, la pobrecilla,
antojada de otros tres!
Otros diçen que la tubo
sujeta, ques arto vn mes,
porque mulato en la cara
y en la pieça torrontés.
Enamoróle la barba
del bobo del entremés,
como a otra vecina suya
dar panarrilla tras pies.

148 Tiene tan gran delantera
que se le junta el enbés,
por más que se lo defienda
çumaque, pino o çiprés.
Si san Ginés representa,
se ha de hechar con san Ginés,
y avnque le tenga su prima
se le mete de trabés.
Dicen que agora la tiene
el aguacil calabrés,
aunque naçido en Granada
y en la color cordobés.
Y como aqueste no pudo
hechólo a su guardanés,
con Prado y con Valdibieso
diçen que fue descortés.
Sabe tan bien el ofiçio
de agradar al ginobés,
que agarra más al que coje
quel pulpo ni cientopiés.
Chapines del valenciano
y barros del portugués,
abanillos de guantero
y cortes del milanés,
la tienen, letor amigo,
en el punto que la bes,
y si no, prueba a buscalla
con medio real que la des,
y llebártela ha su madre
quando más seguro estés.
Estas son las tres que ensucian
el barrio de Labapiés.

121

OTRO

¡Ay, Amor, Amor!,
blando como Angeo,
maldigo tu nonbre
mill beçes a rreo.
Ya de tus blasones
no quiero el arreo,
ni ver que tu frente
çiñe mi trofeo.
Sepa todo el mundo
quál me vi y me veo,
que con ser yo mismo
apenas lo creo.
Tus ynfiernos tube
por mi jubileo,
mi çielo ynmortal
fue tu desbaneo.
Templo de mi gloria
hera mi deseo,
donde se adoraba
vn mostruo muy feo.
Era[n] aguas dulçes
las de tu Leteo,
tus cardos y abrojos
berbena y poleo.
Llebabas mi alma
de vote y voleo,
y al son de tu gayta
dançaba el guineo.
Sin ser caçador
me traýas a ojeo,
de quien fue Vridiçe

quando fui yo Orfeo.
148v En vn tiempo fuiste
otro mar Egeo,
y yo, de anegado,
fui otro Teseo
y por salas de ayre
ymité a Perseo,
volando mill veçes
sin el caduçeo.
Hécate amoroso,
sangriento Ymineo,
llano de la Palma,
monte Pirineo.
Ya desde esta torre
libre y suelto aseo,
tu engaño señalo
y tu torpe aseo.
En tu amarga ystoria
hallo, si la veo,
que son tus fabores
los perros de Anteo.
De medir tus signos,*
Amor, ya me apeo,
que no quiero verme
con Cárçer y Leo.
A mayores cosas
aspiro, ya leo,
y como solía
ya no devaneo.
Por mi libertat
desde oy más peleo,
y verte remando
es lo que deseo.

———

*"senos" en ms.

122

OTRO

Yngrata Merisa mía,
tan hermosa quanto yngrata,
si tú la palabra ronpes,
¿quién pondrá su fee en palabras?
Lisongéasme en presençia,
y en ausençia me maltratas,
y en presentia y en ausençia
de solo mi daño tratas.
Quando vengo, me despides
y quando me voy, me llamas,
y que me vaya o me venga
todo te disgusta y cansa.
De mis suspiros te ofendes
y de mi risa te enfadas,
de verme triste te burlas
y si me alegro, te espantas.
Ríes de mis pesadunbres
y quando yo lloro, cantas,
ques gloria para tus ojos
el tormento de mi alma.
Si no los miro, me miras,
y si los miro, los vajas,
porque sabes que con esto
todos mis males lebantas.
Si ablo, me llamas libre,
y si no ablo, te cansas,
y que able o calle estás
alegre de ver mis ansias.
De mi libertad te pesa,
y mi cadena te agrada,
ya libre y presa te muestras,

más alegre y más pagada:
pues goça todos tus gustos,
que quando más descuydada,
el tienpo y tu desamor
me darán de ti vengança.

123

OTRO

De blanco y menudo aljófar,
cubierto cuerpo y cabeça,
que de las bordadas nubes
a derramar se comiença,
Merisa la del lunar,*
conocida en nuestra aldea
por los estremos que tiene
de hermosa y de discreta,
dejando su albergue triste,
que todo lo está en su ausençia,
sale alegre al canpo alegre
que lo está con su presençia.
Reberdeçe el seco prado
adonde el blanco pie asienta,
píntase el valle de flores
y la yerba se acreçienta.
Qualquiera planta que toca
nueba flor produce y lleba,
y donde pone los ojos
las tenpestades serena.
El Çéfiro, con su vista,
amorosamente suena,
y el río, por ver el curso
de sus corrientes, enfrena.

149

Llegó al valle del jazmín
donde está la fuente seca,
cercada de verdes mirtos
y de blancas açuçenas.
Aquí se puso a coger
el trébol y la veruena,
y conpuso vna girnalda
de otras flores y estas yerbas.
Y estándola conponiendo
el pastor Tirsenio llega,
tan desnudo de contentos
quanto vestido de penas.
En los ojos se leyeron
lo que en las almas ençierran,
quel amor perfeto y puro
en ellos pone la lengua.
Diole vna flor de retama
cuy[a] color diferençia
de la qual pinta su tronco
en la silbestre corteça.
Con el alma la recibe
y con la voca la vesa,
con las entrañas la adora
y con los ojos la contenpla,
y diçe: "En estos colores
dan, pastora, mi sentençia
desesperationes vibas
hechas de esperanças muertas".

————

*"mirase" en ms.

124

OTRO

"Corona el tienpo de flores
a su tienpo la canpaña
y a su tienpo, el mismo tienpo,
las destruye y las abrasa.
Crecen con el sol deseos
y menguan las esperanças,
vanse avnmentando las dudas
y faltando confianças.
Borra las memorias dulçes
y da vida a las amargas,
sube de punto el pesar
149v   y los plaçeres avaja.
Nunca da vien que no sea
de muchos males la causa,
y lo que dél se desea
sobra más quanto más falta".
Esto, entre memorias tristes,
Tirseno consideraba
al son de vn claro arroyuelo
entre rosales y çarças,
donde el çéfiro apacible
con fresco aliento soplaba,
jugando amorosamente
con las flores y las ramas,
propio lugar para tristes,
de triste y çelosa vasca,
porque la ymaginación
no alla reparo en nada,
y allí donde está el contento
es do vn triste no le alla.
Mirando las florescillas

que con lo verde se onrraban,
les diçe: "No os tengo envidia,
que ya sé cómo se acaban
esperanças floreçidas,
secas antes de logradas,
que pasa la hedad por ellas
y las dexa destroçadas.
Y estas flores, y otras flores,
al fin, como flor, se pasan,
no como las de mi fee
que me dan por fruto rabia,
y se alimentan y riegan
con la sangre de mi alma,
donde el apaçible Çiego
haçe canpo de vatalla
y se atrebe a la Raçón,
la potençia más cansada.
Sólo, flores, os envidio
ver que si el tienpo os maltrata,
el tienpo os da nueba vida
y os conpone y os esmalta.
Y a mí, quanto más le sigo
tanto más me descalabra,
pero sólo en él espero,
que como es del daño causa,
lo será de mi remedio
pues en la muerte se alla.
Y yo sabré, si viuiere,
de esperiençia escarmentada,
que entre dulçes ocasiones
viuen sienpre las amargas".

125

OTRO

Delante de Alboaçén,
rey sarraçino en Granada,
está don Diego de Córdoba,
hijo del conde de Cabra,
pidiendo que le dé canpo
para que haga vatalla
con el brabo don Alonso,
el que de Aguilar llamaban,
porque siendo ya su amigo
de vna enemistad pasada,
le conbidó a colación
y le prendió en su posada.
El rey le señala canpo
en medio de vega llana,   150
y don Diego a don Alonso
este cartel le ynviaba:
"Si quien prendió a vn honbre solo
con muchos de mano armada
es honbre que con las suyas
se atrebe a jugar las armas,
[si el que es señor de Montilla,
çelebrado de la fama,
quiere eterniçar mi nonbre
saliendo a la enpaliçada,
a los seys del mes que uiene,
quando el sol muestre su cara,
me hallarás, don Alonso,
en la vega de Granada,
donde te daré, a entender,
si la vida no me falta,
que tengo en la lengua manos

y no en las manos palabras".
Esto firmó, y embió
donde don Alonso estaua,
haziendo poner lo mismo
por las esquinas y plaças.
Ocupábase don Diego,
el tienpo que le faltaua,
en alentarse y ser diestro
en todo género de armas;
y las noches en palaçio,
el rey, que mucho le amaua,
con las más hermosas moras
danzaban ambos la zambra,
donde, entre todas las otras,
se señalaba Daraja,
como el sol entre las nieblas
cuando sale se señala.
Llegó el aplazado día
que don Diego deseaua,
y dos oras antes dél
a confesar se leuanta.
El sol con alegres rayos
los chapiteles bordaua
de las más suuidas puntas
de las torres de la Hambra,
quando el gallardo andaluz,
a quien el rey acompaña,
de encarnado y plata y oro
sale do la corte aguarda,
en vn caballo alazán,
corto el cuello y crines largas,
rreçios cascos, braços fijos,
ancho pecho, lomo y ancas;
grande cola, chica oreja,
la cabeza acarnerada,

alentado en la carrera
y de persona gallarda.
Llévale a derecho lado,
con tela de oro encarnada,
y todas las guarniçiones
de gruesas perlas sembradas.
Va tan furioso el cauallo
que la herradura estampa
en los pedernales duros
como en larena blanda.
Salen las moras a verle,
y puestas a las ventanas,
pareçe que se abrió el çielo,
que heran del çielo sus caras.
El cortesano don Diego
quita el sombrero, y las damas,
com blandos y alegres ojos,
le miran y le acompañan.
Buelbe los suyos el moço,
y donde la vista enclaua,
al reuoluerlos, se lleua
colgadas dellos mill almas.
En esto llegó a la vega,
donde aguardándole estaua
todo el bulgo, y los jueçes
le meten en la estacada.
Puso por ella el cauallo
con graçia tan estremada,
que los admirados moros
le vendizen y sespantan.
Estuuo hasta la tarde,
y viendo cómo tardaua
don Alonso, su contrario,
le pintó en diuersas tablas,]*
y atando a la cola vna

la arrastró por la canpaña,
tomando por testimonio
el caso como pasaba;
y bolbiéndose a Castilla
alló que en prisión estaba
Don Alonso a quien el rey
hechó preso por su causa,
y prendiéndolo a él tanbién,
se dio el rey ta[n] buena maña,
que, sin muerte de la honrra,
viue de los dos la fama.

———

*Por faltarle el f. 103 al MN 17.556, nuestro copista
no pudo continuar su tarea y anotó: "Aquí falta un
pedazo". Tomamos el texto de LB 10.328, 221.

126

OTRO

Niño Amor, nuestras peonças
y fralecicos de aba,
el calderón y los pitos
y los caballos de caña,
los vestidos de papel,
de guadameçí las armas,
de plomo las espadillas
y las pajarillas de agua,
y el peso que tú hiciste
de las dos medias naranjas
con que pesabas antaño
fabores para las almas,
todo lo ha quemado el fuego
de los ojos de vna yngrata

que, como rayos del çielo,
todo quanto toca abrasa,
y avnques hermosa en estremo
la niña que [me] alababas,
pereçe, puesta con ella,
lo que cobre con la plata.
Y con ser hermosa tanto
es, Amor, tan abisada
que la misma discreción
aprende de sus palabras.
Entrañas tiene de fiera,
avnque del çielo la cara,
ques ángel en ermosura
y vna fiera en las entrañas.
Tiene la conuersación
qual el tigre en las montañas,
que si se allega a los honbres
es para vengar su saña.
Asegura quando yere,
ofende quando regala,
castiga quando enamora
y al son de la voz encanta.
Mata con bolber los ojos,
y a beçes, altiba y braba,
no mata por no dejar
faborecido al que mata.
Desde que la vi quedaron
150v juntas la suya y mi alma:
la suya hecha figura
en la mía ques medalla.
Aborrezco desde entonçes
lo que entonçes me agradaba
y adoro en el coraçón
lo que me ofende y me agrabia.
No voy, Cupido, al escuela

y los muchachos se espantan,
que ya no juego con ellos
lo que otro tienpo jugaba.
Arrimé la niñerías
porque, avnque no tengo canas,
siento ya en mí, Niño çiego,
los efetos de sus causas:
que los niños que lastimas
haçes honbres de edad larga,
y a los viejos haçes niños
teniendo el seso y la varba.
Vengo a rogarte, Cupido,
por lo que me asegurabas,
quando te fuyste huyendo
y te acogí en mi casa:
no que su pecho lastimes,
pues fuerça de amor no basta,
no quiero, quando pudieras,
por no verla lastimada,
sino que tú la supliques
con voz amorosa y blanda
consienta que mis tormentos
diga que son por su causa.
Que si lo haçes, prometo
de darte para la Pascua
vnos braçaletes de oro
con que engañes las muchachas.
Y quando llegue el ynbierno,
pues el frío te maltrata,
para que dél te defiendas
vna ropilla de martas.
Mas, ¡guarte!, Amor, no te quedes
entre sus ebras doradas,
que arás mucho, si puedes,
sin enlaçarte, mirallas.

127

OTRO

Luego que al furioso Turno
lo dexó el funesto agüero,
en vez del vsado brío
vestido de espanto y miedo,
la lança de su enemigo
a las espaldas sintiendo,
corre huyendo de Eneas,
ques quien le sigue corriendo.
Forjaba en la fantasía
mill acobardados miedos,
cosa propia del que huye
quando ay poca tierra en medio.
Eneas, a esta saçón,
dándole fuera su esfuerzo,
la lança le ar[r]oja ayrado
por ayre y armas endiendo.
Ronpió del famoso escudo
los siete açerado cercos,
y la falda de la cota
metió por el muslo adentro.
151 Rindióse a la humana fuerza
el que no se rindió al çielo
y humilde puso por tierra
esperança y pensamiento.
Tendido sobre su sangre,
en ella y en polbo enbuelto,
en su enemigo los ojos
humilde le está diçiendo:
"Duélete de la vejez
de un viejo padre que tengo,
no de mí, que fui contrario
a tu fuerça y a tu yntento.

El rey que haçen los niños
dura lo que dura el juego,
y siendo el juego acabado
todos le repelan luego.
Rey é sido de muchachos,
y muchacho rey electo,
bien an salido mis cosas
como de moço yndiscreto.
Perdona, troyano duque,
y ynbíame viuo, o muerto,
y avnque muerto es menos gloria,
pues ya te an visto vençiendo".
Estubo sobre sí Eneas
los fieros ojos torçiendo
y en el ayre el braço alçado,
ya menos brabo, suspenso.
De la lastimosa quexa
se yba vn poco enterneçiendo,
y ya inclinaba la oreja
al blando y humilde ruego,
quando en los contrarios honbros
miró el oro, y reluçiendo,
de la vanda tinta en sangre
del amigo reçién muerto.
Resucitó en él la furia
la memoria de aquel hecho,
y la ya sangrienta espada
le escondió en medio el pecho.

128

OTRO

"Bien aya la paz,
mal aya la guerra,

aquélla da gusto
y estotra los quema.

Goçaba yo triste
de vna dulçe prenda,
que pudiera serlo
de la reyna Elena.
Su vida y su alma
mis dos ojos eran:
mi alma y mi vida
sola su presençia.
Estos mis cabellos,
quel viento los lleba,
ya se vieron hechos
por su mano trenças.
Acuérdome bien,
muy bien se me acuerda:
bien aya la paz
151v *mal aya la guerra.*

De berlo venir,
quando salí fuera,
cubierto de flores
y de fruta nueba.
Coronaba luego
mi rubia madeja
guirnalda olorosa
por sus manos puesta.
Alegre y hufana
quedaba ya yo hecha,
con fruto y con flores,
otra primavera.
Esta era mi vida,
de pesar agena:
vien aya la paz,
mal aya la guerra.

Vinieron los moros,
y para defensa,
quintaron la gente
de toda la tierra,
y porque mi cuyo
tenía mucha fuerça,
todo el regimiento
le dio la vandera.
Fue con sus soldados
a estar en frontera,
y soylo yo agora
de tresçientas penas,
[bien aya la paz,
mal aya la guerra].

En esta ocasión,
si fuera condesa,
diera cien soldados
porque me le dieran;
pues quando las otras
sus contentos sueñan,
sueño yo, cuytada,
armas y pelea:
ellas van alegres
a bayles y fiestas,
quédome yo en casa
a llorar ausençias,
[¡bien aya la paz,
mal aya la guerra!].

Mis bienes, dormidos,
mis ansias, despiertas,
mis tormentos, viuos
y mis glorias, muertas.
Los pesares dentro,
los contentos fuera,

el remedio ausente
y el mal en presençia,
[¡bien aya la paz,
mal aya la guerra!].

A la proçesión
fue ayer Madalena,
con su say[a] verde,
su collar de perlas;
póngomelo yo
de lágrimas tiernas:
bien aya la paz,
mal aya la guerra.

Ya no puedo ver
saya dominguera,
ni puños labrados
152   ni poner go[r]guera.
La cofia me ofende,
los çarçillos pesan,
los corales matan,
cansa la patena.
Quien contento tiene
mire no le pierda,
que no estima el bien
quien el mal no prueba:
[bien aya la paz,
mal aya la guerra].

Por su Pedro Juana
cantaba estas quejas,
llorando memorias
de tristeça llenas.

129

OTRO

Hermano Perico,
baste ya la fiesta,
que no soy muger
de niños de escuela.
Andar yo galana
es ya cosa vieja,
desde los botines
asta el albanega,
y podrás ponerte
tu camisa nueba,
que no me deslunbran
calças de estameña,
ni esas golosinas
para mí son buenas,
que ya para mí
las burlas son veras.
Mi madre á jurado
que no he de ser fea,
y la del alcalde
se llama su nuera.
No heres tú el galán
que ha de darme pena,
que heres chico y romo,
delgado de piernas.
Mis quartos de casa
mis garbanços heran,
mis chochos de oro,
viuas mis muñecas.
Ya me están hiçiendo
vna saya entera,
de titiritaña

forrada en vayeta.
Y tengo en el arca
chapín de Valencia
con cintas açules
y botilla abierta.
Díçese que en tienpo
de nuestras agüelas
152v las que oy son damas
niñas bobas eran.
Ýbanse las moças
casi casaderas
entre los muchachos
llenos de boçeras.
Y ellos en pañales
y ellas en faldetas,
ni ellas los sentían
ni ellos a ellas.
Ya, Perico hermano,
va de otra manera,
no ay niña en el mundo
ni apenas donçella,
el niño se muere
por haçer açienda,
y la donçellica
por llegar a dueña.
Peso más que vn ganso,
por grande que sea,
alcanço el candil,
abro el alaçena,
doyme coscorrones
en la chiminea:
sí puedo casarme;
hecha está la prueba,
con tu Bartolica
y otras como ella.

"Harás tus debujos
muy enorabuena".
Marica a Perico
dado á esta respuesta,
metióse en su casa
y çerró la puerta.

130

OTRO

"Niña de los ojos negros,
y avnque ya pasas de niña
pues á más de veynte y siete
que dexaste las mantillas,
si quieres amar de burlas
y ser de beras serbida,
vayan tus palabras muertas
donde van mis obras viuas,
que no quiero conpetençias
con don Gazmio y don Maçías,
que los llaman los muchachos
matasiete que acuchillan.
Voyme a çena[r] a mi casa
quando da el Auemaría,
avnque otro ronde tu calle
y encuentre con tus esquinas
que te has hecho bachillera
graduada en jelosía,
después que cursar las artes
y oyes la liçión de prima.
153 Hiçísteme tesorero
del oro de tus maliçias,
archivo de tus maldades,

testimonio de mentiras.
Conocíte en cuerpo y alma
y quedóme vna reliquia:
que las mudanças del tienpo
antes de tienpo adebina.
Fuiste yngrata de mis ojos,
ýdolo del alma mía,
como lo fueras agora
de mi alma y de mi vida,
si los trasgos con quien andas
desterrases de la villa,
y no fuesen tus terçeras
esas que tienes por primas,
ni fueses fuera con ellas
a ber a doña Mençía:
¡que as de ser tú la colada,
si allá se haçe legía!
Mira, yngrata, que de ti
y desas señoras mías
se mormura por el pueblo
y lo diçen las veçinas,
que tenéys lenguas de fuego
y condiçión de polillas,
donde dan muerte a las famas
y se disfaman las vidas,
y que para vien de paz
y escusar pendençia o riña,
concertó con su marido
vna bellaca tu amiga
que abía de tener por suyo
de cada semana vn día,
para no dormir en casa
él ni en casa ni en la villa.
Guarda, que si te descuydas,
se te pegará esta tiña,

queres real de los nuebos:
poca plata y mucha liga.
Quédese adios, mi señora,
que no quiero que se diga
que tengo abad por veçino
y subo en mula mohína".

131

OTRO [ROMANCE DE LIÑÁN DE RIAZA]

"Alcalde moro Aliatar,
con la reyna os congraçiastes,
y más son esas haçañas
de muger que no de alcayde.
Dexistes que no ay bonete
de moro en que no se alle
toca de dama y cabellos,
medalla, cifra y plumages,
que las guardas os abisan
153v de que las esclabas salen,
que las damas las ynbían
a bisitar sus galanes,
que de papeles ay muestra
en el terrero a las tardes,
como si el mostrar papeles
no fuese vajeça grande;
que rondando algunas veçes
encontráys al moro Açarque
mirando a las jelosías
por donde suelen ablalle.
Si le ablan, y lo veys,
prendelde o acuchillalde,

y si no callad de día,
como de noche, ¡cobarde!
De la discreta Zafira
tanbién, mintiendo, contastes
que Florindos la serbía
y que vos le amenaçastes;
y a las dos Galbanas vellas,
siendo quien son las Galbanes,
sin respeto y con maliçia
de altaneras las llamastes.
Del quarto de nuestras damas
hicistes ynjusta cárçel,
y apagando la ocasión
ençendéys las voluntades.
Alguna afiçión dormía
yo sé que la despertastes,
mucha pribaçión es fuerça
que mucho apetito cause.
¡Mentís, alcayde traydor!,
¡mentís, Aliatar ynfame!,
y perdonad que las damas
ansí me mandan que os llame,
que de esas falsas raçones,
y dese traydor semblante,
no ay honrra que esté segura
ni nobleça sin vltraje.
Los galanes caballeros
sirban damas principales,
que en amores desta guisa
ningún desacato cabe.
Tenéys entrañas dañosas,
presumís viles maldades,
gobernáys al bien ageno
por el fin de vuestros males.
Las sospechas que soñáys

publicáyslas por verdades:
¡ay de vos, y cómo veo
que en pie moriréys, Alcayde!
Damas serbistes vn tienpo,
allegad y preguntaldes
quién soys vos, o quién son ellas,
154   sabréys vajeças notables.
Jamás tubistes amigo
que seys días os durase:
señal de malos respetos
no conserbar amistades.
Quando se abla de vos
os ynfaman y os abaten,
que no ay matador con yerro
que de otro yerro se escape.
¡A las armas, moro amigo!,
dexad maliçias aparte,
en vez del damasco verde
vestí xeçerina y ante,
que las manchas que al honor
de tantos buenos hechastes,
todas saldrán, si se laban
con vuestra alebosa sangre".

132

OTRO

Al baliente moro Açarque,
preso en la fuerça de Ocaña,
no por traydor a su rey
mas por leal a su dama,
a Toledo le traýan,
que los jueçes de su causa,

que son vnos reales çelos,
diçen que muera quien mata.
Ya por el ayre tremolan
las cien banderillas blancas
de los ginetes quel moro
tenía y trae de guarda.
Otros ciento le reciben
que bienen hiçiendo plaça,
y guiando para donde
manda el rey que preso vaya.
Entrando por la ciudad,
los grabes ojos lebanta
a las temidas paredes
de su respetada casa.
Grandes gritos suenan dentro,
que en ella presos estaban
sus deudos y sus amigos
de Toledo y de La Sagra.
Azarque dio vna gran voz
diçiendo: "¡Abrid las ventanas
los que me lloráys, oýdme!".
Abrieron, y ansí les abla:
"La vida de mis mayores
que representa esta estatua,
mis proheças por quien truje
de roble y laurel guirnaldas,
acaballas pudo Amor,
que lo más eterno acaba,
quel Tienpo ni la Fortuna
154v   jamás osaron mirallas.
Inportaua a su nobleça*
que de mi sangre las manchas
estos vnbrales tiñera
no de tablados las gradas.
Llorad esto solamente,

porque a cargo de la fama
está el darme eterna vida
con la tronpa y con las alas.
Paredes, deudos, amigos,
¿cupo en vos rudeça tanta?,
¿no ay vna erbolada flecha
para estorbar esta ynfamia?
¿A las manos de vn berdugo
queréys que mi vida vaya?
A las vuestras no muriera
sin pregones, más honrrada,
como que no me entendistes".
Y en esto, los de la guarda
hicieron andar la yegua
y al pregonero abisaban.
"Esta es la justiçia —diçe—
que nuestro rey haçer manda
al moro Azarque, traydor,
contra su corona sacra".
"Corónala más al justo
—dixo Açarque—. Di, ¿qué ataja
con mi muerte cierto fuego
que quiso abrasalle el alma?
Por hacer lisonja al rey,
¿tanto puede vna mudança?"
Çelidaxa, en vn balcón,
esenta y risueña estaba.
¡O firmeças mugeriles,
qué pocas fuer[ç]as que bastan
a mellar vuestros aceros
y a batir vuestras murallas!
Viola Açarque, y al sargento
dixo solas dos palabras:
"Tengo de ablar aquí.
No me niegues esta graçia".

"Dos, y aun mill podrás —le diçe—,
que pues no huyes la cara
a tu muerte y a su afrenta,
olgaráse de escuchallas".
"En mi prisión —dixo el moro—
mi coracón me mostraba
en profeçía tu olbido,
ques fee de mugeres varias.
Dobló su firmeça al fin
vna corona pesada,
con la qual, en tus flaqueças,
reynas, siendo vil vasalla.
El sol açul que saqué
en mi çielo de esperanças,
tu pecho eclipsalle pudo
ques tierra que al rey lebanta
del chapitel de tus gustos,
cunbre peligrosa y vana,
asta el centro de la vida
soberbiamente [me] lanças.
Açarque soy. No es posible,
pues tanto el tienpo me agrabia,
que a los flacos hago duelo
y a los balientes vengança".
En esto, de[n]tre la gente,
sin que se viesse, disparan
a Çelidaxa vna flecha,
avnque justa, mal tirada.
Clabada está en el balcón
asta la mitad del asta
en la qual yva esta letra:
"Otra para el rey se guarda".
"¡Viva Açarque!" —grita el vulgo—,
"¡muera el rey y Çelidaxa!"
Y fue tan grande el ruydo

155

que dio el echo en el alcáçar.
Çelín dixo al rey: "Señor,
del pueblo indigno aplaca
la ynsolençia, no permitas
que a ti se buelban las armas".
Porfía el rey en que muera[n];
La popular furia mata
a las guardas, libra el preso
y al rey injusto amenaça.
Çelidaxa y el rey huyen.
Açarque a çeca se pasa,
Amor de todo se ríe,
que su paçes son vatallas.

**"inportuna" en ms.

133

OTRO

Cárçel heres tú,
dígote, escuela,
crisol de verdades,
toque de paçiençia.
Nuebo labirinto
mayor quel de Creta,
sepulchro de viuos,
abismo de penas,
oráculo triste
y mar de sirenas.
Torre de Nembrot,
confusión perpetua
donde los que labran
se pagan de quejas.

Ydra ponçoñosa
de muchas cabeças,
ynfernal codiçia,
anbrienta probeça.
A tus manos viene,
pero no me pesa,
pues fue tu caýda
caer en la cuenta.
Por ti he conoçido
la fee lisongera
de amigos fingidos
queste tienpo lleba.

134

155v OTRO [ROMANCE DE
JUAN DE SALINAS]

Señora doña María,
vuesa merced se resuelba,
si quiere, por bien de paz,
juntarse conmigo a cuenta,
o tasen dos oficiales
lo que merece en conçiençia
vn amor de tanto tienpo
y vna fee tan verdadera.
Y si nada desto quiere,
no forme del honbre quexa,
si siguiere su justiçia
donde con derecho deba.
Créame que la conozco
mejor que si la pariera,
ques en estremo burlona
y falta en la quintaesençia.

Que no ay faysán tan sabroso
al gusto que ansí le sepa,
como ver a sus amantes
en co[n]petencia perpetua,
y sentir crugir broqueles,
de noche, quando pasean
con los petos açerados
y las entrañas de çera,
pareciéndola, si sacan,
relánpagos de las piedras,
que son centellas del fuego
en que se abrasan por ella.
Sepa que ya no me pago
de encomendador de espera,
ques muy pesada la cruz
y no pareçe la renta.
Cantaba vn tienpo mi parte,
pero ya no meto letra,
que he perdido en tantas pausas
la entonación y la cuenta.
Présteme vn poco atençión
señora, sobre vna prenda,
pues sin ella, a sus desdenes,
é prestado yo paciençia.
Y si no la concluyere
en mí, que soy vna bestia,
por lo que çufro, me saquen,
si la tengo, a la vergüença.
Serbicios que tanto tienpo
tan poco luçen y medran
son de palma, cuyo fruto
no le coje quien le sienbra.
Son pa[s]ta de porcelana
que por çien años laençierran,
y sirbe a los sucesores

156

y a su dueño no aprobecha.
¿Son mandas de testamento,
señora, estas sus promesas,
que para verlas cunplidas
he de aguardar que se muera?
Pues no ha de viuir mill años,
que no es de casta de cuerbas,
avnque negra la miré
y negro caro me cuesta.
¿Aguarda a darme turrones
quando me faltan las muelas,
o a estar tan lleno de puntos
que me ynbide y no la quiera?
Este creçiente de luna
le doy por plaço y enmienda,
para que su fee, y sus obras,
con la misma luna crezcan,
con protesto, que al menguante,
si no quedare muy buena,
purgaré yo con olbido
mis cóleras y su flema
y la ynbiaré entre dos platos
sus grillos y sus cadenas;
por señas que me despido,
pues me despide por señas.
Y cobrará por la posta
sus humos mi chiminea,
ques lançe forçoso el humo
después de la llama muerta.
Y, desde luego, convido
las damas a mi almoneda,
y la que más ofreçiere
por muy buena pro la tenga;
que en aquella enfermedad,
que antaño tube tan reçia,

prometí de no perderme
por nayde que no me quiera,
que desdeña y no despide
y con rigor amartela,
y entre agostos, al fiado,
da de contado las penas.

135

OTRO

"Pastorçilla de la sierra
del fragoso Guadarrama,
más dura que sus peñascos
y más que su niebe elada,
que en poco tienes tu esposo,
quebrástele la palabra,
tú andarás con él a pleyto
y él con tu padre a puñadas,
de otro çagal del Tajo
diçes que estás ya prendada,
que anoche vino al aldea
y oy quiere mandar tu casa.
Con vna capa verdosa
te vino a rrobar el alma,
y de tu primero dueño
lo mejor de tu esperança.
Bien solías tú cantar:
*"Si mi padre no me casa,
seré çentella de fuego
que apenas me mate el agua".*
Pésame que le aborreçes,
por lo que sé que te ama.
¡O, qué çarçillos te pierdes

156v de prata sobredorada,
que adornaran tus orejas
mejor que palabras falsas
del que diçes que te adora
y quando menos te engaña!
¡Quién tus orejas conpone
que pusiera a tu garganta!
Mal año para el coral
y los granates de Françia,
que yo se lo vi de perlas
con vn Cupido de prata,
quera pieça de vn obispo
a no faltalle las alas.
Capyrote medinés
cubri[er]a tu frente blanca,
sayuelo verde tu pecho
aforrado en frisa parda;
buena cinta con dos borlas,
que algun pendón las tomara,
te colgara de la punta
al estremo de la saya.
Tubieras botines verdes,
tubieras calças de grana
y ligas con rapacejos
de vn ancho listón de a bara.
Belisa, si tú me crehes,
buelbe, y mira que te llama,*
que quien bien quiere perdona,
y quien aborreçe mata".

Finis

_____

*"bien tu llama" en ms.

136

OTRO

Casóse en Villabarba
Juan Sánchez el recuero
con Marina Garçía
la hija de Antón Crespo,
y prometióle, en dote
muy bien cargado, el suegro
la burra de beleçes
y vayales viejos.
Y aquella mesma noche
que se hiço el conçierto,
negáronsela al nobio,
quedóse patitieso.
Y allá, a las doçe dadas,
en lo mejor del sueño
soñando, dixo a boçes,
como era arriero:
"¡Jo, jo, que te estreguo,
burra de mi suegro!"

Al fin se la entregaron,
despuós del casamiento,
el sacristán y el cura,
por ser vso del pueblo.
Tomáronla los dos
y al nobio se la dieron.
Tomóla luego el nobio
delante el regimiento.
El suegro diçe al hijo:
"Haçed como buen yerno
157 en sustentar la carga
del santo matrimueño"
"¡Por Dios! —dice Juan Sánchez—,

¡sí!, mas me dais consejo
que me heche con la carga
y diga soys vn neçio.
¡Jo, jo, que te estreguo,
burra de mi suegro!"

"¡Por Dios!, si os arrebato
—le á rrespondido Crespo—,
que os deje a dos puñadas
más manso que vn borrego".
El suegro toma vn canto
y el yerno toma vn leño,
el cura y regidores
se meten de por medio.
El cura diçe al yerno:
"¡Calla, que soys vn neçio,
y que á de ser vn manso
el que de Dios es sierbo!".
"¡Pardiós, que si yo fuera
Juan Sánchez —dixo el ciego—
que diera en vn pantano
con todo el arrimuesco".
"Jo, jo, que te estreguo,
burra de mi suegro!"

Tomáronlos las manos
y amigos los hiçieron,
y toda la pendençia
se bolbió en contento.
Y vínolo a pagar
vn desdichado cuero
questaba en vn rincón
pacifiquito y quieto.
Hecháronse los nobios,
porque yba anocheçiendo,
y apenas se an hechado

quando salió huyendo
Marina de la cama,
diçiendo: "¡Oste, puerco!"
Juan Sánchez se lebanta
tras della y va diçiendo:
*"¡Jo, jo, que te estreg[u]o,
burra de mi suegro!"*

137

OTRO

Sin duda, hermana Juanica,
entiendes que naçí en Babia,
y que mi padre fue tonto
y mi madre mentecata.
Y que al dexar de la leche
me destetaron con paja,
y que me mamo los dedos,
y que se me cahe la baua.
Pues que juntando contigo
más que dinero y palabras,
no te puedo defender,
que a los ojos no hagas tranpas,
y como mi fee es çençilla,
yo no hago suerte doblada:
157v   tú sienpre, con presa en vna
y pinta en otra, me ganas.
É jugado con mill niñas*
de hedad florida y tenprana,
mas nunca he visto ninguna
que tantos encuentros haga,
y por momentos descubres,
Juanilla, tu carta blanca,

la más vella que á abido
debajo de vmanas faldas.
Barajo quanto es pusible
mas no me aprobecha nada,
porque por los propios filos
galanamente me matas.
Pero mill diablos me lleben
si me ganares más blanca,
por lo que en ganarme pierdes,
lo que te gano se vaya,
o no jugar más gran juego,
que quedes desengañada
de quien no estubo picado
quien perdi[en]do se lebanta.

———

*"y jugando" en ms.

138

OTRO

Confuso y falto de gloria,
copioso de pensamientos,
de çelos muy abundante
y estéril de pasatienpos,
lleno de memorias tristes,
de desdenes hecho exemplo,
con la mano en la megilla
pensatibo está Sireno,
diciendo: "Filena mía,
heres mar de debaneos,
heres veleta en tejado
y mudable a todos tienpos,
que buscas las ocasiones

por sólo mudar de yntento,
y quantas oras el día
tienes tantos mobimientos,
y si te boy a ablar,
en fuego de amor ardiendo,
te abrasas y lloras tanto
que me pones escarmiento,
para que en toda mi vida
no te ponga en tal estremo,
porque la pena que finges
tú la muestras y yo la siento,
y si qual la muestras sientes,
no te entiendo o no me entiendo".
Esto deçía el pastor,
quando por el prado ameno
vido retoçar las cabras,
las yerbas haçen estremo:
las secas reberdeçían
y hecha[n] flor todas a vn tienpo,
los pájaros en los ramos
cantan de puro contento,
y haçiendo gran melodía
salen al recebimiento.
Y vio venir a Filena
haçiendo los años buenos.

139

158   OTRO

Cantaba muy triste,
con vna boz grabe,
madre, vn caballero
questaba en la cárçel.

Viniendo de casa
de mi tía vna tarde,
le oý que, a vna reja
que cae a la calle,
cantaba el cuytado
al son de vn discante.
Era, si me acuerdo,
aqueste romançe:

"Mi padre fue de Castilla,
de lejas tierras mi madre,
reyes fueron mis abuelos,
y avnque agora no soy nayde,
solía tener amigos:
no ay ya dellos quien me alle.
Mis hermanos y parientes
no me juzgan por su sangre,
a vno, que conmigo estaba,
porque no se mejorase
nuestro mal comunicado,
le tienen preso y aparte,
que ni sé de su fortuna
si a la mía es semejante,
sino es por un pajecillo
que nuestros secretos sabe,
que aquesta prisión esquiba
la padezco miserable.
Por yndicios de vna muerte
he sufrido tantos males,
y si les busco el remedio,
todos me los lleba el ayre.
Tengo la cama de abrojos,
por ser mis cuydados grandes,
mi comer es yel amarga
que satisface a mi anbre.
Si sale el sol claro al día,

a mí al mediodía sale,
que tengo por mi relox
sóla la voz del alcayde.
Serbía en el siglo a vna dama
de condition ma[n]sa, afable,
avnque agora, como preso,
no se preçia de mirarme.
Pasa a bista de la reja
los más días por la tarde,
tan descuydada de mí
que muestra ser bien mudable.
Acrecienta su crueldad
sin que mis desdichas vasten,
pues pudieran sólo ellas
haçer cera de diamantes.

¡Malaya la henbra,
madre, que tal haçe!,
158v   *porquen estos tienpos*
hera el regalalle.
¡Ay cuytado dél,
quién le libertase!
¡O, si para aquesto
pudiera ser parte!"

Aquesto cantaba
del buen Ruy Fernández
vna hermosa niña
jurando libralle.

140

OTRO

Quando sale el sol, señora,
yo sólo maldigo el sol,
que si sale vn sol al mundo
a mí se me ponen dos.
¡O, si fuere sienpre noche!,
que no en balde es çieg[o] Amor
y para el çiego lo mismo
es sonbra que resplandor,
sólamente las tinieblas
amigas calladas son.
Yo solo, a la noche ya,
la llamo, muda, sin voz.
Beysle tan de buena cara,
pues es tan maligno el sol,
que sienpre deja a su hermana
a que açeche por los dos.
Él fue el que a la pobre Venus
con Marte la descubrió
y se lo dixo al marido
que con la red los cogió.
Su hermana no parlará
porque sabe que sé yo
mill cosas que parlar della
y del pastor Endimión.
Diçe que en el monte Lanio
desnuda se le entregó,
avnque por vella desnuda
dio tal castigo a Anteón.
Si de noche la miraba,
por ventura, el caçador,
no le quitara la vida,

que se abergonçó del sol.
¡O, noche!, quien no te estima
no sabe qué es el amor,
que a las diosas y a las damas
ablandas la condiçión.

141

OTRO

Avsente, olbidado y solo
muere el más firme amador
entre sus mortales ansias
llamando a quien le mató:
¡Ay, Dios, qué grabe dolor!

Cruel y dulçe señora,
ymagen de mi afiçión,
¿por qué sin razón me olbidas,
si me amaste con raçón?:
¡Ay, Dios, qué grabe dolor!

¿Quién me quitó, bella Doris,
el bien quel çielo me dio?
¿Quién á trocado mi suerte,
quién mi esperança trocó?:
¡Ay, Dios, qué grabe dolor!

159 ¿Por quién mis buenos serbicios
tu belleça enagenó?,
¿quién tu noble, casto belo,
dibina diosa, ronpió?:
¡Ay, Dios, qué grabe dolor!

Vi tu claro cielo abierto
y en él tu apacible sol,
que enbuelto entre tus mudanças

por matarme se clisó:
¡Ay, Dios, qué grabe dolor!

Dísteme mortal veneno
mezclado con afiçión,
fingiste que lo vebías
porque lo bebiese yo:
¡Ay, Dios, qué grabe dolor!

No consideres, señora,
el grabe estado en que estoy,
ni el bien de mis muertas glorias
que harás agrabio a tu honor:
¡Ay, Dios, qué grabe dolor!

Viue ya, Doris, a gusto
que he sido tu devdor,
reconózcote la deuda
y pago con lo mejor:
¡Ay, Dios, qué grabe dolor!

Oy mueren mis desengaños,
si mueren muriendo yo,
que vida será mi muerte
pues tu crueldad me mató:
¡Ay, Dios, qué grabe dolor!

Fin

142

LETRA

En tienpo de agrabios,
¿de qué sirben quexas?
que, pues no ay orejas,
¿para qué son labios?

Tan puesta al rigor,
tan sorda a mi mal,
él dará señal
de vuestro rigor.
Con tales agrabios
se avmentan mis quejas,
mas no vbiendo orejas,
¿para qué son labios?

El mal vrde y trama
quien al bien se esconde,
la que no responde
huye del que llama.
De ynjustos agrabios
naçen justas quejas,
y sordas orejas
hacen mudos labios.

En almas llagadas,
amor, mal conçiertas
con ansias abiertas
orejas cerradas.
Por tales agrabios
dense al çielo quexas,
para que dé orejas
y sirban los labios.

159v Si en tales enojos
no puede aber mengua,
pues no bastan lenguas,
acudan los ojos,
alegren de agrabios,
abiben las quexas
y ablanden orejas
que endureçen labios.

143

LETRA

Baysos, amores,
de aqueste lugar:
¡tristes de mis ojos,
y quándo os verán!

Yo mera niña
de bonico aseo,
puse yo en vos
mi amor el primero,
queréysme dexar,
[*¡tristes de mis ojos,*
y quándo os verán!]

Aν́n yo no sabía
de amor ni afiçión
quando, cuytada,
perdí el coraçón.
Si çelos y ausençia
la muerte me dan,
¡tristes de mis ojos,
y quándo os verán!

¡Ay, mi amor presente,
qué será de vos!,
que con alma[s] dos
moriréys ausente.
¡Ay, qué fácilmente,
pienso, os dejarán!,
¡tristes de mis ojos,
y quándo os verán!

Dos almas tendréys.
Haçed de tal suerte:

si morís avsente,
lo mío me deis.
En tierra os veréys,
que no os olbidaran,
¡tristes de mis ojos,
y quándo os verán!

144

LETRA

No me engañaréis otra bez,
cerotico de pez.

Çerotico Amor tirano,
engañáys tarde o tenprano.
Amanecéys en la mano
y anochecéys a los pies:
Cerotico de pez,
no me engañeréys otra bez.

No queráys ser tan señor,
sabéos contentar, Amor.
Basta llebaros la flor
y dejarnos con la hez:
Cerotico de pez,
no me engañaréys otra bez.

El honbre que más os trate
y más os sirba y acate,
para en vn robado mate,
como juego de agedrez:
Cerotico de pez,
no me engañeréy[s] otra bez.

Si pienso que solo os tengo
y a serbiros voy y vengo,

con el bien que me entretengo
se entretienen otros diez:
Cerotico de pez,
no me engañaréy[s] otra bez.

Seguiros la vida cuesta,
mas el galardón que presta
es el que da la vallesta
al trestornar de la nuez:
Cerotico de pez,
no me engañaréys otra vez.

145

OTRA

Trébole oledero, amigo,
trébole oledero, amor.

Ýbase la niña,
al salir del sol,
a coger del trébol
de su lindo amor.
Trébol de tres ojas,
que apunta la flor,
y la questá en medio
mayor que las dos.
Trébole oledero, amigo,
trébole oledero, amor.

Estábase vn cardo,
cardo corredor,
cubierto de trébol,
¡falso engañador!
Allega la niña,
sus dedos punçó,

160

y sacóle sangre,
¡Jesús, qué dolor!
Trébole [oledero, amigo,
trébole oledero, amor].

Rasgando su toca
sus dedos ató,
y al cardo le dixo:
"Maldígate Dios,
que si yo te viera
no llegara, no,
porque tus eridas
yncurables son".
Trébole [oledero, amigo,
trébole oledero, amor].

¡Qué dirá mi madre,
que riñe por dos,
si me vee la sangre
de mi camisón!
Cerraráme en casa
para haçer labor,
hablaré por torno,
como en religión.
Trébole [oledero, amigo,
trébole oledero, amor].

146

OTRA

Que si verde era la ribera,
séalo enorabuena.

160v Quise tanto vna esperança
que asta la berbena amé,

porquera verde, y gusté
del color de confiança.
Pero ya que se me alcança
lo ques amorosa pena:
séalo enorabuena.

Ya ni suspiro ni lloro
de Gila, Menga, el rigor;
adore otro su amor
que yo libertad adoro.
Si sus cabellos son oro
y su color açuçena:
séalo enorabuena.

Biba yo los años mill,
y lo demás vaya y venga,
siquiera Pascuala tenga
rostro y manos de marfil.
Y siquiera sea vn abril
Juana, Gila y Madalena:
séalo enorabuena.

Es del çielo su hermosura
y no la puedo alcançar,
quiérome en la tierra andar
qual toro suelto a su anchura.
Y siquiera sea más dura
quel duro mármol Helena:
séalo enorabuena.

147

LETRA

Yo, que no sé nadar, morenica,
yo, que no sé nadar, moriré.

Morena, quando mis ojos
en los tuyos se miraron,
desde aquel punto heredaron
la gloria de tus enojos.
Y si en este mar de antojos
no me socorre mi fee:
yo, que no sé nadar, morenica,
yo, que no sé nadar, moriré.

Va mi vida nabegando,
en lo que lloro, riendo,
porque mis males viuiendo
muera[n] mis ojos llorando.
Si para salir nadando
no ay quien la mano me dé:
yo, que no sé nadar, morenica,
yo, que no sé nadar, moriré.

De mi tormento y pasión
¿cómo contaré la mengua,
si enclaba el dolor la lengua
y el pesar el coraçón?
Entre tanta confusión,
do el remedio no se ve:
yo, que no sé nadar, morenica,
yo, que no sé nadar, moriré.

161 Naçen de tu çeño elado
las fuentes de mis sospechas,
yban corriendo derechas
al golfo de mi cuydado.

En agua el lado abrasado,
cuytado yo, ¿qué haré?:
yo, que no sé nada, morenica,
yo, que no sé nadar, moriré.

Caý desde mi deseo,
que fue çelos de esperanças,
al mar de desconfianças
hecho de aguas de Leteo.
En medio dellas me veo
y dónde salir no sé:
yo, que no sé nadar, morenica,
yo, que no sé nadar, moriré.

Del pensamiento cruel,
que así la vida me apoca,
debiera guardar la voca
y no comeros en él,
que hecho ladrón fiel
la libertad le entregué:
yo, que no sé nadar, morenica,
yo, que no sé nadar, moriré.

148

OTRA

Desdeñaste a Pedro,
la linda Ysabel,
mas trocóse el tienpo
y lloras por él.

Quando te miraba,
vello no querías,
por tus demasías

sus quejas miraba,
la linda Ysabel:
mas trocóse el tiempo
y lloras por él.

Gastó su esperança
en tus devaneos,
diste a sus deseos
desprecio y mudança.
Hera tu mudança
su pena cruel:
mas trocóse el tiempo
y lloras por él.

¡Ay!, quál te haya dado
esta hedad mudable
sin fabor estable
ni mal limitado,
pero enamorado.
Tú libre, Ysabel:
mas trocóse el tiempo
y lloras por él.

149

[LETRA]

Quien tubo en poco el perderme
no me procure buscar,
porque yo le haré gustar
lo que ganaba en tenerme.

GLOSA

161v Quien tan necio y libre fue
que sin raçón ni respeto

en poco tubo mi fee
y mi coraçón sujeto,
en su poder jamás verme
puede vien seguro estar,
porque yo le haré gustar
lo que ganaba en tenerme.

Desconfíe, que avnque llore
y dé mill quejas al viento,
en mi coraçón no more
de su dolor sentimiento.
Porque quien supo el quererme
tan a las burlas tomar,
sepa de veras gustar
lo que ganaba en tenerme.

Quien tubo tan alta suerte
no más de para perdella,
llore la pérdida della
en la vida y en la muerte.
Y no piense de moberme
a conpasión su penar,
pues tan mal supo gustar
lo que ganaba en tenerme.

No piense que á de obligarme
su llanto y pena creçida,
que avn no paga en la vida
tan sólo el bien de mirarme.
Pues si llegó a poseerme
y no me supo estimar,
no es mucho haçelle gustar
lo que ganaba en tenerme.

Mi bengança es su locura,
su mal mi satisfación,
pues quien perdió la ocasión
perdió tanbién la ventura.

Que avnque fue ventura el verme
en desdichas á de parar,
hasta haçelle gustar
lo que ganaba en tenerme.

Quando con mill tiernas quejas
me descubría sus enojos,
no abía para oýlle orejas
ni para miralle ojos.
Bien podrá satisfacerme
quien me pretende agrabiar,
sin que guste de gustar
lo que ganaba en tenerme.

150

OTRO ROMANÇE

Juramento lleban hecho
todos juntos a vna voz,
de no bolber a Castilla
sin el Conde, su señor.
162 La ymagen suya de piedra
lleban en vn carretón,
resueltos, si atrás no buelbe,
de no bolber ellos, no,
y el que a paso atrás bolbiese
que quedase por traydor.
Alçaron todos las manos
en señal que se juró;
acabado el omenage
pusiéronla su pendón
y besáronla la mano
desde el chico hasta el mayor.
Y como buenos vasallos

caminan para Alarcón
al paso que dan los bueyes
y a las bueltas que da el sol.
Disierta dejan a Burgos
y pueblos de alderredor,
sólo quedan las mugeres
y aquellos que niños son.
Tratando van del conçierto
del caballo y del azor
si á de haçer libre a Castilla
del feudo que da a León.
Y antes de entrar en Nabarra
toparon junto al mojón
al Conde Fernán González
en cuya demanda son,
con la ynfanta doña Sancha
que, con astucia y valor,
lo sacó de Castro Viejo
con vn engaño que vsó.
Con los yerros y prisiones
venían juntos los dos,
en la mula que quitaron
[a] aquel preste caçador.
Y al estruendo de las armas
el conde se alborotó,
mas conociendo a los suyos
desta suerte les fabló:
"¿Dó venís, mis castellanos?,
digádesmelo, por Dios.
¿Cómo dejáis mis castillos
a peligro de Almançor?".
Y allí abló Nuño Laýnez:
"Ýbamos, señor, por vos,
a quedar presos, o muertos,
o sacaros de prisión".

"Bien pareçe —dixo el conde—
caballeros, vuestro amor".
Y abraçándolos a todos
mucho se lo agradeció.
Quitáronle las prisiones
y en vn caballo subió,
y dando la buelta a Burgos
alegre los recibió.

151

OTRO [ROMANCE ¿DE
LOPE DE VEGA?]

Jurado tiene Simocho
de no ser ya más poeta,
ni haçer versos a su dama
ni dar al herrero letras,
162v porque cantan sus romançes
arrieros de la Vera,
quando lleban a Madrid,
agridulçe de Valencia.
Ronpió todos sus papeles
haciendo vn auto y ogera
de pensamientos escritos
y de palabras de çera:
lo que pensaba en mill años
oy en vna ora se quema,
porque cisnes lo cantaban
y cuerbos lo bituperan.
Otros, pastores, decían:
"De oy más celebre[n], Teresa,
esos tus ojos rasgados
tan negros como tus cejas.

Apódente las nariçes
a nabos de Somosierra,
y no se suenen las suyas
quando lloren mis querellas.
Digan que tus rojos labios
exceden a las cereças,
y no me buelban los suyos
que lleguen a las orejas.
Que no es vien que mis pasiones
vengan a tanta vajeça,
que debajo del sayal
suele aber brocado y perlas.
Yo é bisto vn pastor questaba
cantando con su bigüela
el romançe que te hiçe
de Simocho el del Vallecas,
que mis versos corronpía,
siendo el yntento de pena,
y oyendo su ronca voz
los çagales de la aldea,
le dicen: Allá en tu casa
cantá, muy enorabuena,
de día sobre la parba,
de noche con la rueca,
porque las moças te ayuden
con el pandero en las fiestas,
enamorando los vientos
al son de las castañetas;
mas no quiero que los den
a los que vienen de fuera,
que haré sátiras a tu vida,
avnque me hechen de mi tierra.
Diré que vi de tus años,
en el libro de la Yglesia,
que pasan de veynte y çinco,

y tienes diez sobre teynta.
Diré que al candil de noche
te espulgas y remiendas,
y avn otra cosa que vi
subido en la chimenea:
que te labaste los braços
y te miraste las piernas
y tenías la camisa
remendada, gruesa y negra.
Y pues no heres muy linda,
ni blanca como açuçena,
perderás de mis romançes
que a todo el mundo desmientan
163   que al pastor que lo cantaba
yo le di con vna teja,
porque versos de Belardo
no son para hechar a vestias".

152

OTRO

Vendito sea Dios,
que á llegado el tienpo
que los moços lloran
y ríen los viejos.
Donde las mugeres
dan sanos consejos,
y los más letrados
diçen que son vuenos.
Donde los más varios,
de portante necios,
el vulgo los tiene
por los más discretos.

Y los tundidores,
sastres y lençeros
dicen teologías,
y predican ciegos.
Donde vale más
el puro dinero
que agudas raçones
ni buenos yngenios,
y a trueque de un real
dan dos mill sonetos,
y el que tiene más
ése es más discreto.
Donde la justiçia
se á subido al çielo,
porque pretensiones
destruyen sus fueros.
Y los cirujanos
curan los enfermos,
y de tabardillo
curan los barberos.
Y ablando de reyes,
en cosa de peso,
el médico salta
y diçe su qüento.
Donde los alcaldes
de qualquieres pueblos,
de tigres los tornan
muy mansos corderos.
Donde los perlados
buscan lisongeros,
y la çarabanda
soleniçan viejos.
Donde los letrados
haçen herederos,
y el otro haçe casas

que lleguen al cielo.
Y los mercaderes
son ya caballeros,
y honrrados ofiçios
conpran los roperos.
Y entre los marqueses
corren los plateros,
y escribanos mandan
en cosas de seso.

163v   A donde aguaciles
son los confiteros:
el mundo al rebés,
en la hedad de yerros.*
Donde las casadas
se cubren los pechos,
y viudas descubren
lo blanco y lo negro.
Donde las donçellas
viuen de misterio,
si acaso conserban
con la hedad el medio.
Y avn no es bien naçida,
quando pide luego
copete y soplillo,
porque abibe el fuego.
Adonde veréys
viejas con mançebos,
y niñas de a treçe
envueltas con viejos.
Donde las casadas
riñen con sus suegros,
y no ay amistad
entre suegro y yerno.
No es mucho, señora,
que torçidos tienpos

truecan mis raçones
vuestro entendimiento.
Y si os piden pan,
que me deys consejo,
y si hermosa os digo,
digáys majadero.
Escucháys mi pena,
si mi pena os qüento,
y, al cabo, deçís
que si me confieso.

———

*"herros" en ms.

153

OTRO [ROMANCE DE LOPE DE VEGA]

De pechos sobre vna torre
que la mar conbate y cerca,
mirando las fuertes nabes
que se ban a Yngalaterra,
sus aguas creçe Belisa,
llorando lágrimas tiernas,
diçiendo con voçes tristes
a quien el alma le lleba:
"*Vete, cruel, que bien me queda*
en quien bengarme de tu agrabio pueda.

"Avnque me parezco a Dido
en la burla y en la ausencia,
no quedo con sólo el yerro
de tu espada y de tu afrenta.
Pues me quedó en las entrañas
retrato del brabo Eneas,

avnque inocente, culpado,
si los pecados se heredan:
Vete, cruel, que bien me queda
en quien bengarme de tu agrabio.

"No pienses que por dejarle
en el lugar que le dexas
está seguro de mí
que aýn tiene España Lucrecias.
164   Lo que yerro pudo hacer
á de ser yerro por fuerça,
matar[é]me por matarte
y morir[é] porque mueras:
Vete, cruel, que bien me queda
en quien vengarme de tu agrabio pueda.

"Más quiero mudar de yntento
y aguardar que salga fuera,
para ver si te parece
por matar quien te parezca.
Y porque si aquí le mato,
no es bien que mi cuerpo sea
ynfame, como en la vida,
por sepulcro de tus penas:
Vete, cruel, que vien me queda
en quien vengarme de tu agrabio pueda.

"Pero no quiero aguardar,
que será víbora fiera
que ronpiendo mis entrañas
saldrá, dexándome muerta.
Y si aquesto abía de ser,
o si el cielo permitiera
que quando fuiste su padre
te cortara la cabeça:
Vete, cruel, que bien me queda
en quien vengarme de tu agrabio pueda".

Ansí se quexa Belissa
quando la pieça de leba
hiço señal a las nabes
y todas hiçan las velas:
"¡Aguarda, aguarda! —Prosigue—
¡Fu[gi]tivo esposo, espera!
Mas ¡ay!, en valde te llamo,
¡plegue a Dios que nunca buelbas!
Vete, cruel, que bien me queda
en quien vengarme de tu agrabio pueda".

154

OTRO

Supo el Amor que en la Scitia
no abía gente que amase,
porque en la Scitia se mueren
de frío chicos y grandes.
Y pensando que pudiera
abrasar a quien se elase,
si[n] temor del cierço frío
allá caminaba en carnes.
Cercando los altos montes
de la tierra inabitable,
encontró, haciendo lunbre,
vna Scitia de buen talle.
Tiróle amorosas flechas,
y como si fuera de ante
el pecho de la serrana,
ninguna pudo pasarle.
A sus pies cayeron todas,

como amores que se caen,
en el fuego las hechaba
para mejor calentarse.
Bolbiendo a ver quién le ofende,
le dixo: "Niño, ¿qué haçes?
¿Por qué procuras herirme
164v siendo al parecer vn ángel?
Buélbete de presto al cielo,
antes que te descalabre
en las alas y en el cuerpo,
y te mueras sin goçarte".
Corriendo reponde Amor:
"¿Cómo es pusible, salbage,
que las astas de mis flechas
te calienten sin quemarte?
¿Cómo las puntas agudas,
que a otros hirieron antes
a tus pies están caýdas
hiciéndote vasallaje?"
Volbióse con tanta priesa
que atrás se dejaba el ayre,
y murmurando de eladas
esto le dixo a su madre:

"¿Tanto yelo puede aber
que mi ardor no puede arder?

Vna elada condición
que mis terneças estraga,
mi fuego en su pecho apaga
sin daño del coraçón.
Y en esta simple nación,
tanto yelo puede aber
que mi ardor no puede arder".

155

OTRO [ROMANCE DE
LIÑÁN DE RIAZA]

Daba sal Riselo vn día
a su manadilla pobre,
sufrimiento a sus agrabios
y a su esperança temores.
Crió desde pequeñuelo,
a su boluntad conforme,
vn manso, pribança suya,
y envidia de mill pastores.
Aqueste llegó primero,
y mientras la sal se comen
las obejuelas y chibos,
balando a sus pies, hechóse.
A las manos le miraba
liberales asta entonçes,
especialmente con él
avnque ya no le conoçen,
que Amor, que todo lo trueca,
al pastor humilde escoge
para exenplo de cuydados
que en libres descuydos pone.
Como no le regalaba,
huyendo camina al monte,
ques bien quel cariño falte
quando los desdenes sobren.
Desygualdades ynjustas
dan sentimientos mayores,
quanto más firmes laçadas
de amistad estrecha ronpen.
Riselo, que lo miraba,

tras él se fue dando voçes,
165 del collar le tiene preso
y desta süerte ablóle:
"¡O discreto yrracional,
cómo enseñas a los honbres
con tu natural destinto
que no ay fee do ay sin raçones!
Cómo me diçes callando
que huya días y noches
de aquella hermosa fácil,
la más yngrata del orbe.
Diome el alma de su gusto,
la sal de sus ojos diome,
y por sospechas fingidas
trocó su amor en rigores.
Para ti labró collares,
para mí tegió de flores
girnaldas, ¡mal grado al tienpo
y a sus mudanças beloçes!
Abráçame, manso mío,
págame tus conditiones,
dame lición de desbíos
contra ynjustos disfabores.
Dime, si acaso paciste
yerba alguna que transforme
memorias de amor eterno
por mortal olbido torpe".
Esto dixo, y en el çielo
pensamiento y ojos pone,
que de lo humano ofendido
a lo dibino se acoje.

156

OTRO

"Soledad que aflige tanto,
¿qué pecho abrá que lo çufra?
Libertad preçiosa y cara,
¡mal aya quien no te busca!

"Por vna parte, paredes,
por otra, redes tan justas
que ni el sol por ellas cabe
ni las conoçe la luna,
ni el verano en los desbanes,
ni el invierno en las estufas,
medio encantados los ojos
y las lenguas medio mudas
de pesares todo el año,
de placer ora ninguna.
Soledad que aflige tanto,
¿qué pecho abrá que lo çufra?

"A los discretos nos niegan,
y quando necios nos buscan,
salimos a que nos muelan
con respuestas y preguntas.
Eternos son nuestros males,
nuestros bienes, de Fortuna,
libertad preciosa y cara,
¡mal aya quien no te busca!"

Aquesto cantaban
a sus almoadillas
dos niñas labrando
pechos de camisas.
Cerrólas su madre,
fuese por la villa

a dar parabienes
y consolar viudas.
165v   "¿Que á visto en el tienpo
—dixo la más niña—,
señora, que çierra
más que no solía?
¿Quién canta de noche?,
¿quién abla de día?,
¿quién ay quien nos vea?,
¿quién que nos escriba?
Pribación sin orden
apetitos cría,
el Amor ques noble
a nobleça ynclina.
En corrillos andan
todas las vecinas,
senbrando sospechas,
cogiendo maliçias,
quel gusto pasado
se trocó en açibar,
la soltura en cárcel,
en llanto la risa,
cayó nuestra honrra
ligera y altiba.
¡Madre, la mi madre,
miedo guarda viña!
Más haçe quien ruega,
que no quien castiga.
Si la planta naçe,
abiesa o torcida,
tarde la endereçan
ramas que la arriman.
De nuestra cosecha
somo teatinas,
medrosas de engaños,

de esperanças tibias.
Esperáis consejos
de dueñas valdías,
que en la yglesia pasan
qüentos y mentiras.
Y sobre nosotras,
nuestras enemigas,
pareçe nublado
que atruna y graniça.
Enmendaldo en esto,
pues en nuestra silla
jugáys voluntades
çerradas y fijas.
Y no tantas llabes;
porque no se diga
que no ay que fiar
de quien no se fía".

157

OTRO

Era la noche más fría
que tubo el llubioso ynbierno,
la más oscura y çerrada
y la de mayor silençio.
No se montraba ninguna
de las lunbres del çielo,
más que si entonçes bolbiera
a su principio primero.
En las cumbres de altos montes
se vían algunos fuegos,
fingiéndolos las tinieblas
166   muy cerca, avnque estaban lejos.

Sólamente ynterrunpía
este vniuersal silencio,
exçediendo a sus riberas
con sus turbias aguas, Ebro,
quando Damón no podía
rendir los ojos al sueño,
dando rienda a sus cuydados
y gloria a sus pensamientos;
llenos de ymaginaciones,
lastimado y satisfecho,
viendo que nayde le oye,
despide la voz diciendo:

"Avnquel amor sea de prueba,
el viento le lleba.

Es de prueba en ser pesado,
pues el que sufre su peso
si no muere de este exçeso,
nunca viue descansado.
Porque quando a su cuydado
aguarda ventura nueba,
el viento la lleba.

Nació para no mudarse
de la voluntad amada,
mas busca el amor posada
en los ayres, por tenplarse.
Y ansí, sin más enpeñarse,
por buenas obras que vea,
el viento le lleba.

Sin dar seguras fianças
de partida ni de buelta,
las alas al viento sueltas,
regido por sus mudanças,
y avnque firmes esperanças

procure que no se mueba,
el viento le lleba".

158

OTRO

¡Al arma!, está voceando
vn bastardo Pensamiento,
que muebe guerra a do estubo
tres años de alojamiento.
Aposentóle el Deseo,
no para fin tan sangriento,
que si dél se recelara
no le entregara su reyno.
Mas el inocente ofreçe,
con sana yntención, el pecho,
y no temerse del falso
a muchos puso en aprieto.
El Deseo está sin fuerças,
puesto en el último estrecho,
teme al contrario que sabe
de guerra y paz sus secretos,
y que tiene nibelados
de sus muros los cimientos,
y desde el más alto mira
del Pensamiento el esfuerço.
Él viene por capitán,
166v que al fin es todo primero,
y su alférez, el Desdén,
viene en el segundo terçio.
Tremolando vna vandera
toda de amarillo y negro,
pintado vn coraçón verde

entre vnas llamas de fuego
que, al mirarle, pareçía
que le yban consumiendo,
y vna letra alrededor
que diçe: "Aquí, viuo y muero".
Tras del alférez venía
Pocovalor, el sargento,
con la gineta sin borlas
y mohoso todo el yerro.
Por caporal, el Temor,
maestre de campo agüero,
que de quimeras y traças
es vn famoso yngeniero,
con vnas armas açules
todas llenas de agujeros.
Pareçió, después de vn rato,
por cabo de esquadra, Çelos;
el pagador es Suspiros,
aposentador, Tormento,
y por ve[e]dor de los gustos
el forçado Sufrimiento.
Ansí marchando llegaron
a do tenía su asiento
el Deseo, y llama al punto
el capitán a consejo.
Salió dél que de paz fuesen
a decirle mude yntento
de aconpañar más al alma
que[s] a quien pretenden ellos,
y que ay raçones muy justas
para no darle alimentos
contra quien puede vengarse
tan a su salvo y contento.
Y antes quel mensaje fuese,
viero[n], que por vnos çerros,

vna espía daba voçes
haciendo dos mill estremos,
que de ninguno entendida
fue por él estar tan lexos.
Avnque viene más ligera
que por canpo raso el viento,
llegó diciendo tenía,
el alma de trecho a trecho,
enboscadas que mirasen
cómo ban a tan gran hecho.
Preguntóle el capitán
cómo ha nombre, y dixo luego
que se llamaba Sospecha,
y que quanto á dicho es cierto,
y que tras ella venían,
que dirán ques verdadero,
Congoja y Tribulación,
que todos juntos la[s] vieron.
Pusieron estas raçones
algo al capitán suspenso,
167 sin saber determinarse
en caso de tanto peso.
Mas ronpiendo ynconuenientes,
dixo quel son violento:
"Sé lo que he de acometer,
y que se desheche el miedo,
y que cada vno se ponga,
por la orden en su puesto",
para quando él seña hiçiere
que todos muestren ser diestros.
El Deseo, temeroso
por el Alma, llama al Tienpo,
y ruégale que le ayude
en aquel mortal estrecho.
Vino el Tienpo y puso treguas

al Pensamiento, ofreciendo
que dejara sus agrabios,
pues en todo es rey supremo.

159

OTRO

"De tus pasiones, Alçino,
y de tu infeliçe suerte,
todo el pueblo se apasiona
y tus dolencias le duelen.
Están tan introducidas
tus congojas que las sienten
los niños, porque publican
que dellas se conpadeçen.
De la prisión de tus años
el mundo vergüença tiene,
y el tienpo que sea injuriado
el ques de culpa ynocente.
Seys veçes á dado fruto
la tierra en hermosas mieses,
después que del sol no goças
y te hecha menos la gente.
Tu desgraciada ventura
se á mostrado diligente,
poniéndote por contrarios
los que an de faboreçerte.
Si los que juzgan tu causa
son enemigos rebeldes,
paciencia, A[l]çino, por Dios,
que te inporta ser paçiente,
que quando vengar no puedas
agrabio tan insolente,

el cielo te vengará,
que guarda justiçia y leyes.
Las rigurosas querellas
y los ánimos crueles
acriminaron tu causa,
y pagas lo que no debes.
Pero no te dé congoja,
que no son golpes de muerte,
que a pesar de tu contrario
saldrás vfano y alegre.
Y avnquel tienpo más florido
de tu jubentud presente
as gastado en ynfortunios,
hedad en que goçar puedes,
bien as purgado tus culpas,
si culpas algunas tienes,
olbidado en las tinieblas
que luz esperan bolberse.
167v Ya dicen por cosa çierta
que tus trabajos feneçen,
y que en libertad segura
triunfarás destos desdenes.
No te congoxes ni aflixas,
alégrate si pudieres,
que no es dolor de sentir,
si la salud tras él viene.
Pero no me marabillo
que lo sientas qual lo sientes,
que á sido mucho el agrabio
y la culpa poca y lebe.
Consuélate con que todos
tienen lástima de uerte,
los que sin pasión te miran
juzgando bien diferente,
y quando ayas padeçido

no heres sólo el que padeçes,
que a otros de menores yer[r]os
mayores penas les crecen".
Eso Menalia deçía,
por consolar, si pudiese,
al apasionado Alçino
lastimándose de verle.

160

OTRO

En esta cárcel tenebrosa
y mazmorra de cautibos,
este obscuro calaboço,
este encantado edifiçio,
esta fabricada jaula,
este estraño labirinto,
esta morada de faunos,
dioses de luz enemigos,
este temerario ynfierno,
este chaos, aqueste abismo,
este es agora mi cielo
mi gloria y mi paraýso,
alibio de mis cuydados
y de mis penas alibio.
Estas tiznadas paredes,
aquestos postes postiços
muy mejores me pareçen
que pirámides de Egito.
Estos humildes tejados
que de viejos hacen viçio,
más valen que chapiteles,
más dorados y más ricos,

exceden a los palacios
de Alexandro y de Darío,
y a la máquina soberbia
del famoso rey Philipo,
honor y blasón de España,
honrra de muertos y viuos,
conserbados de esperanças
y de çelos conbatidos.
¿Pero de qué sirbe
hablar tan de veras
y en tanto juyçio,
como si me oyeran?
Pues estoy a solas,
quiero soltar rienda
a mi libertad,
que á estado sujeta.
¡Afuera embeleços,
afuera quimeras,
afuera patrañas,
mentiras afuera!
¡Viban desengaños
y lisonjas mueran,
publiquen verdades
mi pluma y mi lengua!
Damas de San Juan,
hermosas y vellas,
briosas, galanas,
entremos en qüenta,
ténganla conmigo
y escuchen atentas
verdades de Alçino
y de Alçino quexas,
y pues las más soys
sabias y discretas,
ninguna se quexe

168

destas chançonetas.
Dícenme que soys
vidrio de Veneçia,
de agradable vista
y poca firmeça,
y que[s] vuestra fee
fáçil, como niebla
quel rayo del sol
le esparce y avmenta.
Son rubíes falsos
las falsas promesas,
medallas de alquimia
con oro cubiertas.
Vuestro dulçe ablar
es de Filomena,
vuestras esperanças
son qual primauera
a quien el verano
presto abrasa y quema.
Vuestros pensamientos,
altos qual veleta,
sujetos al ayre,
como ella sujeta.
Vuestro amor de niños
es como agua en çesta,
olbidáys despaçio
a quien ama apriesa,
murmuráys de todos
los que a vuestra yglesia
ofrecen sus vultos
qual vultos de çera.
Fisgáys de sus caras,
maldeçís sus piernas
—guarde Dios las mías,
pues andan cubiertas—,

y el que al cielo mira,
buscando su estrella,
decís, vna a vna:
el necio, ¿en qué piensa?,
y el que más conpuesto
y sosegado entra,
reçando y haçiendo
cruçes como vieja,
tanbién le llamáys
tonto, dentro y fuera,
porque tan despaçio
168v se persina y reça,
y el otro cuytado,
que en su males piensa,
está pensatibo,
deçís que es tristeça.
No falta quien diçe:
"Fulano es poeta",
salta y diçe alguna:
"Quemado le vea,
que por causa suya
vbo vna rebuelta
en aquesta casa
por tiempo de feria".
A fulana haçe
romances y letras,
lóala de hermosa,
él llora sus quejas,
más ha de ocho meses
que no ay día de fiesta,
que no nos enfada
con su manto y veca;
ríñele la madre,
gruñe la tornera,
porque a aquesta casa

no asome ni venga,
y él, como atrebido,
al trancado lo hecha,
por dar a entender
su mucha firmeça,
que en ynvierno noches
y en verano siestas,
parlando pasáys
déstas y de aquéllas.
Finalmente, todas
tenéys malas bueltas,
condiciones malas
y caras muy buenas.

161

OTRO

Estaba Filis vn día
con otras pastoras vellas
en vn pradillo quesmalta
de flores mill diferençias,
todo en torno rodeado
de laureles, do se enredan
mill vides cuyos racimos
avn a madurar enpieçan;
el suelo lleno de flores,
que la fértil primabera
haçe a las yerbas que brote
jazmines, rosas, violetas.
Sentada sobre la grama,
estaban, con vnas piedras,
jugando y hechando suertes
quál fuese más vella entrellas.

Mas, al fin, le cayó a Filis
la suerte de la velleça,
la qual todas reconçen
y ser mucha más confiesan.
Mas bueltas a probar luego,
con piedras blancas y negras,
quál tenga en amor más dicha,
o qual más della carezca;
y al cabo de mucho rato,
169 a Filis, que más suspensa
está la suerte aguardando,
le cayó vna piedra negra,
de donde entendió la ninfa
que ventura se la niega,
ya que no se mostró escasa
con ella naturaleça.
Ya conbatida se alla
de amor, temor y sospecha,
que los más falsos antojos
le son a vn amante veras.
Y con disimulo grabe
pide a las demás liçençia,
y da la buelta a su choça
y al çielo dos mill querellas.

162

OTRO

Querellóse ante el alcalde
del lugar de Cienpoçuelos
el espigado Velonio,
moço de buen talle y grueso,
de vn ministro de justiçia

que a Fabia daba en lo hueco,
vna moças que fue suya
más de quatro o cinco a[d]bientos.
Y visto por el alcalde
de la querella el proceso,
la destierra del lugar
por vn espacio de tienpo,
con condición que Velonio
si lo quebranta, dé viento,
y dándole, se castigue
con rigor su atrebimiento.
Y como el triste pastor
está de su amor tan preso,
por pagarla el que le tubo
desimula el grabe exçeso.
Y porque conozcan todos
su amoroso pensamiento,
en el çurrón trae de Fabia,
en cifra su nombre puesto.
Y ansí, encontrándola vn día
en vn lugar bien secreto,
le rogó que, pues la abía
y él lo era en tanto estremo,
remedie tanta pasión
como le vee padeçiendo,
con protesto que, si apaga
del alma el ardiente fuego,
le ofrecerá sacrificios
en el tenplo de su pecho,
y reynará en su memoria,
con dulçe gloria y susiego,
todo el tiempo que sin guerra
conserbare en paz su reyno.
[Mas] como al fin es muger,
y de vario pensamiento,

dejó a su antiguo Velonio
con sólamente el deseo,
y al punto de executar
del alcalde el mandamiento.
Mas, al fin, como es amante

169v y sufre de amor el peso,
quiere, dejando a la yngrata,
tomar otro nuebo dueño.
Y tomando vn sacabuche
que le heredó de su agüelo,
entonó esta endecha triste
que dep[r]endió de Bireno:

"Pues dexas, yngrata,
quien supo quererte,
quien otro te trata
vendrá aborreçerte.

Quien es tan libiana
que por bano antojo
deja vn alma sana
enferma de enojo,
no piense ofreçer
disculpa al pecado,
que vn pecho agrabiado
vendrá aborreçer".

163

OTRO [ROMANCE
DE LOPE DE VEGA]

Vestido vn gabán morado,
señal de congoja y luto,
desesperada mortaja
de pensamientos difuntos,

pensatibo y preso Albanio
hiciendo estaba discurso
de sus bienes mal logrados,
que vn triste ymagina mucho.
Y después de dar al suelo
lo que en el alma no supo,
que al fin los ojos son ríos
que pagan al mar tributo:
"Ay —diçe—, enemigo tienpo,
¿a qué estado y a qué punto
trujiste mis confianças
en que tu engaño me tubo?
¡Ay, diuina ausente mía,
alma deste cuerpo tuyo,
tan hermosa como el cielo
y la más vella del mundo!
¿Quién pensara, claros ojos,
que a tantos pasados gustos
sin acabarse la vida
los acabara quien pudo?
Pues alcança tu firmeça
la libertd que sostubo,
y tu mudança jamás
de amor deshiçiera el nudo,
palabra te doy que seas
vnica Fenis del mundo,
naçida para que seas
en mi alma vn fuego suyo.
Perlas en concha de náchar,
de coral que alegre el gusto,
nacerán para tí sola
en medio del mar profundo.
Yndios te darán el oro,
la esmeralda y el carbunco,
para tus braços y cuello,

y tú berás si lo cunplo.
170   Tormes te dará los peçes
en cestas de minbre y juncos,
y sus nobillos el Tajo
antes del peso ni yugo.
Cogerá púrpura Tiro
y seda fina Sagunto,
que adornen ese tu cuerpo
quel mío por alma tubo.
Ya ves, zagala hermosa,
que puedo más que presumo,
y que no tengo temor
a conpetidor ninguno".
Ansí se estaba quejando
quando triste y muy confuso
de las guardas de la torre
la amorosa voz detubo.

164

OTRO

Mil celosas fantasías,
que del esperar se engendran,
a Melisedra conbaten
en la torre de Sansueña.
Mira el camino de Françia
que la enoja y la consuela,
porque en él vee sus agrabios
y por él su bien espera,
diciendo: "Si [en] don Gayferos
no es fingida la nobleça,
¿cómo niega obligationes
y cómo olbida promesas?

¿Cómo podré yo creher
que me á querido de veras,
quien en avsencia tan larga
tubo tan larga paçiencia?
Siendo viuo, ¿no es pusible
que, si quiere, se detenga?,
porque no ay ynconbenientes
que voluntad no le tuerça.
Mas, triste, ¡de qué me quejo!,
que si Amor en él no reyna,
no reynaré en su memoria
y mi amor no le hará guerra."
Pasara más adelante,
pero con las muchas quejas
las lágrimas fueron tantas
que entorpecieron la lengua.

165

OTRO

En el más soberbio monte
de los cristales de Tajo,
se mira, como en espejo,
loco de verse tan alto,
el desterrado Abenámar
[que] está suspenso mirando
el camino de Madrid
descubierto por el canpo,
y con los ojos midiendo
la distancia de los pasos
quejarse quiere, y no puede,
170v y ansí se queja llorando:

"*¡O, terribles agrabios,*
mátanme el alma
y çiérranme los labios!

¡O camino venturoso!,
que a los muros derribados
de mi patria yngrata dejas
onrrada con mis trabajos.
¿Por qué me dejas a mí
tú que bas llebando a tantos
de los montes de Toledo,
prisión de mis brebes años?
¡O, terribles agrabios,
mátanme el alma y çiérranme los labios!

De que seas tan común
sienpre te estoy murmurando,
pero como yo te adoro
de que te pisen me agrabio.
El alcayde Reduán,
más ynbidioso que ydalgo,
me tiene en estas fronteras
por terreros de christianos.
¡O, terribles agrabios,
[mátanme el alma y çiérranme los labios!]

Atalaya soy agora
del Maestre de Santiago,
pero más lo soy de aquella
maestra de mis agrabios,
y porque dello me quejo
y en sólo en esto descanso,
amenaça mi cabeça
y ansí mis agrabios callo.
¡O, terribles agrabios,
[mátanme el alma y çiérranme los labios!]".

166

OTRO

"Señor rey don Sancho Abarca,
agora que soys de hedad,
oý lo que me mandaron
que vos dixese, y notad:
los que reçiben del çielo
mercedes de más caudal,
a façer más de su parte
más obligados están.
Vuestra madre doña Vrraca,
de quien Dios aya piedad,
en el bientre vos tenía
quando murió por gran mal.
Los moros que vuestro padre
mataron tan sin piedad,
en çelada lo cojieron
pasando por Valdeyñar.
Desque fugieron los suyos
a esos Dios los juzgará,
a lançadas la mataron
donde oy se verá el lugar.
Pero Dios que fue serbido,
de la vida vos guardar,
dábades para naçer
por la ferida señal.
Mostrábades un braçico,
vile yo que fui a pasar
171   con algunos mis criados
en remedio deste mal,
y fincado de ynojos
heché mano a mi puñal,
ensanché más la herida

con piadosa crueldad.
Saquéos enbuelto en sangre,
mas libre y sin ningún mal,
y encomendado al secreto
quise luego caminar.
Pasados son çinco años
y agora, en este lugar,
los fidalgos y homes buenos
rey se juntaron a alçar.
Desque lo supe en el traje,
que os criaba en mi lugar,
con las abarcas calçadas
de que oy Abarca os llamáys,
púseos en medio las cortes
y faciéndolas parar
descubrí vnas marabillas:
¡quánto puede vna berdad!
Desque me vbi[e]ron creýdo
diéronvos cetro real,
y a mí el nombre de Ladrón
por mi furto autoriçar.
Por tanto, buen hijo nuestro,
que otros padres non alláys,
mirad por el bien de todos
y mantenednos en paz.
Consolad a las viudas,
los huérfanos amparad,
las donçellas socorred,
los ançianos escuchad;
non quepan a par de vos
los que no dicen verdad,
no carguéys más pecho a pueblos
de los que pueden llebar,
con los moros en batalla
fasta morir pelead.

Cumplido é mi pleytesía,
a la paz de Dios quedad".

167

OTRO

No cubráys con negro belo
de aquese Tíbar las ebras,
que dejáys el mundo ascuras,
que se alunbraba con ellas.
Enfrena el sentible curso
dese cristal y esas perlas,
abenidas desos ojos
que no mereçen la tierra.
Cantas ardientes suspiros,
no ençiendas los ayres, Delia,
pues tocados de amor dellos,
bramando, al cielo se quejan,
que avnque te sobren las causas
de que no falten tristeças
son falta de perfición
en tal sujeto flaqueças;
que avnque pareçe ser justo,
si a la boca el agua llega,
hacer canales los ojos
171v porque vn alma no padezca,
aquesa gallarda tuya,
tan libre de dos potençias,
no es bien que siendo de açero
descubra entrañas de çera.
Nuebas que deben sentirse
no digo que no se sientan,
sino que raçón corrija

estremos que no aprobechan;
si de aquella inexorable
tan tiernamente te quejas,
por aber roto el estanbre
de vna hedad tan berde y nueba;
si del amable Diliçio
lloras la bascosa ausencia,
que ni eternidad ni tienpo
podrán jamás feneçerla;
si tienes ante los ojos
esta ymagen viua muerta,
que puede acabar el seso
y ser prueba de paçiençia;
si algunas memorias viuas
entre Diliçio y tú, Delia,
representan prendas muertas,
pues triunfa la muerte dellas;
si a solas vañas el lecho,
canpo de vatalla estrecha,
agoniçando entre sueños
con funerales endechas,
acuérdate por desqüento,
torciendo el cuerpo a las penas,
queres la gloria de vn alma
que te adora y reuerençia.
Y que la tierra en que viues,
bolbiendo en çielo la tierra,
por vna que della falta
tienes cautibas treçientas.
Con esto, y con mis desdichas
que las tuyas otras dejan,
serena esos bellos ojos
del Amor, jarçias y flechas.
Sin Delia y con Delia viuo,
con desengaños sin qüenta,

del vien estremos contrarios
y del mal la qüenta y ciençia;
sin prendas de boluntad,
que avnque tienes tantas prendas,
eres pródiga en ser corta
y muy larga en ser estrecha.
Aborrecido, olbidado,
debajo del orden, sin ella,
que las corta a su medida
tomándola de mis penas.
Sin esperança de bien,
que no ay mal que mayor sea,
pues del infierno es trasunto
donde gloria no se espera.
Y así, lo que sólo espero
es el fin que acaba quejas,
y que le tengan las tuyas
y esa condición açeda.

Fin

168

172   ROMANZE

Hermosas depositarias
de mil almas noueleras,
las que seguís de Cupido
sus pífanos y vanderas,
vn consejo os quiero dar,
y entended que no os le diera,
si de puro acuchillado
los sesos no se me bieran.
Y no colexáis tanpoco
que alguna pasión me ziega,

que ya como libre ablo
del tiempo que no lo era.
No pongáis buestra afición
en moçuelos desta tierra,
que son como el basilisco
que matan sin que los vean.
No os engañen con palabras,
no os engañen con endechas,
que tienen las bolsas duras
y las palabras muy tiernas.
Tienen de bronçe las manos,
las fa[l]triqueras de piedra
y la moneda de plomo,
más falsas que sus promesas.
No os engañe vna medalla
entre dos botone[s] puesta,
que si de trenças fiáys
querrán pagaros con trenças.
Que ay mançebito estirado
que con quatro plumas negras
quiere escalar vuestra casa
y torçer vuestras madejas.
No fiéys destos de agora
que se ciñen como maletas,
que de apretar las barrigas
no tienen sustançia en ellas.
Que aquestos son como el pabo,
que os engaña su presençia,
y al cabo os da de probecho
vna pluma con dos ruedas.
Výd como del demonio
destos de calças flamencas,
ques de Alexandro su vista
y de duendes su moneda.
Al ques hijo de vecino

çerradle bentana y puerta,
que piensa que les debéys
de alcabala cama y mesa.
El orden de vuestra vida
para en adelante sea,
ver ante *omnia* el *plus vltra*
que ya quien fía no medra.
Buscad vn sa[s]tre oficial
que acuda con la pobreça,
172v y que a despuntar agujas
sustente vuestra soberbia.
Arrimáos a vn portugués
que lleba acuestas su açienda,
y en bara y media de olanda
os da de más vna terçia.
Finalmente, os aconsejo
perrochianas desta feria,
que destos almidonados
no se ocupe vuestra tienda.
El que entrare en vuestra justa
llebe blanca la librea,
o vístase de oro fino,
color contra la tristeça.
Llebe las armas del rey
en vn escudo por muestra,
Filipus Rex Hispaniarum
diga el mote de la letra.
Lleve las armas de plata
y sólo el peto de cera,
porque con sola la vista
el coraçón se enternezca.
Erbasio, aquel que os deçía
quérades Cirçes y Peñas,
agora os da por consejo
que os conbirtáys en Medeas.

Porque si blandas os allan,
como blandos os trasiegan,
y así os benís a quedar
como granadas abiertas.

169

OTRO

Por entre riscas y peñas,
entre sonbras de jarales,
junto de vna clara fuente,
senbrada de mil rosales,
el pastor Orfeo llega
quejándose de sus males,
porque quien la culpa tiene
justo es que la pena pase.
¡Ay mal, quán grande eres,
si vienes, aunque vengas tarde!

Cubierto anda de tristeça,
porque es bien que triste ande,
a quien los celos y ausençia
y el olbido le conbaten.
Y ansí, fuera de sí todo,
en suspiros se deshaçe
llorando lágrimas vibas
que de las entrañas salen.
¡Ay mal, quán [grande eres,
si vienes, aunque vengas tarde!]

Trayle tan fuera de sí
el ser su desdicha grande
que no ynporta aber ventura,
si quando llega es ya tarde.

Y ansí, confuso y dudoso,
determi[nó] de sentarse
y avnque del sueño vencido
173   de dentro el coraçón sale.
  ¡Ay mal, quán [grande eres,
  si vienes, aunque vengas tarde!]

No puede estar sosegado,
que en las orejas el ayre
de su querida pastora
le llama, toca y conbate.
Y lebantándose en pie,
que avn no puede sustentarse,
diçe con la voz difunta:
"¡As de acabar de matarme!
  ¡Ay mal, quán [grande eres,
  si vienes, aunque vengas tarde!]

"¿Era yo menos que Orgalio?
Si era menos mudable,
¡queste galardón mereçe
quien se precia de constante!
Pluguiera a Dios fueran çelos,
que avnques pena del amante,
al fin se espera el remedio
con solamente quejarse.
  ¡Ay mal, quán [grande eres,
  si vienes, aunque vengas tarde!]

"Que desta suerte tubiera
esperança de goçarte,
porque, al fin, los çelos pueden
con la verdad aclararse.
Pero son çelos y avsençia,
que como diçe el romançe,
'que los muertos y los ydos
de la memoria se caen'.

¡Ay mal, quán [grande eres,
si vienes, aunque vengas tarde!]

"Y no sé cómo te baste,
coraçón, para olbidarme,
memoria, para ofenderme,
pecho, para desterrarme.
Prometiéndome mil veçes
que la palma abías de darme,
entre los demás pastores,
de más firme y más constante.
  ¡Ay mal, quán [grande eres,
  si vienes, aunque vengas tarde!]

"No sé qué remedio tenga,
pues me as dejado en dejarte,
que no quiere el coraçón
de tu memoria olbidarse.
Muchas beçes é probado
hechar pasiones aparte,
y nunca salgo con ello
por ser el tienpo mudable.
  ¡Ay mal, [quán grande eres,
  si vienes, aunque vengas tarde!]

"Mas viendo que tú y el tienpo
soys en todo tan mudables,
que os dejáys llebar del viento,
como beletas del ayre,
é determinado agora,
pastora yngrata, dejarte,
que basta vna ora de pena
a quien no puede goçarte".
  ¡Ay mal, quán grande eres,
  si vienes, aunque vengas tarde!]

Finis

170

173v OTRO A LA PRISIÓN DEL
DUQUE DE ALBA

"Entre las penas de amor,
algunos diçen que çelos,
es la pensión que su gusto
que al alma pagan por çenso.
A la avsencia llaman otros
martirio de sufrimiento,
a los desdenes, profía
y a los desengaños, fuego.
A los ynpusibles, rabia
y a los temores, esfuerço,
tristeça, a la yngratitud
y a los deseos, ynfierno.
Todos los males, al fin,
ya que no te[n]gan remedio,
pueden tener esperança
con las mudanças del tienpo.
[Mas, ¡ay del preso,
quentre memorias tristes pierde el seso!]

No ay mal como la memoria,
para el alma y para el cuerpo,
ques enemigo que viue
asido al entendimiento.
En él caben los fabores,
ynpusibles y deseos,
desdenes, yngratitud,
olvido, mudança y çelos.
Todo lo lloro cuytado
en la prisión que padezco:
çeloso, olbidado, ausente,
y entre desengaños muerto.

Y qualquier amor presente,
a los ojos de su cielo,
tiene por gusto el agrabio
y a la pena por consuelo:
Mas, ¡ay del preso,
quentre memorias tristes pierde el seso!"

171

OTRO [ROMANCE DE MIGUEL
DE CERVANTES]

Yaçe adonde el sol se pone
entre dos partidas peñas
vna entrada del abismo,
quiero decir, vna cueba,
profunda, lóbrega, triste,
aquí mojada, allí seca,
propio albergue de la noche,
del horror y las tinieblas
Por su voca sale vn ayre
que al alma ençen[di]da yela,
y vn fuego, de en quando en quando,
que al pecho de yelo quema.
Óyese dentro vn ruýdo
como vn cruxir de cadenas,
y vno[s] ayes luengos, tristes,
enbueltos en tristes quejas.
Por las funestas paredes,
por los resquicios y quebras
mill víboras se descubren
174 y ponçoñosas culebras.
A la boca tiene puestos,
en vna amarilla piedra,

güesos de muerto encajados
de modo que forman letras,
las quales, vistas al fuego
que sale de la caberna,
diçen: "Esta es la morada
de los çelos y sospechas".
Vn pastor contaba a Lauso
desta marabilla çierta,
de la cueba, fuego y yelo,
avllidos, sierpes y piedra,
el qual oyendo, le dixo:
"Pastor, para que te crea,
no as menester juramento
ni haçer la vista esperiençia.
Vn viuo traslado es ése
de lo que mi pecho ençierra,
el qual, como cueba oscura,
ni tiene luz, ni la espera.
Seco le tienen desdenes,
bañado lágrimas tiernas,
ayre y fuego en los suspiros
arroja, y se abrasa, y yela.
Los lamentables avllidos
son mis continuas endechas,
bíboras, mis pensamientos
que en mis entrañas se ceban.
La piedra escrita, amarilla,
es mi sin ygual firmeça,
que mis güesos, en mi muerte,
dirán cómo fue de piedra.
Los celos son los que abitan
en esta morada estrecha,
que causaron los cuydados
y descuydos de Silena".
En pronunçiando este nonbre,

cayó como muerto en tierra,
que de memorias de çelos
tales sucesos se esperan.

172

OTRO [ROMANCE
DE JUAN DE SALINAS]

En Fuenmayor, esa villa,
grandes alaridos dan,
a fuego tocan apriesa,
que se quema vn arrabal.
Quémase vn postigo viejo,
adonde está el albañal,
que purga las ynmundicias
del desdichado lugar.
Ymagínase por cierto
quera fuego de alquitrán,
pues pudo ençender tan presto
abiendo tanta vmedad.
Quémanse vnos cabelluelos
174v y abrásase vn palomar,
que probehe de palominos
a toda la veçindad.
Creçe el viento, y el ruÿdo
de los tronidos que dan,
que pareçe quando el Draque
fue a vatir a Portugal.
A este tienpo en muchas partes
vbo ynçendio general,
abrásose en Salamanca
la calle del Rabanal,
vn pasagero a Rabena

puso fuego artificial,
y quemó a Fuenterrabía
por la parte de la mar.
¡Y vos, Nero de Tarpeya
tan grande estrago miráys!:
¡véys arder al Culiseo
y no os mobéys a piedad!
Este epitafio que digo,
diz que topó vn sacristán,
en vn sepulcro de brõçe
en figura artifiçial.
Avnque muchos le ynterpretan
a la letra, como está,
yo sospecho questa villa
es çierta paternidad,
que a ser por el Rey del çielo
lo que fue por el de acá,
pudiera ser aprendiz
del mártir del Escurial.
Si Muçio Scébola en Roma,
que puso el braço a quemar,
tanto la fama celebra
porque libró su çiudad,
¡quánto más gloria mereçe
el otro gran rabadán,
yendo en busca del serbicio
de la sacra magestad!
De la materia del fuego
otros mill exemplos ay,
mas ninguno tan solenne
ni tan en particular.
Entró el padre, y asentóse,
pero no se alabará,
que le salió muy barato
el modo del asentar,

que, según dijo el [al]calde,
se gastó gran cantidad
con el negro del asiento
del comisario real.
Pero al fin fin descubrieron
ser persona principal,
honbre de sangre en el ojo
y aýn en el ojo de atrás.
Conciértase un alboroque,
y el padre, por bien de paz,
para dalles culaçión
puso culantro a tostar.
175 Dioles cola en carbonada,
mas Judas la guisará,
trincharála Berçebú,
comerála Satanás.
Trujeron entre otros juegos,
vn baile de gan solaz,
al son del rabo del padre
que vbo bien que mirar.
Sintióse yndespuesto luego
y nayde le entiende el mal,
sospéchase el mal del ojo,
por ser hermoso de faz.
Y en tanto que le çahúman
trataron de especular,
¿éste del ojo perberso,
en el lugar, quién será?
Y rebolbiendo los ojos
ninguno pueden allar,
sino es el ojo del cura,
en quien queja tanto mal.
Mill maldiciones le hechan,
y hermanos de la Hermandad
quisieran en Peralbillo

velle amarrado a vn pilar.
Dan posada al reberendo
en casa de vn regular,
buen aposento abrigado,
buena cama, otro que tal.
Tanbién le dejaron lunbre,
sin tener necesidad,
mas después fue necesario,
según escriben de allá.
Fue la lunbre de sus ojos,
del vno digo, no más,
y avnque la culpa del vno
con dos se puede llorar;
si el quemarse las pestañas
arguye necesidad,
quien se quema vn sólo ojo
¡qué enpresa no acabará!
¡O lunbre!, ¿por qué tocaste
la parte setentrional?,
avnque eres mill veçes muda
en la fama viuirás;
con mis versos te vinculo,
si se puede vincular,
yn secula seculorum
ques para sienpre jamás.

173

OTRO [ROMANCE
DE LUIS DE GÓNGORA]

Desde Sansueña a París
dixo vn medidor de leguas
que no abía vn paso más

que de París a Sansueña.
Mas ablando ya en juiçio,
con aber quinientas leguas,
las andubo en treynta días
la señora Melisendra;
175v a las ancas de vn polaco,
como Dios hiço vna bestia,
de la çinta allá frisón,
de la cinta acá litera.
Llebábala don Gayferos
de quien abía sido ella,
para lo de Dios, esposa,
para lo de amor, cadena.
Contemple qualquier christiano
quál llebara la françesa
lo quel griego llama nalgas
y el francés asentaderas.
Con vn escudero solo
y vna espada ginobesa,
que le prestó don Roldán
para el robo de su Elena,
caminaban vn verano,
y pasáronlo en las ventas,
los dos nietos de Pepino
con su agüelo, y agua fresca.
Desdichado de ti, Pierres,
que en vn roçín sin soletas
montes y barrancos saltas
y en el canpo llano buelas.*
Atrabesaron a España
quando más estaba llena
de ermitaños de Marruecos,
fray Amete y fray Çulema.
Andando ya, pues, pisando
de las faldas perineas

los ribetes de Nabarra,
çurçidos ya con su lengua,
mientras, se apeó Gayferos
a haçer que ciertas yerbas
güelan más que los jazmines
avnque nunca tan bien güelan.
Melisendra, melindrosa,
cansada tanbién se, apea
a escuchar al señor Pierres
de París aquestas nuebas.
"Después que dejaste a Françia,
como todo á sido guerra,
trocaron los musueres
las madamas en banderas.
Quedó la corte tan sola,
que la jubenil ausençia
veynte y çinco años valían
veynte y çinco mill de renta.
Quedaron las pobres damas
de su ynclinaçión enfermas,
los apetitos con anbre
y los ojos con dieta.
Desayunábanse a días
y cortábanse las flemas
con dos garnachas maduras
magníficas de Veneçias.
Dichosa tú, çien mill veçes
176   que tubiste en esta hera,
vn moro para la brida
y otro para la gineta.
Don Guarinos el galán,
pretendiendo a Berengela,
vistió vn lacayo y tres pajes
de vna fiada librea.
Fuese ronpiendo el vestido,

fuese açercando la deuda,
y fuese huyendo la dama
de su gala y su pobreça.
Con dos coraçones muere,
después que viendo a Velerma,
avnque el de vna açenoria
la restituyera muerta.
Don Godofre el heredero,**
hijo de Dardín Dardeña,
desenpedrando las calles,
los ýgados nos enpiedra.
Sirbe a doña Blanca Orliéns,
y como no ay más que vella,
las gafas es doña Blanca
y el terrero es doña Negra.
Doña Alda, nuestra veçina,
la que amor prendió en las puertas
del templo de San Dionisio,
cada rato pide yglesia.
Fuese a la guerra Tristán,
el marido de Lucreçia,
y ella buscó vn fray Tarquino
que la rasque la conçiençia.
Diçen que quando escrebiste
a tu Grimalda donçella,
Rugero leyó la carta
y no le ronpió la nema,
y quella después acá,
la vez que se sangra, deja
que le aprieten bien la cinta,
mas que no saquen la[n]çenta.
Por Madama de Vayarte
se cargaron de rodelas
quatro o seys caballerotes,
como quatro o seys entenas.

Veýales con salud,
veýales con paçiençia,
no sé quándo la ablaban
ni quándo reñían por ella.
Reymundo con sus tres pajes
mill músicas dio a la puerta
de vna dama que lo oýa
abraçada de vn poeta,
el socarrón otro día
les ynbiaba vna letra,
escondiendo el dulçe caso
entre almalafas de seda.

176v Allarás a Flor de España
hiciendo, quando la veas,
de las hermosas de Francia
lo quel sol de las estrellas.
Bonetes la soliçitan,
caballeros la pasean,
y ella, diçen, que da vn paje
lo que ha tantos amos niega.
Dijo bien Dudón vn día,
biendo a mill dalle mill bueltas:
'Basta, galanes, que somos
a la paja muchas vestias'.
Llegóse en esto Gayferos
atando las agujetas,
y porquel ayre es de abajo
con raçon pican apriesa".

Finis

———
*"bueltas" en ms.
**"Godo fue" en ms.

174

[OTRO]

En el tienpo que su gloria
de Velardo está suspensa,
colgado de vna esperança
que en tales trançes sustenta,
quando después de tres años
de comendador de espera,
de esperanças que le fueron
antes que naçidas muertas,
viéndose lexos de vida
y de la muerte muy çerca,
por declarar sus pasiones,
que entendí de algo sirbiera,
poniendo vn velo en sus ojos,
y armado de su paciencia,
para blanco de crueldades
que esperaba de su Çelia,
diola vn papel en sus manos
fingiéndola mill quimeras.
Tardaron mucho en fingirse
y poco en ser descubiertas,
pues desde quel propio día
que fue para él noche ciega,
no sólo le niega el abla,
pero su vista le niega,
y si acaso su veldad,
ques peregrina, le enseña
quererle mostrar mal rostro,
cosa ynpusible avnque quiera;
no le mudan sus desdenes,
averiguadas sospechas,
que no es raçón que se mude

el que de firme se precia,
sólo viendo mal lograda
su sin segunda firmeça,
de la ques causa de todo
diçe, formando mill quexas:

"¡Ay, Celia yngrata,
vella quanto fiera,
¿por qué permites
que sin verte muera?

177 ¿En qué te ofenden mis ojos
esclabos de tu belleça,
que en sólo en mirar los tuyos
se regocijan y alegran?
No podré viuir sin verte
porque, si viuir pudiera,
sacara los que te ofenden,
porque más no te ofendieran.
Pusible es que en tal sujeto
tales sinraçones quepan,
mas debe ser suerte mía,
que jamás la tube buena".
Que deçir es natural
esta yngratitud en Çelia,
es dar vn mal atributo
en buena naturaleça.
"Solía[s], Celia, mill veçes,
que todas bien se me acuerdan,
quando entraba a visitarte,
hablarme y estarte queda.
Y agora, después que sabes,
oxalá no lo supieras,
como soy cautibo tuyo,
luego te bas y te ausentas.
Tu yelo mi pecho abrasa,

mi fuego tu pecho yela,
contrarios que en mi sugeto
por mi desdicha se encierran.
Anbos a dos se encontraron
pero, al fin, tubo más fuerça
el calor del fuego mío
quel yelo de tu tibieça.
Y no sólo con todo esto
te pagaste con setenas,
mas tanbién haces barato
de lo que caro me cuesta.
Grande yerro cometí,
pues de mí tanto te vengas,
que semejantes venganças
presumen grandes ofensas.
Y pues sin lástima alguna
de tu gloria me destierras,
¿adónde podré aportar
que todo ynfierno no sea?
Boyme por cunplir tu gusto
a buscar mi muerte çierta,
que lo es arto para mí
la memoria desta avsençia".

175

OTRO

Al lado del coraçón,
y si es pusible allá dentro,
os pongo mis dulçes greñas,
prendas de Celia, y cabellos.
Perdonadme, que no [o]s di
de mi alma el aposento,

que no pude, avnque quisiera,
estando sin alma el cuerpo.
Hiçe sacrificio della
al gusto de vuestro dueño,
177v que no le oso llamar mío
por entender que le ofendo.
No allo acogida ninguna
en todo su noble pecho,
çerrado para mi gloria
y para mi pena abierto.
Pues que siendo el principal
que trato en aqueste pleyto,
gustó la yngrata de haçerme
procurador y terçero.
Dexélo yo de ser mío,
por serlo suyo y ageno,
soy tanbién depositario
y archibo de sus secretos.
No pude desta sentençia
decirla "entoçes, apello",
que me es fuerça darla gusto
y perder de mi derecho.
¿Mas de qué sirbe pleytear
a quien de suerte reo,
que por vna parte y otra
le condenan sin remedio?
Si apelo, soy condenado
a vn perpetuo destierro
de la gloria de mi vista,
que agora goço y poseo.
Y si como es fuerça, callo,
y en la sentençia consiento,
los estribos de paçiençia
me faltan, y el sufrimiento,
pues miro que de las prendas

que me tienen a mí preso
lleba con libertad otro
la vitoria y el trofeo:
Sufra [mi coraçón, pues su consuelo
está en sufrir agrabios de su çielo].

Agrabios son infinitos
los que viuiendo padezco,
allo con sufrirlos vida
y muerte no los sufriendo.
Si ausente los ymagino,
hallarme presente quiero,
pues con la vista de Celia
tienen mis males descuento:
Sufra [mi coraçón, pues su consuelo
está en sufrir agrabios de su çielo].

Eres, Celia, çielo ynjusto,
tirano en conocimiento,
espejo de yngratitudes
y de crueldad exemplo.
Eres por quien sin raçón
y sin remedio me pierdo,
pribado de la esperança
que puede ofrecerme el tienpo:
Sufra [mi coraçón, pues su consuelo
está en sufrir agrabios de su çielo].

En çelos y desamor
perpetuamente peleo,
que si los çelos me matan,
desamor me tiene muerto.
Qué poco, Celia, te debe
la voluntad que te ofrezco,
178 mártir de tu propio gusto
y orca de mi pensamiento.
Sufra [mi coraçón, pues su consuelo

está en sufrir agrabios de su çielo].

Mucho pudiera deçirte
de lo poco que te debo,
y confieso ques muy poco
y es mucho lo que confieso.
Mas no puedo decir más
ques predicar en desierto,
pésame de lo que he dicho,
que no á podido ser menos:
Sufra [mi coraçón, pues su consuelo
está en sufrir agrabios de su çielo].

Y ansí, me quiero bolber
a mi principio primero,
olbidando sinraçones
con memoria de cabellos;
que avnque fueron prendas dadas
en raçón de cunplimiento,
cunpliré yo, con guardarlas,
por reliquias de mi tenplo:
Sufra mi coraçón, pues su consuelo
está en sufrir agrabios de su çielo.

176

OTRO

"Buelbe los ojos, yngrata,
tus sinraçones aduierte,
sepa yo de tus fabores
como sé de tus desdenes.
Sepa ya qué cosa es vida
quien tanto sabe de muerte,
si el andar muerto por ti,
se puede decir ques muerte.

Tube principio de gloria,
que fue el prinçipio de verte,
vreue sustento del alma
por ser la gloria tan vrebe.
Mis tan libres pensamientos
se sugetaron, de suerte
que en fee de su sugeçión
se quedó el alma en rehenes.
Toda mi memoria ocupo
en mis desdichas presentes,
que de ynfinitas pasadas
no ay memoria que se acuerde.
No tengo entre tantos males
ninguno que me consuele,
que el que está de bien pribado
no se consuela con bienes.
No me entretiene esperar,
que sobre esperanças muebles,
quando les faltan raýçes
de las que en el alma prenden,
mis cuydadosos sentidos
se quedan durmiendo a beçes.
Mas luego despiertan tristes,
soñando que me aborreçes,
el sueño me desengaña
siendo engaño del que duerme,
que asta las burlas me quitan
vnos fingidos plaçeres.
178v Muy bien pudieran las llamas
de mi gran fuego ençenderte,
si no lloraran mis ojos
lágrimas en que se enbeben.
Testigo te hago de algunas,
que quisiste estar presente,
presente para matarme

y no para socorrerme.
Si fee y voluntad obligan,
mucha obligación me tienes,
mas ya en este tienpo creo
que más que obligan ofenden.
Muéstrate ya agradeçida,
si no es cruel que te preçies
de yngrata con quien te adora,
y con leales alebe.
Discúlpaste con deçir
que al primero en tienpo quieres,
como si en las boluntades
caso de tienpo se hiçiese,
quanto y más que en voluntad,
ni en tienpo, nayde me esçede.
Mas guardas leyes de gusto
y no de raçón las leyes,
y fuera desto, señora,
¿qué sinraçones te mueben
a que me retes de ynfame
y que de traydor me retes?
No pretendo desculparme
de mentiras tan patentes,
que pareçen mal mentiras
en priçipales mugeres".
Esto dixo el sin ventura
que a nonbrarse no se atrebe,
porque este nonbre, Velardo,
menospreçia Celia sienpre.
Vn honbre que antes viuió
contento, vfano y alegre,
ya muere triste y çeloso
aborreçido y presente.

177

OTRO

"Del rigor de mis desdenes
y de tus desdichas grandes
sé, Velardo, que te quejas
entre letras y romançes.
Y avnque público y secreto
sienpre los cantas y tañes,
son latines para el vulgo
que quién es Celia no sabe.
En ellas lloras tus penas,
tormentos, pasiones grabes,
que en ese cuerpo sin alma
por mi respeto te nacen.
Diçes que yo te la tengo,
yo la busco y ella base,
si no quiere estar conmigo,
¿cómo quieres que la trate?
Y si las raçones tuyas
es verdad que son verdades,
siéntome tan obligada
179   ques inpusible pagarte.
Y pues me falta caudal
para el descuento bastante,
quede en pie mi obligación
con la mesma fuerça que antes.
Pero tomando las veras,
dexando burlas aparte,
de tus quexas tan fundadas
procuraré descargarme.
Acuérdome que dixiste
que no ay en el mundo nayde
que me yguale en ser cruel

y en ser yngrata me yguale.
Y confieso que me quieres,
y más, quiero confesarte
que a tu afiçión peregrina
no ay segunda semejante.
Pero, aduierte, por quien eres,
si ay aduentençia en amante,
que mi gusto no durmía
quando tú le despertaste.
Préciome de tener fee
de tan subidos quilates,
tan firme y tan ynbençible
como en las guerras fue Marte.
¿Mas de qué me sirbe andar,
Velardo, en estos disfraçes,
pues quanto tengo en el pecho,
por mi desdicha, lo sabes?
Fue tenprana mi afición
y la tuya llegó tarde,
que al primero en tienpo di
de mi libertad la llabe.
Estas y otras muchas cosas
que no te son nobedades,
pueden serbir de desculpa,
si me ynporta el desculparme.
Porque estando yo enpedida,
ninguna prescritión vale
de ingratitud contra mí
para que yngrata me llames.
"¡Ay, Celia yngrata!", me diçes
en ynfinitos lugares,
sin considerar que muero
por quien justo me mate.
Caminas con ynpusibles,
apartas dos voluntades,

que avn con la muerte de entranbos
dudo poder apartarse.
Persíguesme sin raçón
y con miedos muy ynfames,
procuras quitarme el gusto
que fortuna pudo darme.
Y si es aquesto verdad,
no te alteres ni te espantes,
que yo, por satisfacerme,
procuro de ti vengarme.

179v   Bas perturbando mi gloria
entendiendo de ensalçarte,
y no miras que me pierdes
por donde piensas ganarme.
Pues descubriré el engaño
de tus secretas maldades,
y aré de tu trato doble
a todos plato y alarde.
Aquí me quiero quedar
avnque pudiera alargarme,
sólo, Velardo, te abiso,
que me dexes, y te guardes,
que no es pusible quel çielo
dexe, al fin, de castigarte,
ni acabar en bien, pues eres
pronóstico de maldades".

178

OTRO

Si con sólo el pensamiento
supe jamás agrabiarte,
fálteme bien de mi vida,

la vida y el vien me falte;
si sienpre no está en mi pecho
tu memoria por alcayde,
guardándole con la fee,
ques justo tu fee se guarde;
si palabras amorosas
por aquesta voca salen,
si no es ablando contigo,
te enoje quando te ablare;
si de nayde las escucho,
si las oyo que me agraden,
si no salen de tu voca,
séanme acibar quantas salen.
Si de tu donayre ausente
me agrada ningún donayre,
vean estos ojos presentes
a quien te agrade y le agrades.
Si paso diere en tu ofensa,
si en ella atrabieso calle,
tantos pase y atrabiese
que sin allarte me alle.
Si te agrabio, si te ofendo
amor me ofenda y me agrabie,
si no te quiero y adoro,
por no me querer, me mates.
Si con ser niño el Amor
pudo de niñas prendarme,
se me buelba en niñería
lo que con más veras trate.
Si no te trato verdad,
si te engaño en esta parte,
mal engañado me vea
y que tú mesma me engañes.
Si ay cosa que más me ofenda,
y sabia, ques enniñarme,

nunca de tus bienes goçe,
que son bienes tan de grande.
180   Será forçoso en cunplir
qua[n]to con otras ablare,
y cunpliré de manera
que a tu boluntad no falte.
Aquesta verdad me cree
y sabrás que mis verdades
contigo son sólamente,
que lo demás es donayre.

179

OTRO

Desnudando las memorias
de que se adorna y se viste,
de su yngrata Laura vella,
se querella y se despide.
Diçe: "Malograda fee,
verdad mal agradeçida,
pues viue libre mi yngrata,
seré yngrato por ser libre;
¿de qué sirbe tanto amor?,
y tanta fe, ¿de que sirbe?
Si es tanta fee a vn aleboso
ocasión de que me olbide,
tristes ynsinias a Dios
y a Dios memorias tristes;
vestirme quiero a lo nuebo
y de libertad vestirme,
y que en el traje se vea
lo que en el alma reside.
Por el blanco y la ynocençia

vestir pellejos de tigre,
que mi querido traydor
se burla de verme humilde.
Mas yo le haré, si me entono,
que a las humildes se humille,
y su término cruel
raçón es que se castigue,
que yrá de mal en peor,
si vna vez se le permite,
y es bien humillar el cuello
de vn yngrato que se engríe.
Y si pierde el bien que tiene,
tienpo vendrá que le estime,
quiero ya dar en fiereça,
y que sean tiernos melindres,
ynacesibles desdenes
y rabias ynaçesibles;
quiçá, si me vee el cruel,
estimará el verme humilde.
Si por dejar de quererle
dejara de perseguirme,
que, si quiere, bien de veras
tengo por cosa ynpusible
que vn desdén de olbido eterno
no le allane y no le humille.
Yo, al fin, viuiré segura
con estas muestras terribles,
si no me qu[i]ere, y se sabe,
diré que yo no le quise,
180v que yo le olbidé primero,
que no es mucho que me olbide,
mas ay consuelo en el alma,
traças en el ayre firme.
Si te estoy acá adorando,
¿de qué sirbe despedirte,

si tengo el pecho de çera
querer de mármol fingirme?
Si eres señor de mi alma,
si acá en el alma resides,
mal me podré despedir
y mal podré despedirte.
Mas yo me despidiré,
que si das en perseguirme,
la despedida será
del viuir o del morirme".

180

OTRO [ROMANCE DE
LIÑÁN DE RIAZA]

Tan llena el alma de amores
como en tristes çelos puesta,
sentado en la verde orilla
del çelebrado Pisuerga,
Riselo, vn pastor que guarda
perdido ganado en ella,
del ato de sus congojas
va formando estas querellas:
"¡Ay larga ausencia,
cómo acauas la vida y la paçiençia!

Bien puedes, cruel uerdugo,
ejecutar la sentencia
que pronunçiaron mis daños
y confirma tu aspereza.
Humilde le ofrezco el cuello
para rrecebir la pena,
ya que quisiste engañarme

con palabras lisonjeras:
¡Ay larga [ausencia,
cómo acauas la vida y la paçiençia!]

No me pesa que me oluides,
ni menos que me abor[r]ezcas,
mas de que mi voluntad,
por otra ques menos, tuerzas,
y que a mis cansados ojos
el bien de verte les niegas,
y en ellos a mi enemigo
cumplido fauor ofrezcas.
¡Ay larga [ausencia,
cómo acauas la vida y la paçiençia!]

Goça alegre largos años,
dichoso joven, la prenda
que vn falso pecho tirano
y mis desdichas te entregan.
Y mira que no te fíes,
que as de goçar mucho de ella,
que quien una vez se muda
dos mil mudanzas espera.
¡Ay larga [ausencia,
cómo acabas la vida y la paçiençia!"

181

OTRO

"Descansa, vella Amarilis,
raçón será que descanses,
pues falta ya de tu casa
vn pobre ynportuno y grabe.
Pobre de bienes y gustos,

181   avnque rico por amarte,
mas no es ya el querer riqueça,
pues no comes boluntades.
Pesado en pedir contentos,
avnque no en rendir tus gajes,
y no tanto lisongero
quanto amigo de verdades,
desterróle tu abariçia
de donde mill çelos naçen.
Tus desdenes le mataron
y el sueño de tus donayres.
Dormí, triste, vn sueño vn día,
huyendo de tus crueldades,
y vi por mi mal mis vienes
y vi por mi bien mis males.
A mí se llegó Fortuna,
en el sueño, a despertarme,
Y con palabras de amigo
començó de acariçiarme:
Díxome: "¿Juegas, Belardo?
Tienpo es ya que te lebantes,
quien juega de pesadunbre
¿qué puede aber sino açares?"
Ven tras mí, Belardo, —dixo—
quel mundo quiero mostrarte
en donde verás tus gustos,
tus desdichas y pesares".
Lebantéme codiçioso
por ver estas nobedades,
y en vna esfera çifrado
vi el mundo con sus lugares:
vi los caudaloso ríos,
vi las antiguas çiudades,
y después de vn gran descurso,
de Olid la rabia y Valle,

vi que reynaban mill viçios
y quel mundo eran maldades,
y vn rapaz de vn niño çiego
vi ser de los viçios padre;
y entre los déste, cautibos
vi, Belardo, tus señales
arderse en la confusión
en que mill locos se arden.
Tal me vi, que mi desdicha
me probocaba a llorarme,
y no fuera ygual mi lloro
con mill lágrimas de sangre.
"Vite, Amarilis, rendida,
callo a quien el çielo sabe,
tus trayciones, tus engaños
y tus falsas lealtades.
Vi que no abía fee en el mundo,
vi mill falsas amistades,
vi mill traydores valientes,
vi mill valientes cobardes.
Vite libre de mis penas,
y en otro fuego abrasarte,
no quiero decir qué siento,
181v pues al fin á de pesarme,
que avnque sueño, y mentiroso,
temo que no sean verdades.
Ya me pareçe lo veo,
que las mugeres soys tales
que será más engañado
quien de vosotras fiare.
Adiós, mi dulçe enemiga,
el cielo tu amor alargue,
y él mismo de tus desdenes
y mis engaños me saque".

182

OTRO

Para retar a don Olfos
armándose está don Bueso,
que avnque no le arma amor
pudieron armarle çelos.
Los dos amantes de Tortis
conpiten en vn deseo,
ocasión de ser contrarios
mayores que fuego y yelo.
Andan sirbiendo en palaçio
a doña Nufla de Albertos,
cielo y gloria de don Olfos
y el ynfierno de don Bueso.
Vn fuerte casco se pone
que á sido orinal del tienpo,
y gola llena de mugre
que estaba entre yerro viejo.
Con vnas guaçamalletas,
que son del género neutro,
greba en la pierna derecha,
guardavraço en el yzquierdo,
y entre la petrina y talle
mete alfange rabitieso,
tajante por anbos filos
avnque ya boto y sin ellos.
Puñal de lachas de cuerno
y bayna de orillo negro,
colgado de trençadera,
metido entre çinto y cuerpo.
Pidió su negro caballo
y no negro por ser negro,
sino porquera morçillo,

yto sin señal de serlo.
Cobró don Bueso la silla
con arto afán y tropiezo,
con la gran fuerça que puso
soltóse vn punto trasero,
y avnque por esto pasó
dixo, reparando en esto:
"En menos tengo a don Olfos,
por san Jorge, que no miento",
y con el agüero alegre
pica, parte como vn viento,
en alcançe de don Olfos
a quien vido en el terrero.
Don Bueso, gritando, dixo:
"¿De qué vos presta el terrero,
pues vedes que doña Nufla
182   no quiere serlo de neçios?
Sodes vn rapaz, vos digo,
más libiano y altanero
que la péndola del abe
que ba fendiendo los vientos.
Y ensandeçéys, si cuydades,
que se finan por lo vuestro,
mas no se vos encasquete
que sodes trefe y ligero.
Y façedme cortesía,
que pues que se acuyta dello
doña Nufla, mi señora,
que non la miredes tieso.
De aquesto de oy más se os mienbre,
porque a non menbraros desto
más polbos faré de vos
que non de la arena el viento".
"¡Mentides! —dixo don Olfos—,
que obráys corto y faláys luengo,

vale vos por ser ançiano,
jubilado con el tienpo,
que los tales homes, digo,
están, como estáys, diestros*
a ferir más con la lengua
que con aguçados fierros.
Cuydo que sería más sano
tener, según sodes viejo,
la remenbra[n]ça en la muerte
que non en damas acuerdo.
Y, si cuydades, mirar
a doña Mefla, don Bueso,
la vuestra desenbaynade,
avnque no lo tengáys derecho".
Pusieron a las espadas
entranbos manos a vn tienpo,
mas el rey, que pasó entonces,
los fiço fincar en fierros.

———

*"desechos" en ms.

183

OTRO

Mil çelosas fantasías
que del esperar se engendran,
a Melisendra conbaten
en la torre de Sansueña.
Mira el camino de Françia
que la en[o]ja y la consuela,
porque en él vee y sus agrabios
y por él su bien espera.
Viendo que sus esperanças,

como fingidas por fuerça
se las lleba el presto viento,
tanbién sus quejas le entrega,
diçiendo: "Si en don Gayferos
no es fingida la nobleça,
¿cómo niega obligaciones
y cómo olbida promesas?
¿Como podré yo creer
que me á querido de veras,
182v quien en ausencia tan larga
tubo tan larga paçiencia?
Siendo viuo, ¿no es pusible
que, si quiere, se detenga?,
porque no ay ynconuenientes
que boluntad no le vença.
Si, acaso, nueba memoria
haçe que la mía se pierda,
en balde espero la paga
de mi fee, y de tantas deudas,
que en coraçones yngratos
mucho más luçe y se preçia
desdén del que está presente
y del avsente firmeça.
Quántas y quántas se an visto
haçer demudables muestra
por fuerça de sinraçones
y no porque son ligeras.
Y si agrabiadas se mudan,
arto desculpadas quedan,
quel que ofende es el que agrabia
y no agrabia quien se benga.
Mas no es bien quel sentimiento
tanto los sentidos tuerça,
quentre vengaças y gustos
el onor se olbide y pierda.

Si se muestra descuydado,
para esperimentar veras,
haçer pruebas ofendiendo
es peligrosa esperiençia,
que a puro sentir agrabios,
a beçes, el tienpo llega
en que ni puede sentir
ni de verlos se haçe qüenta.
Dichoso el que mira el bien
sin estos lexos de ausençia,
que haçen menores los gustos
y mayores las ofensas.
A mill ymaginationes
hago grande resistençia
con ver ques mejor quejarme
que dar de ausençia quejas".
Pasara más adelante,
pero con la mucha pena
las lágrimas fueron tantas
que entorpecieron la lengua.

184

OTRO

Yo soy Duero,
que todas las aguas vebo.

Yo soy vn enamorado
de gusto tan estragado
que a todo soy ynclinado,
como tenga carne y cuero:
Yo soy Duero,
[que todas las aguas vebo].

De las viejas me aprobecho
porque estoy muy satisfecho,
que son diestras en el hecho
y no me piden dinero:
[Yo soy Duero,
que todas las aguas vebo].

183   La que pasa de los treynta
he allado por mi qüenta
que tiene çierta pimienta
y gusto más comedero:
Yo soy [Duero,
que todas las aguas vebo].

Adoro las rapaçillas
que me pareçen bobillas,
y saben sentir cosquillas
repicando su pandero:
Yo soy [Duero,
que todas las aguas vebo].

Apetezco la casada,
que por estarençerrada
me sabe a fruta hurtada,
a pesar del viñadero:
Yo soy [Duero,
que todas las aguas vebo].

Piérdome por las viudas
que son en la calle mudas
y en la cama más picudas
que los gatos por enero:
Yo soy [Duero,
que todas las aguas vebo].

Las donçellas del lugar
la pluma enseño a mojar,
quando me dejan quitar

la tapa de su tintero:
Yo soy [Duero,
que todas las aguas vebo].

A las fregonas me abajo
y las sirbo de estropajo,
y en viéndolas el çancajo
las doy mano a su mortero:
Yo soy [Duero,
que todas las aguas vebo].

Pues si de las talles trato,
a ninguna soy yngrato,
porque en todas, por vn rato,
allo gusto plaçentero:
Yo soy [Duero,
que todas las aguas vebo].

A las gordas no desecho,
porque son blandas de pecho,
y tienen el sitio hecho
y son altas de terrero:
Yo soy [Duero,
que todas las aguas vebo].

De la delgada y cençeña
mi gusto no se desdeña,
porque suele ser cinbreña
más que arco de tornero:
Yo soy [Duero,
que todas las aguas vebo].

De la larga os sé deçir
que no ay más bien que pedir,
que contenplar y seguir
tan espaçioso sendero:
Yo soy [Duero,
que todas las aguas vebo].

La pequeña y bien tallada
es gusto de amor çifrada
y es la que a mí más me agrada,
ablando lo verdadero:
Yo soy [Duero,
que todas las aguas vebo].

185

183v   OTRO

El sueño, fácil engaño
de los tristes y afligidos,
que suspendiendo los males
ofreçen bienes fingidos,
cubrió los ojos de Albano
triste, afligido y cautibo,
sobre la yerba de vn valle,
y al berde tronco de vn pino,
lo primero que le ofreçen
los ynteriores sentidos
ques su dama, prenda muerta,
de vn angel retrato viuo;
el alma, que sienpre vela,
engañar al cuerpo quiso,
y dando fuerça a la lengua
y ablando, entre sueños, dixo:
"¡Ay dulces ojos míos,
que me matáys el alma estando fríos!

Ojos vellos, cuya lunbre
la misma del sol deshiço,
mostrando al alba dos polos
y al mundo dos paraýsos,

¿qué noche tan poderosa
os á cubierto de olbido,
si tubo su luz serena
del mesmo cielo principio?
Quien dio licençia a la muerte,
que se atreba al çielo mismo,
si el mayor de sus milagros
en vuestras luçes se hiço.
Decidme, dibinos ojos,
en qué tenploso cuchillo
que en vnas armas tan bellas
no se mellasen sus filos.
¡Ay dulces [ojos míos,
que me matays el alma estando fríos!]

No fuistes, ojos hermosos,
esmeraldas ni çafiros,
sino fuego en que mil almas
os hicieron sacrifiçios.
Ardiendo viuió la mía
en vuestro fuego dibino,
por inmortal reserbada
de consumirse en mil siglos.
Conozco vuestro poder,
que muertos y ofendidos
abrasáys con mayor fuerça
que si estubiérades viuos:
mas qué mucho que la fragua,
donde Amor sus flechas hiço,
y el primer cielo sus rayos
quedó el lugarençendido:
¡Ay dulces ojos míos,
[que me matays el alma estando fríos!]

Quando os considero, yngratos,
que os castigan, ymagino

por maldición de los honbres
184   a quién abéys ofendido.
Y quando miro que fuystes
mansos y afables conmigo,
a mis culpas atribuyo
mi daño y vuestro castigo.
Sin duda, mis claros ojos,
que os mata mi desatino,
que no yg[u]alan mis ofensas
al menor destos delitos.
Albano fue vuestra muerte
bengando a sus enemigos,
con prisión de tantos años
y con aberos perdido:
¡Ay dulces ojos míos,
[que me matays el alma estando fríos!]

¡Ay engastes soberanos
de aquellos engastes ricos,
que os traspuso el çielo al norte
para planetas dibinos!
¿Con quál estrella de Venus,
bordando el manto a Calisto,
en el alba o en la noche
os verán los ojos míos?
Que si como al cielo fuystes,
fuera a los Campos Elíseos,
Albano hiçiera llorando
lo que aquel músico hiço,
que sin duda que os á muerto
hiciendo algún áspid libio,
si no os á muerto el espejo
con más raçón que a Narciso.
¡Ay dulces ojos míos,
[que me matays el alma estando fríos!]"

En esto quiso abraçarla,
y de su fuerça opremido,
huyó el sueño, y viose Albano
aconpañado de Silbio.
Era Silbio en todo el valle
el mayor de sus amigos,
contóle luego el suceso
para descanso y alibio,
que no ay cosa de más gusto
para el libre peregrino
que contar del mar ayrado
el riguroso peligro.
Sacó vn cuchillo pequeño,
y en el tronco de vn aliso,
para memoria del sueño
dexó de su mano escrito:
"¡Ay dulces ojos míos,
mirad primero el alma que estos fríos!"

186

OTRO

En su ninpha el pensamiento,
de temor confusa el alma,
que quien d[i]o muestras de olbido
no dé ocasión a mudança,
trabesando la ribera
de Carrión, que con sus aguas
alegres haçe a las gentes,
184v   repartiéndola a sus plantas,
el ayre sereno y quedo,
y sólas las ojas altas,
a modo de tenbladeras

haçe andar vn poco varias,
llegó Arsenio al pie de vn tronco
de vn álamo, que sus ramas
pintan de verde su cuerpo
y de amarillo sus ansias.
Metió la mano en el pecho
y sacó dél vna caja,
y en descargo de su suerte
dio en escrebir vna carta,
y porque otra tinta fina
adornase sus palabras,
abrió tanbién el tesoro
de sus lágrimas amargas.
"Arsenio, en su triste ausençia,
cuyo amor el alma abrasa,
a su querida Velisa
perpetua salud y graçia.
Pudieras, Velisa mía,
si á llegado a ti mi fama,
querellarte de mi vida,
si no fueras tú la causa.
Bien sabes que me dixiste,
antes desta ausençia larga,
que como a ti te quisiese,
quisiese a qualquiera dama.
Encontré con vna dama
regando sus albahacas,
que senbraba entre ellas perlas
y abrojos en mis entrañas.
Y mirada su velleça,
y que tú ausente estabas,
robó vna parte de aquellas
que están a ti dedicadas.
Diome contento su vista,
avnque viendo mis espaldas

te dio, como a más antigua,
los despojos de mi casa.
Culpa fue, y agrabio tuyo,
dar a otra en mi alma entrada,
mas mayor amor descubre
el que ar[r]epentido trama.
En este punto me quedo
y quedan mis esperanças,
pero maldigo, pues van
avmentando su jornada,
esperando a quel domingo
muestre ya sus luçes claras,
pues lo que me diste á sido
lo postrero de semana".

187

OTRO

"Así yo viua, Antonilla,
queres como vn pino de oro,
si te estimases en mucho,
como te estimas en poco,
si ya que pones en venta
tu heredad y patrimonio,
lo vendieses por adarmes,
como lo vendes a ojo,
si quando al espejo miras
ese tu rostrico al olio
dixeses "todo honbre muera",
como diçes "viban todos",
si los disantos en misa
no te viese el maliçioso
con los ojos en la puerta

185

y las manos en el copo,
si quando vas de respeto,
no te baylasen los ojos
y quando entras en el vayle
no te pellizcasen todos,
si de día, en las visitas,
tubieses sereno el rostro
y a las noches al sereno
no conpusieses coloquios,
y sabes tanto de estrellas
que puedes bien ser astrólogo,
quiera Dios que, por mirarlas,
no tropieçes en el oyo.
Tus escogidos son muchos,
tus llamados no son pocos,
con ser tantos, y tú sola,
ninguno queda quexoso.
No los desechas por viejos,
avnque los procuras moços,
questos son buenos de ynbierno
y de verano esos otros.
Los plumages, por galanes,
los bonetes, por donosos,
lo demás, por lo demás,
las capillas, por debotos.
De todos haçes manada,
todos paçen en vn soto,
y avnque tú les armas buyes
jamás te hiçieron enojos.
Todos te rondan la puerta,
como arcaduçes en torno,
ya cargados, ya baçios,
vnos sanos y otros cojos.
Aquel es el Capitolio,
celebrado de contino,

do se celebran las fiestas
y se ofrecen tus debotos.
Bien hecharás ya de ber
quán bien se celebra el Corpus,
con danças y con zuyças,
despada y cascabel gordo,
y tú cariconpuestica,
más que Perico en el rollo,
dándote todo el contento
muestras que te cansa todo,
ques ver al otro galán
cercarte como palomo,
185v   arrojándote vn requiebro
que basta a quebrarte vn ojo.
El músico y el poeta
pónense a alabar tu rostro,
al vno por lo fuenllano
y al otro por lo vistonto.
Y con llebar sobre ti
más bendiciones que vn nobio,
en acabando la fiesta
fíngeste mala de ojo.
¡Ay, Antonio!, como veo
que te as de lograr muy poco,
que á de ser corto el ynbierno
y muy prolijo el otoño.
Guarda, por Dios, tu majuelo
que, si falta vn grano solo,
darán más priesa a tus vbas
que niños a los cohonbros.
¿Por qué te á de amar ninguno,
si tú los amas a todos?,
si tú misma no te estimas,
¿por qué te an de estimar otros?
Mira, niña, quel Amor

es vn rapaz muy çeloso,
armado como cobarde
y como baliente, solo;
que aquese hermano bastardo
con que engaña a tantos bobos,
avnque te parezca amor,
no es amor, pero humor loco".
Esto dixo Antón Llorente
ablando consigo solo,
más porque estaba despaçio
que porque estaba quexoso.

188

OTRO

Acabe ya de llegar
esta pereçosa muerte,
cuyas señales y nunçios
tantos días á que vienen.
Veamos este secreto
tan difícil de entenderse,
que sienpre le reçelamos
y a él caminamos sienpre.
Probemos aqueste trago,
reçelado tantas veçes,
si ofende tanto el sentido
como ymaginado ofende.
Hagamos esta esperiençia,
veamos qué tanto puede
contra vna vida tan flaca
golpes de daño tan fuerte.
Todo el mundo me persigue,

no sé qué milagro es éste:
¡que no acabe de morir
quien tantos verdugos tiene!
¿Qué reliquias me aconpañan
que tanto el alma detienen,
que no arrancan ya mill días
186 que la traygo entre los dientes?
Pues ella no es esperiençia,
que para el paso en que viene,
mi vida que ya no espera
otro vien sino el que tiene.
Que la causa deste encanto
son vnos prestados bienes
que como neçio tomé
a pagar de aquesta suerte.
Llegóse la deuda y plaço,
que no ay plaço que no llegue,
y llébasme el principal
y pides los yntereses.
Y avnque ellos an sido muchos,
me costarán los que fueren,
la vida y, pluguiera Dios,
que la vida sóla fuese.
Con tal rigor se executa
la obligación que ya duerme
el pensamiento en la calle,
y ojalá que se durmiese.
No alló donde se acoja,
anda ques lástima verle,
que nuebe años de costunbre
no se olbidan fácilmente.
No quiso llegar a diez,
porque no se prescribiese,
ques codicioso fiscal
de desdichados la suerte.

¡Ay, coraçón afligido,
qué defícil cura tienes!
Si as de tardar en cobrarte
lo que as tardado en perderte,
consuélate con el tienpo
lo mucho quel tienpo puede,
quél te curará, si viues,
o acabará, si murieres.

189

OTRO

¿Quando cesarán las yras
de tus injustos desdenes,
yngrata enemiga mía,
que no perdonas, y puedes?
Yo confieso que venciste.
¿Que Cides piensas que vençes
sino a vn honbre que te llama,
queres flaca y muger fuerte?
Cuelga en justa los despojos,
que de mirarlos te ofendes
de ver que, viendo, vençiste
al que jamás se defiende.
¿Quándo, riberas del Tajo,
miraré del sol la frente,
sin que me ofenda tu lunbre
porque de mí no te vengues?
Cansada tengo la noche
de llamarla para verte,
186v la fortuna de ayudarme
y la luna de esconderse.

Yo, que no me contentaba
con abraçarte mill veçes,
ya me contento, enemiga,
con ver tu calle, y bolberme.
Los yerros de tu bentana
quier Amor que adore y vese
a deboçión de tu alma,
de quien su dureça prende.
¡O larga desdicha mía!;
mas no es raçon que me quexe,
bien es que yerros adore
quien andubo errado sienpre.
Estas piedras son testigos
de que cubierto de niebe,
me alló mil veces el sol,*
antes quel tuyo saliese.
Y agora, por no aguardar
a que tu yelo me queme,
paso el puerto, temeroso
de que [a] tu puerta me yele.
Yngrata enemiga mía,
afloxa el cordel, no aprietes,
porque soy mártir del alma
de aquel cuerpo que no siente.
Quiçá porque escrito estaba
este nonbre que aborreçes,
que lo borrado en el alma
en las paredes ofende.
Mas consuélome, en efeto,
que en esos álamos verdes,
de tu propia mano escrito,
a tu pesar, viuo y crezco.

————

*"me echaron mill veces lexos" en ms.

190

OTRO

Al mejor tienpo del mundo
me dejaron tus desdenes,
ya no te quiero, señora,
no mires, que me ofendes.
No entiendas que ya tus ojos
miran tan mal como suelen,
no son los del vasilisco,
que quando no matan yeren.
Qué tienes de niñerías,
qué poco seso que tienes,
qué poquita fe que guardas,
qué de palabras que vendes.
Desta vez mal te á salido,
barajado se á la suerte,
quísete, y no me quisiste,
aborrézcote, y me quieres;
porque es de mugeres propio
ser tigres con quien las quiere,
yngratas si las adoran,
187   blandas si las aborrecen.
Qüenta agora a tus vecinas
aquello que contar sueles,
los amores que te dixe,
y que rendido me tienes,
que te dixe queres linda,
y que como vn ángel eres;
es verdad que te lo dixe
mas mentí, el diablo me llebe.
Díçesme que eres mi esclaba,
pluguiese a Dios que lo fueses,

queres esclaba bonita,
y podría bien venderte.
Andamos a señoricos,
qual niños que se entretienen,
ayer la señora eras
y oy por esclaba te vendes.
Por tu vida, que si paso,
que no entiendes ques por verte,
que me pesará ynfinito
que entiendas ques desa suerte.
Goçaré mi libertad,
ques justo goçarla a beçes,
que ya mugeres no faltan
pues ay para vn honbre veynte.
Qui[e]ro las del quinto çielo,
que las de la tierra ofenden,
que como son tan parleras
ya ningún honbre las quiere.

191

OTRO

Mira, Zayda, que te abiso
que de otra suerte me trates,
y no sentençies primero
sin oýr a entranbas partes,
si son casos de justiçia,
no escucharme ni ablarme;
las de la misericordia,
Zayda, te pongo delante.
De antes me contenplaba
venturoso Vençerraje,

desterrado de tu ausençia
apenas me llamo Zayde.
Mi fortuna y mis cabellos
quisieron de mí vengarse,
y pusieron por parlera
la trença de mi turbante.
Fortuna á sido de trença,
por fuerça abrá de quebrarse,
que de quiebras de fortuna
yo nunca supe alabarme.
Si ablo con tus cautibos
es sólo por consolarme,
que quiçá, puesto entre ellos,
por yerro podrás ablarme.
Vn alcáçar en los pechos
á menester tu senblante,
porque no mates a muchos
que baste que a mí me mates.
187v Para mis labios indignos
es menester vn alcayde,
que pues tocaron los tuyos
es bien que muy bien te guarden,
Gallo y brabato me pintas,
es, señora, por burlarte,
pintásesme tú gallina,
pues que pudeste matarme.
Si al moro desafié
fue, señora, por bengarme,
y digo que tus cabellos
pudieron más que su alfange.
Si diçes que yo ablé,
luego en saliendo de Tarfe,
fue sólo porque te diesen
parias quantos yo ablase.
Vna cosa te suplico

y no más, por no cansarte,
que si quisieres alguno,
que mires la fee de Zayde.

192

OTRO

En los solares de Burgos,
a su Rodrigo aguardando,
tan encinta está Ximena
que cedo esperaua el parto,
quando de muy dolorida
vna mañana en disanto,
bañada en lágrimas tristes
tomó la pluma en la mano.
Y después de auer scripto
mill quejas a su velado,
bastantes a domeñar
vnas entrañas de mármol,
de nueuo toma la pluma
y viuo de nueuo el llanto,
en esta guisa le escriue
al noble rey don Fernando:
"A vos, mi señor el rey,
el noble, el auenturado,
el magno, el conqueridor,
el agradescido, el sabio,
la vuesa sierua Ximena,
hija del conde Lozano,
a quien vos marido distes
bien ansí como burlando,
desde Burgos os saluda,
donde viue lacerando

las vuesas andanzas buenas,
lléuevoslas Dios al cauo.
Perdónedesme, señor,
que non tengo pecho falso,
y si mal talante os tiene
non puedo disimulallo.
Yo estoy de uos querellosa
y os scriuo mal mi grado,
magüer que enemigo os tengo
afuerça de mis agrauios.
Qué ley de Dios vos otorga
188   que podáys por tiempo tanto
cómo á que fincáis en lides
descasar a los casados.
¿Qué buena rrazón consiente
que a un garçón bien doctrinado
falagueño y humildoso
le mostréys a ser león brauo,
y que de noche y de día
le tengáis atraýllado
sin soltalle para mí
sino vna vez en el año?
Y aquesa que le soltáis,
fasta los pies del cauallo
tan teñido en sangre viene
que pone pauor mirallo.
Y apenas mis braços toca
quando se duerme en mis brazos,
y en sueños gime y forceja
que avn cuyda que está lidiando.
Y apenas el alua rrompe,
quando lestán acuciando
las esculcas y adalides
para que se buelba al campo.
Lástima tienen de velle

tan astroso y acosado
la su madre y los mis ojos
de tanto llorar cansados.
Llorando vos le pedí,
en mi soledad cuydando
de cobrar padre y marido,
ni vno cobro ni otro aguardo,
que como otro bien no tengo,
y me lo auedes quitado,
en guisa le lloro viuo
qual si estuviera enterrado.
Non permitáys que mal goze
prendas del mejor fidalgo
que sigue cruçes vermejas
y a rey á besado mano.
Y si lo hazéis por honrralle,
mi Rodrigo es tan honrrado
que aún no tiene varua, y tiene
cinco reyes por vasallos.
Yo finco, señor, encinta
y en nueue meses [é] entrado,
y me podrán enpeçer
las lágrimas que derramo.
Respondedme en puridad
con letras de vuestra mano,
aunque al vuestro mandadero
le pague yo el aguinaldo.
Dalde mi scripto a las llamas,
non se faga del palacio,
que en malos barruntadores
non me será bien contado".

193

188v   ROMANZE

Por la desdichada nueba
de la muerte arrebatada
del brauo alcayde de Lora,
tristísima está Granada.
Tristes están sus amigos
y las moras cortesanas,
los ynuidiosos se uengan,
los piadosos se apiadan.
En los desdichados vrazos
de la hermosísima Çayda
murió quien en uida y muerte
tuvo yedra enlazada.
Para diuirtir la pena
questá cauando en las almas,
que pocas uezes se vorra
pena que de veras labra,
los alcaydes que rresiden
en el Valle, cuya fama
xamás de Olid será muerta
hordenaron una zanbra.
Convidaron los amigos,
avnque los que eran del alma,
dando gritos a Mahoma
justa venganza demandan.
Oyó el profeta divino
sus petiçiones tan santas
y la fiesta fue tan triste
quanto era triste la causa.
El claro Febo se esconde,
hizo la tarde nublada,

los dos alcaydes vinieron
de Medina las Alta y Baja.
No se oyeron atauales,
ni atanvores, ni caxas.
Mahoma quitó el aliento
de las suabes dulzaynas.
Los cauallos perezosos,
luego en partiendo se paran,
y si alguno va trotando,
es a fuerza despoladas.
El alcayde de Medina,
que al çielo sube su fama
otros tienpos salió aora
de cruel desconfianza;
el otro moro ayudante,
con vna librea encarnada,
solos las arenas pisan
de su deseada playa.
189   Tan triste estaua la calle
que, alunvrada con dos sargas,
cauo de año paresçía
de un gran cuerpo que allí falta.
El otro alcayde famoso,
que sovre saladas aguas
áncoras graues afierra
con águilas coronadas.
A su lado estaua un moro
que agora dizen que se casa,
claro de nonbre e linaxe,
que Montesclaros se llama.
Dizen que, porque saliese
a honrralle en esta xornada,
el alcalde dio a su costa
livrea que fue morada.
Aquí no quiero callar

una maldad señalada,
cubierta que fue cuvierto
quien descubierto lloraua:
"O gran alcayde de Lora
si tú aquí rresucitaras,
qué dixeras de Trigueros
aquel que tú tanto amavas,
el que por hierno escoxías
y a tus pechos le criauas,
el que honraua tu mesa,
agora, a tu muerte, canta.
Mas qué digo, crehed sin duda
que aquella livre morada
él la tomó para luto
pues fue de luto, sin falta,
vn paño morado, triste,
con vna guarniçión vlanca".
Salieron seis de cuadrilla,
cuadrilla pequeña y mala,
así lo quiso Mahoma,
nayde su secreto alcanza,
pues fueron apenas vistas
quando eran vueltas a casa.
Esta cuadrilla de seis,
moros de mediana talla,
que apenas tenía cauallos
ni avn enpuñan cimitarras.
Xamás se vieron en guerra,
escoxiéronlos a falta,
salieron de azul y oro
de rraso y capas de rraxa.
Avnque de rremiendos yuan,
no paresçió más su gala,
que no se esperaua tanto
de los que tan poco alcanzan.

189v Visus acel brauo moro,
el que con soveruia y maña
pretende le teman otros
y entre mugeres lo alcaza.
A destra dél va un su primo,
sólo para que no cayga,
tras él va vn moro estudiante,
que muy poca çiençia alcanza,
otros moros estranjeros
llevauan las rretaguarda;
forzados, y ansí se fueron
pesarosos a la cama.
Dos que de yndios salieron
con otras mantillas e lanças,
tan chiquitos como fríos
a desçir dellos me llaman.
Alcaraz se llama el uno,
y Sepeda le aconpaña,
dos almas en rricos cuerpos
que no valen para nada.
Otros tras estos salieron,
aquí mi pluma se cansa,
que de escreuir cosas uiles
honrra nenguna se saca.
Funes y Hoviedo son
cuyos nonbres yo callaua,
pero mándame Mahoma
que le descubra sus faltas.
Salieron con dos vaqueros
de guadamecí la franxa,
muy justos cortos y tristes:
aquí la máscara acaba.
Veis aquí, hermosas moras,
la fiesta tan zelebrada,
para que os conpusistes

de arandelas y guirnaldas.
Pasásteis en los valcones
el frío que ellos llebauan,
para aguardar el torneo,
podéis preuenir ventanas.

194

OTRO EN RESPUESTA
DESTE POSTRERO

Damas de la frente arriba,
niñas de la çinta abajo,
donçellas que llama el vulgo
como al moreno Juan, blanco,
colérico estoy, por Dios,
él ponga tiento en mis manos,
que pienso ablar en vn ora
lo que he callado en mill años.
Ya me pareçe que os veo
ante la verdad tenblando:
vnas que juráys la enmienda
y otras que juráys bengaros.
Éla va, Dios se[a] conmigo,
mas quédese con entranbos,
que he de vibir con vosotras
y no es cordura enojaros.
Tan sólo quejarme quiero,
y perdonad, si me alargo,
que sienpre del más amigo
se siente más el agrabio.
¿En qué, Ginebra, sin ley,
se consiente que a vn christiano
hechéys como propio hijo

190

vn niño de rrenegado?
Hijo tan sólo de madre,
como pareçe bien claro,
pues aźn no tiene sentido
y abla más que vn papagayo.
Ni se espantan mis vnbrales,
ni yo tanpoco me espanto,
de que amanezcan lo[s] hijos,
si anocheçen los preñados.
Ni menos ynporta mucho
que en las eras del descanso
agora me lloren çinco,
si ayer me lloraban quatro.
Pero ansí os perdone Dios,
señora, ques fuerte caso,
que nonbréys vn niño bestia
por hijo de vn honbre humano.
Diósele el çielo a sus padres,
por castigo de sus padres,
¿y queréys que pague yo
lo que los otros pecaron?
Mengua de hijos andan míos
el mundo peregrinando,
que para cubrir mis flaqueças
los encuentro y no los ablo.
Hechalde en muy buen ora
a las que curan sus bazos,
madres que, por tener hijos,
haçen propios los estraños.
Y si no hechalde en el río,
como los Pares hecharon,
que no es menor pestilençia
vn ynfiel entre christianos.
Yo me estaba en mi sosiego,
seguro de oýr tal caso,

quando sentí a mis oýdos
vnos gritos en arábigo.

190v Vajé a ver lo que sería
y allé a mi puerta, arrojado,
vn niño de pocos días
que se goze pocos años.
Yndias eran las mantillas,
guarneçidas de encarnado,
y capellar y marlota
de paño açul y morado.
Y avnque cargado de ropa,
tan desnudo y tan elado,
que pudiera ser henero
quando naçiera por mayo.
Y apenas me vio delante
quando me contó, llorando,
historias que a mi entender
le haçía muy poco al caso:
Que estubo preñado Olid
de vna fiesta de a caballo,
y por no ayudarse bien
vino a parirla a pedaços;
que alunbraron a este aborto
con sendas velas de a quatro,
por lo qual diçen que fue
el parto desalunbrado;
que faltaron las tronpetas
por ebidente milagro,
mas si blanca no les dieron,
naturalmente, faltaron;
que murió el señor de Vrueña,
por quien hiçieron tal llanto
las matronas cortesanas,
que en más de vn mes no orinaron.
De aquí se mete entre todos,

sin ni[n]gún temor ni enpacho,
vnas tratando de putos
y otras llamando casados.
"Mira lo que ablas —le dixe—,
niño mal aconsejado,
niño patrañas, mentiras,
niño obscuro, niño claro.
No entiendas ques todo vno,
maldiçiente y cortesano,
vno es cortar con tixera
otro es magullar con palo.
Con más raçón podían todos
deçir questabas borracho,
quando juraste aber visto
vna zanbra de a caballo.
Quando diçes que riñeron
los alcaydes más nonbrados,
que según a ellos los nonbran
más pareçe que dançaron,
191 y quando lloras la muerte
de aquel que murió en los braços
de vn monje, ques ya de gerga,
avnque entonçes fue de paño.
Llora tu suerte y tu frío
¡o, tristísimo muchacho!,
tan desgraçiado en naçer
quanto en viuir desgraçiado.
Y llora el ver que naciste
tan astroso y tan cuytado,
que se despreçian de ti
los propios que te engendraron,
que si a tus propias desdichas
no puede llegar tu llanto,
¿quién te mete de Mahoma
en llorar estraños daños?

Y no porque te aconsejo
soy tu padre, pues es claro,
que tenemos a Mahoma
tú por Dios y yo por diablo.
Y con tanto, ve, y dirasles
a las que acá te ynbiaron
que en hijos propios no creo,
quanto y más en presentados,
que si todabía profían
en darme vn hijo pagano,
¡viue Dios! que he de quemarte
por honrra de tus hermanos".

195

OTRO

Cuydandando Diego Laýnez
en la mengua de su casa,
fidalga, rica y antigua
antes de Íñigo de Abarca;
y biendo que la fallecen
fuerças para la vengança,
y que por sus luengos años
por sí no puede tomalla;
y quel de Orgaz se pasea
seguro y libre en la plaça
sin aber quien se lo ynpida,
loçano en nonbre y en galas,
no puede dormir de noche
ni gustar de las viandas,
ni alçar del suelo los ojos
ni osa salir de su casa,
ni fablar con sus amigos,

antes les niega la fabla
temiendo que les ofenda
el aliento de su ynfamia.
191v Estando, pues, conbatiendo
en estas honrrosas vascas,
para haçer cierta esperiençia
que no le salió contraria,
mandó llamar a sus hijos
y sin deçirles palabra
les fue apretando vno a vno
sus fidalgas tiernas palmas.
No para mirar en ellas
las quirománticas rayas,
queste fechizo y abuso
no era naçido en Españ[a].
Y apretóles de manera
que dijeron: "¡Señó, basta!,
¿qué yntentas o qué pretendes?
Suéltanos ya, que nos matas".
Mas quando llegó a Rodrigo,
casi muerta la esperança,
del fruto que pretendía,
que a do no piensa se alla,
hechó atrás el pie yzquierdo
y la diestra mano saca,
y buelto a su padre diçe,
que en esta guisa miraba:
"¡Soltedes, padre, en mal ora
soltéys muy en ora mala!,
que a no serlo no fiçiera
satisfación con palabras.
Antes, con la mano misma
os sacara las entrañas
hiçiendo lugar el dedo
en vez de puñal o daga".

Llorando de gozo el viejo,
díjole: "Hijo de mi alma,
tu enojo me desenoja,
y tu alteraçión me agrada.
Esos vríos, mi Rodrigo,
muéstralos en la demanda
de mi honrra ques perdida,
si en ti no se cobra y gana".
Contóle el agrabio y diole
su bendición y su espada,
con que dio al conde la muerte
y principio a sus façañas.

Fin

196

192   LETRA. COPLAS

Parió Marina en Orgaz,
y tañeron y cantaron,
y dançaron y baylaron,
y tresçientas cosas más.

Parió vn hijo corcobado
çiego, coxo, sordo y manco,
medio prieto y medio blanco,
medio açul y colorado.
Muy barbado
y engreýdo,
nació vestido,
con espada apercebido
y esgrimiendo muy horrendo,
dando tajos y, en naçiendo,

le llamaron Fierabrás,
y tresçientas cosas más.

Hízose luego vn torneo
con caballos de melcocha,
lanças de ebras de atocha,
y baylaron vn guineo.
Salió Orfeo,
y Aretusa,
y vna musa,
y la cabeça de Medusa,
Panalón y Plutón,
Rodamonte y Faraón,
Mandricardo y Barrabás,
y tresçientas cosas más.

Vna máscara se hizo
entre Dragut y el Xarife,
Vrganda y el sabio Alquife
Tisbe, Píramo y Narciso.
Hecho heriço
yba Roldán,
y Montalbán,
y la burra de Balán,
hecha maya con su saya,
y dançándoles vna aya
Herodías y Cayfás,
y tresçientas cosas más.

Angélica y Doraliçe
yban ahechando abena,
y el alma de Ana Bolena
yba haçiendo tomiça.
Artemisa,
y el Sofí,
y el Çegrí,
Falerina y Malgesí

sobre vn cabrón luego a son,
pasó en calças y jubón
la vallena de Jonás,
y tresçientas cosas más.

192v   Pasó luego Calaýnos
sobre vna payla baylando,
y Gerineldos cantando:
"Cata Françia, Montesinos".
Valdobinos,
Marianilla,
Panarrilla,
y la Giralda de Sebilla,
yba corriendo y hiriendo,
y estrujando y esprimiendo,
con las rodillas agraz,
y tresçientas cosas más.

Yba la Descabellada
quitando la espada a Dido,
y viuda de su marido
la bella malmaridada.
La Encorbada
enbuelta en lana,
muy galana,
la Pandorga y Trapobana,
y Oliberos dando peros,
y Melisendra y Gayferos,
yban diçiendo: "Tris trás",
y tresçientas cosas más.

Passó luego el conde Albelos
discantando vna pabana,
y Galbán y Moriana
rabiando del mal de çelos.
Entró Ayruelos,
yba Caýn,

y vn matachín,
y el vestido de Arlequín,
y vn puchero y vn pandero,
y tres jarros y vn mortero
les colgaban por detrás,
y tresçientas cosas más.

Tanbién pasó Carlomagno
y la princesa Doñalda,
que la llebaba la falda
del señor de Montalbano.
Un enano,
y vn gigante,
y Atalante,
y con él vn estudiante,
Don Mantilla y la gorrilla
de Doria puesta en su silla,
y Pedro de Santerbás,
y tresçientas cosas más.

Vn alnafe y almirez,
vn alcorque y vna alonbra,
y baylando con su sonbra
el gran Jarife de Fez.
Vn axedrez,
vna almoaza,
vna alcarraza,
193   y mil caballos de caza,
y vna boda de vna goda*
donde fue la gente toda
baylando por vn compás,
y tresçeintas cosas más.

Salió tanbién vn sardesco,
haçiendo lugar a coçes,
y cantando a siete voçes
vnas barbas de vn tudesco.

Vn gregesco,
y vn melón,
y vn ratón,
huyendo dél vn león,
y en vna salba vna malba,
que, con venerable calba,
me preguntó: "¿Dónde bas?",
y tresçientas cosas más.

Yba luego Juan de Mena
y otro millón de poetas,
todos hechando soletas
a su desdicha y su pena.
Vna buena,
çien baçías,
vn Maçías,
linpiándose las ençías,
y Vrdimalas con sus alas,
y preçiándose de galas
don Gil lavado, y don Blas,
y tresçientas cosas más.

Pasó el rey de Romanía
haçiendo la salba a vn frasco,
súbdito de vn vergamasco:
"¿Li mande vusa senoría,
patrona mía?".
Salió Ganasa,
y la gabasa,
Trastulo, y toda la casa,
Mosén Guillermo, y vn estafermo,
y el gran Diablo de Palermo
van conpaño y mosén Bras,
y tresçientas cosas más.

Pasó o bello Vasco Palla,
con sus botas y sus lúas,

fincaron logo a sus guías
llenas de sebo y de palla.
Passó vna gralla,
ua panteyra,
ua forneyra,
con su pala y su monteyra,
vn ratiño e vn varquiño,
en rúa noba vn pelorigño,
Pero Alfonso y Jorge Vras,
y tresçientas cosas más.

Pasó Juancho Vizcaýno,
diciendo: "Juras a Dios
que des con ladrillo a vos,
193v si no quitáys del camino.
Vas mohíno,
cascos quiebras,
coses con ebras
despinaços de culebras,
vay, vay, vay de Garibay,
buscas al doctor Garay,
curarás y sanarás",
y tresçientas cosas más.

Pasó vn negro polidiyo
con su getica de ongo,
dixo: "Soy de Monicongo
y soy vn poco branquiyo.
Françisquiyo,
gente siamo,
no entisnamo,
¿no querer dar çapato, mi amo?
Turubey, çapato de buei,
cagayera como rey,
turi negro, juri a grás",
y tresçientas cosas más.

Salió el buen Antón Pintado
con su vestidillo puesto,
que no fue de poco gusto
vestido de colorado.
Va cargado
de espetera,
la delantera,
vn candil y vna caldera,
vn arnero y vn puchero,
y vna mano de mortero,
como relox por detrás,
y tresçientas cosas más.

Salió luego su muger,
con vna toca de papos,
luchando con dos muchachos,
y vna mula de alquiler.
Era de ver
cómo trota
con vna bota,
que a cada pasito agota.
Va dançando y baylando,
y a trecho, de quando en quando,
diçe: "Antón, ¿adónde estás",
y tresçientas cosas más.

Estando la fiesta al cabo,
para lo que della resta,
mandaron que, por más fiesta,
que se suelte vn toro brabo.
De a cabo a cabo
lo anda,
zarabanda,
deja tendida a vna banda,
a su Antón dio vn encontrón,
y cojió, de vn enpellón,

la vallena de Jonás,
y tresçientas cosas más.

194   No hay diablo que le resista,
al diablo del Vizcaýno
cojió en medio del camino
y al negro perdió de vista.
En la conquista
cojió a Roldán
y a Montalbán
y, avnque otros muchos se ban,
cojió el toro [a] Angélica y a Medoro,
y no se le escapó el moro
Ferragud, y Fierabrás,
y tresçientas cosas más.

Pero lo que mejor es:
que a Ganasa y a Tratulo
el toro descubrió el culo,
y al diablo del portugués,
y a vn francés,
y al vergamasco,
y a su frasco
los hechó ençima vn peñasco,
y al negrillo y Francisquillo,
le trajo en el çerbiguillo,
quel toro es vn Bar[r]abás,
y acabóse y no vbo más.

_____

*"y una goda" en ms.

197

OTRA [COPLA DE
G. L. LASSO DE LA VEGA]

De su esposo Pingar[r]ón
parió Marina, en Ordás,
vn Minguillo por detrás,
y fue muy nueba ynbención.

Al batismo se juntaron
con gestos de mill colores
todos aquellos señores
que al naçimiento se allaron.
Apenas llegaron,
quando el padre
con la madre,
la madrina y el conpadre,
al son de muchos clarines
baylaron los matachines
sin camisa, y en jubón:
y fue muy buena ynbención.

Comieron los conbidados
en sillas de la gineta,
sirbióles Cazaboleta,
con los calçones quitados,
mill guisados
de su persona
y su madona,
haciéndole vuzcorona,
aguamanos les dio luego,
jugando todos al juego
que llaman del abejón:
y fu[e muy buena ynbención].

194v Luego al ynfante sacaron
en braços de Lisabad,
y con gran solemnidad
a la yglesia lo llebaron.
Con él entraron
Juan de la Ençina
y doña Odrina,
que eran padrino y madrina,
y, al momento, fray Mortero,
hechándole en vn mortero,
le dio nonbre Calderón:
y fue muy buena ynbención.
Subiéronse a los valcones
por ver la fiesta mejor,
por el polbo y la calor,
entoldados de colchones.
Y en lanzones
muy colgados
diez condados
y quatro pontificados,
queran preçios de eminençia,
jueçes de ciençia y conciençia
Bartolaje y Galalón:
y fue muy buena ynbención.
Salió, por mantenedor
desta solemne sortija,
el buen Antonio Nebrixa,
caballero en vn doctor,
y vn rector
por padrino
en vn roçino
del género masculino,
dio por letra a los jueçes:

"Pan y queso y pan y nueçes
mi postre y principio son":
y fue muy buena ynbençión.

Entró, por abenturero,
el conde Partinoplés
en ábito sayagués,
sobre vn macho de arriero,
vn pandero
en las sus manos
dos alanos
con gregescos sebillanos
y gorrillas de Milán,
y haçiendo canpo le ban
cada qual con vn bastón:
y fue muy buena ynbençión.

La çarabanda, a desora,
salió con *Antón Pintado,*
y con *Antón Colorado*
la *perra encandiladora,*
la *matadora,*
déligo déligo
y la *vita intéligo,*
vestidos de clérigo,
195   *ven, ventura, ven y dura,*
y en la barriga de vn cura
les yba tocando vn son:
y fue muy buena ynbençión.

Don Ramiro y Mauregato
salieron a montería,
entranbos en vna pía
como tres con vn çapato.
A poco rato
salió vna zorra
con capa y gorra,

y no viendo quién la corra,
al trasponer de vnos cerros
se concertó con los perros
por la cola y vn doblón:
y fue muy buena ynbençión.

Salió Flérida preñada
en braços de su ortelano,
en las ancas de vn enano
su recámara cargada:
vna almoada,
vn badil,
vn pernil,
vna ropa y vn mongil,
salserillas, redomillas,
vn bufete y dos arquillas,
y dos mantas y vn gergón:
y fue muy buena ynbençión.

Vino desde tierras lueñas,
en camisa y con çamarro,
fray Priapo sobre vn carro
que tiraban seys çigüeñas,
y dos dueñas,
Juana y Luysa, con mucha risa,
alçándole la camisa,
y el padre Buenabentura,
cantándoles, por natura,
la sinple fornicaçión:
y fue [muy buena ynbençión].

Salió la paya ruana
en braços de su jayán,
entrepiernas de Galbán
su querida Moriana,
tinta en lana,
dragontina,

Çelestina
hechando vna meleçina
a su machico de vanda,
que de no comer vianda
estaba con torozón:
y fue [muy buena ynbençión].

Salió tirando rebeses
vna amaçona preñada,
mal pariendo, de cansada,
quatro perros yrlandeses,
dos valdeses,
vn rey mago,
en vn quartago,
195v   y vn maestre de Santiago
en onbros de dos paganos,
y en chapines valençianos
los Condes de Carrión:
y fue [muy buena ynbençión].

Entraron çien caçadores
con capas de telaraña,
en caballicos de caña
çençeños, mas no traydores,
zien azores
carmesíes,
çien neblíes,
despuelas y borçeguíes,
y el obispo don Turpín
çebando en vn puercoespín
el gallo de la pasión:
y fue [muy buena ynbençión].

Pasó la niña Briolanja
de filigrana vestida,
en vn quartago a la vrida
y comiendo vna naranja.

De su granja,
a los estribos,
dos cautibos
hechándola soplaviuos,
y ella, sintiéndose humana,
rogando a vna su hermana
la libre desta pasión:
y fue muy buena ynbençión.

Por ynoçentes pecados
sacaron a la vergüenza
quatro bobos por Sigüenza
en figura de letrados,
albardados,
y en soletas,
por prohetas,
coronados de porretas
de alcaçer, que no de lauro,
y detrás el bacalauro
que conpuso aqueste son:
y fue muy buena ynbençión.

Salió Tisbe tan finada
como Dios hiço vn difunto,
Píramo, con ella junto,
preguntando por su espada
despuntada.
La leona,
sin corona,
se retrajo a Barcelona,
y de ver vn caso tal
palabras dixo a vn moral
que quiebran el coraçón:
y fue muy buena ynbençión.

Luego pareçió vn pigmeo
pidiendo campo a vna grulla...*

196   Los preçios se repartieron
y las fiestas se acabaron,
y ellos todos se tornaron
por el orden que vinieron.
No quisieron
de coraje
para el viaje
reçebir matalotaje,
y atento, que no cominos,
a cenar nos acogimos
cada qual a su rincón:
y fue muy buena ynbençión.

Finis

_____

*"no se acabó por no ser buena" en ms.

198

REDONDILLAS

Desterrado y perseguido
de Amor, de Muerte y Fortuna
voy esparciendo, vna a vna,
mis quejas sin ser oýdo.

Veo llebarme del dolor
por caminos muy estraños,
temeroso de mill daños
que tray qualquier disfabor.

Pues yo, desfaboreçido
más que ninguno lo fue,
por ningún camino yré
que, al fin, no vaya perdido.

Gáname la muerte ya,
pues mi dolor es mortal,
ya no espero sino mal,
quel bien tarde llegará.

Acabadme, desengaños,
mortales zelos y ausençia,
pues andáys en conpetençia
contino para mis daños.

Acábese la esperança
que en mí tal vida sustenta,
verá la que me atormenta
el fin de mi mal andanza.

Quiçá, que viendo mi muerte
del todo será vengada,
y a su despecho acabada
verá Amor mi triste suerte.

Mas esto me haçe pensar
que gusta de entretenerme,
y que aguarda a socorrerme
al punto del espirar.

Que con estas ynbençiones
y con ásperas mudanças,
vienen vanas esperanças
a sustentar mis pasiones.

Pero, pues Amor lo ordena,
no quiero vn punto viuir,
pues huelga con mi morir
la que a morir me condena.

Sino que para acabar
me falta Tienpo y Ventura,
196v y mientras la vida dura
mill muertes me haçe pasar.

Que si vna vez me acabase
con muerte terrible y fiera,
desagradeçido fuera,
si del morir me quejase.

Mas no es esa la ocasión
de llamar triste a mi suerte
sino porque con la muerte
no feneçe mi pasión.

La Fortuna acabe ya
pues acábame su yntento,
que yo seré muy contento
y esto por çierto allará.

199

CANÇIÓN [DE
LOPE DE VEGA]

¡O libertad preciosa
no conparada al oro
ni al bien mayor de la espaçiosa tierra!,
más rica y más goçosa
que aquel rubí o tesoro
que entre sus venas el Oriente ençierra.
Con armas, sangre y guerra,
y con las propias vidas,
tantas veçes conprada,
¡paz dulçe y deseada!,
quel mal apartas y a tu bien conbidas.
En ti sólo se anida
oro, tesoro, paz, bien, gloria y vida.

El benturoso día
que vi la luz del cielo,

y començaba el curso de mis días
la tierna conpañía,
que nuestro humano belo,
regiendo lleba por inçiertas vías
las duras penas mías
trocaron en su gloria,
quen dulçe paz poseo
con el ygual deseo,
donde verá, por mi dichosa historia
quien más leyere en ella
que es dulçe libertad con menos della.

Yo libre, y al tormento
ensordeçido y mudo,
goço la gloria y libertad que tengo.
Soberbio pensamiento,
jamás derribar puedo
la vida humilde y pobre que entretengo.
Quando a las manos vengo
con el muchacho çiego,
haçiendo rostro al visto,
triunfo, venço y resisto
la flecha, el arco, [la ponzoña], el fuego,
y porque dél me río
lloro el ageno mal y canto el mío.

Quando el aurora vaña
con elado roçío
de aljofaradas perlas monte y prado,
salgo de mi cabaña
riberas deste río
a dar el nuevo pasto a mi ganado;
y quando el sol dorado
muestras sus fuerças grabes,
al sueño el pecho inclino,
debajo el salçe o pino,

197

oyendo el son de las parleras aves,
o ya gozando el aura
donde el perdido aliento se restaura.

Aquí la verde pera
con la mançana hermosa
de jalde y propia sangre matiçada,
y de color de çera
la çermeña olorosa
tengo, y la andrina de color morada,
y aquí, de la enrramada
parra quel olmo enlaça,
melosas vbas cojo,
y en cantidad recojo,
al tienpo que las ramas desenlaça
el caluroso estío,
membrillos que coronan este río.

Quando de la noche escura,
en el espeso manto
el día claro en su tiniebla ençierra,
y suena en la espesura
el tenebroso canto
de los nocturanos hijos de la tierra,
al pie de aquesta sierra,
con rústicas palabras
mi ganadillo cuento,
y en coraçón contento
del gobierno de ovejas y de cabras,
la temerosa qüenta
del cuydadoso rey me representa.

No me da descontento
el ábito costoso,
no la gloria inmortal, la clara fama;
es mi dulçe sustento
del canpo generoso

estas silbestres frutas que derrama,
mi regalada cama
de blancas pieles y ojas,
que algún rey la ynbidiara;
y de ti, fuente clara,
que a borbollones el arena arrojas
aquese cristal puro,
sustento pobre pero bien seguro.

Bíuase el cortesano
en su regalo y gusto,
mill glorias añadiendo a su contento,
siga su yntento bano
tras el honor ynjusto,
forme quimeras sobre el bano viento,
viba y muera sediento
tras el honrroso ofiçio,
y goçe yo del suelo
al ayre, al sol, al yelo
ocupado en mi rústico exerçitio,
que más bale probeza
en paz que en guerra mísera riqueza.

200

[LETRA]

[¿Qué me queda que esperar,
pues a mis terribles daños
no los curan pasar años
ni mudanzas de lugar?]

GLOSA

Señora, pues claro sé
que abéys entregado al viento

197v mi amor, mi cuydado y fee,
y que ayuda a vuestro yntento
el amor de quien fié,
y que tengo por mejor
ya el mal deste mi dolor
quel bien que me podréys dar,
de vos, de mi, ni de amor:
¿qué me queda que esperar?

Por vna común vsanza
os bengo a pedir remedio,
sin que tenga confianza
de que en vos allaré medio
que asegure mi esperanza.
Mas ya que no veys, señora,
a mi fee, que se mejora
con mis serbiçios estraños,
siquiera mirad agora,
pues, a mis terribles daños.

Y hallaréys que mi dolençia
en sus estremos es tal,
que creçe en vuestra presençia
y ques más fiera y mortal
con cada punto de ausençia.
Y veréys que a mis cuydados,
antiguos y alimentados
entre esperanças y engaños,
avnque tantos son pasados,
no los curan pasar años.

Quel Fenis que se renueba
muriendo y viuiendo luego,
hago yo la misma prueba
abrasándome en vn fuego
que me da otra vida nueba.

Que mis daños y firmeza
tienen, por naturaleza,
que no les puede acabar
vuestra terrible aspereza
ni mudanzas de lugar.

201

ESTANÇIAS

Dichoso tienpo de mi hedad primera,
quando pude decir que amor me ha dado
dulçes regalos, fresca primabera,
prendas del mayor bien que he deseado;
quando el sabroso fruto que se espera
de alegre y tierna flor me fue anunciado,
goçando el manso viento que encendía
fuego de amor en mí y la ninfa mía.

Quando ya de mis males la vitoria
tube por çierta, y mi contentamiento
nabegaba el tranquilo mar de gloria,
en próspera fortuna, en popa el viento,
lebanta vna tormenta la memoria
con borrascas de vn triste pensamiento,
desmaya el gozo, teme la esperanza,
porque el mal tiene el bien sin confianza.

Las turbulentas olas del reçelo
para más conbatirme se an vnido
ya, con mi fee, se suben asta el çielo,
ya bajan al profundo del olbido.
Ya pereçe en su furia mi consuelo,
sin pensar que podrá ser socorrido,

198   si el çielo, el ayre, el fuego, mar y tierra
        se ynspiran con la ausençia a darme guerra.

        No baldrán contra mí su fuerza y arte
        para ponerme espantos su fiereza,
        ni todos, ni otros tantos serán parte
        rendir vn solo punto mi firmeza;
        mill rayos de Bulcano ni de Marte,
        el fiero alfange ni celestial destreza,
        no el tienpo, ni fortuna ni esta ausençia
        ques quien más atormenta mi paçiençia.

        A prueba de trabajos estoy hecho
        qual fuerte roca en medio el mar batida,
        no ofende aduersidad ni fuerte pecho,
        ni el temor de la pena no bencida,
        ni temo el daño ni me da despecho
        ver cómo en vn cabello está mi vida,
        porque sólo en mí es parte mi señora
        a quien mi vida quiere y mi alma adora.

        Tú sola, Gloria, a mí eres quien puede
        disponer a tu modo en este tuyo,
        y a ti tan solamente se conçede
        lo que fuera de ti no tiene cuyo.
        Tuyo fui, soy, seré: no ay quien lo bede;
        ni me puede la muerte llamar suyo,
        que siendo el alma tuya, a ti rendida,
        tuyo será el poder de muerte y vida.

198v No creas que podrá la ausençia amarga,
        si mi mal por mi mal me lo ordenare,
        postrar mi fee en el suelo, con la carga,
        si de penas mill mundos le cargare.
        Sólo podrá ordenar hacerla larga
        quando vn día natural la dilatare,

y entonçes tomaré por mi consuelo
rendir lo tuyo a ti, lo suyo al çielo.

Mas ya no será el cielo tan ynjusto
que me destruya a mí y a ti te ofenda
dando la muerte a mí y a ti disgusto;
ni puedo ymaginar que tal pretenda,
pues regular su gusto por tu gusto
le es dar dinero a lograr y sobreprenda:
ni al çielo he miedo ni a la furtuna temo,
contra el sabroso fuego en que me quemo.

                    202

                HENDECHAS

            Pues morir me siento
            entre mill sospechas,
            hagamos endechas,
            triste pensamiento.
            Vos, que soys el cargo
            de mi dolor fiero,
            en mi fin postrero,
            dad vuestro descargo.
            Y así yré contento,
            contento y pagado,
            pagado y vengado
            de mi gran tormento.
            Yngrato Amor, di,
            ¿qués del galardón
            de aquesta afiçión
            con que te serbí?
            Miserable suerte
            es la que me diste,

199

pues me prometiste
vida, y me das muerte.
Pobre y desdichado
del que en ti confía,
quel más claro día
le es triste y turbado.
La luna más llena,
el sol más hermoso,
todo es enojoso
al que Amor condena.
Vanas esperanças,
por vos he llegado
a ser anegado
en dos confianças.
¡O mortal dolor,
cruel enemigo,
pues muero conmigo,
morirás, traydor!
Y de tu profía
y rigor pesado
partiré vengado
a la tierra fría.
En lamentaçiones,
quando se çelebren,
mis osequias quiebren
duros coraçones.
Quien de mi tormento
no hubiere gustado
no á de ser llamado
a mi enterramiento.
Por más honrra quiero
que sean conbidados
los más desdichados,
pues que de amor muero.

¡Qué desesperado
dolor, y tan fuerte,
que sólo con muerte
puede ser curado!
Vayan con la cruz
de mi gran tormento
antorchas sin qüento,
y todas sin luz,
en recordaçión
y señales çiertas
de esperanças muertas
y viua pasión.
¡Ado cruel, tirano,
autor de disgustos,
enemigo injusto
del contento humano,
pues mi muerte ordenas,
siquiera, te ruego,
la executes luego
y acabes mi pena!

199v En mi sepoltura
pongan esta letra:
"Al mal que penetra,
no ay allarle cura".

Vendenſe en la calle de los flaçaderos
junto a La Merced.

203

LETRA

Bien puede estar confiado
que será faboreçido
quien menos á padeçido,
si más vbiere pagado.

No es gana de maldeçir,
sino çelo de abisar
al que más vemos penar
para no verle morir;
quel más y menos penado
lleban el norte perdido,
y sólo el que ha bien serbido
puede estar bien confiado.

En el lenguage profano,
esto que llaman serbir
lo mesmo quiere deçir
que pagar, en castellano.
Y el galán menos herido,
si es buen pagador chapado,
tenga por aberiguado
que será faboreçido.

Nunca cuente el caballero
a la dama su pasión,
tome sienpre deboçión
de contarle su dinero;
que nunca será fal[l]ido,
si canbiare su cuydado,
en dinero de contado,
quien menos á padeçido.

Si la dama fuere tal
que no sufra tantas veras,

las manos de las terçeras
ofrezcan vuestro caudal;
que en fin menudo, y granado,
todo responde al chillido
del menos muerto y vencido,
si más vbiere pagado.

204

OTABAS CONTRA MUGERES

Abiso a los rendidos o enredados,
o entregados aˇvuestro desatino,
a vos, los que seguís banos cuydados
sin conoçer jamás el buen camino,
a banidad de biçios inclinados,
perdiendo en lo que más inporta el tino,
en las veras dormidos, pereçosos,
y en las burlas despiertos y orgullosos,

200 apeteçiendo más lo más dañoso,
siguiendo en todo falsos pareceres,
lo fáçil olbidando y probechoso
por tristes y difíciles placeres.
Entretened el pensamiento oçioso
ocupado en el trato de mugeres,
la mejor desamad, porque yo os juro
os será lo más sano y más seguro.

Son polilla cruel que os ba gastando
la virtud poco a poco y consumiendo,
mientras vos las estáys más alagando,
más se ban ellas ensoberbeçiendo.
Si os sienten manso y en entrallas blando
luego se les ba el diablo rebestiendo,

haçiéndoos sin cansarse, sin raçones,
y a buelta de cabeça mill trayçiones.

Jamás tratan verdad, y a la mentira
reconoçen por madre y por abrigo,
de todas las que a más alteça aspira
haze mejor ofensa al más amigo;
200v y la que con mayor blandura os mira,
si la probáys, es áspero enemigo,
su lengua corta y pasa qual benablo,
no se puede fiar dellas vn diablo.

Saben más en maldades que raposas,
en el bien, como vestias, ignorantes,
son míseras, çebiles y envidiosas,
jamás en vn propósito constantes.
Son mal yntençionadas, maliçiosas,
pesadas, atrebidas, arrogantes,
satíricas, malignas, alagüeñas,
codiçiosas, golosas, pedigüeñas.

La que véys más honesta y mesurada,
la más frunçida, mansa y conbersable,
la ques más recogida y recatada,
la más dulçe, más blanda y más tratable,
es, si bien lo miráy[s], serpiente ayrada
reguroso león, tigre yndomable,
Finalmente, la más apuesta dama
es cuchillo que corta vida y fama.

La más sufrida os gasta la paçiençia,
la menos melindrosa os amohína,
201 tirana es la de mayor conçiençia,
la menos corajuda es serpentina.
La que juzgáys más llena de ynoçençia
ésa con mayor ansia al mal se ynclina,
la más sana, más fiel y más sabrosa
es como mula falsa, maliçiosa.

La que más entendida es ignorante,
neçia la que pareçe más discreta,
la más blanda de todas, qual diamante,
canpana, la que más haçéys secreta.
La más torpe es qual jara penetrante,
y qual inquieto azogue la más quieta,
para el bien la más presta es pereçosa,
para el mal deligente y bulliçiosa.

205

[LETRA]

[¡O dulçes prendas, por mi mal halladas!,
dulçes y alegres quando Dios quería,
juntas estáys en la memoria mía,
y con ella en mi muerte conjuradas.]

GLOSA

Prendas, premio que Amor de mi fee pura
me dio porquel dolor grabe que siento
hiçi[e]se que mi firme desbentura
tubiese en perseguirme firme asiento.
¡O fuertes laços, o cadena dura!
¡O prisión del más libre y más esento!
201v ¡O finas ebras de oro delicadas!:
¡o dulçes prendas, por mi mal halladas!

Plugiera a Dios, señora, que la gloria
que amor con vos me dio nunca me diera,
pues de tan brebe bien tanta memoria
me dio para alargar mi pena fiera.
Pasó, acabóse el triunfo y la vitoria,
feneçieron primero, yo muriera,

las oras dulçes que goçar solía:
dulçes y alegre quando Dios quería.

De mill ansias mortales constrastado,
morir me siento sin poder valerme,
de esperanza me hallo descuydado
de poder de la muerte defenderme;
ocasiones del tienpo ya pasado
cuya ausençia procura entretenerme,
cada qual lastimándome a profía,
juntas estáys en la memoria mía.

Ricas prendas, cuchillo de mi vida
¿por qué tan áspera mudanza hiçistes?
llebaos mi fatiga fiel, creçida,
ya que os llebáys los vienes que me distes,
y en tanto quel dolor es sin medida,
dejadme respirar, memorias tristes.
202   pues de mi daño estáys aseguradas
y con ella en mi muerte conjuradas.

206

SONETO

Serenos ojos, ¡ay!, llenos de enojos,
de enojos llenos, ¡ay!, ojos serenos,
serenos ojos, soys de enojos llenos,
llenos de enojos y serenos ojos.

Agenos de mi bien vuestros antojos,
antojos vuestros de mi bien agenos,
mis despojos tubieron por muy buenos,
por muy buenos tubieron mis despojos.

Ya mi esperança está desesperada,
desesperada está ya mi esperança,

ya no temo mal ni bien espero.

Mi confiança está desconfiada,
desconfiada está mi confiança,
¿mas quién no lo estará en vn mal
[tan fiero?

207

ROMANÇE

Arrimado a vn olmo verde,
mirando las dulçes aguas
del çelebrado Pisuerga,
de su dolor muestras daba.
Vila, que avnques discreta,
está, al fin, afiçionada
de vn niño que, con olbido,
su querer y amor le paga.
"¡Ay mudables ondas —diçe—,
¿quién pudiera haçer mudanza
y ser muger en las obras,
202v   pues lo soy en nonbre y cara?
Justo castigo es del çielo,
y es bien justa esta vengança,
pues la memoria del muerto
hizo en mí tan presto falta.
Olbidé, por quien me olbida,
a quien más que a mí me amaba,
olbidé para mi daño
y no en daño de mi fama.
Y el mayor yerro que he hecho
es rendir a vn niño el alma,
que quien con niños se acuesta
no muy linpio se lebanta.

¡O rapaz hecho de niebe,
más fiero que tigre yrcana,
de ti con raçón me quejo
y de mí con justa causa!
Bien con el nonbre de niño
conbienes con tus mudanças,
que lo que te dan no quieres
y por lo negado matas.
Sigues los contrarios gustos
de las voluntades llanas,
ves mejor cubierto el çielo
que con la luna muy clara,
muy semejante a Cupido
eres en todas tus traças,
que a quien te conoçe dejas
y sigues a las estrañas.
Enfermedad es que en todos,
sin faltar vno, se alla,
que queremos más lo ageno
que no lo de nuestras casas.
Deja ya de ser cruel,
muébante mis tristes ansias,
viue conmigo de oy más,
pues viues en mis entrañas.
Mata mis largos deseos,
mitiga mi fuego y llamas,
que en tu mano está [mi] muerte
y mi vida en tu esperanza.
Mi peligro está en tu mano
y en ella está mi bonanza,
y pues yo tan bien te trato,
¿por qué, di, tan mal me tratas?
Mas ¡ay triste!, yo estoy loca
¿a quién van estas palabras?
Al lebe viento van todas

que las llebe y las esparza.
¡Ay!, si el çiego amor quisiese
quel fuego que a mí me abrasa
a ti, cruel, te ablandase,
queres niebe y agua elada.
Llebe mis quejas el viento
asta el cielo de la amada,
del triste Adonis difunto
y ella a recebirlas salga.
Salga de su amado çielo,
pues es muger en mi guarda,
llore conmigo mi muerte,
que vn muerto niño me mata.
Ablande el çiego su pecho
como el sol la çera ablanda,
sáqueme Amor de peligro
pues de mi seso me saca".
Y dejando aquel lugar:
"¡Adiós —les diçe—, ondas claras,
testigos de mis querellas,
encubrid, Amor, mis faltas".

203

208

OTRO

"Çercada de pensamientos
tienes, Jarife, a Sultana,
no sabiendo quál elija
para su defensa y guarda,
que si creo a mis deseos
sospechas me desengañan,
raçones me determinan
y raçones me recatan.

Si quiero creher a Jarife,
y tener su fee por llana,
sus palabras por verdad
y que su mal es del alma.
Avnque Amor me determina
el mismo amor me acobarda,
haçiéndome considere
lo que ay de obras a palabras.
Y avnques verdad quel amor
ásperos puertos allana,
y que consideración
es lejos de su posada,
y que las débiles fuerças
con fortaleça repara,
y los casos ynposibles
los façilita y allana,
no reserba de temores
de fees fingidas y falsas,
que en lo que más se desea
es en lo que se repara.
Va mucho de abenturar
honrra, contento o palabras,
y lo que mucho se estima
á de estar en mucha guarda.
Fáçiles son de acabar
cosas de poca ynportançia,
sobre débiles çimientos
no se fundan torres altas.
Las cosas de estimaçión,
como a tales, estimallas,
203v   y cosas çiertas y justas
no canses en esperallas.
Porque todo tienpo es brebe
si sobre çierto se aguarda,
y sino miente Fanfé

puede esperar a Sultana,
que la verdad permaneçe,
no quiebra avnque sea delgada,
y quien tiene amor y fee
perpetuamente se cansa.
La paçiençia es el crisol
y el toque de la esperanza,
y del amor los efetos
en este oasis descansan.
Al honbre que quiere bien
ynconbenientes no cansan,
y quien no mira en respetos
su boluntad es de cañas.
Argumento es de falsía
el no reparar en nada,
y al que no estima las cosas
es fáçil abenturallas,
y al que no lo quema el fuego,
y al que no lo moja el agua,
no tiene ser natural
ni es de nuestra humana masa.
Ni es de piedra ni es de açero
y debe de ser de nada,
y sospecho en este caso,
y la sospecha no es falsa.
No es viento que se vmedeçe
y se ençiende y adelgazada,
debe de ser pensamiento
adonde cabe mudança.
Que ni desdén, ni tibieza
ni disfabor no enbarazan
a que siga sus yntentos
el coraçón que bien ama.
Jarifa, muy poco pueden
amenaças el Sultana

porque dio largas liçençias
porque del tienpo te valgas,
y que busques tu remedio
y procures tu vengança,
mas sabe ques demasía
a vna rendida amenaças.
Si confiesas que mis ojos
te destruyen y te matan,
tanbién te pueden dar vida,
si con paçiençia la aguardas.

204   Confiésote que vn disgusto
la mayor paçiençia acaba,
pero vn amor verdadero
espera en sus esperanças.
Que mucha agua mata el fuego
es cosa muy clara y llana,
mas si el fuego fuera tanto
como muestras por palabras,
al mundo, todo de niebe,
a matarle no bastara,
mas vna gota pequeña
consume vna débil ascua.
Si para pasar tu pecho
mi fee y palabra no bastan,
no tomes por ynstrumento
vna lança castellana.
Y pues es caso ynposible
que mueras en mi desgraçia,
dexa desdenes y penas,
no me fatigues el alma.
Y si no crees mi verdad,
toma tu yegua alaçana,
y entra furioso en Toledo
por la puerta de Visagra".

209

OTRO

No me roguéys, madre,
que me desenoge
de delitos grabes
de culpas inormes.
Viera yo vnos ojos
el día de san Cosmes
engañosos, falsos,
mis perseguidores.
Si me prometieron
con promesas dobles,
no guarda[n] palabra
los que son traydores.
Pues me distes leche,
no me deys dolores,
no me deys ponçoña
en suabes licores.
No admitáys disculpa,
dejadlos que lloren,
sus ojos lo paguen,
pues son mis deudores.
Del cielo, milagro
espero, traydores;
del çielo castigo
de vuestras trayçiones.
204v   Basilisco fuera,
plugiera a los dioses,
porque con la vista
matara los honbres,
a los honbres falsos,
a los queste nonbre

conpran con sus obras
y sus condiçiones.
Yo prometo, madre,
no me desenoje,
asta terçer día
de Pascua de Flores;
pasado este tienpo,
podrá ser, entonçes,
corran otros bientos
por elados nortes.
Pero de aquí allá
yo le haré sones
con que bayle en çelos
de conpetidores.
No se fíe en que
tengo el pecho noble,
que sacando deso
grandes ocasiones,
y mudan ingratos
blandas condiçiones,
en fieras, dureças,
verdad, en fictiones.
De quien tiene amor,
con prueba de amores,
no saben dar pena,
guardan exçeçiones
quienes engañando
dan çien mill pasiones,
por muchos caminos
llenos de ynbençiones.
Que amor y desgusto
no son vnisones,
si se conpadeçen
gustos con dolores.
Y sonbra de olbido

suspendrá fictiones,
y acaban la vida
yngratos temores.
Y no os espantéys
que tanto se enoje
quien se alla engañada
del que no conoçe.
Mas podrá ser, madre,
questa escura noche
buelba en claro día,
porquel viento corre.

205

210

CANÇIÓN

Al pecho delicado
de la hermosa Silbia conbatía
amor puro, cendrado,
y ausençia que tenía
de su agradable y dulçe conpañía.
   En lágrimas bañados
aquellos ojos donde amor se anida,
lamenta sus cuydados,
a los de amor rendida,
la que puede dar sola muerte o vida.
   ¡Ay valle de frescura!
¡Ay aguas claras, deleytoso viento,
donde falta ventura
no puede aber contento
sino sienpre pesar, pena y tormento!
   Memoria de alegría
y soledad amarga agora veo
adonde ver solía,

cunplido mi deseo,
tan fuera de los males que poseo.

    Llebóme de mis ojos
fortuna ya mi dulçe conpañero,
pesares son y enojos
los que conmigo quiero
en el lugar do alegre fui primero.

    Y para mayor mengua
de la triste mudança de mi hado,
amor me ató la lengua
para que mi cuydado
me sobre y me rebiente de apretado.

    Lágrimas sin liçençia,
suspiros sin temor son los que ynbío,
que si este mal de ausençia
llorara a mi albedrío,
fuera menos pesado el dolor mío.

    Bien es que así lamente
con este nuebo mal quien á perdido
vn tal amigo ausente
con quien se me á partido
mi bien y mi plaçer todo cunplido.

    Soledad me pareçe
lo que hallo en qualquiera conpañ[ía],
quien como yo padeçe
la ocasión que perdía,
me dobla la tristeça que tenía.

    Soledad dolorosa
me ofreçen estas flores y ribera,
no ay bien ni alegre cosa
que me ayude siquiera
a que viua vn momento o a que muera.

    ¡Ay triste!, quién pudiese
artarme de llorar de lo que siento,
para que se doliese

205v

quien tiene mi contento
llegando a él mis querellas por el viento.

    Que asta el claro día
que a ver tornen su bien mis tristes ojos,
huya de mi alegría
y vengan los enojos
asta que llebe la muerte sus despojos.

    No más canción de ausençia,
quen el destierro duro que lamento
avn no me dan liçençia
que diga lo que siento:
ved si es para callado mi tormento.

211

ROMANÇE

Desterrado estaba el Cid
de su casa y de su tierra,
por Castilla y por su Rey
cansado de vençer guerra.
De las benturosas armas,
apenas las mano[s] secas
de la sangre de los moros
que á vençido en las fro[n]teras,
que avn estaba en sus pendones
tremolando en las almenas
de las soberbias murallas
humilladas de Valençia,
quando para el rey Alfonso,
vn rico presente ordena
de cautibos y caballos,
de despojos y riqueças,
y al abad y monjes otro

de estandartes y banderas,
para con que el tenplo adorne
de San Pedro de Cardeña.
Todo lo ynbiaba a Burgos,
y Albar Fáñez que lo lleba,
para que lo diga al rey
le diçe desta manera:
"Dile, amigo, al rey Alfonso,
que reçiba, su grandeça,
de vn ydalgo desterrado
la libertad por la ofrenda.
Y que deste don pequeño
solamente tome en qüenta
ques conprado de los moros
a trueque de sangre buena.
Que con mi espada en la mano
le he ganado yo más tierras
que le dexó el rey Fernando,
su padre, que en gloria sea.
Que reçiba este tributo,
mas que no tome a soberbia
que con parias de otros reyes
pague yo a mi rey mis deudas.
Que si él como señor,
me pudo quitar mi açienda,
206 bien puedo yo como pobre,
pagalle de açienda agena.
Que espere en Dios y en mi braço,
que he de haçelle rico, mientras
la mano apriete a Tiçona
y el talón yera a Babieca.
En tanto mis enbidiosos
descansen mientras les sean
muralla firme mi pecho
de sus vidas y sus tierras.

Entreténganse en palaçio,
mas guárdense, no me vendan,
que del tropel de los moros
soltaré vna vez la presa.
Ya llegará su abenida,
a ber si entre las almenas
sus honrras propias defienden
como ma[n]chan las agenas.
Y a ber si sirben su rey
en la paz como en la guerra,
lisongeros mentirosos,
con la espada o con la lengua.
Y verá el buen rey entonçes,
si son de Burgos las fuerças,
las murallas de ladrillo
v las entrañas de çera.
Y si les diere en los ojos,
como les di en la orejas,
verá quel Cid no es más malo
de quanto sus obras buenas.
Que le ruego que en San Pedro
se cuelguen estas vanderas
a los ojos gloriosos
del príncipe de la yglesia,
en señal que con su ayuda
apenas iniestan quedan
en toda España otras tantas,
y maña[na] boy por ellas.
Que le suplico me ynbíe
mis hijas y mi Gimena,
del alma sola alegría,
regaladas dulçes prendas.
Que si no mi soledad
la suya al menos le duela,
porque de mi vista goçen

al cabo de tanta ausençia.
Mirad al varón, oyréys
que cada raçón de aquestas
dirán delante del rey
mi verdad y mi linpieza.
Deçildos con libertad,
que bien sé que abrá en la rue
206v   quién mis pensamientos manche,
y avn vuestras palabras mesmas.
Procurad que avnque les pase
los que de mí bien les pesa,
no saquen más de la ynbidia,
de vos, ni de mí, ni dellas.
Y si en mi Valençia amada
no me hallareys a la buelta,
peleando me allaréys
con los moros de Consuegra".

212

OTRO

Rey que a malsines escucha,
que juzgue derecho dudo,
que forçoso es faga tuertos
quien en oýr no es sesudo.
A los prestes de Santiago
oýdos dio el rey Bermudo,
magüer abíen enemiga
con su arçobispo Ataulfo.
Quatro dellos le profaçan
en pluridad por perjuro,
y le denuestran que quiebra
lo que a Dios y a él es tenudo.

Diçen que escarnir pretende
su crehençia y sacro culto,
y dar, buelto moro, a moros,
a Galiçia, reyno suyo.
Tan afincado lo diçen,
que creyéndolos Bermudo,
vn gran omecido toma
al varón santo y seguro.
Fíçole encartar a Obiedo,
y él vino como al rey plugo,
ca non reçela presençia
de justo rey pecho justo.
Juebes era de la Çena
quando llegando Ataulfo,
después de aber celebrado
ante el Sagrado Sepulcro,
se fue al palaçio del rey
que con ser disanto tubo
vn toro feroz que fiço
lidiar a canes y al vulgo.
A este le mandó hechar
quando estaba más sañudo,
ques el poder probocado
fuego que no se va en fumo.
Mas la fiera, más famosa
que el que cometió el ynsulto,
se vino al más humilde,
quel manso buey viene al yugo.
Hechólo su bendiçión
y luego las manos puso
sobre sus cuernos, quen ellas
se le quedaron al punto.
207   El rey viendo este milagro,
arrepentido y confuso,
baxó adonde el perlado estaba

con sus homes de consuno.
Y fincando sus ynojos
diçe al asuelto Ataulfo:
"De façer desaguisado
por mal fadado me culpo.
Perdón te pido, home bueno,
que si yo fuera sesudo,
ver debiera ser alebe
al retraher de los tuyos.
Mas pues Dios á descubierto
su trayçión y el çelo tuyo,
para queste yerro enmiende,
pláceme quedar con vsco".
El buen pastor oyendo esto,
le responde: "Rey Bermudo,
mi injuria yo te la suelto,
mas con Dios no te la escuso.
Ca punir homes de Yglesia,
por ley y sacro estatuto,
sólo es dado al Padre santo
y al que en su lugar él puso.
El punir suyo es derecho,
el retraher tuyo, ynsulto,
ca tuller juzgado ageno,
tiranía es, y no es furto.
Si ay mançilla, a ti se tenga,
que si yo vna fiera lucho,
a ti te lidian y vençen
mil fieras con piel de justos.
Descubrid su faz, señor,
farás tu pro, y de los tuyos,
que causan malos consejos,
sienpre daño, y daño mucho.
Asaz enmienda me as hecho,
toda la demás repudio,

ca el yerro ques conoçido
sienpre al alma es fierro agudo.
Y no te espantes tanpoco
si el morar aquí reuyo,
que ignorante es el que espera
tras vn peligro el segundo.
Fuyr quiero a los desiertos,
que para viuir seguro,
mejor es paz en los yermos,
quel honor entre los muros.
Pues me á fecho sabidor
que contra el natural vso
a las fieras dan raçón,
y a los homes façen brutos".

213

OTRO

207v Haçiendo está sacrifiçio
de vnos yngratos papeles,
tan enojosos agora
quanto en otro tienpo alegres.
Que no quiere que avn memorias
de vn honbre yngrato le queden,
que quien de nuebo se acuerda,
de nuebo penas padeçe.
Filis a solas lo haçe,
teniendo penas presentes,
que jamás vn pecho noble
injurias çiertas consiente,
y a a quien el alma dio,
en el alma lo aborreçe,
que quien se ausenta sin causa,

aqueste pago mereçe.
Los papeles buelbe y mira
quel fuego en el humo buelbe,
entre los quales algunos
el fuego no los consiente.
Y mirando que vno sube
por la llama, le detiene,
que quiere ver qués la causa
de donde aquello proçede.
Y vio quel nonbre de Aldanio,
tan elado como niebe,
es la causa no quemarse
ni en el fuego desaçerse.
Filis le diçe: "Enemigo,
en esto verás quién eres,
que por ser tu nonbre falso
avn el fuego no le quiere.
Pues sin raçón te ausentaste
dilo, enemigo, no esperes
otra respuesta de mí,
sino sólo aborreçerte;
que quien sin raçón se aparta
sin duda que poco quiere,
quen amor y voluntad
no caben ynconuenientes.
Estas brasas son testigos
que me ofreciste mill veçes,
que ausentarte de mí
sólo bastaría la muerte.
Mas tus palabras fingidas
humos son y viento lebe,
que promesas de traydores
en trayciones se conbierten".
Con esto, Filis, acaba,
ques propio de las mugeres,

quando aborreçen de veras,
vengarse de qualquier suerte.

208

214

OTRO

Miraba el moreno vn día
los verdes canpos de Olid,
ricos de plantas y flores
con las merçedes de abril.
Por ver si aquel brebe tienpo
pudiese apartar de sí,
vn enemigo inposible,
de olbidar y de sufrir.
Mas como en casos de çelos
ni valga fuerça ni ardid,
bolbiendo a su tema el triste
ansí llora, y diçe ansí:

"Si me falta mi morena
en fuerte punto nací
pues me ha de faltar sin ella
ventura para morir.

Agora que estamos solos
oýdme, canpos, oýd,
que he de fiar de vosotros
lo que apenas fío de mi.
En vuestras riberas mora
vna serena gentil,
basilisco de Pisuerga,
sino es de Guadalquebir.

En cuya veldad, de suerte,
está el viuir y morir,

que ayer me goçé con ella
y oy lloro porque la vi.
Si me falta mi morena,
en fuerte punto naçí,
pues me ha de faltar, con ella,
ventura para morir.

Bien conozco que su ojos
entre el rosado matiz
son áspides desfrazados
entre rosas y alelís.
Bien vi queran sus palabras
ansí en todos, como en mí,
dulçe canto de sirena
que mata con adormir.

¿Mas qué montes de reçelo
en vn pecho varonil
no allana y pone por tierra
la gloria de vn alto fin?
Si me falta mi morena,
en fuerte punto naçí,
pues me ha de faltar, sin ella,
ventura para morir.

Dile vn alma y fuera poco,
si por vna diera mill,
que antes es miseria el dar
quando el dar es recebir.
208v   Mostróseme agradeçida
todo el tienpo que viví,
y dejando ya el ser fiera
tan sólo fue serafín.

Mas la ynbidia que açechaba
aora bien quédese aquí,
que tanbién sabréys ablar,
pues tanbién sabréys sufrir.

Si me falta mi morena,
en fuerte punto naçí,
pues me ha de faltar sin ella,
ventura para morir".

215

TESTAMENTO DE
ÇELESTINA

Çelestina cuya fama
durará vida sin qüento,
sana de su entendimiento,
y el cuerpo enfermo en la cama,
ordena su testamento.
No quiso llamar amigos
la que se goçó con tantos,
sino al escribano Santos
que delante tres testigos
fue diçiendo: "Sepan quantos,
los que vieren esta carta,
de mi voluntad postrera,
por si Dios quiere que muera,
mando que, después que parta,
mi cuerpo se dé a la tierra.
En la vida le di en cueros,
lleno el rostro de albayalde,
y a todos dixe tomalde,
a los moros por dineros
y a los christianos de balde.
Mi sepulcro se ha de haçer
que se nonbre por estima:
"Aquí yaçe, diga ençima,
Çelestina de Duarte,

corredora de obra prima".
Yten, mando que Areusa
sea legítima heredera
del offiçio de terçera
sin que se le admita escusa,
que exerçita el de primera.
Yten, quiero que la den
el vestido que quisiere
o el mejor que yo tubiere,
so cargo que á de haçer bien
al pobre que pretendiere.
Yten, mando se haga pago
de dos virgos que vendí
a vno en Valladolid,
hechos con sangre de drago,
de los más lindos que vi.
Yten, porque es de ynportançia,
mando que se haga agora,
209   a la puerta de Zamora,
para damas de ganançia,
otra casa pecadora,
donde mando que haya tasa,
porque con regla se viua,
y que ninguna reciba,
de las damas de mi casa,
de quatro quartos arriba.
Yten, será capitana
desta gente, y su miliçia,
y patrona de justiçia
la parienta más çercana,
despés que muriere Heliçia".
Al tienpo que aquí llegó
salió Heliçia su sobrina,
y llorando a Çelestina
de aquella suerte la abló.

"¿Cómo me dejáys, señora,
viuda, güerfana, moza y sola?
Mal se lograrán mis días,
pues sin vos yo no los quiero,
la muerte que venga espero
entre tantas ansias mías;
los contento[s] y alegrías
todos me dejan agora
viuda, güérfana, moça y sola".
Congo[jó]sa Çelestina
de ver a Heliçia llorando,
y sacando con flaqueça
la voz dixo al escribano:
"Digo que las mandas hechas
se cunplan, por mi descargo,
y de los muebles que tengo
a Heliçia heredera hago,
que son estos que se siguen,
póngalos por ynuentario:
vna silla de caderas,
vna alonbrilla, y vn banco,
y aquel basar de madera
con coplas, ollas y platos,
y la cubeta del vino,
tres votos y quatro jarros,
y el arca de mis tesoros,
ques aquel cofre ençer[r]ado
donde están los aparejos
para bien y para daño:
barbas de cabrón bermejo,
la soga de vn aorcado,
los ojos de vn gato negro
y vn coraçón de benado,
y el güeso que tiene dentro,
que sirbe al enamorado;

çinco granos del helecho,
209v cogidos con propia mano,
pares de muger morena,
vna culebra y vn sapo,
y vn pedaço de la tela
que sacó el niño en el parto;
las orejas de vna mula,
vñas de vn desesperado,
vn galápago marino,
barbas de vn descomulgado,
tuétanos de ygera loca,
vn bote de seso de asno,
la lupia de vn potro nuebo,
pelos de perro rabiando,
pergamino blanco viergen,
polbos de sangre de drago,
cinco agujas del ofiçio
y, con ellas, vn candado
para celosos ausentes,
como perro de ortelano.
Laurel, ciprés y çumaque
con vino tinto mezclado,
que a damas de voca grande
sirben de estrechar el paso.
Cabeças de abes noturnas,
muertas en ebrero y marzo,
de dos muerçiégalos sangre,
vnto de onbre aquarteado;
vn pedaço de mortaja
de muger muerta de parto,
cantaridas en conserba
y vn mandrágula macho.
Mill yerbas, y aguas y piedras,
perfumes y letuarios,
la del pito y la verbena

salbia, ruda espligo y apio.
La puntera y valeriana,
que llaman la del gitano,
vna manada de verros
sin agua ni sol criados,
rayçes de penpinela,
yerba del sol y tabaco,
piedra ymán, la blanca y negra,
para diferentes casos,
y la piedra de ynbencibles
que se diçe la del gallo,
la del águila y corbinas,
con vn jaçinto ochabado,
para los que con ventaja
beben el çelebro flaco.
Las piedras de golondrinas,
para los enemistados,
agua turbia y llobediça
y verde de lagunajo".
No pudo más aclarar,
porque quando aquí llegó
con el agua se le eló
la lengua en el paladar.
Fue la Santos preguntando:
"Señora, ¿qué más mandáys?"
Respondióle: "Que escrabáys
que muero de sed rabiando.
Y pues me quiero partir,
210 antes de entrar en camino,
denme dos tragos de vino
que lo quiero vendeçir".
Trajéronle vn vernegal,
por no perder la costunbre,
y coló más de vna açunbre
de vino de Madrigal.

Tomó el jarro el escrebano
y tan buen golpe le dio,
que antes de acabar cayó
él y el jarro de la mano.
Dio la postrer voqueada
Çelestina, y espiró,
y su gente la lloró
diçiendo: "La malograda,
pues a la malograda
la come la tierra,
enterralda, la voca de fuera".

216

COPLAS DEL YNPOTENTE
[¿DE CARRANZA?]

¿Quién os engañó, señor,
en haçer tal desafío
donde el premio es el honor?
Sin fuerças, talle ni brío
para batallas de amor,
confiastes de animoso,
y fuéraos más probechoso
viuir menos confiado,
que no venir desarmado
a canpo tan peligroso.
¿Qué pensábades haçer
que todo no [o]s afrentase
no pudiendo acaudalar
armadura que os armase
ni lança para encontrar?
Y pues tal os hizo Dios,
de conçierto entre los dos*

fuera bueno abelle dado
al enemigo vn soldado
que conbatiera por vos.
Natura os quitó el arnés,
quedastes sin armadura,
y vos quesistes depués
pelear contra natura,
siendo el disparate ques.
¡Qué cosa tan torpe y fea
para quien honrra desea!,
¿no véys que no vale vn ygo
el desarmado enemigo
para entrar en la pelea?

210v Considero de la suerte
que estábades en aquel
trançe peligroso y fuerte,
más amargo que la yel.
con mill sudores de muerte
entrando y saliendo en bano
con esa derecha mano
por esforcaros y, al fin,
vuestro cansado roçín
tendido en el verde llano.
Mostrábades al robusto
el blanco pecho delante,
el pie calçadillo y justo,
la pierna lisa, bastante
para probocalle al gusto.
Mostrábades a profía
la ca[u]sa del alegría
ques [el] secreto minero:
¡Todo lo miraba Nero
y él de nada se dolía!
¿Qué vsábades con ella
de regalo y de retoço?

¡Qué de soballa y molella,
con qüentos de quando mozo,
para sólo entretenella!
En fin, quanto en vos se alla,
¿pudo en algo contentalla
y dalle algún gusto humano,
ojos, voca, lengua y manos
sino don Sancho que calla?
Por lo que al fin suçedió
de la mísera jornada,
la muger os engañó
y quedó desengañada
de lo que de vos pensó.
Pintábaos fuerte varón
allá en su ymaginaçión,
pero ya la triste entiende
que fue tesoro de duende
que se conbirtió en carbón.
Pues de la dama leal,
¿quién duda que no hiçiese
algún acto cordial
para ver si le pudiese
recordar de vn sueño tal?
Y al estruendo y vocear,
y al gemir y sospirar
y a las ansias y al tocaros,
durmiendo está conde Claros
la siesta por reposar.

211 ¡Ojalá fuera dormir!;
todo se conpadeçiera,
tienpo pudiera venir
en quel galán no durmiera
para poder conbatir.
Pero más mal ay que suena,
que entre Torres y Gimena,

elado de parte a parte,
muerto yaze Durandarte,
¡ved qué lástima y qué pena!
De muerte ques de lloralla,
que a morir como gerrero
peleando en la vatalla
no fuera dolor tan fiero
para la que sufre y calla.
Buestra dama está llorando
no su muerte sino el quándo,
que quisiera la señora
que fuera dentro en Zamora
por su patria peleando.
Hicistes vna salida
para aber probecho y fama,
y a poco tierra corrida
cautibastes vna dama
que se os hechó de corrida.
Y da mill graçias a Dios,
que no podrán otros dos,
avnque os armasen zelada,
quitaros la cabalgada,
porque no lo fue de vos.
Aquí se concluye al fin
ques honrrado en gran manera
y no ruyn, ni Dios tal quiera
porque si fuera ruyn
rogándole se estendiera.
Porque no os á sido fiel
avnque se os haga de mal,
haçelde çierta señal
no os engañen más con él
los que no [o]s tienen por tal
Las orejas, digo yo,
le cortad, si os pareçiere,

como a posta que cayó,
que sepa que desmayó
quien a corrella viniere.
Entre los siete durmientes
podéys contalle y ponelle,
quel recordará sin velle
quando ni Dios ni las gentes
no tengan qué agradeçelle.

211v Y de la neçesidad
mostrará feroçidad
[sin para qué] —¡Ved qué rabia!—**
como Santelmo en la gabia,
pasada la tenpestad.
El árbol que tanto cuesta
al fin al fin se á secado:
cortarle cosa es honesta,
que vn tronco seco, plantado,
sin flor ni fruta, ¿qué presta?
Para alcándara es mejor
de tórtola o ruyseñor
quando su marido pierde,
que ni posa en ramo verde
ni en ramo que llebe flor.
No entiendo vuestra costunbre,
si por la bondad de Dios
los mansos tienen la cunbre,
¿cómo estáys tan bajo vos
siendo toda mansedunbre?
A Sansón fuystes apuesto:
él velicoso, vos manso;
él en mill trabajos puesto,
vos en perpetuo descanso
pero no mejor por esto.
Anbos descubierto avéys
a damas lo que valéys:

él, el lugar que sabía
donde la fuerza tenía,
y vos do no la tenéys.
La candela que no ardía
en la mano la tomaba,
y en su lunbre trabajaba,
de encendella no podía
porque el pabilo faltaba
Contenple todo christiano
quál estábades, hermano,
con los pies açia el oriente,
y la miseria, ynpaçiente
con la candela en la mano.
¡Qué roçín tan de mal talle!,
¡qué arón tan flaco y feo,
que no basta espolealle
con ocasión y deseo
para poder lebantalle!
Pues, señor, de mi consejo,
a roçín tan torpe y viejo,
y que se cay sin cargalle,
mejor es desjarretalle
y serbiros del pellejo.

212 Gran lástima fuera ver
a Tántalo padeçiendo,
con gran anbre y sed tener,
remediar no lo pudiendo
teniendo agua y de comer.

———

*"entran" en ms.
**Omitido; lo tomamos de MP 531, 13r.

217

ROMANÇE

Media noche era por filo,
la luna daba en la calle,
quando doña Berenguela
salió de cas de su padre.
Como andubiese salida
por don Olfos y el ynfante,
saltó por vn agugero
en vez de quél la tomase.
A tapias de vn palomar
se fueron los dos amantes,
que entonçes las alcagüetas
no eran venidas de Flandes.
Como las llamas de Amor
al moço asturen la carne,
por haçer el sacrifiçio
ya desenvayna el alfange.
Ella, que vio la visión,
le diçe con gran coraje:,
"*Tate, tate el caballero,*
no curedes façer tale;
que aunque [é] salido esta noche
qual gata por los desvanes,
no quiero en el duro suelo
perder mi virginidade.
Alborotado venís,
a fe que no soys leale,
pues me armades zancadilla
para hechar cosas aparte.
Resistençia he de façer,
pero quando no me vaste,
rendir quiero mi castillo
puer fuerça mas que por anbre.

No quiero que me digáys
que a los primeros conbates
los renpujos de don Olfos
ronpieron mis albañares.
Tengades las manos quedas.
No me arrugéys los briales.
Non soy para mançebías
doncella y de poca hedade.
212v   Mirad que soy rapagona,
de treynta y seys nabidades,
y que si trato con homes
ronporé por los yjares.
Ayer vestí mi camisa,
y si me la ven con sangre,
dirán las dueñas qué tengo,
que me picó el alacrane.
Non me ronpáys la albanega
ni me descubráys la façe,
que en verme a solas con vos
me están tremiendo las carnes.
Poned las mientes en Dios,
mirad lo que diçe el frayle,
que al que façe porquerías
le llebaba Barrabase.
Cuydad, señor, noramala,
si tal tuerto se me façe,
que la tierra do fincamos
jamás non llebará pane.
Primero, a mis años verdes,
acabe vna mala landre
que aqueso fagáys conmigo,
antes de matrimoniare".
"Calledes —dijo don Olfos—,
non vos queráys enojare,
que avnque fago estos forcejos
non quiero ser varragane,

si non marido alagüeño,
que quando llame la carne,
pueda sin pecado alguno,
façer mis necesidades.
Y juro por las palabras
que en el santo Credo yazen,
de me casar, Dios queriendo,
con vos, y con vuestro padre.
Y quando, señora mía,
aquesta palabra falte,
me falte la Virgen pura
y la Santa Trinidade.
Y por tanto vos suplico,
pues estamos de vagare,
me dexéys façer vn hijo
que nos pueda dar solaçe".
"Como séalo de Dios,
repondo que lo fagades,
que yo fincaré quedita
todo quanto vos mandárades".

218

LETRA

A Bartola dixo Bras
que por cierta niñería
alma y vida la daría,
y tresçientas cosas más.

213   Prometióla el arrebol
del rostro de la Fortuna,
los dos cuernos de la luna
y los cabellos del sol,

vn caracol,
descalera
la mollera
del cura de Talabera,
con dos sillas, de costillas,
la leche de las Cabrillas
y el ayre del contrapás,
y tresçientas cosas más.

Prometióla la montura
con que Adonis yba a caza,
de Ganimedes la taça
y de Saturno la esphera,
vn cura,
de Golías
con sus chías,
vn costal de alcamonías,
vn escarpín de Caýn,
la toma de San Quintín,
y las botas de Cayfás,
y tresçientas cosas más.

Vna desgraçia de vn martes
y vna ventura de vn biernes,
la cabeça de Olofernes
con vn bachiller en artes,
las dos partes
de Amadís,
en ánbar gris,
y en orégano y anís,
los yntestinos de Calaýnos,
y el caballo de Longinos
relinchando por detrás,
y tresçientas cosas más.

Vna marta en que se aforre
de los pellejos de Vrsón,

la petrina de Sansón,
y el juyçio de Vinorré,
con la torre
de los dones,
dos frisones,
vn pastel de camarones,
vn maçapán del preste Juan,
vn vigote de Roldán,
y el guante de Fierabrás,
y tresçientas cosas más.

213v Vn ollejo de arador
y de vn mosquito los sesos,
y con dos quebrantagüesos
el arco y flecha de amor,
vn ruyseñor,
dos ydalgas
con dos galgas,
de la Pandorga las nalgas,
en cecina a Çelestina,
hechando vna meleçina
al cura de Santorcaz,
y tresçientas cosas más.

Con el ajófar del alba
prometió el oro de Apolo,
las plumas del Fenis solo,
y de la ocasión la calba,
vna salba
de vn nabío,
con vn río,
las nariçes de vn judío,
la quartana de vna rana,
y los viejos de Susana,
jugando al tres, dos y as,
y tresçientas cosas más.

Vna alcorça de vn guijarro
y de vn tiro la respuesta,
y seys nueçes de vallesta
con vnas ruedas y vn carro,
vn çamarro,
vna alcuça,
al moro Muça,
los dientes de vna lechuza,
el jamón de Matracón,
el puerco de Sant Antón,
y la oración de San Blas,
y tresçientas cosas más.

Vnas botillas açules,
replandor y solimán,
vna gorra de Milán,
del conde don Perançules,
dos baúles,
vn pimiento,
de conuento,
la mula del Naçimiento,
de retorno, para Osorno,
el *Deo graçias* por el torno,
con él por sienpre jamás,
y tresçientas cosas más.

219

214   ROMANÇE

Sacóme de la prisión
el rey Almancor vn día,
sentárame a la su mesa,
fíçome gran cortesía,
y después de aber yantado

diome la sobrecomida:
"Sábete, Gonçalo Bustos,
que entre tu gente y la mía,
en canpos de Arabiana
murió gran caballería.
Vn presente me an traýdo,
enseñártelo querría,
son estas ocho cabeças,
por ver si las conocías".
Presentólas a mis ojos
descubriendo vna cortina,
conoçí mis siete fijos
y el ayo que los traýa.
Trespaséme de dolor,
pero viendo que atendía
ver mi pecho entre los moros,
me esforçaba, y no podía.
Diome luego libertad,
juré a Arlaja, en mi partida,
de que muriría rabiando
o de llorar çegaría.
Lo primero no cunplí,
por ser corta la mi dicha,
muerto soy, de llorar çiego,*
cunplí la palabra mía.
Non por Rodrigo el traydor
se acabaron mis fatigas,
ni porque mis fijos cuente
y los planga cada día,
sus homes, a mis bentanas,
las siete piedras me tiran,
y dando amenaças tantas,
santos, façedme justiçia.

_____

*"buelto" en ms.

220

[ROMANCE]

214v ¿Quién le mete, por su vida,
diga, señor hijo de algo,
si don Gaiferos se duerme,
a dalle consejos sanos?
Si en París juega las tablas,
yo en Sansueña estoy llorando,
porque él oluida como hombre,
mas yo, como noble, aguardo.
Quando él da el olvido al tiempo
y doy yo el tiempo a mis años,
vos consejos, sin pedirlos,
harto os é dicho, miraldo.
Mi nobleça me asegura
porque saue, aunques ingrato,
que nunca vn pressente gusto
pudo vencer pecho honrrado.
No por ser hija me honrro,
ni por ser mujer me agrabio,
que antes nacieron en Roma
Lucrecias que en Francia Carlos.
Moras galanes me siruen,
mas no es justo recelallos,
que aunque es mi paciencia mora
el gusto tengo christiano.
¿Cómo goçaré a mi cielo,
pues somos en llid contrarios,
que moros siruen sin fe,
y con la fe al cielo vamos?
Poco sauéis de nobleça,
pues ella no os á enseñado
que lo que el amor deshonrra

nunca vn noble á de pensarlo.
Mas soys los hombres espejo,
hecho de muchos pedaços,
que todos tienen figura
y todos son vn retrato.
Sois falsos y peligrosos,
como alquimia, y como barcos,
que el trato dice quién sois
y el ayre os tray de su mano.
Quando enpençáis a querer
sois dulçes y confitados,
y al medio del gusto azedos,
y después al fin, amargos.
Parece que sois preciosos
quando en la mina os allamos,
las peruleras de amor
en estas Indias de engaño.
Y sois perlas de zereza,
corales de gallipanos,
y esmeraldas de palomo,
y oro de cuello de gallo,
y diamantes de la mina,
preciossos, y no estimados,
y la plata de la luna
ques plata hecha de quartos.
215   No quiero deciros más,
que basta[n], por desagrauio,
las bendiciones que lleuo
de quien sabe lo que hablo.

221

OTRO

"En nombre de Dios, yo, el Cid,
temido por este nombre,
tan tenido y acatado
en las moriscas naciones,
Rodrigo Laín de pila,
que ya todos me conocen,
finco doliente en Valencia
de fiebres continuas dobles.
Temiéndome de la muerte,
que es natural a los hombres,
fago así mi testamento,
mi voluntad a la postre.
Primeramente fagades
que de los simples y votes
que me endonó el rey de Persia
vnten, conpongan y adornen,
a mí, Pescador glorioso,
pues que en puridad fablóme,
anunçiando la mi muerte
que por mí firme y otorgue;
y quando el rey Búcar quiere
salir con sus valedores
a daruos cruda batalla
contra mi insignia y pendone,
armado sobre Babieca,
con mi coracina doble
me pongáis, y venceredes
al que en la vida temióme.
Y mando a mis adalides,
pues no abrá quien se lo estorue,
que con mi cuerpo i despojos

para Castilla se retorne.
Y el despojo de cautibos
se reparta entre mis homes;
pues que todos lo ganamos,
la partija es bien que logren.
Mando en Cardeña mentierren,
armado con el mi estoque,
porque mis válidas armas
ningún home no las goce.
Y mando que el mi Babieca
no se componga ni ado[r]ne,
tenga de valde, y sin tasa,
la ración de día y noche.
Y mando que junto a mí
que lo sutierrem y afonden,
no coman canes cauallo
que carnes de canes rompe.
215v   Iten, mando no alquilen
plañideras que me lloren,
basta la de mi Gimena,
sin que otras lágrimas compren.
Y mando a mi buena Gimena,
buena, pues tan bien siruióme,
las mis joyas y el mi aber
con que viua y renta compre.
Mando me aconpañen ende
con encendidos blandones,
los infançones a honrrarme
se junten días catorce.
Fáganme los treintanarios
con missas de amado Roque,
quarenta marauedís
de renta tengan y cobren.
Mando a mi amigo Gil Díez,
pues de moro a Dios bolbióse,

las mis calças de contrai
y el ropón de chamelote.
Y mando que den al moro
que engañé estando tan pobre,
lo que pesare de arena,
de plata fina otro cofre.
Mando en Palencia se faga,
adonde los pobres moren,
vn corral con doce casas
que el Corral del Cid se nonbre.
Y mando al juglar de rey,
pues gusté de sus cançiones,
veinte y dos marauedís
con que se vista y adorne.
Y lo demás de mi auer
se reparta entre los pobres,
que son, entre el alma y Dios,
padrinos y valedores".
Cerró los ojos el Cid,
amparo de todo el orbe,
y de los de su Jimena
amargas lágrimas corren.
Con esto partió del mundo,
llamando a muy altas boces
a San Láçaro y Pelayo,
y a Dios, que su alma perdone.

222

ROMANCE

Vn biejo de ochenta y cinco
y vna mochacha de quince,

casados, para materia
del bulgo que dellos ríe,
216   están muy mal encontrados
sobre vnos bienes raíces;
tiene tuerto el triste biejo,
la moça derecho pide,
él hace sus diligencias
y sus recados issiue,
pone el negocio en sus manos,
que ella lo pase, y lo mire.
Ella, que paces desea,
qualquiera bue[n] medio admite,
quiere tocar con sus manos,
si el del biejo es conbenible.
Rebuelbe el processo antiguo,
desde el principio a los fines,
tan aru[r]gado y desecho
que letra no se distingue,
y la que acaso se le[e]
es menuda y mal lexible,
de la antiguedad gastada,
llena de cifras y tildes.
No le aprouechan antojos,
ni tener bista de lince,
que no be palmo de tierra
por más que se despauile.
Mira los sellos pendientes
que en el priuilegio siruen,
quebrados y sospechosos
de falsedad verisímel.
Y biéndose en confusión,
sin saber quien lo abirigüe,
ace llamar vn pasante
que enfrente su casa vibe,
que aunque pocos años tiene,

es en la plática insigne,
y en el lugar, por su fama,
él sólo aboga en el crimen.
No encarece su trabajo,
ni es letrado de melindre,
tiene en mil casas salario,
por lo que en derecho escribe.
A éste descubre el pecho
y cuenta el caso la triste,
y de rodillas le ruega
lo saque en limpio y liquide,
que a lo quél diere firmado
ella se humilla y se rinde,
aunque biese que la enclaua
y diese al biejo por libre.
Y porque más brebemente
216v   su derecho se adjudique,
le muestra su escritura
llana, baledera y firme.
Tiénela puesta en su funda,
porque el tiempo no le quite
lo uiuo de sus colores
y se las disilumine.
Descubre la primer oja
con que todo se autorice,
con escudo de sus armas
fixado *in capite libri*;
y tan dulces [son] las sombras
que adornan y no desdiçen,
con las borlas arjentadas
sobre turquines matices.
La letra es gótica y tiene
sus reliebes y perfiles,
que el spíritu leuantan
para que leer las codicien.

Biendo, pues, él su justicia
tan probable y tan bisible,
y a la moçuela con ella,
tan por el suelo y humilde,
la adjudica su derecho
luego, a pesar de ruines,
que no abrá jamás ninguno
que su justicia le quite.

223

SONETO QUE IZO UN SOLDADO SEVILLANO AL TÚMULO QUE SE IÇO EN SEBILLA. [MIGUEL DE CERVANTES]

¡Voto a Dios que me espanta esta
                              [grandeza
y que diera un doblón por escriuilla,
porque a quién no suspende y marabilla
esta máquina insigne, esta belleça!
    Por Jesucristo vibo, cada pieza
vale más de un millón y ques mancilla
¿questo no dure un siglo, o gran Sebilla?
Roma triunfante en ánimo y grandeza
    apostaré quel ánima del muerto
por goçar deste siglo avrá dexado
el çielo donde asiste eternamente.
    Oiólo un balentón y dixo: Es cierto.
quanto dico vuarcé, mi seor soldado,
y quien dixere lo contrario miente.
    Y echando un paso atrás a lo baliente
caló el chapeo y rrequirió la espada
miró al soslaio y fuese, i no vbo nada.

217

224

ROMANCE

Volved, pensamiento mío,
por el aire a vuestro çielo,
como fuego a su rregión
o como piedra a su centro.
Volved, no tengáis vergüença,
pues que no tubistes miedo
de salir de tanta gloria
por uenir a tanto infierno.
Vien podéis volber atrás,
pues no sois rrío ni tienpo,
¡quien fuera vos, y volviera
sin tanto encarezimiento!
Volved mui enoravuena,
¡o dichoso pensamiento
como dino secretario
del archivo de mi pecho.
Y diréis [a] aquella imagen,
a quien desde acá me ofrezco,
quen memoria de la suia
vibir i morir pretendo;
y que a instancia de la ausencia
coio nonbre rreverencio,
para devoçiones mías
pienso edificar un tenplo,
donde todos los ausentes,
que mueren del mal que muero,
tomen exenplo en mi alma,
pues puede serbir de exenplo;
y donde los desterrados
goçen solaz i consuelo,
viendo mis penas maiores,

pues lo más priua lo menos;
217v y donde, quien me destierra
de tu bista, i mi consuelo,
en mis firmezas conozca
que soi amante perfecto.
¿Qué me sirben i aprobechan
mis ausencias y destierros
de crisol y piedratoque
que rrefinan mis deseos?
¿Qué son fuegos inmortales,
féniçes de mis intentos,
donde de nuebo me abraso
i buelvo a nacer de nuebo?
¿Qué son martirios dichosos,
i de dichosos suçesos,
los de un alma enamorada
con el gusto de su dueño?
En esto, amigo, podéis
alargaros y estenderos,
como quien de todo á sido
testigo tan ber[da]dero.
Y con qualquiera rrespuesta,
volved a buscarme luego,
que si espera un desdichado,
aquí en Tormes os espero.

225

CANCIÓN

En esta fresca arena
cuias entrañas Tormes umedeze,
no menos que mi pena,
que más quel rrío po[r] lo ojos creze,

temiendo tu mudança
entretengo tu ausençia y mi esperança.

¡O mi ausente diuina
quien por no te temer no te quisiera!,
mas quien a ti me inclina
quiere que, sin enbargo, por ti muera,
i yo consiento en ello
por ser laço tan digno de mi cuello.

Vesme aquí desterrado
por mi dulçe serena, por tu gusto,
i no mal enpleado,
si ya te sirbo en ello como es justo,
ves aquí mi paciençia
premiada del rrigor del mal de ausençia.

Y en esta pena larga,
purgatorio de culpas inocentes,
paso mi bida amarga
viendo del poblado, y descubriendo,
asta certificarme,
si quien me dester[r]ó, vuelve a buscarme.

226

ROMANCE

218 Despertad, hermosa Celia,
si por ventura dormís,
que bida que á muerto un honbre
no es justo que duerma ansí.
Si no tenéis la tristeza,
por misericordia, oíd,
el alma del mismo cuerpo

que biene a penar aquí.
Abrid esa celosía,
ya que las puertas no abrís,
si no queréis quentre dentro
como sonbra del que fui.
Para el bueno y para el malo
sale el sol a un mismo fin,
y aunque bos me aborrezcáis
salid tanbién para mí.
Yo me acuerdo de algún día,
sin descansar ni dormir,
os allaba al sol en ella
y bos en la calle a mí.
Si algún dichoso os detiene
decilde que yo lo fui,
y que para quando os pierda
os deje doler de mí,
quen buestros vraços estube
mas no ai que fiar en fin,
del sol claro por enero
ni flor de almendro en abril.
Qué dirán quando os conozcan
como yo quando os perdí
que tenéis de piedra el alma
y el rrostro de serafín.
Celia, pues no despertáis,
esfuerçe Dios el sufrir:
dormid, y lloren mis ojos
entre tanto que dormís.

227

OTRO ROMANCE

¡O dura i terrible ausencia,
prolixa, enfadosa y larga,
rrobadora de mis vienes
y de mis males la causa!
Por ti beben mis cuidados,
por ti muere mi esperanca,
por ti crezen mis deseos
i mengua la confiança.
Ausente está mi pastora,
pero aunque ausente, me amara.

228

218v ### ROMANCE [CANCIÓN]

Corazón, no desesperes
ni tengas tanta pasión,
que mugeres son mugeres
y dan mui mal galardón.

Ten en tus males prudencia,
aunque te falte esperança,
que lo que el oío no alcança
lo suele alcançar paçiençia.
No te afligas, corazón,
ni dexes de ser quien eres
que mugeres [son mugeres
y dan mui mal galardón].

Si te sientes agrabiado
no procures de vengarte,
antes procura apartarte

i uiuirás descansado.
Y pues tienes discrezión,
será vien que consideres,
que mugeres son mugeres
y dan mui mal galardón.

El ser desfaborezido
no lo tengas por deshonrra,
que muchos vuenos lo an sido
i biuen con mucha honrra.
Y pues tienes discrezión,
será uien que consideres,
que mugeres son mugeres
y dan mui mal galardón.

No des a entender quién eres,
el aberte despreciado,
mas antes que te ar[r]epientas
de todo tienpo pasado
y de aquesta condición,
alcançarás lo que quieres,
que mugeres son mugeres
y dan mui mal galardón.

Finis

229

CREDO

Estos hijos de Habraán
muchas vezes se acen mudos,
y aunque den mill estornudos
nunca dezirles verán
credo in Deun.

Ellos son de tal metal,
quando están en su conçilio,
que al ques rico llaman filio
y al que tiene maior caudal
patrem omnipotentem.

Y así, según lo que é bisto
tienen por Dios el dinero,
y al ques maior renobero
quieren más que a Jesuchristo.
y créensen *creatoren.*

Y tienen tales primores,
y acen tales ejerçiçios,
procuran tener oficios
donde puedan ser señores
celi ed terre.

219   Juntos ellos dicen suno
sin mirar inconbienentes,
todos se llaman parientes
y todos ellos son uno,
Jesun Xrum.

Ninguno dellos es pobre,
que ande a pedir por Dios,
ni beréis ninguno vos
que por el otro no hobre
como propio *filiun eius.*

Al maior arrendador,
que mejor sabe arrendar,
quieren ellos adorar
y llaman con grande honor
hunicun dominun nostrun.

Mejor quel christiano antiguo
pronuncian ellos el Credo,
pero ácenlo de miedo,

y tienen por enemigo
aquel qui *conceptus est.*

Si de Moisés les tratáis
y de las plagas de Ejipto,
guelgan ellos infinito,
mas no quieren les digáis
nada del *Espiritus Santo.*

Speraban al Mesías
que fue en la lei prometido,
que no cre[e]n que naçido,
ni nacerá en sus días,
ex Maria virgine.

Cosa es de gran dolor
que no cren que ai infierno,
con las leis del quaderno
tien al trote al labrador
pasus sub Ponçio Pilato.

Otra cosa no beréis:
sienpre uiben encontrados
en arrendar, sacar prendas,
y si algo les deuéis,
cruciffixsio mortus est.

Otros an muchos aberes
y con mui poca hacienda,
habren luego y ponen tienda,
y por conprar y uender,
descendid ad inferos.

Otros tienen por partida
entrar en rrentas, y alçarse,
y berlos éis ausentarse,
y el que pensáis ser perdido,
rresuredsit tertio die.

Con lo mucho que [a]n ganado
engañan [a] todo el mundo,
a[n] salido del profundo
y á[n]se tanto levantado
que *acendid ad celos.*

219v

Y viéndose tan pugante,
y cómo se á enrriquecido,
ácese desconoçido,
sienpre quiere estar delante
y *seded a desteran Patris.*

Estos no pueden creer
que habrá juiçio segundo,
no abrá fin en este mundo,
ni les aréis entender
inde venturus est.

Porque todo su adquirir
es en bienes de la tierra,
y aquella es toda su gerra,
que no cren que an de venir
cun gloria iudicare.

Otros por más se onrrar
su codiçia les inclina,
luego aprenden mediçina
para benir a rrobar
vibos et mortus.

Tanpoco estéis tan seguro
del que leió en el Torai,
que aquí este guay,
qué artículo tan duro
creo *in Spiritun Santun.*

Otros, por muchos dineros,
se nos açen sacerdotes

en quien caben tantos motes,
y destruien muí de beras
santan eclesian catolican.

Otros aquí se conducen,
como son arrendadores,
tranpistas i canbiadores,
aquestos son los que oien
carnes rresurecionen.

I todos son de una grei,
sátraspas y fariseos,
y tanbién los aduceros
y aquestos niegan su lei,
carnes rresurezionen.

Todos aprenden guarismos
y la qüenta castellana,
y tienen por cosa vana
alcançar con el batismo
rremisionen pecatorun.

Plega Dios le[s] aga tales
Jesucristo, por su lei,
que le conozcan por rrei
y les perdone sus males
220 y alcancen *vitan eternan.*

Finis. Laus Deo

─────

*Hemos alterado el orden de este verso y del si-
guiente.

230

HÉGLOGA 1 DE BIRGILIO.
[FRAY LUIS DE LEÓN]

Melibeo

Tú, Títiro, a la sonbra descansando
desta tendida aya, con la avena,
el berso pastoril vas acordando.
    Nosotros desterrados, tú sin pena,
cantas de tu pastora alegre, ocioso,
y tu pastora el valle al monte suena.

Títiro

Pastor, este descanso tan dichoso
Dios me lo concedió, que rreputado
será de mí por Dios aquel piadoso,
    y bañará con sangre su sagrado
altar mui muchas vezes el cordero
tierno de mis ganados degollado.
    Que por su beneficio soi baquero
y canto, como bes, pastorilmente
lo que me da contento y lo que quiero.

Mel.

No tenbidio tu bien, mas grandemente
me marabillo aberte sucedido
en tanta turuación tan felizmente.
    Todos de nuestro patrio y dulce nido
andamos alcanzados, besme agora
aquí quál boy enfermo y aflijido,
    y guío mis cabrillas, y ésta que ora
220v en medio aquellos árvoles parida,
¡ay!, con lo que el rrevaño se mejora,

dejó dos cabritillos, dolorida,
encima duna losa; fatigado,
de mí sobre los onbros es traída.

¡Ay triste!, queste mal y crudo ado
a nuestro entendimiento no estar ciego,
mil beces nos estava denunciando.

Los rrobles lo decían ya con fuego
tocados celestial, y lo decía
la siniestra corneja desde luego.

Mas tú, si no te ofende mi porfía,
declárame, pastor, abiertamente
quién es aqueste Dios de tu alegría.

Tít.

Pensava, Melibeo, neciamente,
pensava yo que aquella que es llamada
Rroma no era en nada diferente

de aquesta billa nuestra acostunbrada,
a donde las más beçes los pastores
llevamos ya la cría destetada.

Ansí con los perrillos los mayores,
ansí con las obegas los corderos,
y con las cosas grandes las menores

sabía conparar; más los primeros
lugares, con aquéllos conparados,
son como dos estremos berdaderos,

que son de Rroma ansí sobrepujados,
qual suelen del ciprés, alto y subido,
los vajos rromerales ser sobrados.

Me.

Pues dí, ¿qué fue la causa que mobido
a Rroma te llevó?

Tít.

Fue libertarme,

lo qual, avnque algo tarde, he consegido
que, al fin, la livertad quiso mirarme
después de luengo tienpo, ya senbrado
de canas la caveza pudo allarme.

Después que Galatea me á dejado
y soi de la [A]marilis prisionero,
y bibo a su querer todo entregado.

Que quanto duró aquel ynperio fiero
en mí de Galatea, yo confieso
que ni curé de mí ni del dinero.

Llevaba yo a la billa mucho queso,
vendía al sacri[fi]cio algún cordero,
mas no bolbía rrico ni por eso.

Me.

Esto fue aquel senblante lastimero
y quanto en Galatea mespantava,
esto porque decía: ¡ay, ado fiero!

Esto porque tristísima dejava
la fruta sin cojer en su cercado,
y, Títiro, su bien, avsente estava.

Tú, Títiro, te abías ausentado,
los pinos y las fuentes te lla[ma]van,
las yervas y las flores deste prado.

Tí.

¿Qué pude? Que mil males me
[cercavan,
y allí para salir de serbidunbre,
los cielos más dispuestos se mostravan.

Que allí vi, Melibeo, aquella cunbre,
aquel dibino mozo por quien vno
mi altar en cada mes enciende lunbre.

Allí primero dél que de otro alguno
oý: "Paced, vaqueros, livremente,
paced como solía cada vno".

Me.

Por manera que a ti perpetuamente
te queda tu eredad, ¡o bienadado!,
avnque pequeña, pero suficiente.

Bastante para ti, demasiado,
avnque de pedregal y de pantano
lo más de toda ella está ocupado.

No dañará el becino grei mal sano
con males pegadizos tu rrevaño,
dejando tu esperanza rrica en vano.

No causará dolencia el pasto estraño
en lo preñado dél, ni en lo parido
las no usadas yervas arán daño.

Dichoso poseedor, aquí tendido
del fresco gozarás junto a la fuente
a la marjen del rrío conocido.

Las abejas aquí continuamente
deste cercado artas de mil flores,
te adormirán sonando blandamente.

Devajo lalta peña sus amores.
El leñador aquí, cantando al biento,
esparcirá, i la tórtola dolores.

La tórtola en el olmo aciendo asiento
rrepitirá su quexa, y tus queridas
palomas sonarán con rronco acento.

Tí.

Primero los benados, las lucidas
estrellas morarán, y el mar primero
denegará a los peces sus manidas,

y beberá el germano y parto fiero
trocando sus lugares naturales
el Albi, aquéste, el Tigris, aquél ligero.

Primero, pues, que aquellas celestiales
figuras de aquel mozo, de mi pecho
borradas, desparezcan las señales.

222

222v

Me.

Nosotros, pero yremos con despecho
vnos a los sedientos africanos,
otros a los de Citia canpo estrecho,

y otros a los montes y a los llanos
de Creta, y del todo dibididos
de nuestra rredondez a los britanos.

Después de muchos días ya corridos
¡ay!, si abendrá que biendo mis majadas
y pobres chozas, los paternos nidos,

después de muchas mieses ya pasadas,
si biéndolas diré marabillado:
¡ay, tierras, ay dolor, mal enpleadas!

¿Tan buenas posesiones vn soldado
maldito, y tales mieses tendrá vn fiero?
¡Bed para quién vbimos travajado!

Mira a qué miserable y lastimero
estado a los qüitados civdadanos
condujo el ostinado pecho entero.

Be, pues, ¡o Meliveo!, y con tus manos
en orden pon las bidas, y curioso
engiere los perales y manzanos.

Andad, ganado mío, ya dichoso,
dichosas ya en vn tienpo, yd, cabras mías,
que ya no qual solía, alegre, ocioso,

ni [e]stando ya tendido en las sonbrías
cuevas, os veré lejos yr paciendo,
colgadas por las peñas altas, frías.

No cantaré. Ni yendo[o]s yo paciendo,
bosotras ni del cítiso florido
ni del amargo savz yréis comiendo.

Tí.

Podrías esta noche aquí tendido
en blanda y berde oja dar rreposo
al cuerpo flaco, al ánimo afligido.

Y cenaremos bien, questoi copiso
de maduras manzanas, de castañas
ingertas, y de queso mui sabroso.

Y ya las sonbras caen de las montañas
más largas, y conbidan al sosiego.
Y ya de las aldeas y cavañas
despide por los techos vmo el fuego.

231

223 ÉGLOGA 2. *FORMOSUN PASTOR.*
[FRAY LUIS DE LEÓN]

En fuego Coridón, pastor, ardía
por el ermoso Alexi, que dulçura
era de su señor, y conocía
que toda su esperanza era locura.
Solo, sienpre que el sol amanecía,
entrando de vnas ayas laspesura
con los montes a solas rrazonava,
y en mal forma de verso así cantava:

"No curas de mi mal ni das oýdo
a mis querellas, crudo, lastimeras,
ni de misericordia algún sentido,
Alexi, en tus entrañas vibe fieras.
Yo muero en biba llama consumido,
tú sienpre en desamarme perseveras,
no sientes mi dolor, ni yo te agrado,
por donde me será el morir forzado.

Busca el ganado agora lo sonbrío,
y por las canbroneras espinosas
metidos los lagartos buscan frío,
y Téstilis comidas probechosas

conpone a los que abrasa el seco estío
con ajos y con yerbas olorosas
conmigo por segirte solamente
rresuena la cigarra al sol ardiente.

Ay, triste, ¿no me vbiera mejor sido
223v las yras de Amarilis, los enojos,
y su desdén soberbio aber sufrido
y aber dado a Minalca mis despojos?
Bien que es Minalca un poco denegrido,
Bien que tú en color, blanco, ermoso
[en ojos,
mas no fue eso que preciada
sobre la blanca rrosa es la biolada.

Despréciasme arrogante, y no te curas
de mí, ni de saber quánto poseo
en queso y en ganado; las alturas
pazco con mil obejas del Liveo;
en el estío, en las eladas duras,
de fresca leche falto no me beo.
canto como el Anfión ya cantava
las veces que sus vacas convocava.

Pues menos soi tan feo, que avn agora
estando el mar en calma é contenplado
mi rrostro en la rrivera, y si no mora
pasión en ti, con Daine conparado,
no temeré tu boz despreciadora
ni temeré de ti ser condenado.
Ansí no condenases las cavañas
el apriscar, la caza, las montañas.

El persegir los ciervos temerosos
con ponzoñosas flechas, ¡ay!, te agrada.
Al pasto los cabritos deseosos
giar con berde açevo no tenfada.

224   Morar los yermos yermos y fragosos,
a ti, ni la cavaña desagrada,
que puesto entre las selvas y cantando
comigo yrás al dios Pan ymitando.

Él, Pan, fue el que primero sabiamente
en la flauta dibersas boçes puso;
de grueso y de tamaño diferente,
con cera muchas cañas Pan conpuso.
Pan guarda las obejas, Pan la gente
del canpo; y no te pese acer al vso
de la zanpoña dota el labio bello,
que Amintas se perdía por savello.

Tengo de siete voces bien formada
vna sonora flavta que me diera
Dameta, ya muriendo, en la pasada
siega, y diciéndome desta manera:
—Tú me sucede en ésta, que tocada
por ti, de mí te acordarás siquiera.
Dameta me la dio, quedó lloroso
Amintas, el tontillo, denbidioso.

Tengo tanbién dos corzos que me cría
vna de mis obejas, bariados
de blanco y que la agotan cada día,
con no poco peligro mío allados.
Llevármelos la Téstilis porfía
yo para ti los tengo mui guardados,
y al fin los llevará, pues en mis dones
despreciador, [los ojos aún no pones].*

224v   Ofrécente las ninfas oficiosas
sus canastillos dazucenas llenos;
coxe para ti Nais, las blancas rrosas,
la viola, los lírios, los amenos
acantos y amapollas olorosas,

flores danís y los tomillos buenos,
y casia y otras mil yervas dibinas,
junta con el jazmín las clavellinas.

Pues yo te cogeré manzanas vellas
cubiertas de su flor, y las queridas
castañas de Amarilis, y con ellas
ciruelas que merecen ser cogidas.
Tú, mirto, y tú, laurel, yréis sobrellas,
que juntas oléis bien. ¡Ay, tosco!; ¿olvidas
que Alexi de tus dones no ace caso,
y que, si a dones va, no es Yola escaso?

¿Qué yze? ¡Ay!, sin sentido, puesto
                    [é fuego
en el rrosal amado, en la agua pura
lancé los javalíes, turvé el sosiego
del líquido cristal. ¡Ay!, laspesura
del vosque moró. Apolo, ¿qué uyes ciego?
que Paris en el bosque alló bentura.
Palas more sus techos suntuosos,
nosotros por los montes deleitosos.

Por la montaña la leona fiera
al ya no osado lovo anbriento sige.
El lovo carnicero a la ligera
225   cavra de día y de noche persige;
en pos de la rretama y canbronera
la cavra golosísima prosige.
Yo en pos de ti, ¡o, Alexi!, y de consuno
en pos de sus deleites cada vno.

Su obra ya los bueyes fenecida,
y puesto sobre el yugo el dulce arado,
se tornan, y la sonbra ya estendida
de Fevo, que se pone apresurado,
uyendo, alarga el paso, y la crecida

llama que arde el pecho, no á menguado.
Mas ¿cómo menguará?, ¿quién puso tasa?,
quién limitó con lei damor la brasa?

¡Ay, Coridón! ¡Ay, triste! ¿Quién te
[á hecho
tan loco, quen tu mal enbe[bec]ido
la bid aun no as podado? Buelve al pecho,
recobra el baronil balor perdido,
az algo necesario o de probecho,
de blanco junco o minbre algún tegido,
que si te uye aqueste desdeñoso,
no faltará otro Alexi más sabroso".

————

*Guillotinado; lo tomamos de J. M. Blecua,
pág. 281.

232

HÉGLOGA 3.
DIC MIHI, DAMETAS.
[FRAY LUIS DE LEÓN]

Men.

Dime, ¿es de Milebeo este ganado?

Dam.

No es sino de Egón, que el mismo Ego
agora me lo abía encomendado.

225v Men.

¡Obejas desdichadas! Ace entrego
de sí mismo a Neera, preferido
porque yo no lo sea, y arde en fuego

y fía su ganado a un perdido
ordéñasle dos bezes en un ora
la madre dejas seca y desvalido
el hijo.

D[am].

Paso, amigo, y aun agora
nos acordamos quien... ya mentendistes,
y dónde, aunque la diosa que allí mora
con ojos lo miró no nada tristes,
y de través las cavras lo miraron.
¡Mirad que abláis con onbre! ¿Bien
[lo oýstes?

Men.

Sí, sí; en el mismo punto que me
[allaron
cortando de Miconis las posturas
con mala podadera, y me prendaron.

Dam.

O quando junto aquellas espesuras
el arco y la zanpoña quebrantavas
de Dainis con entrañas malas, duras,
con enbidiosa rravia te abrasavas,
porque lo abía el zagalejo dado
y si no le dañavas, reventavas.

Men.

¿Qué no osará quien puede, si vn
[malvado
ladrón ansí se atreve? Di, atrevido,
¿no fue por ti vn cabrón a Daifne urtado
y la Licisca al cielo alzó el ladrido?
Grité: "¿Dó sale aquél, Títiro, agora?".
Tú en la juncada estauas escondido.

226 *Dam.*

    Cantando vencí a Daines. ¿Quién
                    [me tira
cobrar lo que mi flauta mereciera,
si Daine de lo puesto se rretira?
    Si no lo saves, mío el cabrón era,
y el mismo Daine así lo confesava.
Negávamelo, no sé en qué manera.

Men.

    ¿Tú a él? ¿Tú tocas flauta? ¿No sonava
tu caramillo vil por los oteros
y el berso miserable aýn no ygualava?

Dam.

    ¿Pues quieres que probemos esos
                    [fieros?
Yo pongo esta vecerra, que dos cría,
y ynche cada tarde dos lecheros.
    Yo pongo, no rreúyas, la porfía;
tú di lo que pondrás, y esperimenta
a dó llega tu musa, a dó la mía.

Men.

    Del ganado no pongo, que doi cuenta
por oras a mi padre, y una dura
madrastra aýn los cabritos tanbién qüenta.
    Mas, si delante llevas tu locura,
pondré lo que dirás ser más precioso
dos vasos de aya destremada echura.
    Labrólos el Alcedón ynjenioso,
formó por la rredonda entretegido
como de yedra y bid vn lazo ermoso.
    En el medio, de bulto está esculpido
el Conón, y aquel otro que pusiera
el mundo por sus partes rrepartido:
226v   el que mostró la siega y sementera,

y del arar el tienpo conbeniente.
Nuebos los tengo en casa en su vasera.

Dam.

    Del mismo tengo dos estrañamente
echos: las asas ciñe vn berde acanto,
y en medio del rrelieve está eminente
    Orfeo, y su montaña atenta al canto.
Nunca los estrené; mas conparada
la vaca, los tus basos no son tanto.

Men.

    Saldré a qualquier partido, y si te
                    [agrada
será juez Palemón, que allí biene;
que yo enmudeceré tu boz osada.

Dam.

    A ello, que a mí nada me detiene;
mas para escarmentar aqueste osado,
que atiendas bien, Palemón, nos conbiene.

Palem.

    Sobresta yerva donde estoi sentado,
cantad, que agora el tienpo nos conbida,
que biste de berdura y flor el prado.
    Agora el bosque cobra la perdida
oja, y agora el año es más ermoso;
agora yspira el cielo gozo y bida.
    Comienza tú, Dameta, y tú, gracioso
Menalca, le rresponde alternamente,
que el rresponderse a versos es savroso.

Dam.

    De Júpiter diré primeramente
que al cielo y a la tierra está becino
y escucha su cantar atentamente.

Men.

Y a mí Fevo me ama, y de contino
sus dones [le presento: el colorado]*
227 hacinto y el laurel berde, divino.

Dam.

Trabiesa, Galatea me á tirado,
perdida, por ser bista, vna manzana,
y luego entre los savces se á lanzado.

Men.

Mi dulce fuego, Amintas, de su gana
se biene a mi cavaña, conocido
más ya de mis mastines que Diana.

Dam.

Ya tengo con qué acer a mi querido
amor gentil presente, porque beo
adónde dos palomas acen nido.

Men.

Conforme yo al poder y no al deseo,
diez cidras a mi bien é presentado
y mañana otras diez dalle deseo.

Dam.

¡O, quántas y qué cosas platicado
conmigo á[s] Galatea! ¡O, si el biento
algo dello a los dioses á llevado!

Men.

¿Qué me sirve que, Amintas, mi
[contento
desees, si yo aguardo en la parada,
y siges tú del gamo el mobimiento?

Dam.

Enbíame a la Filis ques llegada
mi fiesta, y ben tú, Yola, quando fuere**
la vaca por mí a Ceres degollada.

Men.

Amo la bella Filis que me quiere,
que me dijo llorosa en la partida:
"Adios, gentil zagal, si no te biere".

Dam.

El lovo es al ganado, y la avenida
a las mieses, al árvol, enemigo
el biento, a mí Amarili enbravecida.

Men.

Ama el senbrado el agua, sige amigo
la rrama el cabritillo destetado,
la madre el sáuz, yo sólo Amintas sigo.

Dam.

Mi musa pastoril á contentado
227v a Polio: pues paced con mano llena,
Musas, una ternera a bues[tr]o amado.

Men.

De bersos tiene Polio rrica vena,
vn toro le criad que a cuerno yera
y con los pies esparza ya la arena.

Dam.

Quien, Polio, bien te quiere, lo que
[espera
le venga, y de la encina rricos dones
y a Momo coja de la zarzar fiera.

Men.

Quien no abo[r]rece a Babio, los
[borrones
ame de Mebio y lea, y juntamente
las zorras junça, ordeñe los cavrones.

Dam.

Los que rrováis el prado floreciente   228
huyd, huid lijeros, que se asconde
debajo de la yerva la serpiente.

Men.

Mirad por el ganado, que no aonde
el paso, que la orilla es más segura,
¿no béis quál se mojó el carnero, y dónde?

Dam.

No pazcas par del rrío, a laspesura
g[u]ía, Títiro, el ato, que a su ora
le bañaré yo todo en fuente pura.

Men.

Las obejas, zagal, recoge, que ora
si las coge el calor, después en vano
se cansará la palma ordeñadora.

Dam.

¡Ay, en quán buenos pastos, quán
[mal sano
y flaco estás, mi toro, que al ganado
y al ganadero mata amor ynsano!

Men.

El mal destos corderos no es causado
de amor, y tienen sólo güeso y cuero;
no sé quál ojo malo os ha mirado.

Dam.

Dime dónde, y tendréte por certero,
tendréte por Apolo, deste cielo
apenas se descubre un codo entero.

Men.

Mas dime tú ¿a dó produce el suelo
en las rrosas escritos los rreales
nonbres, y goza a Filis sin rrecelo.

Palem.

No es mío sentenciar contiendas tales
y tú mereces y éste la vecerra,
y quien canta de amor los dulces males
y quien prueba de amor la dulce guerra.

———

*Guillotinado; lo tomamos de J. M. Blecua, pág. 287.
**"sola" en ms.

233

ÉGLOGA 4.
SI COELIDES MUSAE.
[FRAY LUIS DE LEÓN]

Vn poco más alcemos nuestro canto,
Musa, que no conbiene a todo oýdo
decir de las vmildes rramas tanto.

El campo no es de todos rrecibido,
y si cantamos canpo, el canpo sea
que merezca del Cónsul ser oýdo.

La postrimera edad de la Cumea,
y la doncella birgen ya es llegada,
y torna el rreino de Saturno y Rea.

Los siglos tornan de la edad dorada,
de nuebo largos años nos enbía
el cielo, y nueba gente en sí engendrada.

Tú, Luna casta, llena de alegría
favoreçe, pues reina ya tu Apolo,
el niño que nació en aqueste día.

El yerro lanzará del mundo él solo,
y de vn linage de oro el más preciado
el vno poblará y el otro polo.

En este buestro, en este consulado,
Pollio, de nuestra edad gran ermosura,
tendrá principio el rrico y alto ado.

En él comenzarán con luz más pura
los bienadados meses su carrera,
y el mal fenecerá, si alguno dura.

228v   Lo que ay de la maldad nuestra
                              [primera
deshecho, quedarán ya los umanos
libres de miedo eterno, de ansia fiera.

Mezclado con los dioses soberanos,
de bida gozará, qual ellos, llena
de bienes deleitosos y no vanos.

Berálos, y berá su suerte buena
y del balor paterno rrodeado
quánto se estiende el mar, quánto el
                              [arena .

Con paz governará; pues, niño amado;
este primero don ynculto y puro,
el canpo te presenta de su grado.

Ya te presenta el canpo el bien seguro
bácar la verde yerva trepadora,
el lilio blanco, el trébol verde escuro.

Y las obejas mismas a su ora
de leche vienen llenas, sin rrecelo
de lovo, de león y de onza mora.

Tus cunas brotan flores, como vn cielo
derraman sobre ti de blancas rrosas,

y no produce ya ponzoña el suelo,
ni yervas, ni serpientes venenosas.
Antes sin diferencia á producido
en todas partes yervas provechosas.

Pues quando ya luciere en ti el sentido
de la birtud, y fueres ya leyendo
los hechos de tu padre esclarecido,

de suyo se irá el canpo enrrojeciendo
con fértiles espigas, y colgadas
las ubas en la zarza yrán creciendo.

Los rrobles en las tierras apartadas
miel dulce manarán; más toda día
del mal antigo abrá algunas pisadas.

Abrá quien nabegando noche y día
corra la onda mar quien ponga muro
contra el asalto fiero y vatería;
                quien rronpa arando el canpo seco y
                              [duro;
abrá otro Tifi y Argo, otros nonbrados
que uyan por la gloria el ocio escuro.

Abrá otros desafíos aplazados,
yrá otra bez a Troya, conducido
de su birtud, Achiles y sus ados.

Mas ya quando la edad firme crecido
te iciere ser barón, el marinero
la mar pondrá y las naves en olbido.

El pino mercader rrico y belero,
no ya de sus confines alegado,
lo propio trocará por lo estranjero.

Que adonde quiera todo será allado
sin rreja y sin esteva o podadera,
sin que ande al yugo el toro el cuello
                              [atado.

No mudará la lana su primera
color con artificios, enseñada
a demostrarse otra de lo quera.

Porque en la oveja nace colorada

con carmesí agradable, y con ermoso
rrojo y con amarillo ynficionada.

El sandix, de sí mismo, en el bicioso
prado pacido, biste a los corderos
por ado no mudable ni dudoso.

Porque con boz concorde, y sus ligeros
vsos las Parcas dicen bolteando:
"Benid tales los siglos benideros".

Enprende, que ya el tienpo biene
                    [andando,
pinpollo, o dibinal obra del cielo,
lo grande que a ti solo está esperando.

Mira el redondo mundo, mira el suelo;
mira la mar tendida, el ayre, y todo
ledo esperando el siglo de consuelo.

229v ¡O, si el benino ado de tal modo
mis años alargase que pudiese
tus echos celebrar y bien, del todo!

Que si conmigo Orfeo contendiese,
y si cantando contendiese el Lino,
aunque la madre y padre destos fuese

Calíope de Orfeo, y del dibino
Lino el ermoso Apolo, no sería
mi canto que su canto menos dino.

Ni el dios de Arcadia, Pan, me
                    [bencería;
y aunque fuese juez lArcadia desto,
lArcadia en mi favor pronunciaría.

Conoce, pues, con blando y dulce
                    [gesto,
¡o, niño!, que a tu madre, que el preñado
por largos meses diez le fue molesto.

Conócela; que a quien no an allegado
sus padres con amor y abrazo estrecho,
ni a su mesa los dioses le an sentado,
ni ladmiten las diosas a su lecho.

234

ÉGLOGA 5. *CUR NON MOPSE.*
[FRAY LUIS DE LEÓN]

Men.

Pues nos allamos juntos, Mopso, agora
maestros, tú en tañer suavemente,
y yo en cantar con dulce boz sonora,

¿por qué no nos sentamos juntamente
debaxo destos córilos, mezclados
con otros olmos ordenadamente?

Mop.

Tú eres el mayor. A ti son dados,
Menalca, los derechos de mandarme,
y a mí el obedecer a tus mandados.

Y pues que a ti te place, aquí sentarme
a la sombra que el Céfiro menea,
o quiero, y es mejor, allí llegarme

al canto de la cueva, que rodea,
[qual ves, con sus razimos bolteando],*
230 la bid silvestre en torno fermosea.

M[en].

Conmigo mismo estoi ymaginando
que Aminta en nuestro canpo es quien
                    [contigo
tan sólo conpetir puede cantando.

Mop.

¿Qué mucho es que conpita aquél
                    [conmigo?
Presumirá vencer al dios de Delo.

Me.

Mas di si ay algo nuebo, Mo[p]so
[amigo;
di del amor de Fili y del consuelo,
o si en loor de Alcón, o de los fieros
de Codro; y de tu grei pierde el rrecelo.
Pierde, que abrá quien guarde los
[corderos.

Mo.

Antes aquestos versos que [é]
[conpuesto
quiero provar agora los primeros.
En la corteza escritos los é puesto
de vn árvol, y su tono les he dado;
y di conpita Amintas después desto.

Me.

Quanto es el blanco sauz sobrepujado
de la fértil oliva, y el espliego
del rrosal es vencido colorado;
tan gran ventaja tú, si no estoi ciego,
aces al mozo Amintas. Mas di agora,
que ya en la cueva estamos, di ora luego.

Mop.

A Daine, pastor, muerto con traidora
y muerte crudelísima, lloravan
toda la deidad que el agua mora.
Testigos son los rríos qual estavan,
quando del miserable cuerpo asidos
los padres las estrellas acusavan.
No ubo por quien fuesen conducidos
los bueyes a veber aquellos días,
ni fueron los ganados mantenidos.
Aun los leones mismos en sus frías

230v cuevas tu muerte, Daine, aber llorado
dicen las selvas bravas y sonbrías.
Que por tu mano, Daine, el yugo atado
al cuello va el león y tigre fiero.
Tú el enrramar las lanzas as mostrado;
tú diste a Vaco el culto placentero,
tú de tu canpo todo y conpañía
la ermosura fuiste y bien entero,
ansí como del olmo es alegría
la bid, y de la vid son las colgadas
ubas, y de la grei el toro es gía;
qual ermosea el toro las vacadas,
como las mieses altas y abundosas
adornan y enrriquecen las aradas.
Y ansí luego que, crudas y envidiosas,
las Parcas te rrovaron, se partieron
Apolo y sus ermanas lagrimosas.
Palas y Fevo el canpo avorrecieron,
y los sulcos que ya llevaban trigo,
de avena y grama estéril se cubrieron.
En bez de la bioleta y del amigo
narciso, de sí mismo brota el suelo
espina, y cardo agudo y enemigo.
Pues esparcid ya rrosas, poned belo
a las fuentes de sonbra, que serbido
ansí quiere ser Daine desde el cielo.
Y con dolor, pastores, y gemido,
vn túmulo poned, y en el lloroso
túmulo aqueste berso esté esculpido:
Yo, Daine, descansando aquí rreposo,
nombrado entre las selvas asta el cielo
dermosa grei pastor mui más ermoso.

Me.

Quando al cansado el sueño en berde
[suelo,

quando el matar la sed en fresco rrío
es causa de deleite y de consuelo,
    no menos dulce á sido al gusto mío
tu canto, y no tan sólo en la poesía,
mas en la boz, [si yo no desvarío],**

231   igualas tu maestro y su armonía.
Dichoso, que por él serás tenido
fuera de toda duda y de porfía,
    mas por co[r]responder a lo que oýdo,
con la forma y manera que pudiere,
quiero poner mis versos en tu oýdo.
    Y al cielo encunbraré, quanto en
                      [mí fuere
a tu Daine: diré, a tu Daine en canto,
que Daine a mí tanbién me quiso y
                         [quiere.

Mop.

    No ay don que a mi juicio balga tanto,
y mereció en sus bersos ser cantado,
y ya me los loaron con espanto.

Me.

De blanca luz en torno rrodeado
con nueva marabilla Daine mira
el no antes bisto cielo ni ollado
    y en bajo de sus plantas, biendo, admira
aquellos eternales rresplandores,
y aparta la verdad de la mentira.
    Allí, pues, dotras selvas y pastores
alegre y dotros canpos goza y prados,
con otras ninfas trata sus amores.
No temen allí al lovo los ganados,
ni las rredes tendidas, ni el cubierto
lazo fabrica engaño a los ganados.
    Ama el descanso Daine, y de concierto

los montes y las peñas pregonando
dicen: "Menalca es dios, éste es dios
                      [cierto".
    Favorece, pues, bueno, prosperando
los tuyos y tus cosas amoroso,
los tuyos que tu gloria están cantando.
    Que en este balle agora y bosque
                      [unbroso
levanto quatro aras, y dedico
a Daine dos, y dos a Fevo ermoso.
    Y en ellas cada uno sacrifico
de leche dos lecheros apurada,
de olios vasos dos te sacrifico.

231v   Y sobre todo en mesa enbriagada,
abundante con bino y alegría,
a la sonbra o al fuego colocada.
    A la sonbra en berano, mas el día
en que reinare el yelo, junto al fuego
tu onor festejaremos a porfía.
    Dametas y Elgón cantarán luego;
Alfeo ymitará tanbién, saltando,
los sátiros con rrisa y dulce juego.
    Estos tendrás perpetuo, sienpre quando
el día de las ninfas, quando fuere
el día que los canpos va purgando,
    en quanto por las cunbres ya paciere
del monte el javalí; en quanto amare
el rrío, y en el agua el pez cor[r]iere;
    y en quanto de tomillo se apastare
la vega y ansí mismo de rrocío
la cigarra su pecho sustentare,
    tanto tu nonbre y fama, yo confío,
yrá más de contino floreciendo
al yelo sienpre el mismo y al estío.
    Como a Ceres y a Baco a ti ofreciendo
yrán sus sacrificios los pastores,
y sus promesas tú irás cunpliendo.

Mop.

¿Qué dones no serán mucho menores,
y lo que a bersos tales es debido,
tales que no es posible ser mejores?
Que a mí no me deleita ansí el sonido
del biento, que silvando se abecina,
ni las costas eridas con rruido,
las costas donde azota la marina,
ni el rrío sonoroso ansí me agrada,
que en balles pedregosos va y camina.

Men.

Primero, pues, por mí te será dada
esta flauta, con que el Aleji ermoso
de mí, y la Galatea fue cantada.

Mop.

Y tú toma este báculo nudoso,
232   que Antino, mereciendo ser amado,
nunca me le sacó, y es mui bistoso
en nudos, y con plomo bien chapado.

———

*Guillotinado; lo tomamos de J. M. Blecua,
pág. 297.
**Guillotinado; lo tomamos de J. M. Blecua,
pág. 299.

235

ÉGLOGA 6.
PRIMA SIRACUSIO.
[FRAY LUIS DE LEÓN]

Primero con el berso siciliano
se quiso rrecrear la musa mía,
y no se desdeñó del trato vmano
y pastoril bibienda mi Talía.
Los rreyes ya cantava y Marte ynsano,
mas al oýdo Fevo me decía:
"Conbiénete, mi Títiro, primero
ser guarda de ganado y ser baquero".

Conbiénele al pastor pacer ganado
y que la flauta y verso yguales sean.
Y pues contino, ¡o, Baro!, estás cercado
de tantos que de ti cantar desean,
y quen las tristes gerras su limado
yngenio de contino y berso enplean,
yo quiero con el son de la pastora
zanpoña concertar mi musa agora.

Mandado soi, y si por caso alguno
algún aficionado me leyere,
de ti, Baro, mi bena, de ti uno,
en quanto el cielo en torno se bolbiere,
el pino cantará, el lauro, el pruno,
y todo lo que el bosque produgere.
Y no ay cosa que a Fevo caiga en grado,
como la carta a do Varo es nonbrado.

Digamos, pues, Piérides, un día
de Crone y de Mansilio, fue allado
Sileno en una cueva, que yacía
en sueño, y más en bino sepultado;
232v   las venas ynchadísimas tenía
del bino que vebió el día pasado
y la girnalda por el suelo estava,
mas el bar[r]il del asa le colgava.

Dieron sobre él los mozos, que burlados
del biejo muchas beces, se dolieron
acerca de unos bersos; y, llegados,
con su girnalda misma le prendieron.

Egle, llegando, ayuda los turvados:
Egle bella entre quantas diosas fueron;
y ya despierto, y biéndolo, la frente
con moras le pintaron juntamente.

Entonces él, rriendo del hengaño:
"¿A qué fin prosegís en más atarme?
Baste el aber podido acerme daño,
vaste el aber podido aprisionarme;
los bersos que pedís luego os los taño;
podéis seguros —dice— desatarme.
Los bersos para bos, que a la ermosa
yo la satisfaré con otra cosa".

Y comenzó. Y del canto la dulzura
los Sátiros mobió, mobió las fieras,
del rroble y del encina mesma dura
las cimas menear a conpás bieras.
No se alegra de Pindo más la altura
con Fevo [y] con sus nuebe conpañeras,
ni el Rródope jamás admiró tanto,
ni el Ysmaro de Orfeo el dulce canto.

Cantava en qué manera en el tendido
bacío decendiendo, derramadas
las menudas simientes, abían sido
por acertado caso en sí ayuntadas;
de dó la tierra, el aire, el encendido
fuego, las aguas dulces y saladas
233 nacían de principio, y quán de presto
el tierno mundo fuera ansí conpuesto.

Y cómo comenzó a secarse el suelo,
y a su lugar la mar se rretirava,
y se figura todo; y cómo el cielo
con nuebo sol las tierras alumbrava:
ya toman las ligeras nubes buelo,
ya el agua en largos ylos avajava

ya crece la floresta, y van por ella
los rraros animales sin savella.

Después dice las piedras alanzadas
por Pirra, y de Saturno el siglo de oro;
las aves en el Cávcaso cevadas
en el sabio ladrón del gran tesoro,
y el Hila por las costas apartada
buscando por demás con triste lloro,
la fuente do quedó, y la boz contina
que ynche de Hila y Hila la marina.

Y habla con Pásife, dichosa
si nunca vaca v toro vbiera abido,
y dice en su consuelo: ¡Ay!, ¿qué afrentosa
locura, ay desdichada, te á prendido?
Jamás apeteció tan torpe cosa
la Preta, aunque bramó por el hegido,
y aunque temió a su cuello el duro arado,
y en su frente los cuernos á buscado.

¡Ay, birgen desdichada! Tú, perdida,
andas por la montaña, y él, echado
debajo un negro rroble, en la florida
yerva, reposa el bla[n]co y bello lado,
y pace allí la yerva amortecida;
o, por bentura, sige enamorado
en medio la copiosa y gran bacada
alguna vaca ermosa que le agrada.

233v "Cerrad, ninfas, del vosque las salidas,
ninfas de la floresta, cerrad luego;
si acaso encontraré con las queridas,
con las vagas pisadas de mi fuego,
que, o las deesas verdes y floridas
detienen o, por caso. el amor ciego,
sigiendo, algunas vacas le á traído
al contino pesebre conocido".

Y canta en pos de aquesto la doncella,
de la rica manzana aficionada,
y biste de corteza amarga aquella
ermosa conpañía lastimada,
que del fraterno caso se querella,
y en álamos subidos trasformada,
y con rrayz ondísima los planta,
y con rramas crecidas los levanta.

Y canta cómo Galo en la rrivera
de los rríos de Parmeso allado
por una de las nuebe ermanas fuera,
y cómo de la misma fue llevado
al monte de Parnaso, y la manera
que el apolíneo coro levantado
le yzo rreverencia, y cómo Lino
le digo con acento y son dibino.

De flores coronado, le decía:
"Toma, que te dio Evterpe, aquesta avena,
que antes dio al de Ascreo, que mobía
los árvoles las veces que la suena.
Con ella cantarás el alegría
de la ortinia selva y suerte buena,
porque no aya vosque ni floresta
de quien se precie Apolo más que desta".

¿Qué serbirá decir cómo cantava
a la Cila, que a Niso fue traidora,
234 o la de quien se suena que, cercada
las yngles de fiereza ladradora,
de Vlises fatigó la noble armada,
y en el profundo piélago do mora,
¡ay tristes!, los medrosos marineros
despedazó, cruel, con perros fieros?

¿O cómo rrefería de Terreo
234v los mienbros trasformados, los manjares,

los dones, el conbite crudo y feo
que le dio Filomela, y los pesares
con que bengó su pena? Y dice arreo
las alas que la llevan por lugares
desiertos, con que buela desdichada
sobre la que antes era su morada.

Y todo lo que a Fevo ya cantando
el bienabenturado Eurota oýdo
abía y el oyllo continuando
lo avían sus lavreles aprendido,
Sileno lo cantava, y rresonando
los valles, a los cielos va el sonido;
asta que ya la strella apareciendo
del pasto las obejas fue cogiendo.

236

ÉGLOGA 7. *FORTE SUB.*
[FRAY LUIS DE LEÓN]

Melib.

Devajo un rroble que, mobido al biento
rruido blando acía, el Daine estava,
y Tirsi y Coridón al mismo asiento
su ato cada vno amenazava;
el Tirsis conducía obejas ciento,
cavras el Coridón apacentava;
anbos zagales bellos, anbos diestros,
y en rresponder cantando mui maestros.

Allí fue, en quanto cubro, defendiendo
los mirtos del mal cierzo, desmandado
del ato vn cabrón mío, y yo sigiendo
al Daine bi, y dél visto fui llamado:
"[A]quí ben, Melibeo, aquí coriendo,

—dice— que tu cabrón aquí á parado,
y si te vaga un poco, aquí tendido
descansarás la prisa que as traído".

Aquí las bacas por el prado y eras
se bienen a veber; aquí florecen
del Mincio en berde oja las rriveras,
y los enjanbres suenan y adormecen.
¿Mas quién dará rrecavdo a mis corderas,
que ni Filis ni Alcipe no parecen,
y estaban [a c]antar desafiados
el Tirsi, el Coridón, y mui trabados?

Al fin aventajé su canto y rruego
a mi negocio propio, y comenzaron
el uno acometiendo, el otro luego
bolbiendo la rrespuesta, y porfiaron
gran pieza ansí el dulce y doto juego,
y aquesta lei los mismos se obligaron.
El Coridón decía ansí cantando,
y el Tirsi ansí cantava rreplicando.

Co[rid].

Amadas Musas, yspiradme agora
de bersos la feliz y dota vena,
del Codro, que con el que en Delo mora,
cantando a las parejas casi suena;
o si para aquél solo se atesora
el premio dulce de la dulce avena,
colgada para sienpre desde luego
a aqueste pino mi zanpoña entrego.

Tir.

Este poeta que ora se levanta,
pastores los de Arcadia, coronado
235   de yedra, levantad a gloria tanta,
que con enbidia el Codro traspasado

rrebiento, o si ecediere en lo que canta,
el uno le ceñid y el otro lado;
con bácear le ceñid la dota frente
no prenda en él la lengua maldiciente.

Corid.

De un jabalí cerdoso te presenta
esta caveza el Títiro, Diana,
y estos famosos cuernos, donde cuenta
el ciervo bibidor su bida vana:
y si lo que en el alma rrepresenta
por medio de tu mano alcanza y gana,
de mármol estarás, y con calzado
de tornasol teñido y de biolado.

Tir.

Y tú de leche vn baso por ofrenda
de mí tendrás en ca[da] vn año cierto;
no es justo que el pequeño don te ofenda,
pues guardas, lamçasepno, un pobre
                                [güerto:
de piedra eres agora, mas si e[n]mienda
el año, de rriqueza yrás cubierto;
con oro lucirás si acrecentare
la nueva cría el ato y mejorare.

Corid.

Nerine Galatea, más savrosa
que el tomillo hibleo, y que el nevado
cisne más blanca mucho, y más hermosa
que el álamo de yedra rrodeado;
si bibe en tu sentido y si reposa
de aqueste tu pastor algún cuidado,
vendrás con pie ligero a mi majada,
en tornando del pasto la vacada.

Tir.

Y yo más que el asensio desabrido,
235v más áspero que zarza y bil te sea,
más que las obas biles; más huido
que el lobo es de la oveja yo me bea,
si no se me figura aber crecido
un siglo aquesta luz odiosa, y fea.
Id artos, id, novillos, a la estanza;
que ya es mala bergüenza tal tardanza.

Corid.

Fuentes, de verde musco rrodeadas,
y más que el blando sueño yerva amena,
y bos, rramas, que en torno levantadas
acéis sonbra a la pura y fresca vena,
devajo de vosotras, allegadas,
sesteen las obejas; que ya suena
el grillo, y la bid brota, y ya camina
beniendo el seco estío y se abecina.

Tir.

Aquí ay ogar y fuego, aquí la llama
con tea rresinosa sienpre dura;
aquí el vmo que suve y se derrama
matiza con ollín el techo, escura;
aquí si el blanco cierzo sopla y brama,
curamos dél, lo mismo que se cura
de no rrovar el rrío su rrivera,
o de guardar la grei el lovo entera.

Corid.

Devajo de sus árboles caída
yace la fruta, y sobre la montaña
tuerce de su serval al rramo asida
la serva, y del castaño la castaña;
la copia por los canpos estendida

con gozo el monte y llano alegra y vaña;
mas si los ojos cubre rrelucientes
Alegis, verás secas aýn las fuentes.

236 *Tir.*

Los campos están secos y agostados*
por culpa del sereno ayre; muere
la yerva sedienta en los collados;
tender su oja ya la bid no quiere.
Serán aquestos daños rremediados
al punto que mi Filis pareciere,
ante ella su berdor cobrará el suelo,
y avajará con llubia larga el cielo.

Corid.

El álamo de Alcides es querido
de Vaco la bid sola es estimada,
el mirto de la Venus sienpre á sido
y en el laurel de Fevo es Daine amada;
el córilo es de Filis escogido,
del córilo la Filis pues se agrada;
al córilo conozcan por su rrey solo
el mirto y el laurel del crespo Apolo.

Tir.

Bel[l]ísimo en el bosque el fresno crece,
el pino es en los güertos ermosura,
el álamo los rríos enrriquece,
la aya de los montes el altura:
mas quanto ante mis ojos aparece,
¡o, Lícida!, dibina tu figura,
en los güertos el pino no es ermoso,
en los vosques el fresno no es bistoso.

―――――――

*"que tan secos" en ms.

237

ÉGLOGA 8.
PASTORUN MUSAN.
[FRAY LUIS DE LEÓN]

Al dulce y doto contender cantando
de Alfeo y de Damón, que enbebecida
la nobilla olvidó, casi olvidando
la yerva y el pacer, por quien perdida
la yerva estuvo el lince, y restañando
los ríos [sosegaron su corrida];*
236v   digamos, pues, el canto y los amores
de Alfeo y de Damón, dotos pastores.

O, tú, que ora con rremo bitorioso
o bences el Timavo, o la becina
costa, ¿si jamás día tan dichoso
beré, que me conceda con boz dina
cantar tu pecho, y brazo baleroso,
cantar tu berso y musa peregrina?
A la qual sola dice justamente
la magestad del tracio eloquente.

De ti yzo principio, en ti fenece,
y todo mi cantar en ti se enplea;
rrecibe aquestos versos que te ofrece
la boz que tu querer cunplir desea;
al bencedor lavrel, que resplandece
en torno de tu frente y la ermosea,
consiente que allegada y como asida,
aquesta yedra vaya entretegida.

Apenas de la noche el belo frío
abía el claro cielo desechado,
al tienpo que es dulcísimo el rrocío

sobre las tiernas yervas al ganado,
bertiendo de los ojos largo rrío,
al tronco de un olivo rrecostado,
Damón tocó la flavta lastimero
y comenzó a cantar ansí el primero:

Dam.

Procede ya, Lucero, ante el sol vello
en tanto que de Nise fementida,
por bil amor trocado, me querello
i notifico al cielo mi herida,
237   bien que nunca hallé probecho en ello,
en esta ora postrera de mi bida:
y tú agora conmigo el son levanta,
zanpoña, como en Ménalo se canta.

En Ménalo contino el bosque suena,
en Ménalo los pinos son cantores,
con la boz pastoril sienpre rresuena
y sienpre oye sus quejas, sus amores,
y sienpre oye los dioses, del avena
dulcísima primeros ynbentores:
Pues suena ya, y comigo el son levanta,
zampoña, como en Ménalo se canta.

Casó Nisi con Mopso; ¿qué mistura
no tenplará el amor? El tigre fiero
podrá con la paloma, y por bentura
en uno pacerán lovo y cordero.
Dispónete que tuya es la ventura;
sus, Mopso, que por ti sale el lucero:
y suena ya, y comigo el son levanta,
zanpoña, como en Ménalo se canta.

Mas qué bien enpleada la que enfado
de todos, arrogante, burla acías;
la que mi sobrecejo y mi cayado,

mi barva y mi zanpoña aborrecías;
la que de nuestras cosas el cuidado
ageno de los dioses ser creías:
pues suena ya, comigo el son levanta,
zampoña, como en Ménalo se canta.

[Pequeña y con tu madre, y yo por
                                 [guía,**
te vi entre mis frutales hacer daño;
las bajas ramas ya alcanzar podía,
y encima de los doze andava un año.
Como te vi, te di, ¡ay!, la alma mía;
llevóme en pos de sí preso el engaño.
Y tú suena, y comigo el son levanta
çampoña, como en Ménalo se canta.]

Ya te conozco, Amor. Entre las breñas,
en fiero punto, en día temeroso,
ni nuestro en sangre, ni con muchas señas,
mas de duros Gramantes, del fragoso
Rródope procediste, y de las peñas
237v   del Ysmaro, do vate el mar furioso:
y suena ya, y comigo el son levanta,
zanpoña, como en Ménalo se canta.

Por ti, crudo, tiñó la cruda mano
en sus hijos Medea ensangrentada;
mas, ¿quál fue de los dos más ynumano,
o tú, malvado Amor, o tú, malvada?
Tú fuiste sienpre, Amor, vn mal tirano;
tu fuiste vna cruel desapiadada:
y suena ya, comigo el son levanta,
çanpoña, como en Ménalo se canta.

Mas ya siquiera vya persegido
el lovo de la oveja, y sea arreo
del rroble lazucena, y al sonido
del cisne se aventaje el uerbo feo,

y Títiro al Arrión sea preferido,
Arión sea en mar, en monte Orfeo:
y suena ya, comigo el son levanta,
çanpoña, como en Ménalo se canta.

Y siquiera se anege todo el mundo,
bibid, selvas, por tienpo prolongado,
que yo del alto rrisco al mar profundo
benir me determino despeñado;
si no lo fue el primero, este segundo
serbicio de ti, Nise, será amado.
¡Ay!, cesa ya, zanpoña, y no lebantes
el son, ni como en Ménalo más cantes".

Aquí dio fin Damón a su lamento
y suspiró profunda y tiernamente;
tocó del grave mal el sentimiento
el monte, que responde en boz doliente,
y luego, puesto en pie, con nuevo acento
sonando la zanpoña dulcemente
Alfeo comenzó; lo que á cantado,
[vos, Musas], lo decid, que a mí no es
                                 [dado.***

238   *Alf.*

Corona aqueste altar con benda y flores;
agua me da, que enciende la vervena,
encienso [fino] enciende; en mis
                              [dolores****
beré si ay fuerza alguna v arte buena;
veré si torno a Daine a mis amores;
no falta sino el canto, canta y suena:
y di: be, mi conjuro, y la mar pasa,
y buelve de la villa a Daine a casa.

El canto y el conjuro es poderoso
a rretraer la luna rreluciente;
el rrostro demudó Circe mostruoso

con cantos del Vlises a las gentes;
de canto rrodeada bigoroso
rrebienta por los prados la serpiente:
be presto, mi conjuro, y la mar pasa,
y buelve de la billa a Daine a casa.

Tres cuerdas te rrodeo lo primero,
de su color cada vna bariada
ymagen, y con pie diestro y ligero
entorno de aquesta ara consagrada,
traerte al rededor tres beces quiero,
que el número de tres al cielo agrada:
be presto, mi conjuro, y la mar pasa,
y buelve de la billa a Daine a casa.

Anuda, ¡o, Amarilis!, con tres nudos
cada uno destos ylos colorados;
anuda ya, y no estén los labios mudos;
di en cada nudo destos por ti dados:
"Nudos damor, estrechos, ciegos, crudos,
nudos damor doi firmes anudados":
ve presto, mi conjuro, y la mar pasa,
i buelve de la villa a Daine a casa.

Ansí como esta cera torna blanda,
ansí como este varro sendurece,
y a un mismo fuego en anvas cosas anda,
[y juntamente seca y enternece],*****
238v   ansí tú, Amor, conmigo a Daine ablanda,
y para las demás l'enpedernece:
be presto, mi conjuro, y la mar pasa,
y torna de la billa a Daine a casa.

Esparce aquesas puches de arina,
de far[r]o y sal mezclada en esa llama;
al fuego aquel lavrel berde abezina
y encima dél el bálsamo derrama
Daine crudo me abrasa a mí mezquina,

yo quemo en su lugar aquesta rrama:
be presto, mi conjuro, y la mar pasa,
y buelbe de la billa a Daine a casa.

Qual la nobilla de buscar cansada
sus toros por los montes, junto al rrío
se tiende dolorida, y olvidada
no vye de la noche ni del frío;
ansí me busques, Daine, ansí buscada
en pago del amor te dé desvío.
Be presto, mi conjuro, y la mar pasa,
y buelbe de la billa a Dafni a casa.

En los pasados años aquel ciego
y desleal me diera estos despojos,
entonces claras prendas, dulce fuego,
agora crudos y ásperos abroxos;
aquéstos, tierra, agora yo t'entrego,
porque le rrestituyas a mis ojos:
ve presto, mi conjuro, y la mar pasa,
y buelbe de la villa a Daphni a casa.

Tanbién estas ponçoñas producidas
en Ponto, porque el Ponto es fértil dellas,
de su lugar las mieses traducidas,
y buelto en lovo el Meris bi con ellas,
a Meris que las vidas fenecidas
rreduce a ver la luz de las estrellas:
be presto mi conjuro, y la mar pasa,
y buelbe de la villa a Daini a casa.

Esta ceniza coge y lleva afuera;
a donde el agua corre be a lanzalla;
por las espaldas la echa, y ven ligera;
no mires, Amarilis, al echalla.
Con esto tentaré aquel alma fiera.
Mas, ¿qué encanto, qué dios podrá
                              [ablandalla?

239

Ve presto, mi conjuro, y la mar pasa,
y buelve de la billa a Daini a casa.

¿No bes que las cenizas alzan llama
en quanto me detengo? Por bien sea.
¡Ay!, yo no sé quién es; algún llama,
que la perrilla en el portal bocea.
¿Si biene por bentura, o si quien ama
soñando finge aquello que desea?
"¡Ay!, pon a tu camino, y pon ya tasa,
conjuro, que mi Daini es buelto a casa".

———————

*Guillotinado; lo tomamos de J. M. Blecua, pág.
316.
**Falta en ms, la suplimos de J. M. Blecua, pág. 318.
***Guillotinado; lo tomamos de J. M. Blecua, pág.
320.
****Omitido; lo tomamos de J. M. Blecua, pág. 320.
*****Guillotinado; lo tomamos de J. M. Blecua, pág.
321.

238

ÉGLOGA 9. *QUO TE, MERI.*
[FRAY LUIS DE LEÓN]

Lícida[s].

¿A do, Meri, los pies te llevan aora?
¿Por caso vas adonde ba el camino?
¿Por bentura a la billa vas tú agora?

Meri.

¡O, Lícida!, por mucho mal destino
avemos a ber bibos allegado
lo que en el pensamiento nunca bino.

A que nos diga un malo apoderado
de nuestras eredades, sin mesura:
"Yd fuera, ques todo a mí mes dado".

Y ansí, ¡que se le buelva en desbentura!,
le enbío triste estos dos corderos,
pues todo lo trastorna la ventura.

Lí.

Oyera yo que desde los oteros
de do vienen cayendo los collados,
asta del agua y aya los linderos,

239v que todos estos pastos y senvrados
por medio de sus bersos y poesía
fueron a tu Menalca conservados.

Mer.

Oyríaslo, que ansina se decía.
Mas bersos entre armas pueden tanto
como contra el león el ciervo aría.

Y si ya la corneja con su canto
a fenecer los plietos como quiera
no me ynclinara de contino tanto;

si ya desto abisado nostubiera,
por cierto ten que agora ni este amigo
tuyo, ni mi Menalca, bibo fuera.

Lícid.

¡Ay!, ¿cave tal maldad ni en henemigo?
¡Ay!, casi nuestras fiestas acavadas,
Menalca, y nuestros gozos ya contigo.

¿Quién yciera en las fuentes
[enrramadas?
¿Quién cantara las ninfas de contino?
¿Quién senvrara con flores las majadas?

¿O los bersos que ayer con arte y tino
al Amaril vrté calladamente,
quando conmigo a solazarse bino?

Títiro, en quanto buelvo prestamente
las cavras apacienta, y, en paciendo,
llévalas a la pura y fresca fuente.

Llévalas, y al llevar ten qüenta yendo
no ofendas al cabrón, porque, henojado,
yere mal con el cuerno acometiendo.

M.

O lo que para Baro no acavado,
mas lleno de primor y de dulzura,
cantava deleitando monte y prado:

"Los cisnes tu dolor, si Mantua dura,
si Mantua de Cremona, ¡ay!, mal becina,
cantando subirán en grande altura".

L.

Ansí vya tu enjanbre de malina
árvol; ansí las vbres tu bacada
con pasto bueno ensanche a la contina,
240 di, si te acuerdas de algo, que mes dada
la flauta a mí tanbién, y de mi canto
me dicen los pastores les agrada.

Bien que no les doi fe, ni daré en
                                    [quanto
no merezco del Varo ser oýdo,
mas, como entre los cisnes, ánsar canto.

M.

En eso mesmo estoi enbebecido;
si pudiese tornallo a la memoria,
que no merece ser puesto en olbido.

¿Qué pasatienpo allas, o qué gloria
en las ondas? ¡O! ¡Aquí ben, Galatea,
a do de sus esmaltes ace ystoria;

a do el verano bello ermosea
y pinta la rribera, pinta el prado,
y todo en derredor quanto rrodea.

Aquí el álamo blanco, leuantado,
ace sonbra a la cueva deleitosa,
aquí tege la bid berde sobrado;

aquí ace la bid estanza vnbrosa.
Aquí, pues, ben y deja que en la arena
golpee a su placer la mar furiosa.

L.

¿Y lo que yo te oyera vna serena
noche? Que si los bersos ora olbido,
su tono en mis orejas sienpre suena.

M.

Daine, ¿qué miras, todo conbertido
a los antigos sinos? Que más bella,
que otra más bella luz á parecido.

Mira quál sale y suve lalta estrella
de César, con la qual se goza el trigo,
y las vbas colora en la bid ella.

Enjiere con aquesta luz que digo,
ynjiere, Daine, los perales luego;
tus nietos cogerán el fruto amigo.

De todo ace a la muerte el tienpo
                                    [entrego
y del gusto tanbién que yo solía
[largos soles pasar en canto y juego].*
240v Y agora ya gastada el alma mía,
en demás de mil bersos que me olvido,
la boz misma se vye y se desbía.

Primero de los lobos bisto é sido;
mas cien beces aquesto todo arreo
te será por Menalca rreferido.

L.

Con achaques dilatas mi deseo,
y el mar te calla agora sosegado,
que ni rresuena el biento, según beo.

Sus murmullos los ayres an hechado,
y éste es el medio espacio, que apareçe
a donde el Bianor está enterrado.

Aquí sentados pues, si te parece,
cantemos; aquí asienta los corderos,
quen la billa estarás quando anochece.

Y si temes algunos aguaceros
al benir de la noche, ansí cantando
yremos más alegres y ligeros.

Al camino el cantar yrá alibiando,
y yo te alibiaré de aqueste peso,
porque cantemos yendo caminando.

M.

Pon, Lícida, ya fin a este proceso;
agamos lo que acemos de presente,
que el tienpo y la sazón de todo eso
es quando aquel tornare a estar presente.

———

*Guillotinado; lo tomamos de J. M. Blecua,
pág. 327.

239

ÉGLOGA 10. *EXTREMUN HUNC.*
[FRAY LUIS DE LEÓN]

Este favor de ti ques ya el postrero,
me sea, ¡o, Aretusa!, concedido.
De Galo algunos bersos decir quiero,
mas bersos que conbengan al oýdo
de la Lícori, lazo estrecho y fiero,
en que padece preso el afligido;
que ¿quién jamás con buena y justa escusa
a Galo negará su berso y musa?

241 Concédeme, pues, ninfa, alegremente
esta merced debida y deseada,
ansí cuando vyendo tu cor[r]iente
devajo de la mar va apresurada,
la Doris no ynficione osadamente
con su amargor el agua delicada.
Comienza ya, y digamos el cuidado
de Galo, en quanto pace mi ganado.

Los montes dan oýdo a nuestro canto
—que tienen y los montes sus oýdos—,
ya quando les cantamos otro tanto
al punto dellos somos rrespondidos.
Mas, náyades, ¿qué selva amastes tanto?
¿Qué vosque ocupó ansí vuestros
                [sentidos,
quando damores Galo perecía,
pues ningún monte de otro os detenía?

Que cierto es que ni el Pindo ni el
                [Parnaso
de algún detenimiento cavsa os fueron,
ni la Aganipe aonia del Pegaso,
ni la Castalia fuente os detubieron.
Y fue tan lastimero y duro el caso,
que dél los ynsensibles se dolieron;
lloró el pino, y lloró el lavrel febeo,
y el Ménalo y sus peñas de Liceo.

Y las obejas mismas lastimadas,
juntas con él estavan de contino;
a ellas no les pesa ser giadas
por ti, el mayor poeta y más dibino;
no deven ser de ti menospreciadas,
ni juzgues que el ganado no t'es dino,
pues fue del bello Adoni apacentado
por prados y riberas el ganado.

Y bino el obejero; y bino luego
el porquerizo, bino el gordo ynchado
Menalca de vellota: "¿Y tanto fuego
y tanto amor de dónde?", an preguntado;
241v   y tanbién bino Apolo, y dice: "Rruego
me digas qué locura te á tomado.
Lícori, por quien, Galo, estás muriendo,
a otro por las niebes va siguiendo".

Y bino el dios Silvano, y parecía
que sacudiendo rrecio meneava
los lirios y espadañas que traýa,
la selva que su frente coronaba;
y el dios de Arcadia, Pan, tanbién benía
con rrostro rrubicundo que agradava;
por nuestros ojos mismos bisto á sido,
de moras negras y carmín teñido.

"¿Y quándo as de dar fin a tu tormento?
que d'estas cosas, dice, Amor no cura;
que nunca amargo lloro y sentimiento
artaron del Amor la anbre dura,
ni se bio Amor de lágrimas contento,
ni cabras de pacer rrama y berdura,
ni de flor las avejas, ni los prados
en agua de contino andar vañados".

El, sin embargo desto, doloroso
y triste respondió: "Bos, los pastores
de Arcadia, cantaréis con lastimoso
bersos por buestros montes mis dolores;
bosotros quen el canto artificioso
sois únicos maestros y cantores.
Rreposará mi alma —¡en qué alegría!—
si canta buestra boz la suerte mía.

Y io si de bosotros fuera vno,
o guarda de ganado o biñadero;

si amara a Fili, Aminta otro alguno,
que si es moreno Aminta, no es tan fiero,
tendidos so los sauces de consuno,
gozáramos en paz del bien postrero;
la Fili de girnaldas me cercara,
Aminta con su canto me alegrara.

242   Aquí prados abía deleitosos;
aquí, Lícori, allaras fuentes frías,
y aquí, si te agradara, en amorosos
deseos traspasáramos los días;
mas que agora, Amor, por peligrosos
pasos llevas mis locas fantasías,
y entre las armas fieras y el bramido
de Marte tienes preso mi sentido.

Y de la patria tú, y de mí alejada
—mas nunca crea yo tal desbentura—
sola y sin mí la niebe alpina helada,
que be del Rrin la tierra helada y dura,
y nofenda a tu carne delicada
el frío, o menoscave tu ermosura;
no corte de tu planta el cuero tierno
lascarcha rrigurosa del ynbierno.

Lo que en berso calcídico é conpuesto
pasar quiero a la flauta siciliana,
y entre las selvas y alimañas puesto
quiero pasar mi duelo y pena ynsana;
entallaré en los árvoles aquesto,
y tu quebrada fe, Lícori, y vana,
ellos creciendo se arán mayores,
y creceréis con ellos, mis dolores.

Y en tanto con las ninfas paseando
de Ménalo andaré por los oteros,
o si me diere gusto yré cazando
los tímidos venados y ligeros,

sin ser comigo parte, ni lanzando
o niebe el cielo o turbios aguaceros
serán de mí con perros rrodeados
los valles del Partenio y los collados.

Y se me representa ya y figura
que voi por los peñascos discur[r]iendo;
ya boi por la montaña áspesa, escura,
242v ya encorvo el arco y todo el tiro atiendo
mas, como si salud a mi locura
diese lo que ora triste boi diciendo,
o como si del mal del pecho vmano
supiese condolerse aquel tirano.

Mas ya ni quiero ninfas ni cantares;
los bersos no me placen, ni los quiero,
ni gusto por montañas ni lugares
ásperos perseyir el puerco fiero
las selvas no rremedian mis pesares,
ni el mal inconparable de que muero
ni estudio mío, pena o triste duelo
pueden mudar aquel que abrasa el suelo.

No pueden, ni si en medio del ynbierno
pusiese dentro el pecho el Hebro helado,
ni si quando del olmo el cuero ynterno
se seca en los Gineos, su ganado
paciese cometido a mi gobierno,
y quando el Sol en Cancro está
                 [encunbrado.
Todo lo tiene Amor preso y bencido
rrindámosle tanbién nuestro sentido.

Esto me baste, Musa, aber cantado,
en quanto un canastillo estoi tegiendo
al Galo, cuyo amor qual bien plantado
álamo, en mí por oras va creciendo.
¡Alto!, que ya a la sonbra estar sentado

daña, y de henebro más la sonbra siendo;
y aun a las mieses son las sonbras frías.
¡Yd hartas, que anochese, yd, cabras
                 [mías!"

240

DE ORACIO. ODA 1 DEL
LIBRO PRIMERO. MECENAS.
[FRAY LUIS DE LEÓN]

243 De claros rreyes claro decendiente,
Mecena es mi onrra toda y grande anparo,
a unos les agrada la carrera
y polvo del Olinpo, y la coluna
con arte y con destreza no tocada
de la ervorosa yerva, y la bitoria
noble, si la consigen, con los dioses,
señores de la tierra, los yguala.
A otros, si a porfía el bariable
bulgo le suve a grandes dinidades;
a otros, si recoge en sus paneras
quanto en las heras de África se coge.
Con quien gusta del canpo y su labranza
no será parte de Átalo el tesoro
a menealle dél, y acer que corra
la mar, echo medroso nabegante.
Mientras que al mercader le dura el
                 [miedo,
de quando el bendaval conmuebe gerra
al golfo Ycario, loa a voca llena
los prados de su pueblo y el sosiego;
mas luego, a la probeza no se aciendo,
se torna a rehacer la rrota bela.
Algunos ay tanbién a quien no pesa,

con el sabroso bino, darse al día
sus ciertos rratos darse a buena bida;
a veces so la berde sonbra puestos,
a veces a la pura y fresca fuente.
Ama los esquadrones el soldado,
y el son del atanbor, y la pelea,
de las que madres son, tan maldecida.
El que la caza sige, persebera
al yelo y a la nieve, descuidado
de su moza muger, si acaso an bisto
los perros algún corzo, y si á rronpido
[el bravo jabalí las puertas rredes].*

243v   A mí la yedra, premio y ermosura
de la gloriosa frente, me parece
vna divinidad; el monte, el bosque,
el baile de las ninfas, sus cantares
me alejan de la gente, y más si sopla
Euterpe su clarín, Polisminia
no deja de me dar la lesbia lira.
Y ansí, si tú en el número me pones
de los poetas líricos, al cielo
que toco, pensaré, con la caveza.

————

*Guillotinado; lo tomamos de J. M. Blecua,
pág. 379.

241

LA MISMA ODA.
[FRAY LUIS DE LEÓN]

Illustre decendiente
de rreyes, o, mi dulce y grande anparo,
Mecenas, verás gente
a quien el polvoroso Olinpo es caro,

y la señal cercada
de la rrueda que buela y no tocada.
Y la noble bitoria
los pone con los dioses soberanos;
otro tiene por gloria
segir del bulgo los favores vanos;
y otro si rrecoge
quanto en las heras de África se coge.
Aquel que en la labranza
sosiega de las tierras que á heredado,
aunque en otra balanza
le pongas del rrei Atalo el estado,
del mar Mirtoo dudoso
no será navegante temeroso.
El miedo, mientras dura,
del fiero bendabal al mercadante
alava la segura
bibienda de su aldea, y al ystante,
como no save acerse
[al ser pobre, en la mar torna a meterse].*

244   Abrá tanbién alguno,
que ni el banquete pierda, ni el buen día;
que vrta al ynportuno
negocio al cuerpo, y dase al alegría,
ya so el árvol florido,
ya junto yace a do el agua tendido.
Los esquadrones ama
y el son del atanbor el ques gerrero,
y a la tronpa que llama
al fiero acometer muebe el primero;
la vatalla le place,
que a las que madres son tanto desplace.
El que la caza sige,
al yelo está de sí mismo olbidado;
si el perro fiel persigue
tras del medroso ciervo, o si á dejado

la rred despedazada
el jabalí cerdoso en la parada.

La yedra, premio dino
de la caveza dota, a mí me lleva
en pos su bien dibino;
el bosque fresco, [la] rrepuesta cueba,
las ninfas, sus danzares,
me alejan de la gente y sus cantares.

Euterpe no me niege
el soplo de su flavta, y Polihimna
la cítara me entrege
de Lesvos; que, si a tu juicio, es dina
dentrar en heste qüento
mi boz, en las estrellas ace asiento.

———

*Guillotinado; lo tomamos de J. M. Blecua, pág. 382.

242

ODA 5. *QUIS MULTA [GRACILIS TE PUER IN ROSA]. LI. 1* [FRAY LUIS DE LEÓN]

¿Quién es, ¡o, Nisa ermosa!,
con aguas olorosas rrociado,
el que en lecho de rrosa
te ciñe el tierno lado?
¿Y a quién con nudos vellos,
con sinple aseo, anudas los cavellos,

244v   ¡a[y], Pirra!? Quántas veces
su dicha llorará y tu fe mudada,*
y del favor las beces,
¡ay!, que la mar ayrada
sus bientos, su rrencilla,

contenplará con nueba marabilla.

El que te goza agora,
y tiene por de oro, y persuadido
de liviandad te adora,
y ser de ti querido
y sienpre y solo espera,
no sabio de tu lei mudable y fiera,
aquel es sin ventura
en cuyos ojos luces no probada.
Yo como la pintura,
por boto al tenplo dada,
la muestra é ofrecido
mojado al dios del mar ya mi bestido.

———

*"su fe mudada" en ms.

243

ODA 14. *O NABIS [REFERENT IN MARE TE NOVI]* [FRAY LUIS DE LEÓN]

¿Tornarás por bentura
a ser de nuebas olas, nao, llevada
a provar la bentura
del mar, que tanto ya tienes probada?
¡O!, que es gran desconcierto;
¡o!, toma ya seguro, afable puerto.
¿No bes desnudo el lado
de rremos, y quál crugen las antenas,
y el mástil quebrantado
del ábrego ligero, y cómo apenas
podrás ser poderosa
de contrastar ansí la mar furiosa?

No tienes bela sana,
ni dioses a quien llames en tu anparo,
avnque te precies vana
mente de tu linage y nonbre claro,
y seas noble pino,
hijo de noble selva en el Eugino.
    Del nabío pintado
245 ninguna cosa fía el marinero,
questá espirimentado
y teme de la ola el golpe fiero;
pues guárdate con tiento,
si no es que quieres ser juego del biento.
    ¡O, tú, mi cavsadora
ya antes de congoja y de pesares,
y de deseo agora
no no poco cuidado, vir las mares
que coren peligrosas
entre las yslas Cícladas ermosas.

244

ODA XIX. *MATER SAEBA [CUPIDINUM].*
[FRAY LUIS DE LEÓN]

    La madre de Amor cruda,
y el hijo de la Sémilis tevana,
y la lacibia vana,
al alma que ya está libre y desnuda
de amar, le mandan luego
que torne y que se abrase en bibo fuego.
    El resplandor me abrasa
de Glícera, que más quel mármol fino
rreluce; y me ace brasa
su brío desenbuelto, y del dibino

rrostro un no sé qué que espira
grande deslizadero a quien le mira.
    Con ynpitu biniendo
en mí la Benus toda, desanpara
su Cipro dulce y cara,
y ni el que Cita quiere, ni el que uyendo*
baliente se mantiene,
ni que diga lo que ni va ni biene.
    Aquí yncienso y bervena
aquí céspedes berdes juntamente,
y aquí poned, mi gente,
de bino de dos ojas vna llena
taza; que por ventura
bendrá, sacrificada, menos dura.

———

*"y ni que el" en ms.

245

ODA XXIII. *VITAS HINNULEO.*
[FRAY LUIS DE LEÓN]

245v   Uyes de mí esquiva,
qual el corçillo, ¡o, Choe!, que llamando
la madre fugitiba
por montes, sin camino, va buscando,
y no sin vano miedo
de la selva y del biento nunca quedo.
    Porque si o la avenida
del céfiro las ojas meneadas
encrespa o si ascondida
la verde lagartezna las travadas
zarzas mobió, medroso
con pecho y con pie tienbla sin rreposo.

Pues yo no te persigo
para despedazarte cruelmente,
o qual tigre enemigo,
o qual león en Libia. Finalmente
deja, ya casadera,
el segir a tu madre por do quiera.

la qual es medio esclava,
y más enojadiza que mar brava.

————

*Guillotinado; lo tomamos de J. M. Blecua,
pág. 399.

246

ODA XXXIII. *ALBI, NE DOLEAS,*
[PLUS NIMIO, MENOR]
[FRAY LUIS DE LEÓN]

¡Ay!, no te duelas tanto,
Tibulo, ni te acuerdes del olvido
de Glícera, ni en canto
publiques tus querellas dolorido,
si, por vn mal dispuesto
mozo, la fementida te á pospuesto.

Porque sabrás que muere
por Ciro, Licorisa, la ermosa;
y Ciro no la quiere,
y base tras de Phloe desdeñosa;
y yo sé que primero
se amistrarán el lovo y el cordero.

A Benus ansí place
de aprisionar dibersos corazones
en duro lazo, y ace
conpuesto de disformes condiciones,
y de nuestro herror ciego
[saca su] pasatienpo y crudo juego.*

246   Por mí lo sé, que siendo
de vn principal amor mui rrequestado,
yo mismo consintiendo,
la Mirtale me tiene aherrojado,

247

ODA VIII. *ULLA SI JURIS*
[TIBI PERJURATI, LIBRO II]
[FRAY LUIS DE LEÓN]

Si, Nise, en tienpo alguno
aber quebrado tú la fe jurada
daño tan solo vno
pusiera en ti, afeada
en la vña siquiera,
o sólo un diente en ti s'ennegreciera,
    yo te creyera agora;
mas por la misma cavsa que perjura
te muestras, se mejora
mui más tu ermosura,
y sales hecha luego
público y general estrago y fuego.

Y ganas, avnque jures
por las cenizas de tu madre eladas,
y luego te perjures;
y avnque por las calladas
luces celestiales
jures y por los dioses ynmortales;
    que burlan destas cosas,
y destas juras, Benus, y el ligero
pecho de las ermosas
ninfas, y el Amor fiero,

que su saeta ardiente
aguza en crueldad continuamente.

    Y ácense mayores
creciendo para ti los mozos todos,
y en nuebos serbidores
crecen, que de tus modos*
no vyen crudos, fieros,
por más que lo amenazan los primeros.

    De ti la cuidadosa
[madre guarda] sus hijos, y el avaro**
246v padre; de ti lasposa
teme el esposo caro,
cuitada, si no biene,
pensando si tu bista le detiene.

———

*"crees" en ms.
**Guillotinado; lo tomamos de J. M. Blecua,
pág. 401.

248

ODA 9. [LIBRO II]. *NON SENPER
[IMBRES NUBIBUS HISPIDOS]*
[FRAY LUIS DE LEÓN]

    No sienpre decendiendo
la l[l]ubia de las nuves baña el suelo;
ni sienpre está cubriendo
la tierra el torpe yelo,
ni está la mar salada
sienpre de tenpestades alterada.

    Ni en láspera montaña
los bientos de contino haciendo guerra
hejecutan su saña;

ni sienpre en la alta sierra,
desnuda la arvoleda,
sin ojas, Nisi, y sin berdor se queda.

    Mas tú continuamente
ynsistes en llorar a tu rrovada
madre con boz doliente;
que ni la luz dorada
del sol, quando amaneçe,
mitigua tu dolor, o si anochece.

    Pues no lloró al querido
Antíloco sin fin el padre anciano,
que tres hedades bido;
ni sienpre en el troyano
suelo fue lamentado
el príncipe Troilo, en flor cortado.

    Da fin a tus querellas,
y buelve al dulce canto que solías,
o canta mis centellas,
o tus duras porfías,
que conbierten en rríos
los sienpre lagrimosos ojos míos.

    [Di cómo me robaste*
de en medio el tierno pecho el alma y vida
di cómo me dejaste,
jamás de mí ofendida,
y cómo tú de yngrata
te precias, y de amar yo a quien me mata.

    Y cómo, aunque fallece
en mí ya la esperanza, y alegría,
la fe viviendo crece
más firme cada día;
y siendo el agraviado,
perdón ante tus pies pido humillado.]

———

*Estas dos estrofas no se copiaron, las tomamos de J.
M. Blecua, pág. 254.

249

ODA 14.
247 *HEU FUGACES, [POSTUME,*
POSTUME, LIBRO II]
[FRAY LUIS DE LEÓN]

Con paso presuroso
se va vyendo, ¡ay Póstumo!, la bida;
y, por más rreligioso
que seas, no dilatas la benida
a la vejez, ni vn ora
detienes a la muerte domadora.

No aunque en sacrificio
dequïelles, cada día que amanece,
mil toros por serbicio
del dios Plutón, que nunca senternece;
que estrecha la grandeza
del Ticio con las aguas de tristeza.

Por do pasarán todos
quantos la liveral tierra mantiene,
ansí el que de los godos
deciende, y en su mano el cetro tiene,
como los labradores,
que biben de tan solos sus sudores.

Y no serbirá nada
no aber en la cruel batalla entrado,
ni de la mar ayrada
no aber las brabas olas esprimentado
y en el otoño en bano
vído abrás el Ábrego mal sano;
que del Cócito escuro
las aguas perezosas esforzado
que veas, y a aquel duro
travajo a que Sísifo es condenado,
y la casta alevosa
de Dáneo y su suerte travajosa.

Y que dejes mui presto
la casa, tierra y la muger amada;
y que sólo, el funesto,
ciprés te aconpañe en la jornada,
sólo de todas quantas
plantas, para dejar en brebe, plantas.

247v Y tus binos guardados
debajo de cien llaves, del dichoso
heredero gastados
serán, y del licor que en suntuoso
conbite no es gustado,
de tu casa andará el suelo vañado.

250

ODA 4. LIB. IV. *DESCENDE*
[CAELO ET DIC. AGE, TIBIA]
[FRAY LUIS DE LEÓN]

Deciende ya del cielo,
Calíope, ¡o reina de poesía!
Por largo espacio el suelo
ynche de melodía,
o la flavta sonando,
o ya la dulce cítara tocando.

¿Oýs? ¿O mi locura
dulce mengaña a mí? Porque el sagrado
canto se me figura
que oyo, y que el amado
porque paseo ameno,
de frescas aguas, de ayre fresco lleno.

En el monte Bulturo
do me crié, en la Apulia, fatigado
en mi niñez de puro
jugar, todo entregado

al sueño, me cubrieron
vnas palomas que sobre mí bieron
   de berdes ojas, tanto
que a todos admiró, quantos la sierra
y rrisco de Acheranto,
y la montuosa tierra
de Vata y de Fiñano
moran el abundoso y fértil llano,
   en ver cómo dormía,
ni de osos ni de bíboras dañado,
y cómo me cubría
de mirto amontonado
y de lavrel un belo,
que este ánimo en un niño era del cielo.

248   Por el alto Savino
buestro boy, buestro, ¡o Musas!, y do
                 [quiera
que vaya, o si camino
al Tíbur en la ladera,
o si al Preneste frío,
o si al varano suelo el paso g[u]ío.

   Porque amo a buestros dones,
en los canpos filipos en vida
los bueltos escuadrones
no cortaron mi bida,
ni el tronco malo y duro,
ni en la mar de Sicilia el Palinuro.

   Como os tengo primero
conmigo, tentaré de buena gana,
o echo marinero,
del mar la furia ynsana
o echo caminante,
los secos arenales de Levante.

   Por entre los Britanos,
fieros para los güéspedes, seguro,
y por los Guipuzquanos
que brindan sangre puro,

y por la Citia elada
yré, y por la Gelona de arco armada.

   Quando del travajoso
oficio el alto César, de la gerra
buscando algún rriposo,
en los pueblos encierra
la gente de pelea,
con bosotras se asconde y se rrecrea.

   Bosotras el tenplado
consejo y la rrazón dais, y por gloria
tenéis abello dado,
que pública es la ystoria
de la titana gente,
cómo la destruyó con rrayo ardiente.

248v   Quien los mares ventosos,
quien la pesada tierra, quien los muros
altos y populosos
y los rreinos escuros
que sólo él los mortales,
y los dioses con leyes rrige yguales.

   Bien es berdad que puso
aquella fiera gente, confiada
en sus brazos, confuso
temor en la morada
soberana del cielo,
a do subir quisieron desde el suelo.

   ¿mas, qué parte podían
ser Mimas, ni Tifón, ni el desmedido
Porfirio; o qué valían
el Rreto, el atrebido
Encélado, que hechava
los árvoles al cielo que arrancava,
   en contra el espantoso
escudo de la Palas? A su parte
Bulcano ervoroso
y Juno estava, y Marte,
y quien jamás desecha

de sus onbros laljava, ni la flecha.

    Y baña en la agua pura
Castalia sus cavellos, y es servido
de Licia en laspesura,
y el bosque a do á nacido
posee, y el que sólo
en Delo y en Patara reina Apolo.*

    De sí misma es bencida
la fuerza sin consejo y derribada;
mas la cuerda y medida
del cielo es prosperada,
[a quien la valentía]**

249 desplace, dada al mal de noche y día.

    Testigo es berdadero
de mis sentencias Gías, el dotado
de cien manos, y el fiero
Orión, el osado
tentador de Diana,
domado con saeta soberana.

    Duélese la cargada
tierra sobre sus partos, y agramente
ber su casta lanzada
en el abismo siente,
ni el fuego a la montaña
de Etna sobrepuesto gasta v daña.

    Ni del bicioso Ticio
jamás se aparta el buitre, ni se muda,
a su maldad y bicio
dado por guarda cruda;
y está el enamorado
Piritho en mil cadenas apretado.

*"niño Apolo" en ms.
**Guillotinado; lo tomamos de J. M. Blecua pág.
412.

251

ODA 9, LI. 3. *DONEC [GRATUS ERAM TIBI]. HO[RACIO].*
[FRAY LUIS DE LEÓN]

Ho.

    Mientras que te agradava
y mientras que ninguno más dichoso
los brazos anudava
al blanco cuello ermoso,
más que el persiano rrei f[u]i benturoso

Li.

    Y yo mientras no amaste
a otra más que a mí, ni, desechada,
por Cloe me dejaste,
de todos celebrada,
más que rromana Ilia fui nonbrada.

Ho.

    Ha mí me manda agora
la Cloe, que canta y toca dulcemente
la bigüela sonora;
y porque se acreciente
su bida, moriré yo alegremente.

249v *Li.*

    Y yo con ynflamado
amor a Calais quiero y soi querida;
y si el benino ado
le da más larga bida,
la mía daré yo por bien perdida.

Ho.

¿Mas qué, si torna al juego
amor, y torna a dar firme lazada?
¿Si de mi puerta luego
la rrubia Cloe apartada,
a Lida queda abierta y libre entrada?

Li.

Aunque Calais ermoso
es más que el sol, y tú más brabo y fiero
que mar tenpestuoso,
más que pluma ligero,
bibir quiero contigo y morir quiero.

252

ODA 7, LI. 3. *QUID FLES,*
[ASTERIE, QUEM TIBI CANDIDI].
[FRAY LUIS DE LEÓN]

¿Por qué te das tormento,
Asterie? ¿No será el abril llegado,
que con próspero biento
de rriquezas cargado,
y más de fe cunplido,
tu Giges te será restituido?
  Quen Orico, do agora,
después de las Cabrillas rreboltosa[s],
del biento giado mora,
las noches espaciosas
y frías desvelado
pasa, y de largo lloro aconpañado.
  Bien que con maña y artes
de su güéspeda Cloe el mensajero

le tienta por mil partes
diciendo el dolor fiero
en que la triste pasa,
y cómo con su fuego ella se abrasa.
250   Y cómo la alevosa
Antea mobió a Preto con fingida
querella presurosa-
mente quitar la bida
al casto en demasía
Belerofonte, él mesmo le decía.
  Y qüenta cómo puesto
en el último trance fue Peleo,
mientras que vye, honesto,
la Ypólita, y arreo
le trae toda ystoria
del mal ejenplo el falso a la memoria.
  En valde; porque a quanto
le dice está más sordo que marina
rroca; ni por espanto,
ni por rruego se inclina;
tú vye por tu parte
de Henipeo, tu becino, enamorarte.
  Aunque ni en la carrera
ninguno se le iguala, ni con mano
rrebuelbe más ligera
el cavallo en lo llano
ni con ygual presteza
nadando corta el Tibre y su bra[ve]ça.
  En siendo anochecido
tu puerta cierra, y no abras la bentana
al canto dolorido
de la flavta alemana;
y avnque mil beces fiera
te llame, tú más dura persebera.

253

ODA 10, LI. 3. *EXTREMUM [TANA IM SI BIBERES, LYCE]* [FRAY LUIS DE LEÓN]

Av[n]que de Citia fueras,
avnque más brabo fuera tu marido,
condolerte debieras,
Lice, del que ofrecido
[al zierzo tienes] en tu vnbral tendido.*
250v ¿La puerta, la arvoleda
oyes del fiero biento conbatida
quál brama, quál se queda
la niebe ya ca¡da
del ayre agudo en mármol conbertida?
Deja, ques desamada
de Benus, esa tu soberbia vana,
no te alles burlada;
no tengendró toscana
a ser como Penélope ynumana.
No, avnque domeñarte
ni tu marido de otro amor tocado,
ni rruego, ni oro es parte,
ni del enamorado
la amarillez teñida de violado,
vn poco de blandura
vsa conmigo, ¡o, sierpe!, ¡o, más que yerta
encina y rroble duro!
Que no sienpre tu puerta
podré sufrir al ayre descubierta.

---

*Guillotinado; lo tomamos de J. M. Blecua, pág. 419.

254

ODA [27] 37, LI. 3. *IMPIOS [PARRAE RECINENTIS OMEN]* [FRAY LUIS DE LEÓN]

Agüero en la jornada
al malo de la boz del propio oýda
y la perra preñada,
i la zorra parida,
y del monte la lova decendida;
   y ronpa el comenzado
camino la culebra, que biniendo
ligera por el lado,
el quártago temiendo
dexó; que yo no temo nada, abiendo
   con santa boz mobido
de donde nace el sol el cuervo a buelo,
primero que al querido
[lago, rayendo el suelo]*
251 bolase la sagaz del negro cielo.
   Dichosa a do quisieres
podrás yr, Galatea, y acordada
de mí bibe do fueres;
tu yda no es vedada
de pico o de corneja desastrada.
   Mas mira cómo lleno
el Orión de furia ba al Poniente;
yo sé quién es el seno
del Adria luengamente,
y quánto estrago ace el soplo Oriente.
   La tenpestad que mueve
el rresplandor hegeo que amanece,
quien mal quiero la pruebe,

y el mar que brama y crece,
y las costas azota y estremece.

Que ansí del engañoso
toro la blanca Europa confiada,
con rrostro temerroso,
miró la mar quajada
de formas espantables, avnque osada.

La que poco antes hera
maestra de girnaldas rrobadora
de la berde rribera,
en brebe espacio de ora
no bio más que agua y cielo y noche,
[y llora.

Y luego que se bido
en la poblada Creta, enajenada
de todo su sentido
—¡o, padre!, ¡o, boz amada!—
por un ciego furor tan mal trocada,
y dijo: "¡Ay, enemiga
de mí! ¿Dó biene? ¿Todo el bando
del mal no me castiga?
¿Por dicha estoi llorando,
[culpada?, ¿o inocente, estoy soñando?]**

251v   ¿O velo o sueño vano
del unbral de marfil aparecido
me burla? ¡Ay! ¡Quán más sano
fuera el prado florido,
que las olas del mar enbrabecido!

Si mentregase alguno
aquel nobillo malo en que benía,
con fierro, vno a vno
los cuernos quebraría
que poco tienpo á tanto quería.

Desvergonzada el techo
de mi padre dejé; desbergonzada
¿despés de lo que [é] hecho,

rrespiro? ¡Ay Dios! ¡Cercada
me beo yo, y de tigres ya tragada!

Antes que se destrege
la presa, y que magrez abor[r]ecida
el fresco rrostro arruge,
que así bella y florida
deseo de leones ser comida.

Europa bil —tu avsente
padre te aprieta—, el nudo y da, mezquina,
¿qué dudas?, prestamente
el cuello a esa encina
con este cordón tuyo, que, adibina,
ceñiste. O si te agrada
el rrisco agudo o el despeñadero,
¡sus!, muere despeñada,
entrégate al ligero
biento; si no es que, hija de rrei, quiero
obedecer esclava
a várvara muger en bil estado".
Presente al lloro estava
rriyendo, falsa, al lado
la Benus y su hijo desarmado.

Y de burlas contenta,
252   le dijo: "Si aquel mal toro a desora
tornare, tened cuenta,
no le yráis, señora,
no os le mostréis tan brava como agora.

Aprende a ser dichosa;
del Júpiter no llores, ¿no bencido
no bes que eres esposa?
Del orbe dibidido,
el tercio gozará de tu apellido".

---

*Guillotinado; lo tomamos de J. M. Blecua, pág. 425.
**Guillotinado; lo tomamos de J. M. Blecua, pág. 426.

255

ODA 1, LI. 4. *INTERMISSA*
[VENUS DIU]
[FRAY LUIS DE LEÓN]

Después de tantos días,
¡o, Benus!, ¿otra bez soplas al fuego
de tus duras porfías?
¡No más, por Dios, no más, por Dios,
                                    [te rruego!
Que no soi qual solía,
quando a la ermosa Çínara serbía.

No trates más en bano,
¡o, de amor dulce cruda engendradora!,
rrendirme, que estoi cano
y duro para amar. ¡Bete en buen ora;
rrebuelbe allá tu llama
sobre la gente moza, que te llama!

Si un corazón procuras,
qual deves abrasar, y si enplearte
debidamente curas,
con Máximo podrás aposentarte;
az allí tu manida,
que de naide serás más bien serbida;

porque es mozo ermoso,
y en todo quanto ace es agraciado;
es noble y generoso,
de mil abilidades adornado,
y defensa heloquente
del aquitado rreo diligente.

Y tan rrico que, quando
el contendor llevare de bencida,
del canpo ya quedando,
será con boluntad agradecida

252v

por este beneficio
te serbirá con tenplo i sacrificio.

De mármol tu figura
pondrá so rrico techo colocada
acerca el agua pura
del lago Alvano, do serás onrrada
con yncienso abundante,
con cantos y con cítara sonante.

Dos beces allí al día
las bírgenes y mozos escogidos
cantarán a porfía
tu nonbre en corro, de la mano asidos,
y a son yendo cantando,
el suelo herirán de quando en quando.

A mí ya no me agrada
ni mozo, ni mujer, ni aquel ligero
esperar; que pagada
me es la boluntad, ni menos quiero
coronarme de rrosa,
ni la enbriagada mesa mes gustosa.

Mas, ¡ay de mí!, mezquino,
¿qué lágrimas son estas que a desora
me caen, Ligurino?
¡Ay!, di: ¿qué nobedad es ésta que ora
a mi lengua acontece,
que en medio la palabra senmudeçe?

De ti en la noche escura
mil beçes que te prendo estoi soñando;
otras se me figura,
traidor, que en pos de ti, que bas bolando,
ai por el berde prado,
ya por las rraudas aguas sigo a nado.

256

ODA 13, LIB. 4. *AUDIVERE,*
[LUCE, DI MEA VOLTA, DI]
[FRAY LUIS DE LEÓN]

Cunplióse mi deseo,
cunplióse, ¡o, Lices! A la vegez odiosa
253 entregada te beo,
y todabía parecer ermosa
quanto puedes procuras,
y burlas y aces mil desenbolturas.

Y con la boz tenblando
cantas por despertar al perezoso
Amor, que rreposando
sestá despacio sobre el rrostro ermoso
de Chía, la cantora,
que de su edad está en la flor agora.

Que sobre seca rrama
no quiere acer asiento ni manida
aquel malo, y desáma-
te ya; porque la boca denegrida
y las canas te afean,
quen la nebada cunbre ya blanquean.

Y no son poderosas
ni las granas de Cos, ni los brocados,
ni las piedras preciosas
a tornarte los años, que encerrados
debajo de su llave
dejó la edad, y buela más que el ave.

¿Qué se izo aquel donaire,
aquella tez ermosa? ¿A dó se á ido
del mobimiento el ayre?

¿Aquella, aquella, á desparecido,
aquella en quien bullía
Amor, que najenado me tenía?

No vbo más amada
beldad después de Cínara, más clara,
de más gracias dotada;
más, ¡ai!, ¿cómo rrovó la muerte avara
a Cínara tenprano,
y con la Lice vsó de larga mano?

253v   Dióle que en larga bida
con lantigua corneja conpitiese,
de años consumida,
para que en gran risa ber pudiese
la gente moza erbiente,
buelta en pabesa ya la acha ardiente.

257

EX HORATIO LI. 1. *CARMINUM*
SOLVITUR [ACRIS HIEMS
GRATA VICE VERIS ET FAVONI].
[FRAY LUIS DE LEÓN]

Ya comienza el ynbierno tenpestuoso
a tenplar su rrigor con la venida
de Favonio suave y amoroso,
que nuebo ser da al canpo y nueba bida;
ya biendo el mercadante bullicioso,
que a navegar el tienpo le conbida,
con máquinas al mar sus nabes hecha
y el ocio torpe y bil de sí desecha.

Ya no quiere el ganado en los cerrados
establos rrecogerse, ni el billano

huelga destar al fuego, ni en los prados
blanquea ya el rrocío elado y cano.
Ya Benus con sus ninfas concertados
bailes ordena, mientras su Bulcano
con los Cíclopes en la fragua ardiente
está al travajo atento y diligente.

Ya de berde arrayán y barias flores,
que a producir el canpo alegre enpieza,
podemos conponer de mil colores
girnaldas, que nos ciñan la caveza.
Ya conbiene que al dios de los pastores
demos en sacrificio una caveza
de nuestro ato, o sea corderillo,
o si él lo quiere más, un cabritillo.

Que bien tienes, ¡o, Sexto!, ya entendido
254   que la muerte amarilla va igualmente
a la choça del pobre desvalido
y al alcázar rreal del rrei potente.
La bida es tan yncierta, y tan temido
su término, que debe el más prudente,
enfrenar el deseo y lasperanza
de cosas cuyo fin tarde se alcanza.

¿Qué saves si oy te llevará la muerte
al rreino de Plutón, donde mal dado*
jugarás si te cave a ti la suerte
de ser rrei del vanquete o conbidado;
ni te consentirán entretenerte
con el ermoso Lícida, tu amado,
en cuyo fuego presto abrá centellas,
que ynflararán el pecho a mil donçellas?

————
*"malvado" en ms.

258

ODA 2. *EX PINDARO.*
[FRAY LUIS DE LEÓN]

El agua es bien precioso
y entre el rico tesoro,
como el ardiente fuego en noche escura,
ansí rrelunbra el oro;
mas, alma, si es sabroso
cantar de las contiendas la bentura,
ansí como en la altura
no ay rrayo más luciente
que el sol, que es rrei del día
por todo el cielo yermo se demuestra;
ansí es más excelente
la olínpica porfía,
de todas las que canta la boz nuestra.
Es materia abundante,
donde todo elegante
yngenio alza la boz, ora cantando
de Rrea y de Saturno el engendrado,
y juntamente entrando
el techo de Yerro[n], alto, preciado.

254v   Hierón el que mantiene
el cetro merecido
del abundoso suelo çiçiliano;
y dentro en sí cogido
lo bueno y la flor tiene
de quanto balor cave en pecho vmano;
y con maestra mano
discanta señalado
en la más dulce parte
de canto, la que ynfunde más contento,

que en el banquete amado
mayor dulçor rreparte.
Mas toma ya el laúd, y el sentimiento
con dulces fantasías
[te colma y alegrías];*
la gracia de Piernico, el que en Alfeo
bolando sin espuela en la carrera,
y benciendo el deseo
del amo, le cobró la boz primera.

    Del amo glorioso
en la cavallería,
que en Siracusa tiene el principado,
i rayos de sí enbía
su gloria en el famoso
lugar que fue por Pélapo fundado;
por Pélapo que amado
fue ya del gran Netuno,
luego que a ber el cielo
la Cloto lo produce, rrelunbrando
en blanco marfil vno
de sus onbros, al suelo
con lestrañez jamás bista admira[n]do.
Ay espantosos hechos,
y en los vmanos pechos
más que no la verdad desafeitada,
la fábula, con lengua artificiosa
[y dulce fabricada],**
255   para lanzar su engaño es poderosa.

    Merced de la poesía,
que es la fabricadora
de todo lo que es dulce a los oýdos,
y así lo enmiela y dora,
que ace cada día
los casos no creíbles ser creídos,
mas los días nacidos

después con el engaño.
Lo que al onbre conbiene
es fingir de los dioses lo que es dino;
siquiera es menor daño.
Por donde a mí me biene
al ánimo cantar de ti, dibino
Tantálides, diberso
lo que cantava el berso
de los antepasados; y es, que abiendo
a los dioses tu padre conbidado,
y en Sípilo comi[en]do,
Netuno te rrobó de amor forzado.

    Dañóle amor el pecho,
y en carro rreluciente
te puso donde mora tu alto ermano;
a do en la edad siguiente
bino al saturn[i]o lecho
en buelo Ganimedes soberano.
Mas como el ojo vmano
huiste, y mil mortales,
que luengo te buscaron,
a tu llorosa madre no trugeron
ni rrastro ni señales;
por tanto no faltaron
vecinos enbidiosos que digeron,
255v   que por cruel manera
en ferbiente caldera
[cortado mienbro a mienbro y parte
                  [a parte]***
los dioses te trajeron, y traído
a la mesa deste arte,
entre ellos te comieron rrepartido.

    Mas tengo por locura
acer del bientre esclavo
a celestial alguno, y carnicero.

Y, ansí mis manos lavo,
que de la desmesura
el daño y el desastre es conpañero,
y más que de primero
el Tántalo fue amado
de los gobernadores
del cielo, si lo fue ya algún terreno;
bien que al amontonado
tesoro de favores
no le bastando el pecho de rrelleno,
rronpió en vn daño fiero,
que Júpiter sincero
le sujetó a la peña caediza,
y ansí el huir que sienpre fantasea,
y el miedo que le atiza,
agénanle de quanto se desea.
  Y de saver desnudo
padece estos tres males
demás deste mal crudo; porque osadamente dio a sus yguales
lanbrosia que no pudo,
y el né[c]tar do los dioses colocada
tienen su bien adada
y no finible bida.
¡Mas quánto es loco y ciego
quien fía de encubrir su hecho al cielo!
Después desta caída
256 tanbién el hijo luego
tornaron al lloroso y mortal fuego;
y como le apuntava
la varva y estaría
el mozo en [su] bigor y florecía,
el brío y generoso pensamiento
y entonces le ofrecía,
el ánimo aplicó y el pensamiento.

  Ardiendo, pues desea
a la Ypodamía,
del caro Pesadón yllustre planta,
y a do la mar batía
quando la noche afea
el mundo, sólo busca al que quebranta
las ondas, y levanta
aquel que encontinente
junto dél aparece,
le dice: "Si contigo aquel pasado
tienpo savrosamente
algo puede y merece,
y si ya mi dulzor te bino en grado,
enflaquece la mano,
y lanza de Claomano,
i dame la bitoria en Helis puerto,
que adelantar las vodas y concierto
el padre está dispuesto,
[d]ado que son ya trece los que á muerto.
  Lo grande y peligroso
no es para el cobarde;
el alto y firme pecho lo presume.
Y pues tenprano v tarde
es el morir forzoso,
¿quién es el que sin nonbre y bil consume,
y en onda noche sume
el tienpo de la vida,
de toda paz ajeno?
Al fin yo estoi rresuelto en esta enpresa,
[y tuya es la salida,]****
256v quel dar suceso bueno".
  Y dicho esto calló; mas no fue abiesa
de aquesta su rreqüesta,
la divinal rrespuesta;
que dándole nueva balentía,

le puso en carro de oro, en los mejores
cavallos que tenía,
con [a]las no cansadas voladores.
    Y ansí alcanzó bitoria
[del contendor baliente]*****
y fue suya la birgen; y casada,
[viviendo luengamente,]******
de alto pecho y gloria,
sois príncipes, sus hijos engendrados
dejaron; que pasados
los días, yace agora
en tunva suntuosa
a par del agua alfea, a par del ara,
de las que el mundo adora
la más noble y gloriosa;
que ace que su nonbre y fama clara
por mil partes se estienda
la olínpica contienda
que se celebra allí, do el pie ligero,
do acen las osadas fuerzas prueba,
y quien sale el primero,
dulcísimo descanso y gozo lleva
    para toda la vida.
Tanto es precioso y rraro
el premio que consige; y sienpre abiene
ser excelente y claro
el bien que de abenida,
y junto en vn día, al onbre biene;
mas a mí me conbiene
con alto y noble canto
por más abentajado
con el beloz cavallo coronarte,
Hierón illustre, y quanto
a todos en estado
257   bences y en claros hechos celebrarte

tanto con más hermosas
y más artificiosas
canciones yo presumo. Bibe i crece;
que Dios tiene a su cargo tu ventura,
y si no desfallece,
aun yo te cantaré con más dulzura.
    Cantarte he bitorioso
en boladora rrueda,
y el Chronio, que acia el sol contino mira,
para que tanto pueda
menfunda copioso
don de palabras bivas; quen mí yspira
fortísima me tira
ansí, echa señora,
la Musa poderosa;
que cada qual en vno se señala,
y todo al rrei adora.
No busques mayor cosa,
y el cielo que en lo alto de la escala
te puso, te sustente
allí continuamente.
I yo, de tan ilustre conpañía,
me bea de contino rrodeado,
y, claro en poesía,
por todo el griego suelo andar nonbrado.

---

*No se copió; lo tomamos de J. M. Blecua, pág. 439.
**Guillotinado; lo tomamos de J. M. Blecua, pág. 439.
***No se copió; lo tomamos de J. M. Blecua, pág. 441.
****Guillotinado; lo tomamos de J. M. Blecua, pág. 443.
*****No se copió; lo tomamos de J. M. Blecua, pág. 444.
******No se copió; lo tomamos de J. M. Blecua, pág. 444.

259

LAS DIEZ ÉGLOGAS Y TODAS
ESTAS ODAS SON TRADUCIÓN
DE FRAI LUIS DE LEÓN.
TERCETOS EN UNA
ESPERANZA QUE SALIÓ VANA

Huid, contentos, de mi triste pecho;
¿qué engaño os buelve a do nunca pudistes
tener asiento ni acer probecho?

Tened en la memoria quando fuistes
con público pregón, ¡ay!, desterrados
de toda mi comarca y rreinos tristes,

257v   a do ya no beréis sino nublados
y biento y torbellino y furia fiera,
suspiros encendidos y qüidados.

No pinta el prado aquí la primavera
ni nuebo sol jamás las nubes dora
ni canta el ruiseñor lo que antes hera;

la noche aquí se bela, aquí se llora
el día miserable sin consuelo
y bence al mal de ayer el mal de hagora.

Guardad buestro destierro, que ya
               [el suelo
no puede dar contento al alma mía,
si ya mil bueltas diere andando el cielo;

guardad buestro destierro, si alegría,
si gozo y si descanso andáis senbrando,
que aqueste canpo abrojos solos cría;

guardad buestro destierro, si tornando
de nuebo no querréis ser castigados
con crudo azote y con ynfame bando;

guardad vuestro destierro, que
               [olbidados
de buestro ser, en mí seréis dolores;
¡tal es la fuerza de mis duros ados!

Los bienes más querridos y mejores
se mudan y en mi daño se conjuran,
y son por ofenderme ansí traidores;

mancíllanse mis manos, si se apuran;
la paz y el amistad mes cruda gerra;
la culpa falta, mas las penas duran.

Quien mis cadenas más estrecha
               [y cierra
es la ynocencia mía y la pureza;
quando ella suve, entonces bengo a tierra.

Mudó su lei en mí naturaleza,
y pudo en mi dolor lo que no entiende
ni seso umano ni mayor bibeza.

258   Quando desenlazarse más pretende
el pájaro cavtivo, más se enliga,
y la defensa mía más me ofende.

En mí la agena culpa se castiga
y soi del malechor, ¡ay!, prisionero,
y quieren que de mí la Fama diga.

Dichoso el que jamás ni lei ni fuero
ni el alto tribunal ni las civdades
ni conoció del mundo el trato fiero;

que por las ynocentes soledades
rrecoge el pobre cuerpo en bil cavaña
y el ánimo enrriquece con berdades;

quando la luz el ayre y tierra vaña,
levanta al puro sol las manos puras,
sin que se las aplomen odio y saña;

sus noches son sabrosas y seguras;
la mesa le bastece alegremente
el canpo, que no rronpen rrejas duras;

lo justo le aconpaña y la luciente
berdad, la sencillés en pechos de oro,
la fe no colorada falsamente;
　　de rricas esperanzas almo coro
y paz con su descuido le rrodean,
y el gozo, cuyos ojos vye el lloro.
　　Allí, contento, tus moradas sean;
allí te lograrás; y a cada vno
de aquellos que de mí saver desean
les dí que no me biste en tienpo alguno.

260

SALMO 62. *DOMINUS
ILLUMINATIO MEA*
[FRAY LUIS DE LEÓN]

Dios de mi luz y bida,
¿quién me podrá dañar? Mi fortaleza
es Dios y mi manida;
¿qué fuerza o qué grandeza
pondrá en mi corazón miedo v flaqueza?
258v　　Al mesmo punto quando
llegava por tragarme el descreydo,
el henemigo vando,
yo firme y él caydo
quedó, y avergonzado y destruydo.
　　Si cerco me cercare,
no temerá mi pecho; y si sangrienta
gerra se lebantare,
o si mayor tormenta,
en éste espero yo salir dafrenta.

A Dios esto é pedido
y pediré, que quanto el bibir dura,
rrepose yo en su nido,
para ver su dulzura
y rremirar su casa y su hermosura.
　　Que allí en el día duro
devaxo de su sonbra aynojado,
y en su secreto muro
me defendió cerrado,
como en rroca firmísima ensalzado.
　　Y tanbién beré agora
de aquestos que me cercan el quebranto,
y donde Dios se adora,
le ofreceré don santo
de gozo, de loor, de dulce canto.
　　Ynclina, ¡o, Poderoso!
a mi boz, que te llama, tus oýdos;
qual sienpre piadosos
te muestra a mis gemidos;
sean de Ti mis rruegos sienpre oýdos.
　　A Ti, dentro en mi pecho,
dexó mi corazón, y mi cuidado
en la mesa, en el lecho,
mis ojos te an buscado,
y buscan asta ber tu rrostro amado.
259　　No te me ascondas, bueno;
no te apartes de mí con faz torcida,
que ya tu dulce seno
me fue cierta guarida;
no me deseches, no, Dios de mi bida.
　　Mi padre en mí terneza
faltó, y quitó a mi madre el nonbre caro
de madre su crueza;
mas Dios con amor rraro
me rrecogió devajo de su anparo.

Muéstrame tu camino,
gía, Señor, por senda nunca herrada
mis pasos de contino,
y no me dañen nada
los puestos contra mí sienpre en celada.

No me des en la mano
de aquéstos que me tienen afligido;
con testimonio vano,
triunfar de mí an querido,
y al fin berán que contra sí an mentido.

Yospero firmemente,
Señor, que me [é] de ber en algún día
a tus bienes presente,
en tierra de alegría,
de paz, de bida y dulce conpañía.

No concibas despecho;
si se detiene Dios, ¡o, alma!, espera;
dura con firme pecho;
con fe açerada, entera,
aguarda, sufre, dura, persebera.

261

SALMO 113. *IN EXITU
ISRRAEL DE EGIPTO*
[FRAY LUIS DE LEÓN]

En la feliz salida
del pueblo y casa de Jacob famosa,
de la desconocida
bárvara y prodigiosa
tierra de Hegito, ydólatra y biciosa,

la celeste morada,
259v gloria del mundo y célebre Judea,
se be santificada,
con ella se rrecrea
y sólo en Dios, y su poder senplea.

Sienpre el favor glorioso
con que a su pueblo Dios lleva triunfando
el mar mui temeroso
huye, y tras sudando
buelbe el Jordán su curso levantando.

Allí de gozo el suelo,
al qual las obejuelas y corderos
se alegran del señuelo
de sus pastores beros,
se alegran montes, balles, selva, oteros.

¿Quál poderosa mano
rreprime más tus fuerzas y biolencia;
y al fiero curso ynsano,
Jordán, de tu potencia,
enfrenar quiere con sangre y con biolencia

¿Qué os rrova el alegría
montes, collados que como amorosas
obejas y su cría
con las yervas sabrosas
se alegran, que os gozáis daquestas cosas?

El mar furioso y rrío,
ante el aspecto de su Dios sagrado
no tiene poderío;
por sólo su mandado
muebe la tierra a vno y otro lado.

Por el ser escabroso
estéril rrisco y de la piedra dura,
con rruido sonoroso,
manaron en artura
estanques y corrientes de agua pura.

260   A Ti se debe sólo
de tan ilustres hechos gloria entera;
que en nuestro vmilde polo
ningún mortal vbiera,
que de tan altas obras dino fuera.

De tu piadoso celo
tenemos tantos bienes rrecibidos,
porque el bárvaro suelo,
biéndonos oprimidos,
no digan: "Son de Dios destituidos".

Pues desde el claro asiento
del cielo, do tu espíritu dibino
rreside, el firmamento
gobiernas, y camino
das sólo a los que quieren tu des[t]ino.

Los simulacros banos,
que várvaros adoran vmilmente,
son obras de sus manos,
de plata rreluciente,
de oro o de metal falso, aparente.

Tu lengua plateada
xamás dará a ser vmano asiento,
y la bista dorada
xamás berá el contento,
que se le da con sacrificio al biento.

Los cánticos gozosos
no gozarán, que sordos los oydos
tienen los poderosos,
y olores ofrecidos
tanpoco darán gusto a sus sentidos.

Sus manos beneradas
no palparán su gloria, ni en el suelo
se verán sus pisadas,
ni avn para su consuelo
podrán gemir los príncipes del suelo.

260v   Los várvaros profanos,
que tales cosas onrran y beneran,
que esperan con sus manos,
como plantas se ingieran
con sus miserias y con hellas mueran.

La casa ennoblecida
del illustre Jacob en Dios espera,
dador de heterna bida;
Él es su gloria eterna,
i su esperanza y bida berdadera.*

———

*El poema en otras versiones tiene 49 versos más.
Este códice se suma a las familias L y P que también
omiten esos versos.

262

PSALMO 38. *DIXI: CUSTODIAM
VIAS MEAS.* TRADUCIÓN DE
FRAY LUIS DE LEÓN

Dige: Sobre mi boca
el dedo asentaré; tendré cerrada
dentro la lengua loca,
porque, desenfrenada
con el agudo mal, no ofenda en nada.

Pondréla un lazo estrecho;
mis ansias pasaré graves conmigo;
aogaré en mi pecho
la boz, mientras testigo
y de mi mal juez es mi enemigo.

Callando como mudo
estube, y deso mismo el detenido
dolor creció más crudo,
y en fuego conbertido,
desenlazó la lengua y el sentido.

Y dixe: Manifiesto
el término de tanta desbentura
me muestra, Señor, presto;
será no tanto dura,
si sé lo que me resta y quánto dura.

261 ¡Ay!, corta ya estos lazos,
pues acortaste tanto la medida,
pues das tan cortos plazos
a mi cansada bida;
¡ay!, ¡cómo el onbre es burla conocida!

¡Ay!, ¡cómo es sueño bano,
ymagen sin sustancia, que bolando
camina! ¡Ay!, ¡quán en bano
se cansa, amontonando
lo que dexa, y no save a quién ni quándo!

Mas yo, ¿en qué espero agora
en mal tan miserable mejoría?
En Ti, a quien sólo adora,
en quien sólo confía,
con quien sólo descansa el alma mía.

De todos, que sin qüento
mis males son, me libra; y a mi rruego
te muestra blando, atento;
no me pongas por juego
y burla al ynorante bulgo y ciego.

De naide fundo quexa
callando, y, mudo, paso mi fatiga;
y digo, si me aqueja,
mi culpa es mi henemiga,
y que tu justa mano me castiga.

Mas usa de clemencia;
levanta ya de mí tu mano airada,
tu azote, tu sentencia;
que la carne gastada,
y la fuerza del alma está acavada.

No gasta la polilla
ansí como tu henojo y su porfía
contra el que se amancilla;
consúmesle en un día,
261v que al fin el onbre es sueño y burlería.

Presta a mi rruego oydo;
atiende a mí el amor; sea escuchado
mi lloro dolorido,
pues pobre y desterrado
como mis padres, bibo a ti allegado.

¡O!, da vna pavsa poca;
suspende tu furor para que pueda
con rrisa abrir la voca,
en bida libre y leda,
aqueste brebe tienpo que me queda.

_____

V. 29, «canta» en ms.

263

SALMO 1. *BEATUS VIR.*
[FRAY LUIS DE LEÓN]

Es bienabenturado
varón el que en juicio malicioso
no anduvo descuidado,
ni el paso perezoso
detubo en el camino peligroso;

y vye de la silla
de los que acen burla de lo bueno;
y juntos, en quadrilla,
arrojan el beneno,
que anda rrecogido en lengua y seno.

    Mas en la lei divina
pone su boluntad y pensamiento,
quando el día se ynclina
y a el claro nacimiento,
loscuro de la noche en ella atento.*

    Será qual berde planta,
que, a las corrientes aguas asentada,
al cielo se levanta
con fruta sazonada,
de mui dibersas cosas coronada.

    Será en todo dichoso,
seguro de la suerte que se muda.
No así el malo dañoso,
262   quan si el biento sacuda
la pasa de la era más menuda.

    Por eso al dar la cuenta,
la cavsa de los malos, como bana,
se bolverá en su afrenta;
y para buenas sana,
será illustre, heróica, soberana.**

---

*"nenello tiento" en ms.
**La última estrofa no se copió. Este códice se
asocia así a la familia R que también la omite.

264

SALMO 44. *ERVITAVIT*
COR MEVM
[FRAY LUIS DE LEÓN]

    El pecho fatigado
de sentencias mayores y subidas
me abunda ya colmado;
al Rrei van dirigidas
mis musas y canciones escogidas.

    Buélase mi ligera
lengua, como la mano exercitada
a escribir más entera,
sin que se borre nada,
mas canta asta el fin mui concertada.

    Ermoso y dulce esposo,
más que Adán y sus hijos esparcido
de gracias y sabroso,
más amado y querido,
y de Dios para sienpre bendecido,
    ciñe tu rica espada,
prepotente de gloria y de grandeza,
y salga bien tratada
esa tu gentileza,
y descúbrase a todos tu riqueza,
    sobre sublimes rruedas
de justicia, berdad y mansedunbre;
y berás cómo quedas
en la misma alta cunbre,
bencida denemiga muchedunbre.

    Tus agudas saetas
pueblos derrivarán muchos tendidos.
Rrei, todo lo sugetas,
262v todos de ti heridos;
son con ásperos golpes y crecidos.

Tu silla y alto asiento
para sienpre jamás, es poderoso;
de mudanzas esento,
tu cetro mui glorioso,
cetro de rretitud no rriguroso.

La justicia es tu celo,
y la desigualdad de ti aborecida;
por eso, Dios del cielo
vngió tu esclarecida
caveza, en abundante y gran medida.

Tu precioso bestido
lanza y echa de sí olor suabe,
quando al marfil bruñido
se le quita la llave
y se abren los armarios, donde cave.

A tu derecha mano
se asentará la Esposa aconpañada
[de] estado soberano
de rreinas rrodeada,
de oro luciente y puro cercada.

Y bos, linda doncella,
oíd, oíd, llegad buestros oydos;
dejad tierna querella
de padre y conocidos,
y olbidad esos pueblos ya sabidos.

Ya queda aficionado
el Rrei dese donaire y ermosura;
tenle mui acatado,
mira que heres su hechura,
postrarse á la de Tiro a tu figura.

Ten esto mui groriosa,
que destado real tan eminente
no se te asconda cosa,
y quando quier presente
tienes al Rrei que manda tanta gente.

263   Bestida mui de gala,
con rropa[s] de ylo de oro entretegidas;
tesperan en la sala
mil damas bien guarnidas,
cantando a tus entradas y salidas.

Por tus padres cansados
y biejos, de los años consumidos,
de mozos esforzados
en número crecidos,
hijos berás de rreyes escogidos.

Mui dentro en mi memoria
mientras del sol durare el gran rrodeo,
tendrá bida la ystoria
del dichoso Ymineo,
pues dél me mana el bien que ansí poseo.

Por tal veneficio
mis pueblos prontamente conmobidos
con mi mortal oficio
los tus loores debidos
harán de gloria y bien enriquecidos.

265

SALMO 24. *AD TE LEVABI
ANIMAM MEAM*
[FRAY LUIS DE LEÓN]

Avnque con más pesada
mano, mostrado á en mí su desvarío
la muerte dura, ayrada,
y oprime a su albedrío,
levantaré mi alma a Ti, Dios mío.

Mi alma en ti repuso
de su bien la defensa y de su bida;
no quedaré confuso,
ni la gente perdida
se alegrará soberbia en mi caída.

Porque jamás burlados
los que esperando en Ti permanecieron
serán, ni abergonzados;
confusos sienpre fueron
los que sin cavsa al bueno persiguieron.

Enséñame por dónde
263v camine, por dónde ay deslizaderos,
y el lazo dó se asconde;
con pies sueltos, ligeros,
Señor, me enseña andar por tus senderos.

Gíame de contino,
Señor, por tu camino berdadero,
pues sólo a Ti me ynclino,
y sólo a Ti yo quiero,
y sienpre en Ti esperando persebero.

Que es tuyo el ser piadoso;
esté sienpre presente en tu memoria
el número copiso
de tu misericordia
de que está llena toda antigua ystoria.

Conforme a mis maldades
no me miréis, Señor, con ojos de yra;
conforme a tus piadades
por tu bondad me mira,
por tu bondad, por quien todo respira.

Es bueno, y juntamente
es fiel y justo Dios; al que sin tino
ba ciega y locamente
redúcele benino,
mas con debido azote, al buen camino.

A los mansos aveza
que sigan de tu gusto las pisadas;
a la vmilde llaneza
por sendas acertadas
la guía, y por rrazón justificadas.

Todo es misiricordia
a fe quanto Dios obra y tiene obrado
por lantigua memoria,
con los que de su grado
guardando el cierto ser an bien obrado
conservan; y por tanto
que des, dulce Señor, perdón te pido
264 por el tu nonbre santo
a lo que te [é] ofendido,
y triste, que es mui grave y mui crecido.

Mas ¡quál y quán dichoso
aquel varón será, que de Dios fuere
a su lei temeroso!
Yrá Dios donde él fuere,
y su luz será en todo lo que yciere.

Su alma, en descansada
vida, de bienes mil enrriquecida,
rreposará avastada;
y será poseída
la tierra por su casta esclarecida.

A los que le temieron
ará Dios su secreto manifiesto;
y a los que le sirbieron
del tesoro rrepuesto,
quen su lei y promesa tiene puesto.

Mis ojos enclavados
tengo, Señor, en Ti la noche y día,
porque mis pies sacados,
según mi fe confía,
serán por Ti del lazo y su porfía.

Tus brazos amorosos
abre, Señor, a mí con rrostro amado,
con ojos piadosos,
porque, desanparado,
y pobre soi de todos desechado.

Los lazos de tormento,
que estrechamente tienen mi afligida
alma, ya son sin qüento.

¡O, Dios!, libra mi bida
de suerte tan amarga y avatida!

[Atiende a mi bajeza;*
mira mi abatimiento; de mi pena
contenpla la graveza;
con mano de amor llena
ronpe de mis pecados la cadena.]

Y mira cómo crecen
mis henemigos más cada momento;
y cómo me aborrecen
con aborrecimiento
malo, duro y cruel, fiero y sangriento.

264v   Sea por Ti guardada
mi alma y mi salud; de tan tirano
poder sea librada;
mi fee no salga en vano,
pues me fié, Señor, sólo en tu mano.

Al fin, pues que te espero,
baldráme la berdad y la llaneza;
mas sobre todo quiero,
que libre tu grandeza
a tu pueblo de angustia y de tristeza.

_____

*Esta estrofa se omitió en el ms. El códice se acerca
así a la familia S de fuentes que también omiten los
mismos versos.

266

PSALMO 78. *DEUS JUDITIUM
TUVM RREGI DA*
[FRAY LUIS DE LEÓN]

Señor, da al Rrei la bara,
y al hijo del gran rrei tu mano enbía
y con justicia rrara
él sólo rregirá tu monarquía.

Alcanzarán derecho
los onbres por sus manos, y sus collados
no turvarán el pecho
del bulgo, ni los cedros encunbrados
no arán más ynjusticia,
que él dará lo debido a cada vno:
al vmilde justicia,
salud al ynjuriado, al ynportuno
ynjuriador quebranto;
serás temido Tú mientras luciere
el sol y luna, y quanto
la rrueda de los siglos se bolbiere.

Ynfluirá amoroso
qual la menuda l[l]ubia v qual rrocío
en prado deleitoso;
florecerá en su tienpo el poderío
del bien, y una pujanza
de paz, que durará no vn siglo sólo;
su rreino rrico alcanza
de mar a mar y duno al otro polo.

265   Y, puesto ante él postrado
el negro, el montesino, el henemigo,
el polvo besa ollado.

Los rreyes de la mar en pecho amigo,

y Grecia y los rromanos
con los ysle[ñ]os todos, los Sabeos,
   los Áraves cercanos,
tributo le darán, y los perseos
   de todos los bibientes
así conbertirá; las más lucidas
   y las más de las gentes
todas le adorarán, ante Él caídas;
   por quanto por su mano
será librado el pobre, que oprimía
   el soberbio tirano,
el triste a quien anparo fallecía.
   Será el menesteroso
cercano de perdón; la enprobecida
   alma con don piadoso
será por El de logro rredimida
   de la gran biolencia.
la sangre del cuitado mui preciosa
   será ante tu presencia,
y por bida mortal, bida gloriosa;
   darále ricos dones,
por donde, agradecido de contino,
   con debidos pregones
ensalzará sus loas su dibino
   amor; sin pavsa alguna
por El será bendito. ¡O, siglos de oro!,
   quando tan sólo vna
por ti, Señor, mis lágrimas yo lloro
   produzirá senbrada,
de mieses ondeando qual la cunbre
   del Lívano ensalzada;
quando con más largeza y muchedunbre
   [que el heno en las ciudades]*
265v el trigo crecerá. Por do despliega
   la fama en mil hedades
el nonbre deste Rrei, al cielo llega

el nonbre que primero
que el sol manase luz rresplandecía:
   en quien asta el postrero
mortal será bendito; a quien de día,
   y noche celebrando,
las gentes darán loa y bienandanza,
   y dirán alavando:
"Señor, Dios de Isrrael, ¿qué lengua
             [alcanza
   a tu dibina gloria?
De marabillas solo Avtor, bendito
   Tú seas; su memoria
baya de gente en gente en ynfinito
   espacio ynchirá el suelo
tu sacra magestad, qual ynche el cielo".

---

*Guillotinado; lo tomamos de J. M. Blecua, pág. 509.

267

PSALMO 18.
COELI ENARRANT.
[FRAY LUIS DE LEÓN]

Los cielos dan pregones de tu gloria
anuncia el estrellado tus proezas;
   los días te conponen clara ystoria,
las noches manifiestan tus grandezas.
   No ay abla ni lenguaje tan diberso
que a las boces del cielo no dé oydo;
   corre su boz por todo el uniberso;
su son de polo a polo á discur[r]ido.

Allí eciste al sol rrica morada,
allí lucido el y bello mora;
   lozano y baleroso su jornada
comienza, corre, pasa en brebe ora.
   Traspasa de la vna a la otra parte
del cielo, y con sus rrayos todos mira.
   Mas ¡quánta mayor luz, Señor, rreparte
tu lei, que del pecado nos rretira!
   Tus ordenanças, Dios, no son antojos;
abisos sanos son al tonto pecho;
   Tus leyes alcool de nuestros ojos
266 tus manos alegría y fiel derecho.
   Tenerte es bien jamás perecedero,
tus fuerzas son berdad justificada;
   mayor codicia ponen que el dinero,
más dulces son que miel mui apurada.
   Amarte es abrazar tus mandamientos,
guardallos mil rriquezas conprende;
   mas ¿quién los guardará sus
              [mobimientos
o todos los nibela y los entiende?
   Tú linpia en mí, Señor, lo que no
              [alcanzo,
y libra de altibez el alma mía,
   que si bitoria deste juicio alcanzo,
derrocaré del mal la monarquía.
   Darás oýdo entonces; yo contino
diré: "Mi Redentor, mi bien dibino".

268

PSALMO *SUPER FLUMINA*,
  POR CARRANZA

   Quando presos pasamos
los rríos de Vabillonia sollozando,
vn rrato nos sentamos
a descansar llorando,
de ti, dulce Sión, nos acordando.
   Allí, de descontentos,
colgamos de los savces levantados
los dulces ystrumentos,
que en Sión acordados,
solían tañer a Dios psalmos sagrados.
   Colgámoslos de henojo
de ber que aquellas bárvaras naciones
tubiesen cruel antojo
de oyr cantar canciones,
a quien acen llorar mil sinrrazones.
   Ellos como se bieron
cerca de Babillonia en su rregión,
"cantá y tañed —dixeron—
y no qualquier canción,
sino uno de los cantos de Sión".
266v   Con amargos estremos
les respondimos: "¿Presos y en cadena,
no nos mandáis [que] cantemos
psalmos en tierra agena
agena de Dios y toda cosa buena?
   Si yo mientras bibiere,
de Ti, Jerusalén, no me acordare,
y do quier que estubiere,
tu ausencia no llorare
de mí me olvide yo si te olbidare.

Si en tal prisión y mengua
puesto, por mí canción fuere cantada,
la boz rronca y la lengua
al paladar pegada
quede de aber cantado castigada.

Si tubiere contento
sin ti, Sión, mi bien y mi alegría,
con áspero tormento
page el placer de vn día
con mil años de pena el alma mía.

Ten, ya Señor, memoria
de los hijos de Edón en la alegría
de tu civdad y gloria,
bengando en aquel día
su furia, crueldad y tiranía.

Castiga estos feroces
gerreros, que benciendo no contentos
dicen a grandes boces:
¡Desaced los cimientos,
asolad, asolad los fundamentos!"

¡O, Babilonia triste!,
dichoso el que te diere el justo pago
del mal que nos yciste,
y dijere: "Yo ago
en nonbre de Sión aqueste estrago".

267   "Y en la justa venganza
más bendito será quien más llevare
por rrigor la matanza,
y los niños que allare,
en piedras sin piedad despedazare".

269

PSALMO. *LAVDA, HIERUSALEM, DOMINUM* [FRAY LUIS DE LEÓN]

Herusalén gloriosa,
civdad del cielo amiga y anparada,
loa al Señor, gozosa
de berte dél amada;
lóale Sión, de Dios tan estimada.

Porque bes con tus ojos
de tus puertas estar sobrecerrados
candados y cerroxos;
y a tus hijos amados
bendixo en ti por siglos prolongados.

De bien y paz ceñida
tanto te guarda Dios, que no ay camino
por do seas ofendida;
y con manjar dibino
te arta y satisface de contino.

Aqueste Dios enbía
a la tierra su boz y mandamiento,
y con presta alegría
obedece al momento
sin poder rresistir todo elemento.

Enbía blanca niebe
como copos de lana carmenada;
aqueste es el que llueve,
y esparce niebe helada,
menuda qual ceniza derramada.

Envía tanbién del cielo
267v qual planchas de cristal endurecido
el rriguroso yelo,
cuyo frío crecido
no puede rreparar ningún bestido.

Y aunquesté más helado,
se derrite al dibino mandamiento;
sopla el sonido alado   268
de algun llubioso biento,
y al punto suelta el agua en vn momento.

    Aqueste Dios declara
el pecho a Jacob, su pueblo amado;
y en Ysrrael, que anpara,
nos á depositado
la lei y cerimonias que á ordenado.

    No á echo Dios tal cosa
con todas las naciones juntamente,
ni con lengua piadosa
manifestó a otra gente
su corazón tan tierna y ciertamente.

270

ÉGLOGA DEL SALMO
DE PROFUNDIS DE
F. LUIS DE LEÓN

Lo que vn zagal valiente
cuya erculea mano
fue de leones y osos nuebo espanto,
siendo ya livre y sano
de vn mortal acidente,
cantava: "He de cantar, mas si mi canto
no puede sonar tanto,
es porque el ystrumento
y aquella arpa dibina
de la questa malina lanzadora
no me yspira aliento
con que mi yngenio arribe
a proferir el punto que concibe".

No deves, ¡o Celino!
por eso desdeñalle,
antes mirando el árvol do se arrima
de Torias estimalle,
pues es tan peregrino
que a los altos cipreses ba por cima;
contenplas tú su rrima
y el celestial acento
de aquel quera pastor,
y avn dese tu color,
y luego en ti berás tal sentimiento
que digas claramente:
Andronio es éste y ésta es su corriente.

    Al tienpo que tendida
mi alma por el suelo
de triste pensamiento se mantiene,
perdido ya aquel buelo,
perdida aquella bida
que en sólo tú, Señor, rreposo tiene,
mientras que se detiene
en contenplar su estado,
estado tan profundo
que en belle me confundo,
allí, en aquel abismo sepultado
puesto en tan ondo estrecho,
a ti, Señor, clamé rronpiendo el pecho.

    Mas por la gran distancia
que de ti me apartava
no pude entonces ser oýdo,
lo qual en mí cavsava
vna desconfianza
que la fuerza que braba a mi gemido,
agora ya perdido,
asido a vna tabla
por entre mar furioso,

parlero de medroso,
digo del corazón sacando el abla.
    Acava ya, Señor,
de oi'r la boz de aqueste pecador,
aplica tus oýdos
a la boz miserable
268v de aquel que se conoce por yndino,
del ayre faborable
de que son mantenidos
aquellos que te gustan de contino;
y pues que tan benino
te muestras en moberme
quen fin ser tuyo beo
este mi buen deseo,
no sé por qué del todo quies perderme,
pues pide la rrazón
quescuches ya la boz de mi oración.

    Cierto es que la rrazón
no sufre ni consiente
que no quieras siquiera escucharme,
y siendo tan clemente
tengas tal condición
que sin oýrme quieras condenarme;
si te place acusarme
que en paso rriguroso
asta el postrer pecado
por ti esaminado,
¿quién no fallecerá de temeroso?
Di, ¿quién podrá sufrirte,
quién no huirá la bida por huirte?

    El sol rresplandeciente
bestido de hebras de oro,
si tú, Señor, te paras a miralle,
aquel rrico tesoro
terná algún acidente
por do puedas, si quieres, condenalle;

y si quieres contalle
sus faltas y defetos,
verás en él mancillas
que no puede cubrillas
estos celestes orbes tan perfetos,
269 pornás en agonía
de desecharles toda su armonía.

    Si al onbre corrutible
bestido de flaqueza,
de fieros enemigos conbatido,
quieres con aspereza
y con furor terrible
sumalle lo gastado y rrecibido,
cuéntale por perdido
y ansí, sin el rremedio
ques tu misericordia
do nace la concordia,
el tomará por saludable medio
que luego le desagas
que sin juzgarle más te satisfagas.

    Mas vn rrigor tan crudo
de ti está mui ageno
porques contra tu lei y tu costunbre:
que tu rrostro sereno
esté un punto desnudo
de dulce y amorosa mansedunbre,
antes allá en la cunbre,
en tu trono asentado,
llena de claridad
se be la piedad,
y en tu cetro la muestras esmaltado,
mostrándonos la llave
del cielo en figura de blanca abe.

    Ésta te enriqueçe
y ésta te ace amable,
y en tus dibinas y admirables obras

ésta es la más loable
y en ésta resplandece
el nonbre y el valor que della cobras;
por ésta al mundo sobras,
por ésta aquel sabroso
[   ]ado maestro,*
269v   más aún de Padre Nuestro,
rrenonbre se te dio tan amoroso,
y ansí para contigo
mas priba la piedad que no el castigo.

      Tiénesla establecida
en lei firme, fundada,
con escritura eterna y perdurable,
la qual urde rrogada
ni puede ser rronpida,
ni se dirá jamás que fue mudable
sino cierta y estable,
más que si en diamante,
con estilo encendido,
la vbieran esculpido,
más firme es que el cielo y más costante
la lei do das perdón
al que conbierte a ti su corazón.

      Ésta me á sostenido
en grande sufrimiento
mostrando a mis con[go]xas dulce puerto,
y dándome vn aliento
que en mí á encendido
el celestial calor questava muerto;
antes andava yncierto,
como el que navegando
pierde de bista el norte
no save dónde aporte
y á de poder bibir desesperado,
ansí mi triste bida
perdida aquesta lei yba perdida.

      Mi alma fatigada,
de mil miserias llena,
si estriva sobre sí, luego fallece
allí la amarga pena,
ynca la aguda espada,
allí lantigua llaga rreverdece,
270   si luego no perece
con tan crudo tormento,
es porque la detubo
y sienpre la sostuvo
al tienpo de su grave sentimiento
aquel clemente rrei
con su dulce palabra y santa lei.

      Este es aquel señor
en quien contino espero
de su promesa cierta el alma mía,
porque nu[n]ca negó
su gracia y su fabor
a quien con afición se le pedía,
por tanto todo el día
asta la noche escura
el pueblo de Isrrael
espere sienpre en él,
pues su misiricordia es nuestra cura
y su bondad ynmensa
es rredención que excede nuestra ofensa.

      Bañavan las megillas
los ojos echas fuentes
deste cantar divino conbertidos
en arroyos cor[r]ientes.
¡O! quántas marabillas
gustaran, ¡o Celino!, tus sentidos
en el canto enbebidos,
en que profetizava
cómo de sus pecados
serían rrescatados

los hijos de Isrrael y aquí bolava
su fuego en alta llama,
su nonbre, ¿quies saber?, Dabid se llama.
Canción, mira, no cayas,
vete vn poco despacio
[   ]**
270v postrada ante Celino
dile, pastor, por qué sois tan dibino.

———

*Guillotinado.
**Guillotinado.

271

PSALMO 136.
SUPER FLUMINA BABILONIS
DE F. LUIS DE LEÓN

Sobre los claros rríos
y las sordas cor[r]ientes
de Babilonia, de maldades llena,
cavtibos, obedientes,
vmildes y sonbríos
en dura serbidunbre, en tierra agena
tendidos en la arena
los cuerpos fatigados
un rrato descansamos,
en tanto que lloramos
tus casos, ¡o Sión!, tan desastrados,
trayendo a la memoria
por el suelo tus muros y tu gloria.

Allí, con llanto triste
de doloroso acento,
benció las rroncas ondas el gemido

y el animoso biento,
el qual con furia enbiste
contra las altas cuestas con rruido,
de allí, con alarido
y amargos sentimientos,
en medio la civdad,
llena de crueldad,
colgamos nuestros dulces ystrumentos,
porque el dolor doblavan
quando entre el mal del bien nos
                              [acordavan.
    Dejámoslos colgados
tanbién porque hentendemos
que a ti, Señor, ynjuria se acía,
y mucho más sentimos
271 bernos ansí burlados
que todo el cavtiberio y tiranía;
cada vno escarnecía
y de tu lei burlava,
ylos que nos llevaron
allí nos preguntaron
qué como te alavava
y que con qué rrazones
loávamos a Dios y qué canciones.
    ¡Qué tigre endurecido,
qué león ynvmano,
qué diamante de tan gran dureza
quál onbre ay tan tirano
que biendo destruido
su enemigo no ablande su braveza!
Pero la gran crueza
de los que nos llevavan
entonces más crecía,
quando más mal acía,
diciendo quando más nos aquexavan:

"Cantad vna canción
de aquellas que se cantan en Sión".

    Çercados de dolor
vmildes rrespondimos
[a] aquellos de quien éramos burlados,
cómo cantar podemos
cantares del Señor,
estando en tierra agena, desterrados,
callando, de quitados,
que agena tanbién hera
de toda lei del Cielo,
de todo onesto celo,
quiriendo antes decir, si se entendiera
que cómo se podía
cantar de Dios adonde no lo abía.

271v   Bien puede levantarme
o conbatir mi estado,
[sy ay grado que abajar mi dura suerte]*
mui bien puede arrojarme
el enemigo ayrado,
o dexarme bibir o muerte darme;
firme é destar y fuerte,
y sienpre he de acordarme
de ti, Hierusalén,
pues ya me falta el bien,
antes consienta Dios de mí olbidarme:
su fortaleza y gloria
me falte quando falte tu memoria.

    En ti me bino bida,
en ti el aliento y fuerza
y este ser natural que nos sustenta;
pues nunca es bien que tuerza
el alma en mí ynfundida
de ti ni te olbidar jamás consienta;
y antes que olbido sienta

de ti el alma apartada,
me falte aquel vmor
que al cuerpo da bigor;
tal que la lengua al paladar pegada
del todo ablar no pueda,
a quien acuerdo ya de ti no queda.

    Y fálteme tanbién
la fuerza y el aliento
no sólo si algún tienpo te olbidare.
Más avn, si el sentimiento
de ti, Hierusalén,
por ningún gozo ni placer trocare,
si en ti no ymaginare,
quando alegre estubiere,
poniéndote delante,
[en aquel mismo ystante]**
272 el bien que de otra parte me biniere,
porque jamás le tenga
en quanto de tu avmento no me benga.

    Acuérdate, Señor,
de aquellos ynvmanos
hijos de Edón, que amigos nuestros
                [siendo,
becinos comarcanos,
dolor sobre dolor
en nosotros andavan añadiendo;
no olbides que poniendo
yban los idumeos
el día que decían
matavan y prendían
en tu civdad, furor a los caldeos,
para añadir tormento
al agudo y justo sentimiento.

    Mirad qué sentiría
de berse perseguida

de ellos nuestra civdad y maltratada,
después que destruida
de bárvaros se vía,
estando en sangre y en dolor bañada,
que biéndola cuitada
gente tomar cavtiba,
ellos decían: "¡Matad,
no vséis de piadad!
[¡No escape a vuestras manos cosa
                      [viva!]***
¡No quede fundamento:
los muros desaced asta el cimiento!"
   Pues, gente miserable
en Babilón nacida,
miserable en este triste sentimiento,
espera que sentida,
con cavsa más loable,
será de ti la pena y mal que siento,
y con dibino aliento,
aquél será esforzado,
[que con la gloria aga]****
272v en ti tan justa paga,
quanto es justa la que yo é pagado,
y berte he qual me biste,
medida a la medida que me diste.
   No pido más benganza
que tú, de tu enemigo,
Señor, me des, ni más crueldad te pido
de la que vsó conmigo
y que en ygual balança
le agas miserable y dolorido.
   Y aquesto concedido,
bendito el que topare,
estándola asolando,
los niños que mamando
las tetas estarán, y les quitare

dentre los tiernos brazos,
y los yciere en piedras mil pedazos.

---

*Omitido, lo tomamos de MN 3902, 135v.
**Guillotinado; lo tomamos de MN 3902, 135.
***Omitido; lo tomamos de MN 3902, 136v.
****Guillotinado; lo tomamos de MN 3902, 137v.

272

OTRA TRADUCIÓN
AL MISMO PSALMO

   Estando en las rriberas
de los rríos crecidos
que a Babilonia ciñen asentados,
memorias lastimeras
de los bienes perdidos
tan tristes nos tenían y turbados,
que los gozos trocados
en dolorosos llantos,
agenos de contentos
todos los ystrumentos
de música acordada y dulces cantos,
de los salces más altos
colgamos de consuelo y gozo faltos.
   Y en medio estas tristezas
y destierro prolijo,
bed qué alivio los várvaros nos davan:
mobían sus cavezas
273 con fiesta y rregocijo,
nuestras bravas miserias vltrajavan;
hi[m]nos nos preguntavan
de los que en otro tienpo
cantamos en Sión,

y que nuestra pasión
la echásemos en burla y pasatienpo,
y los que nos tenían
presos con esto más nos afligían.

Nosotros, la rrespuesta,
y a petición tan dura,
dávamos en aballes sollozando.
¡O gente desconpuesta
sin rrastro de blandura!,
¡cómo querréis que estando ansí, llorando,
de Sión nos acordando,
tristes y pensatibos,
de nuestra tierra avsentes
y en la agena presentes,
cantemos, siendo presos y cavtibos,
los hi[m]nos que cantamos
quando en Hierusalén de paz gozamos!

Hierusalén mi gloria,
mi bien y mi alegría,
de berdadera paz principio y fuente,
si jamás tu memoria
cayere de la mía,
si te olbidare vn punto solamente,
si estubieres avsente
de mi alma vn momento,
si vna o mil pasiones,
si fieros esquadrones
apartaren de ti mi pensamiento,
mi diestra elada y queda
se torne que tocar larpa no pueda.

Plega a Dios, patria mía,
que si yo me oluidare
273v de ti, del tenplo y casas torreadas,
que en la garganta fría
las voces que formare
dentro se queden de mi boca heladas

y al paladar pegadas;
y si jamás tubiere
de placer vn ystante,
sin ponerte delante
en qualquier fiesta o gozo que sintiere
mil oras de tormento,
page por vna sola de contento.

Nos olbidéis, Señor,
de dar su merecido
a los hijos de Edón en aquel día,
quando tras el dolor
fuere rrestituido
buestro pueblo a la gloria y ufanía
de que gozar solía;
y aquellos fementidos
que nuestras cuitas biendo
decían con gran estruendo:
"¡A ellos, a ellos!, ¡mueran!, ¡destruildos
asta los fundamentos!",
Señor, bengad sus culpas con tormentos.

Ciudad brava y terrible,
babilónico ynperio;
desdichado de ti, ya que el dichoso
que con pecho ynbencible,
rronpido el cavtiberio,
librare a Isrrael, el pueblo glorioso,
y con brazo furioso
yciere en ti el estrago
que tú en Sión yciste
quando la destruiste;
dichoso el que te diere justo pago:
que tus rrecién nacidos
[en duras piedras mueran sacudidos].*

———

*Guillotinado; lo tomamos de MP 973, 87.

273

274 PSALMO 12. *VSQUE QUO,*
DOMINE, OBLIVES
[FRAY LUIS DE LEÓN]

¿Asta quándo, Dios bueno,
asta quándo estaréis de mí olbidado?
Y ese rrostro sereno,
¿asta quándo anublado
á destar y de saña rrodeado?

¿Asta quándo, pasmada,
y entre barios consejos bacilando
terné esta alma cuitada?
Y el dolor, ¿asta quándo
á destar mis entrañas traspasando,

y a mi henemigo ayrado,
ya no más, ya, Señor, no estar rendido?
Ya basta lo pasado,
si vos atento oýdo
bolbéis y rrostro alegre al afligido.

Si sola vna centella
de buestra luz luciere en mi sentido,
yo quedaré con ella
tan bibo, tan lucido,
que nunca en mortal sueño esté dormido.

Y ansí mi enemigo
se vfanará de aberme contrastado,
ni dirá que conmigo
sus fuerzas á mostrado,
y que me deja ya domesticado.

Terná el que mal me quiere,
si me biere bencido, gran pujanza;
pero si yo pusiere,

Dios mío, mi esperanza
en ti, ¿quién tomará de mí benganza?
Mi corazón ya vfano
tan próspero estará, tan bitorioso,
que por tan soberano
274v bien, al nonbre glorioso
tuyo mil psalmos cantaré glorioso.

274

PSALMO 124. *QUI*
CONFIDUNT IN DOMINO
[FRAY LUIS DE LEÓN]

Como ni trastornado
el monte de Sión, ni de su asiento
jamás será mudado,
ansí del mal esento,
será quien tiene a Dios por fundamento.

De monte rrodeada
está Hierrusalén y defendida;
y Dios tiene cercada
a su gente escogida
con cerca que jamás será rronpida.

No entregará al ynjusto
cetro [Dios] la birtud, porque la rrienda*
no suelte acaso el justo,
y en la vedada senda
no meta el pie, y amar la mala senda.

Que Dios al bueno anpara,
y ciñe con su gracia y don dibino;
y al que con libre cara
sige por el camino
dichoso, favoreçe de contino.

Mas los que por torcidos
senderos se desbían engañados,
serán de Dios traídos
a fines desastrados.
Libre el Señor de mal a sus amados.

———

*Omitido; lo tomamos de J. M. Blecua, pág. 538.

275

PSALMO 102. *BENEDIC
ANIMA MEA DOMINO*
[FRAY LUIS DE LEÓN]

Alava a Dios contino, alma mía,
y todas mis entrañas dad loores
a su glorioso nonbre noche y día.

Alava, y nunca olbides sus favores,
sus dones, tan dibersos del devido
a tus malvados echos y traidores.

Este perdona quanto a[s] ofendido,
y pone saludable medicina
[en todo lo que en ti quedó erido].*

275   Tu bida, que al sepulch[r]o era vecina,
él mismo la rrepara, y te ermosea
con rricos dones de piadad dibina.

Bastécete de quanto se desea,
qual ágila será por él trocada
en bella jubentud tu bejez fea.

Ace justicia Dios mui apurada,
da Dios a los opresos su derecho,
a los que oprime ynjusta mano osada.

Notificó su yngenio y dulce pecho
al santo Moissés; a su querido
pueblo manifestó su estilo y echo.

Y dijo: "Para todo lo nacido
soi dentrañable amor, soi piadoso,
soi largo en perdonar, la yra olvido".

No tiene en sus hentrañas ni rreposo
la saña ni sosiego, ni le dura
eterno en yra el pecho corajoso.

No fue el castigo qual la desmesura,
mas al contrario ynconparablemente
la pena es menos que la culpa dura.

Cuando sencunbra el cielo rreluciente
sobre la vaxa tierra, tanto crece
su amor sobre la vmilde y llana gente.

Lo que ay de do el sol nace a do
                                [anochece,
tanto, por su clemencia, desbiada
de nos nuestra maldad desaparece.

Con las entrañas que la madre amada
abraza sus hijuelos, tan amable
te muestras a tu gente rregalada.

Conoces nuestro varro miserable,
y tienes dibujado en tu memoria
que nuestro ser es polvo bil, ystable.

De nuestros días la más larga ystoria
275v es eno, tierra, flor, quen vn momento
florece y muere su belleza y gloria.

Pasó sobrella vn flaco soplo, vn biento,
y como si jamás nacido vbiera,
avn no conocerás do tubo asiento.

La gracia de Dios sienpre es duradera
en quien dura [en] su amor, y sucediendo
por mil generaciones persevera:

en los que su lei santa obedeciendo,
lascriven en el alma y sin olvido,
y belando la cunplen y durmiendo

No sólo rreinas sobre el sol lucido,
mas tu corona alcanza y conpreende
quanto será jamás, y quanto á sido.

El trono eterno quen tu amor
                                    [senciende
te dé loor, el coro poderoso,
el que a tu boz alerto sienpre atiende

Bendígate el hejército hermoso
de todas las lunbreras celestiales,
a quien acer tu gusto es deleitoso.

Bendígante tus obras ynmortales;
loores te dé quanto el mundo cría
el mar, la tierra, el ayrre, los mortales
y alávete tanbién el alma mía.

———

*Guillotinado; lo tomamos de J. M. Blecua, pág. 514.

III. NOTAS

Todas las fuentes manuscritas e impresas que se incluyen en las notas, igual que las indicaciones entre paréntesis de sus ediciones modernas y las citas bibliográficas que figuran al final de las notas, remiten a la Bibliografía. Incluimos también referencias a las ediciones y repertorios que son imprescindibles para el estudio de la lírica áurea, como los preparados por Antonio Carreira, Margit Frenk o Antonio Rodríguez-Moñino, donde se podrá hacer acopio de más datos.

ABREVIATURAS

BB	Berkeley, Bancroft
BUB	Barcelona, Biblioteca Universitaria.
Colección de romances	*Romancero general o colección de romances.*
Corpus	Frenk, Margit. *Corpus*
EP	Évora, Biblioteca Pública.
Flor cuarta	*Quarta y quinta parte de Flor de romances.*
Flor cuarta (Ramillete)	*Ramillete de flores. Quarta.*
Flor de romances	*Flor de varios romances nuevos y canciones.*
Flor docena	*[Flor de varios romances nuevos. Docena parte].*
Flor novena	*Flor de varios romances diferentes.*
Flor octava	*Flores del Parnaso. Octava parte.*
Flor oncena	*Onzena parte de varios romances.*
Flor primera	*Flor de varios romances nuevos. Primera y segunda parte.*
Flor quinta	*Quarta y quinta parte de Flor de romances.*
Flor quinta (Ramillete)	*Ramillete de flores. Quarta, quinta y sexta parte.*

Flor segunda	*Flor de varios romances nuevos. Primera y segunda parte.*
Flor séptima	*Séptima parte de Flor de varios.*
Flor sexta	*Sexta parte de Flor de romances.*
Flor sexta (*Ramillete*)	*Ramillete de flores. Quarta, quinta y sexta parte.*
Flor Tercera (Flores/Mey)	*Flor de varios y nuevos romances, primera y segunda parte. Ahora nuevamente recopilados.*
Flor Tercera (Moncayo)	*Flor de varios romances nuevos. Primera y segunda y tercera parte.*
FN	Firenze, Biblioteca Nazionale.
FR	Firenze, Biblioteca Riccardiana.
Góngora	Góngora. *Romances.*
Historia del Cid	*Historia del muy noble y valeroso.*
Jardín de amadores	*Primera parte del Jardín de amadores.*
LBL	London, British Library.
MBCR, II	Rodríguez-Moñino, Antonio. *Manual*, 1973.
MBCR, IV	Rodríguez-Moñino, Antonio. *Manual*, 1977-1978.
MCSIC	Madrid, Biblioteca del CSIC.
MN	Madrid, Biblioteca Nacional.
MoE	Modena, Biblioteca Estense.
MP	Madrid, Biblioteca de Palacio.
MRAE	Madrid, Biblioteca de la RAE.
NDic	Rodríguez-Moñino, Antonio. *Nuevo diccionario.*
NH	New York, Hispanic Society of America.
NB	Napoli, Biblioteca Brancacciana.
RaC	Ravenna, Biblioteca Classense.
RV	Roma, Biblioteca Vaticana.
TorN	Torino, Biblioteca Nazionale.
ZU	Zaragoza, Biblioteca Universitaria.

1. *Ensíllame el potro rucio / del alcayde de los Vélez.*
    1586 MP 973, 403v, con atribución a Liñán
    1589 *Flor de romances.* Huesca, 7v
    1591 *Flor primera.* Barcelona, 5v, y en las eds. de Lisboa 1592, Valencia 1593, Madrid 1593, Madrid 1595, Alcalá 1595, Madrid 1597
    1594 I-C-175 (3) Río, Diego del, *Aquí comienza una boda*, Madrid, Biblioteca de Palacio
    1595 MN 17.556, 4 (*Poesias barias*, núm. 7)
    1595 Pérez de Hita, *Guerras civiles de Granada*, vol. 1, pág. 75
    1600 NH B 2334, 80v
    1600 *Romancero general*, 2, y en la ed. de 1602
    1620 MN 3915, 194v
    XVII *Entremés famoso*, pág. 158, se cita el primer verso
    XVII MN 15.351, *Mojiganga de Florinda*, sin foliar
    s.a. *Flor primera*, fragmento, 6
    MBCR, II, págs. 486-87
    NDic., núm. 487.5
    Colección de romances, núm. 22

    Millé lo ha atribuido a Lope, «Apuntes», pág. 353, y *Sobre la génesis*, pág. 42; Montesinos, «Notas», pág. 392, y *Estudios sobre Lope*, pág. 281; [NH B 2334], Rodríguez-Moñino, «Romancerillo de Sancho Rayón», pág. 84, lo atribuye a Góngora, basándose en la ed. que de las obras de éste preparó Foulché-Delbosc. Carreño lo fecha a partir de 1588, *El romancero*, pág. 74, y en *Lope de Vega. Poesía selecta*, núm. 4, publica el texto con una extensa nota bibliográfica.

2. *Galanes, los de la corte / del rey Chico de Granada.*
    Góngora, núm. 124. Según Carreira, hay muy poca posibilidad de que sea de Góngora.

3. *Al tiempo que el sol esconde / debajo del mar su lumbre.*
    1591 *Flor primera.* Barcelona, 20v, y en las eds. de Lisboa 1592, Valencia 1593, Madrid 1593, Madrid 1595, Alcalá 1595, Madrid 1597
    1600 *Romancero general*, 6v, y en la ed. de 1602
    1600 NH B 2334, 95
    1610-1625 NH B 2495, 165v
    1620 MN 3915, 204
    s.a. *Flor primera*, fragmento, 20v
    Colección de romances, núm. 47

MBCR, II, pág. 304

En el *Ensayo* de Gallardo, I, 1012 figura el romance «De un alma enfadada de las ocupaciones exteriores» con el mismo primer verso pero es otro poema.

4. *De la armada de su rey / a Baza daua la buelta.*
   Góngora, núm. 115. Según Carreira, hay muy poca probabilidad de que sea de Góngora.

5. *Brauonel de Zaragoza / al rey Marsilio demanda.*
   1582-1600 MN 3168, 35 (*Cancionero del Bachiller*, núm. 131)
   1588 MP 1587, 133v (*Cancionero de poesías varias*, núm. 212)
   1589 *Flor de romances*. Huesca, 51
   1591 *Flor primera*. Barcelona, 27v, y en las eds. de Lisboa 1592, Valencia 1593, Madrid 1593, Madrid 1595, Alcalá 1595, Madrid 1597
   1593 *Flor cuarta (Ramillete)*. Lisboa, 99. En la primera parte. Sólo figura el primer verso en la *Flor cuarta*, y el epígrafe remite a la *Flor primera*.
   1593 MP 1581, 88v, con atribución a Liñán
   1595 MN 17.556, 6 (*Poesias barias*, núm. 9)
   1600 *Romancero general*, 9v, y en la ed. de 1602
   1611 *Jardín de amadores*. Zaragoza, 26v, y en las eds. de Barcelona 1611, Zaragoza 1637, Zaragoza 1644, Valencia 1679
   1620 MN 3915, 73
   XVII *Entremés famoso*, pág. 161, se cita el primer verso
   XIX MN 3723, 284
   s.a. *Flor primera*, fragmento, 29
   Colección de romances, núm. 208
   MBCR, II, pág. 344 y IV, pág. 59
   Pedro Liñán de Riaza, pág. 254, núm. 35

   Millé, «Apuntes», pág. 368, lo atribuye a Lope; Montesinos, «Notas», pág. 397, lo comenta.

6. *Auisaron a los reyes / que heran ya las nueue dadas.*
   1582-1600 MN 3168, 36 (*Cancionero del Bachiller*, núm. 132)
   1591 *Flor primera*. Barcelona, 29, y en las eds. de Lisboa 1592, Valencia 1593, Madrid 1593, Madrid 1595, Alcalá 1595, Madrid 1597
   1593 *Flor cuarta (Ramillete)*. Lisboa, 99. En la primera parte. Sólo figura el primer verso en la *Flor cuarta*, y el epígrafe remite a la *Flor primera*.
   1593 MP 1581, 89v, con atribución a Liñán

1595 MN 17.556, 7 (*Poesias barias*, núm. 10)

1600 *Romancero general*, 9v, y en la ed. de 1602

1611 *Jardín de amadores*. Zaragoza, 21, y en las eds. de Barcelona 1611, Zaragoza 1637, Zaragoza 1644, Valencia 1679

1620 MN 3915, 175v

XVII NH B 2534, 124v

s.a.   *Flor primera*, fragmento, 31

Colección de romances, núm. 209

MBCR, II, pág. 333 y IV, pág. 54

Pedro Liñán de Riaza, pág. 262, núm. 36

Millé, «Apuntes», pág. 366, lo atribuye a Lope.

7. *El baliente Abindarráez, / el brauo moro de España.*
   1588 MP 1587, 34v (*Cancionero de poesías varias*, núm. 37), versión que sólo llega al v. 41

8. *No hera Medoro de aquellos / que en el sarrazino campo.*
   Chevalier, *Los temas ariostescos*, núm. 72, toma el texto de este códice y explica que el romance «es adaptación de las octavas 165-180 del canto XVIII del *Orlando Furioso*», pág. 247.

9. *Avindarráez y Muza / y el rrey Chico de Granada.*
   1586 MP 973, 391v, con atribución a Liñán
   1588 MP 1587, 124v (*Cancionero de poesías varias*, núm. 199)
   1589 *Flor de romances*. Huesca, 13v
   1591 *Flor segunda*. Barcelona, 75, y en las eds. de Lisboa 1592, Valencia 1593, Madrid 1593, Madrid 1595, Alcalá 1595, Madrid 1597
   1595 MN 17.556, 67 (*Poesias barias*, núm. 84)
   1600 MoE Campori y.x.5.45, 40 [fragmento] y 73
   1600 *Romancero general*, 26, y en la ed. de 1602
   1620 MN 3915, 72
   s.a.   Poet. Hisp. 1003.8. (8). *Aquí se contienen seis romances*. Göttingen, Universitäts-Bibliothek (*Pliegos poéticos de Gotinga*, núm. 8, pág. 61)
   s.a.   *Flor segunda*, fragmento, 81v
   Colección de romances, núm. 75
   MBCR, II, pág. 287
   NDic., núm. 732

   Millé, «Apuntes», pág. 450, y *Sobre la génesis*, pág. 166, lo atribuye a Lope; Montesinos,

«Notas», pág. 393, lo comenta.

10. *A sombra de un azebuche, / entre robles y jarales.*

    1586 MP 973, 391, con atribución a Liñán

    1589 *Flor de romances.* Huesca, 11v

    1591 *Flor segunda.* Barcelona, 82v, y en las eds. de Lisboa 1592, Valencia 1593, Madrid 1593, Madrid 1595, Alcalá 1595, Madrid 1597

    1593 MP 1581, 90

    1594 I-C-175 (3) *Diego del Río, Aquí comienza una boda*, Madrid, Biblioteca de Palacio

    1595 MN 17.556, 38 (*Poesias barias*, núm. 46)

    1600 *Romancero general*, 28, y en la ed. de 1602

    s.a.   *Flor segunda*, fragmento, 89v

    Colección de romances, 156

    MBCR, II, pág. 325

    NDic., núm. 487.5

    Pedro Liñán de Riaza, pág. 272, núm. 40

Millé, «Apuntes», pág. 354, lo atribuye a Lope; Montesinos, «Notas», págs. 392-93, lo comenta.

11. *Galiana está en Toledo / labrando una berde manga.*

    1586 MP 973, 402v, con atribución a Liñán

    1589 *Flor de romances.* Huesca, 12v

    1591 *Flor primera.* Barcelona, 26v, y en las eds. de Lisboa 1592, Valencia 1593, Madrid 1593, Madrid 1595, Alcalá 1595, Madrid 1597

    1593 MP 1581, 77

    1595 MN 17.556, 35 (*Poesias barias*, núm. 42)

    1600 *Romancero general*, 9, y en la ed. de 1602

    1611 *Jardín de amadores.* Zaragoza, 16, y en las eds. de Barcelona 1611, Zaragoza 1637, Zaragoza 1644, Valencia 1679

    1620 MN 3915, 202v

    XVII BUB 1649 (2), 109

    XVII *Entremés famoso*, pág. 161, se cita el segundo verso

    XIX MN 3723, 277

    s.a.   Poet. Hisp. 1003.8. (8). *Aquí se contienen seis romances. Göttingen, Universitäts-Bibliothek* (*Pliegos poéticos de Gotinga*, núm. 8, pág. 57)

    s.a.   *Flor primera*, fragmento, 28

Colección de romances, núm. 202
MBCR, II, pág. 522 ,y IV, pág. 137
NDic., núm. 732

Montesinos, «Notas», pág. 393, lo comenta. El núm. 116 de esta edición es versión burlesca de este romance.

12. *Católicos caualleros, / los questáys sobre Granada.*
    1595 LBL Add. 10.328, 187
    1596 *Flor octava*. Toledo, 72v, y en la ed. de Alcalá 1597
    1600 *Romancero general*, 283, y en la ed. de 1602
    XIX MN 3723, 90
    Colección de romances, núm. 74
    MBCR, II, pág. 353

13. *Aquel rayo de la guerra / Alférez Mayor del reyno.*
    Góngora, núm. 15

14. *Azarque bibe en Ocaña / desterrado de Toledo.*
    1586 MP 973, 392v, con atribución a Liñán
    1588 MP 1587, 120v (*Cancionero de poesías varias*, núm. 193)
    1591 *Flor primera*. Barcelona, 3, y en las eds. de Lisboa 1592, Valencia 1593, Madrid 1593, Madrid 1595, Alcalá 1595, Madrid 1597
    1593 *Flor cuarta (Ramillete)*. Lisboa, 73. En la primera parte. Sólo figura el primer verso en la *Flor cuarta* y el epígrafe remite a la *Flor primera*.
    1595 MN 17.556, 22 (*Poesias barias*, núm. 27)
    1600 MoE Campori, y.x.5.45, 39
    1600 *Romancero general*, 1, y en la ed. de 1602
    1620 MN 3915, 194
    XVII *Entremés famoso*, pág. 16, se cita el primer verso
    s.a.   *Flor primera*, fragmento, [3]
    Colección de romances, núm. 197
    MBCR, II, pág. 338

15. *De Granada partió el moro / que se llama Benzulema.*

16. *Aloxó su compañía / en Tudela de Nauarra.*
    1582-1600 MN 3168, 51 (*Cancionero del Bachiller*, núm. 180)

1589 *Flor de romances*. Huesca, 126v

1591 *Flor primera*. Barcelona, 31, y en las eds. de Lisboa 1592, Valencia 1593, Madrid 1593, Madrid 1595, Alcalá 1595, Madrid 1597

1593 *Flor cuarta (Ramillete)*. Lisboa, 99. En la primera parte. Sólo figura el primer verso en la *Flor cuarta* y el epígrafe remite a la *Flor primera*.

1593 MP 1581, 88, con atribución a Liñán

1595 MN 17.556, 8 (*Poesias barias*, núm. 11)

1600 *Romancero general*, 10v, y en la ed. de 1602

1620 MN 3915, 176

s.a.   *Flor primera*, fragmento, 33

Colección de romances, núm. 211

MBCR, II, pág. 301

Pedro Liñán de Riaza, pág. 266, núm. 38

17. *A pasear vna tarde / por la ymperial toledana.*

18. *Sale la estrella de Venus / al tiempo que el sol se pone.*

1582-1600 MN 3168, 45v (*Cancionero del Bachiller*, núm. 164)

1586 MP 973, 417v, con atribución a Lope

1589 *Flor de romances*. Huesca, 21v

1589 RaC 263, 11v

1591 *Flor primera*. Barcelona, 8v, y en las eds. de Lisboa 1592, Valencia 1593, Madrid 1593, Madrid 1595, Alcalá 1595, Madrid 1597

1593 *Flor sexta (Ramillete)*. Lisboa, 404v. En la primera parte. Sólo figura el primer verso en la *Flor sexta* y el epígrafe remite a la *Flor primera*.

1595 LBL Add. 10.328, 104

1595 MN 17.556, 65 (*Poesias barias*, núm. 82)

1595 Pérez de Hita, *Historia*, I, pág. 300

1600 *Romancero general*, 3, y en la ed. de 1602

1611 *Jardín de amadores*. Zaragoza, 14v, y en las eds. de Barcelona 1611, Zaragoza 1637, Zaragoza 1644, Valencia 1679

XVII *Entremés famoso*, pág. 161, se cita el primer verso

XIX MN 3723, 35

s.a.   *Flor primera*, fragmento, 9

Colección de romances, núm. 33

MBCR, II, pág. 732 y IV, pág. 220

Millé, «Apuntes», pág. 459, lo atribuye a Lope. Figura en Montesinos, *Estudios*, pág. 285 y, en «Notas», pág. 394; en Menéndez Pidal, *Romancero hispánico*, II, pág. 126; y en Pérez Pastor, *Bibliografía madrileña*, II, pág. 76. María Goyri, «Los romances de Gazul», págs. 408-409, 414-416, lo fecha hacia 1583; Trueblood, «Role Playing», pág. 310, dice que es más probable que sea de 1588; Carreño, *El romancero*, pág. 73, también lo fecha hacia 1588, lo edita en *Lope de Vega. Poesía selecta*, núm. 5, y lo acompaña de una extensa nota.

19. *El tronco de hobas bestido / de un álamo berde y blanco.*
    1582   MN 3924, 182v (*Cancionero de Pedro de Rojas*, núm. 190)
    1582-1600   MN 3168, 26v (*Cancionero del Bachiller*, núm. 106), con atribución a Lope
    1589   *Flor de romances*. Huesca, 129
    1591   *Flor segunda*. Barcelona, 93, y en las eds. de Lisboa 1592, Valencia 1593, Madrid 1593, Madrid 1595, Alcalá 1595, Madrid 1597
    1595   LBL Add. 10.328, 103v, con atribución a Liñán
    1595   MN 17.556, 57 (*Poesias barias*, núm. 71)
    1600   *Romancero general*, 31v, y en la ed. de 1602
    1620   MN 3915, 81v
    MBCR, II, pág. 461

    Ver los estudios de Amado Alonso, págs. 112-114, y de Alan Trueblood, «Role-Playing and the Sense of Illusion in Lope de Vega». Dice R. Goldberg, pág. 486: «Es éste el famoso romance de "las tórtolas", que se ha atribuido a Lope desde el siglo XVI. Se escribiría hacia 1587, año en que Francisco Perrenot Granvela le usurpó el afecto de Elena Osorio». Montesinos, «Notas», pág. 404, lo comenta y se refiere a otros romances en que se alude a «El tronco de ovas vestido». Carreño, *Lope de Vega. Poesía selecta*, núm. 7, lo edita y lo comenta en una extensa nota.

20. *Quando el piadoso Eneas / de la tormenta arrojado.*
    1595   *Flor séptima*. Madrid, 161, y en las eds. de Toledo 1595, Alcalá 1597
    1600   *Romancero general*, 261, y en la ed. de 1602
    Colección de romances, núm. 486
    MBCR, II, pág. 695

    María Rosa Lida, *Dido*, pág. 15, comenta este romance.

21. *Contando está sobremesa / el piadoso troyano.*
    1582-1600   MN 3168, 51 (*Cancionero del Bachiller*, núm. 181)
    1589   *Flor de romances*. Huesca, 77v

1595 *Flor séptima*. Madrid, 146, y en las eds. de Toledo 1595, Alcalá 1597

1600 *Romancero general*, 256, y en la ed. de 1602

1620 MN 3915, 76v

Colección de romances, núm. 485

MBCR, II, pág. 373

María Rosa Lida, *Dido*, pág. 15, comenta este romance.

22. *La desesperada Dido, / de pechos sobre vna almena.*

    1592 *Flor cuarta*. Burgos, 21, y en la ed. de Burgos 1594

    1600 *Romancero general*, 93, y en la ed. de 1602

    XVII *Entremés famoso*, pág. 161, se cita una variante del segundo verso «De pechos sobre una vara».

    Colección de romances, núm. 489

    MBCR, II, pág. 546

    María Rosa Lida, *Dido*, pág. 15, comenta este romance.

23. *El cuerpo preso en Sansueña / y en París cauptiua el alma.*

    1591 *Flor segunda*. Barcelona, 122v, y en las eds. de Lisboa 1592, Valencia 1593, Madrid 1593, Madrid 1595, Alcalá 1595, Madrid 1597

    1595 MN 17.556, 75 (*Poesias barias*, núm. 94)

    1600 NH B 2334, 77

    1600 *Romancero general*, 41v, y en la ed. de 1602.

    s.a. *Flor segunda*, fragmento, 133

    Colección de romances, núm. 379

    MBCR, II, pág. 448

24. *Muerto yaze el gran Ponpeyo / en el mar de Alexandría.*

25. *Los pámpanos en sarmientos / el estío ba trocando.*

    1582-1600 MN 3168, 27 (*Cancionero del Bachiller*, núm. 107)

    1588 MP 1587, 158v (*Cancionero de poesías varias*, núm. 245)

    1591 *Flor segunda*. Barcelona, 95, y en las eds. de Lisboa 1592, Valencia 1593, Madrid 1593, Madrid 1595, Alcalá 1595, Madrid 1597

    1593 *Flor quinta (Ramillete)*. Lisboa, 224v. En la segunda parte. Sólo figura el primer verso en la *Flor quinta* y el epígrafe remite a la *Flor segunda*.

    1593 MP 1581, 83v, con atribución a Liñán

    1595 MN 17.556, 22v (*Poesias barias*, núm. 28)

1600 *Romancero general*, 32, y en la ed. de 1602
1604-07 FN VII-353, 96 [cita]
s.a.   *Flor segunda*, fragmento, 103v
MBCR, II, pág. 569
Pedro Liñán de Riaza, pág. 191, núm. 5

26. *Lisaro, que fue en Granada / caueza de los Zegríes.*
1582-1600 MN 3168, 139 (*Cancionero del Bachiller*, núm. 245)
1595 MN 17.556, 120v (*Poesias barias*, núm. 143)
1596 *Flor octava*. Toledo, 44v, y en la ed. de Alcalá 1597
1600 *Romancero general*, 276v, y en la ed. de 1602
1620 MN 3915, 189v
XIX MN 3723, 248
Colección de romances, núm. 188
MBCR, II, pág. 563

27. *Don Rodrigo de Bibar / está con doña Jimena.*
1593 *Flor quinta (Ramillete)*. Lisboa, 156
1594 *Flor sexta*. Toledo, 90v, y en las eds. de Alcalá 1595, Zaragoza 1596, Alcalá 1597
1595 MN 17.556, 53v (*Poesias barias*, núm. 67)
1600 *Romancero general*, 178v, y en la ed. de 1602
1605 Escobar, *Historia del Cid*. Lisboa, 72 y en las eds. de Lisboa 1610, Alcalá 1612, Alcalá 1614-1615, Lisboa 1615, Zaragoza 1618, Segovia 1621, Madrid 1625, Segovia 1629, Sevilla 1639, Alcalá 1661, Madrid 1661, Madrid 1668, Sevilla 1682, Madrid 1688, Valladolid s.a., Madrid s.a., Burgos s.a., Cádiz 1702, Pamplona 1706, Madrid 1726, Madrid 1747
1626 Metge, *Tesoro escondido*. Barcelona, 51
Colección de romances, núm. 826
MBCR, II, pág. 436 y IV, pág. 97

Carolina Michaëlis lo publica en su *Romancero del Cid*, pág. 195, sacándolo del *Romancero general*.
Este romance se repite en el códice con ligeras variantes; ver el núm. 95 de esta edición.

28. *Por los jardines de Chipre / andaua el rapaz Cupido.*
1582-1600 MN 3168, 53 (*Cancionero del Bachiller*, núm. 186)
1586 MP 973, 383, con atribución a Vivar

1588   MP 1587, 176 (*Cancionero de poesías varias*, núm. 273)

1589   *Flor de romances*. Huesca, 7

1591   *Flor primera*. Barcelona, 51 y en las eds. de Lisboa 1592, Valencia 1593, Madrid 1593, Madrid 1595, Alcalá 1595, Madrid 1597

1595   MN 17.556, 57v (*Poesias barias*, núm. 72)

1600   *Romancero general*, 17v, y en la ed. de 1602

1611   *Jardín de amadores*. Zaragoza, 17, y en las eds. de Barcelona 1611, Zaragoza 1637, Zaragoza 1644, Valencia 1679

XIX   MN 3724, 13v

s.a.   *Flor primera*, fragmento, 55

MBCR, II, pág. 669, y IV, pág. 197

María Goyri, *De Lope*, pág. 66, lo incluye entre un grupo de romances que tratan el tema del niño dios de amor. Montesinos, «Notas», pág. 392, también se lo adscribe a Lope y se refiere a una cita de varios versos del romance hecha por Gracián en su *Agudeza y arte de ingenio*.

29. *Huyendo ba el rey Rodrigo / del exérçito pagano.*
     Góngora, núm. 123. Según Carreira, hay muy poca posibilidad de que sea de Góngora.

30. *En vn furioso cauallo, / con el asta blandeando.*
     Menéndez Pidal, *Romancero tradicional, Romanceros del rey Rodrigo*, pág. 242, imprime el texto de este códice, pero hay discrepancia entre las citas de las págs. 242 y 124.

31. *Al ruydo sonoroso / de vnas ondas christalinas.*
     Lo edita R. Goldberg en la pág. 72 de *Poesias barias*, tomándolo de MP 996.

32. *La diosa a quien sacrifica / Chipre y Samo en sus altares.*
     1589   RaC 263, 93
     1595   MN 17.556, 19v (*Poesias barias*, núm. 25)
     1600   NH B 2334, 94
     1620   MN 3915, 126v
     1604? Ledesma, *Conceptos espirituales*, pág. 67, a lo divino

En *De Lope*, pág. 76, María Goyri lo incluye entre un grupo de romances que tratan el tema del niño dios de amor, ver «Por los jardines». Según la autora ha debido escribirse entre 1583 y 1587. En la pág. 68 saca la versión de MN 3915. Menciona también la versión de este códice.

33. *Sacó Benus de mantillas / a Cupido un día de fiesta.*
   Góngora, Apócrifos, núm. 61.

34. *Pensatiuo estaua el Zid, / biéndose de pocos años.*
   1582-1600 MN 3168, 26 (*Cancionero del Bachiller*, núm. 105)
   1592 *Flor tercera* (Flores/Mey). Lisboa, 181 [= 183], y en la ed. de Valencia 1593
   1593 *Flor tercera* (Moncayo). Madrid, 100, y en las eds. de Madrid 1595, Alcalá 1595, Madrid 1597
   1593 *Flor quinta (Ramillete)*. Lisboa, 145v. En la tercera parte. Sólo figura el primer verso en la *Flor quinta* y el epígrafe remite a la *Flor tercera*.
   1600 *Romancero general*, 75v, y en la ed. de 1602
   1605 Escobar, *Historia del Cid*. Lisboa, 2 y en las eds. de Lisboa 1610, Alcalá 1612, Alcalá 1614-1615, Lisboa 1615, Zaragoza 1618, Segovia 1621, Madrid 1625, Segovia 1629, Sevilla 1639, Alcalá 1661, Madrid 1661, Madrid 1668, Sevilla 1682, Madrid 1688, Valladolid s.a., Madrid s.a., Burgos s.a., Cádiz 1702, Pamplona 1706, Madrid 1726, Madrid 1747
   1626 Metge, *Tesoro escondido*. Barcelona, 8
   Colección de romances, núm. 727
   MBCR, II, pág. 658, y IV, págs. 191-192

   Carolina Michaëlis lo publica en su *Romancero del Cid*, pág. 8, tomándolo del *Romancero general*.

35. *Formando quejas al biento / la boz con rauia lebanta.*
   1582 MN 3924, 155v (*Cancionero de Pedro de Rojas*, núm. 160)
   1584 Sepúlveda, *Romances*. Sevilla 1584, 249v
   MBCR, II, pág. 518

   Chevalier, *Los temas ariostescos*, pág. 153, publica el texto tomándolo de MN 3924 y de este códice, y lo comenta.

36. *De luto bestida toda, / persona, aposento y alma.*
   1582 MN 3924, 154 (*Cancionero de Pedro de Rojas*, núm. 158)
   1582 MP 2803, 172 (*Cancionero de poesías varias*, núm. 107), versión más breve que las demás
   1582-1600 MN 3168, 11 (*Cancionero del Bachiller*, núm. 49)
   Sepúlveda, *Cancionero de romances*

En Carola Reig, *El cantar de Sancho II*, pág 380, quien lo tomó de este códice; lo menciona Antonio Pérez Gómez, «Miscelánea», págs. 454-55.

37. *De vna fragosa montaña, / en la parte más espesa.*
    1604-07   FN VII-353, 138v
    1620   MN 3915, 74

38. *En grande estrecho está Roma / que Porsena la á zercado.*

39. *Después de aquella sangrienta / y memorable batalla.*

40. *A reñir salen furiossos, / sin padrinos ni terzeros.*
    Góngora, núm. 174. Según Carreira, hay muy poca posibilidad de que sea de Góngora.

41. *Filis, por qué te apresuras.*

42. *Bien pensará quien me oyere.*
    1600   MN 2856, 114v
    1600   NB V.A. 16, 63 («Romancero de la Brancacciana», núm. 33), versión casi idéntica
    1605   NH B 2425, 305 Argensola
    1628   ZU 250-2, 511 (*Cancionero de 1628*, núm. 186), no se edita el texto, pero el epígrafe dice «Lupercio, a un desdén»
    XVII NB I.E. 49, 59v, con atribución a Lupercio L. de Argensola
    MBCR, IV, pág. 58

    Ver también *Rimas*, I, pág. 43.

43. *Pedaços de yelo y nieue / despiden las sierras altas.*
    1590-1600 BUB 125, 12 («Romancero de Barcelona», núm. 13)
    1592 *Flor cuarta*. Burgos, 68, y en la ed. de Burgos 1594
    1592 MN 4127, pág. 73, con atribución a Liñán
    1593 *Flor sexta (Ramillete)*. Lisboa, 343
    1600 *Romancero general*, 109, y en la ed. de 1602
    XIX   MN 3724, 61v
    MBCR, II, pág. 656
    Pedro Liñán de Riaza, pág, 193, núm 6

    Este romance se repite en el códice con importantes variantes, ver el núm. 71.

44. *Mi cobarde pensamiento / de medroso no se atreue.*

1591 *Flor primera*. Barcelona. Adiciones, 138

1592 MN 4127, pág. 102

1596 *Flor octava*. Toledo, 136, y en la ed. de Alcalá 1597

1600 *Romancero general*, 308, y en la ed. de 1602

MBCR, II, pág. 586

45. *A la burladora Filis, / jamás de Tirsi burlada.*

1590-1600 BUB 125, 135 («Romancero de Barcelona», núm. 149)

1594 SN.V.III.17 (17). *Primer cuaderno de varios romances*. Valencia. Milano, Biblioteca Ambrosiana (*Pliegos poéticos de Milán*, núm. 17, pág. 184)

1595 *Flor séptima*. Madrid, 77v, y en las eds. de Toledo 1595 y Alcalá 1597

1600 *Romancero general*, 234v, y en la ed. de 1602

MBCR, II, pág. 295

NDic., núm. 1120

46. *Al camino de Toledo, / adonde dexó empeñada.*

1590-1600 BUB 125, 3v («Romancero de Barcelona», núm. 4)

1592 MN 4127, pág. 36, con atribución a Liñán

1593 *Flor tercera* (Moncayo). Madrid, 80, y en las eds. de Madrid 1595, Alcalá 1595, Madrid 1597, con cuatro estrofas más, la misma que pasó al *Romancero general*

1593 *Flor cuarta (Ramillete)*. Lisboa, 63v, con una estrofas más que la del códice

1600 NB V.A.16, 60 («Romancero de la Brancacciana», núm. 31), con tres estrofas más

1600 *Romancero general*, 68v, y en la ed. de 1602, con cuatro estrofas más

XIX MN 3723, 174

Colección de romances, núm. 140

MBCR, II, pág. 298

Pedro Liñán de Riaza, pág. 290, núm. 45

Tal vez la versión del códice se haya copiado de la *Flor cuarta (Ramillete)*, pues termina la versión del manuscrito sin incluir la última estrofa de la *Flor* que se encuentra en 64v de la *Flor*. Montesinos, «Algunas notas», pág. 366, coteja esta versión con la del *Romancero general* y comenta la particularidad del ejemplar de la Hispanic Society cuyo folio 64v está pegado sobre la página original.

47. *Quejóse el cura del olmo.*

1593 MP 1581, 124v, «Casamiento y sentencia del duque de Alba»

1595 LBL Add. 10.328, 235, «A la boda del duque de Alba»

XVII MN 3700, 75, «De Sánchez»
Corpus, núms. 440, 549A, 668C, 1474, 2022

Baysos, amores.
  1585-1605 TorN 1-14, 38v («El romancero musical de Turín», núm. 38)
  1593 MP 1581, 125
  1593 SN.V.III.17 (3). *Tercero cuaderno de la segunda parte de varios romances.* Milano, Biblioteca Ambrosiana (*Pliegos poéticos de Milán*, núm. 3, pág. 38)
  1595 LBL Add. 10.328, 236
  1595 MN 17.556, 148v, con tres estrofas más (*Poesias barias*, núm. 191)
  1600 NH B 2334, 85v
  1600 MoE Q 8-21, pág. 144 («Chansonniers musicaux», pág. 358)
  XVII MN 3700, 75v
  Corpus, núm. 549 A
  NDic., núm. 1131

Figura también como el núm. 143 de esta edición con glosa de cuatro estrofas, cuya primera coincide con la que figura en esta ensalada.

No lloréys, casada.
  1585-1605 TorN 1-14, 46v («El romancero musical de Turín», núm. 46), con glosa distinta
  1592 SN.V.III.17 (12). *Quinto cuaderno de varios romances.* Milano, Biblioteca Ambrosiana (*Pliegos poéticos de Milán*, núm. 12, pág. 135), coincide la primera estrofa de la glosa
  1593 *Flor tercera* (Moncayo). Madrid, 78v, y en las eds. de Madrid 1595, Alcalá 1595, Madrid 1597
  1593 MP 1581, 125
  1595 LBL Add. 10.328, 236v
  1595 MN 17.557, 63v
  1600 *Romancero general*, 68, y en la ed. de 1602
  XVII MN 3700, 75v
  XIX NH B 2377, 30v «Romancero de 1614»
  Corpus, núm. 440
  NDic., núm. 1145
  MBCR, II, pág. 617

Taño en vos el mi pandero.
  1588 MP 1587, 170 (*Cancionero de poesías varias*, núm. 262), como parte del romance

«Poderoso es el amor», pero con glosa distinta
1593 MP 1581, 124v
1595 LBL Add. 10.328, 237
1600 EP CXIV 2-2, 53v (*Cancioneiro de corte*, núm. 49), con glosa de Saa de Miranda
1620 MN 3915, 77
XVII MN 3700, 75v
Corpus, núm. 1474

Se cita el primer verso en el núm. 118 de esta edición.

No suele ser verdadero.
1593 MP 1581, 124v
1595 LBL Add. 10.328, 237v
Corpus, núm. 2022

Cerotico de pez.
1593 MP 1581, 125
1595 MN 17.556, 149 (*Poesias barias*, núm. 192)
1595 LBL Add. 10.328, 239
XVII MN 3700, 76
Corpus, núm. 668 C

Figura también como el núm. 144 de esta edición, con glosa distinta de cinco estrofas y con los dos versos de la letra trocados.

Presentes uenganzas.
1595 LBL Add. 10.328, 238
XVII MN 3700, 76
Corpus, núm. 2022

48. *Ese buen Cid Canpeadore, / que Dios con salud mantenga.*
1590-1600 BUB 125, 150v (no se incluye en el «Romancero de Barcelona»)
1592 *Flor tercera* (Flores/Mey). Lisboa, 166 [= 168], y en la ed. de Valencia 1593
1593 *Flor quinta (Ramillete).* Lisboa, 157. En la tercera parte. Sólo figura el primer verso en la *Flor quinta* y el epígrafe remite a la *Flor tercera.*
1595 *Flor séptima.* Madrid, 87v, y en las eds. de Toledo 1595 y Alcalá 1597
1595 MN 17.556, 182 (*Poesias barias*, núm. 218)
1596 *Flor octava.* Toledo, 88v

1600 *Romancero general*, 360, y en la ed. de 1602

1605 Escobar, *Historia del Cid*. Lisboa, 74, y en las eds. de Lisboa 1610, Alcalá 1612, Alcalá 1614-15, Lisboa 1615, Zaragoza 1618, Segovia 1621, Madrid 1625, Segovia 1629, Sevilla 1639, Alcalá 1661, Madrid 1661, Madrid 1668, Sevilla 1682, Madrid 1688, Valladolid s.a., Madrid s.a., Cádiz 1702, Pamplona 1706, Madrid 1726, Madrid 1747

1626 Metge, *Tesoro escondido*. Barcelona, 56

Colección de Romances, núm. 827

MBCR, II, pág. 502, y IV, pág. 129

49. *Bolued acá, pensamiento.*

1595 LBL Add. 10.328, 258

50. *A fe, pensamiento, a fe.*

1593 *Flor cuarta (Ramillete)*. Lisboa, 121, con glosa distinta de cuatro versos «A fe, pensamiento mío»

1594 *Flor sexta*. Toledo, 67v, y en las eds. de Alcalá 1595, Zaragoza 1596, Alcalá 1597, con glosa distinta de cuatro versos «A fe pensamiento mío»

1595 MN 17.557, 61v

1600 *Romancero general*, 171, y en la ed. de 1602, con glosa distinta de cuatro estrofas «A fe, pensamiento mío»

MBCR, II, pág. 292

51. *En la noche más ter[r]ible / quenuía a la tierra el çielo.*

1592 SN.V.III.17 (12). *Quinto cuaderno de varios romances*. Valencia. Milano, Biblioteca Ambrosiana (*Pliegos poéticos de Milán*, núm. 12, pág. 132)

1595 *Flor séptima*. Madrid, 4v, y en las eds. de Toledo 1595 y Alcalá 1597

1600 *Romancero general*, 210, y en la ed. de 1602

Colección de romances, núm. 190

MBCR, II, pág. 477

NDic., núm. 1145

52. *Era la noche más fría / que tuuo el lluuioso inbierno.*

Sólo se copiaron cuatro versos y se dejó espacio para continuar copiando. Ver la nota al poema 157.

53. *Ençima de un pardo escollo / que tiene la mar por sit[i]o.*

1593 MP 1581, 142, con atribución a Liñán

Pedro Liñán de Riaza, pág. 187, núm 3

Lo imprime R. Goldberg en la pág. 69 de *Poesias barias*, supliendo los versos que faltan con la versión de MP 1581.

54. *Los que mis culpas oýsteis / oýdme de penitencia.*
    1592 *Flor quinta.* Burgos, 93, y en la ed. de Burgos 1594
    1600 *Romancero general*, 117v, y en la ed. de 1602
    1604-07   FN VII-353, 105
    1628 ZU 250-2, 450 (*Cancionero de 1628*, núm. 121, no se edita el texto, pero el epígrafe dice «Confesión de Liñán»)
    MBCR, II, pág. 570
    Pedro Liñán de Riaza, pág. 300, núm. 48

55. *Dejad los libros agora, / señor liçenciado Ortiz.*
    Góngora, núm. 32

56. *Quien duerme, quien duerme.*
    1580-1590 NH B 2486, 89 con glosa a lo divino, de cuatro estrofas «No estés dyscuidado» (*Cancionero sevillano*, núm. 146)
    Corpus, núm. 1089

57. *Aquel que para es Hamete, / este que corre es Audalla.*
    1593 *Flor tercera* (Moncayo). Madrid, 27, y en las eds. de Madrid 1595, Alcalá 1595, Madrid 1597
    1595 MN 17.557, 76v
    1600 *Romancero general*, 51v, y en la ed. de 1602
    Colección de romances, núm. 135
    MBCR, II, pág. 318

58. *Peñas del Tajo deshechas / del tierno curso del agua.*
    1590-1600 BUB 125, 73 («Romancero de Barcelona», núm. 83)
    1595 *Flor séptima*, 81, y en las eds. de Toledo 1595, Alcalá 1597
    1600 *Romancero general*, 235v, y en la ed. de 1602
    XIX MN 3724, 55v
    MBCR, II, pág. 658

59. *Llegó en el mar al estremo / que pudo de su desdicha.*
    1593 *Flor cuarta (Ramillete).* Lisboa, 117v, versión parecida a la del manuscrito
    1594 *Flor sexta.* Toledo, 65, y en las eds. de Alcalá 1595, Zaragoza 1596, Alcalá 1597

1595 MN 17.557, 81

1600 *Romancero general*, 170v, y en la ed. de 1602

1663 NH B 2482, 171. «Obras del doctor Juan de Salinas»

XIX MN 3724, 152

XVII NH B 2481, 27 «Poesías manuscritas del Dr. Juan de Salinas, de Baltasar de Alcazar, Argensola i del Dr Garai»

Colección de romances, núm. 236

MBCR, II, pág. 573

En *Juan de Salinas*, núm. 6, Bonneville da la fecha aproximada de 1593 para esta composición. En la página 35, el editor cita el MN 10.293 como 10298. J. Valentín Nuñez Rivera ha publicado «La poesía de Baltasar del Alcázar. Catálogo de las fuentes textuales. I. Manuscritos», *Voz y Letra* 8, 1 (1997), pp. 53-113. En las páginas 68-75 habla del 10.293. Montesinos, «Algunas notas», pág. 368, lo comenta.

60. *Ziego Amor, couarde y fuerte, / como dios y como niño.*

61. *Alvaneses eran todos / quantos a las fiestas yvan.*

62. *Oýd, señor don Gayferos, / lo que como amigo os hablo.*
     Góngora, núm. 129. Según Carreira, hay muy poca posibilidad de que sea de Góngora.

63. *A los pies de don Anrrique/ yaçe muerto el rrey don Pedro.*
     1590-1600 BUB 125, 24v («Romancero de Barcelona», núm. 27)
     1592 *Flor quinta*. Burgos, 108v, y en la ed. de Burgos 1594, con el orden estrófico trastocado y dos estrofas más, versión idéntica a la de la *Flor sexta* y el *Romancero general*
     1593 *Flor sexta (Ramillete)*. Lisboa, 385v, con el orden estrófico trastocado y dos estrofas más, versión idéntica a la de la *Flor quinta* y el *Romancero general*
     1593 SN.V.III.17 (9). *Segundo cuaderno de varios romances*. Valencia. Milano, Biblioteca Ambrosiana (*Pliegos poéticos de Milán*, núm. 9, pág. 99), versión más breve a la que le falta una estrofa
     1600 *Romancero general*, 122, y en la ed. de 1602, con el orden estrófico trastocado y dos estrofas más, versión idéntica en la *Flor quinta* y la *Flor sexta*
     Colección de romances, núm. 979
     MBCR, II, pág. 301
     NDic., núm. 1125

Antonio Pérez Gómez. *Romancero del Rey don Pedro (1368-1800)*. Valencia: La fonte que mana y corre, 1954.

Montesinos, «Algunas notas», pág. 376, comenta las diferentes versiones.

64. *O gustos de amor traidores, / sueños lijeros y vanos.*

1590-1600 BUB 125, 34 («Romancero de Barcelona», núm. 39). En este manuscrito figura el ro-mance «Ques de vos, sosiego mío» que incluye «Entre los ojos traigo / que tengo de morir enamorado», el mismo estribillo que el de este romance.

1595 *Flor séptima.* Madrid, 37, y en las eds. de Toledo 1595 y Alcalá 1597

1600 *Romancero general*, 221, y en la ed. de 1602

Corpus, núm. 57

MBCR, II, pág. 294

65. *Christiana me vueluo, Çayde, / çelosa y desesperada.*

66. *Bitorioso buelue el Zid / a San Pedro de Cardeña.*

1590-1600 BUB 125, 151v (no se incluye en el «Romancero de Barcelona»)

1595 *Flor séptima.* Madrid, 25v, y en las eds. de Toledo 1595 y Alcalá 1597

1595 MN 17.557, 70

1596 *Flor octava.* Toledo, 103

1600 *Romancero general*, 217v, y en la ed. de 1602

1626 Metge, *Tesoro escondido.* Barcelona, 58

s.a. *Aquí se contienen seys romances.* Madrid, Biblioteca del Marqués de Morbecq (*Los Pliegos poéticos del Marqués de Morbecq*, núm. 29, pág. 324)

Catalán, *Catálogo general del romancero*, II, núm. 29

Colección de romances, núm. 847

MBCR, II, pág. 810

NDic., núm. 731

67. *La que fue dichossa.*

68. *Acusáronme envidiosos, / creýstete de lijero.*

69. *Quando los canpos se visten / de rrojo, blanco y açul.*

1592 *Flor quinta.* Burgos, 116, y en las eds. de Lisboa 1593 y Burgos 1594

1600 *Romancero general*, 125, y en la ed. de 1602

1663 NH B 2482, 200, «Obras del doctor Juan de Salinas»

MBCR, II, pág. 698

Armistead-Silverman. *Judeo-Spanish Ballads from Oral Tradition. Carolingian Ballads, 2:*

Conde Claros. (En preparación.)

En *Juan de Salinas*, núm. 11, Bonneville lo fecha hacia 1592.

70. *Todos diçen que soy muerto, / no deue de ser sin causa.*
     1592 *Flor tercera* (Flores/Mey). Lisboa, 209 [=211], y en la ed. de Valencia 1593
     1593 *Flor tercera* (Moncayo). Madrid, 19, y en las eds. de Madrid 1595, Alcalá 1595, Madrid 1597
     1595 MN 17.556, 83v (*Poesias barias*, núm. 103)
     1595 MN 15.557, 88v
     1600 *Romancero general*, 49v, y en la ed. de 1602
     XVII *Entremés famoso*, pág. 161, se cita el primer verso
     Colección de romances, núm. 1694
     MBCR, II, pág. 782

     Este poema se repite en el códice en versión más breve, ver el núm. 109 de la edición.

71. *Pedaços de yelo y nieue / despiden las sierras falsas.*

     Este romance se repite en el códice, pero hay variantes de importancia entre las dos versiones. Ver el núm. 43 y su nota.

72. *Bolued, señora, los ojos / a el tienpo, que presto buela.*

73. *Quien madruga Dios le ayuda.*
     1597 *Flor novena*. Madrid, 43, y en la ed. de Alcalá 1600
     1600 *Romancero general*, 327, y en la ed. de 1602
     XVII MN 3913, 50
     s.a. S.R.6.12 (13). *Tercero cuaderno de varios romances*. Pisa, Biblioteca Universitaria (*Pliegos poéticos de Pisa*, núm. 13, pág. 191), versión más larga
     Corpus, núms 522A, 644, 1077B, 1252A, 1922B,
     MBCR, II, pág. 716
     NDic., núm. 1130

     Quándo saliréis, alua galana.
     1597 *Flor novena*. Madrid, 43v, y en la ed. de Alcalá 1600
     1600 *Romancero general*, 327v, y en la ed. de 1602
     XVII MN 3913, 50
     s.a. S.R.6.12 (13). *Tercero cuaderno de varios romances*. Pisa, Biblioteca Universitaria

(*Pliegos poéticos de Pisa*, núm. 13, pág. 193)

Corpus, núm. 1077B

Cómo cogeré yo berbena.

1597 *Flor novena.* Madrid, 44, y en la ed. de Alcalá 1600

1597 *Quinto cuaderno de varios romances.* Valencia. München, Bayerische Staatsbibliothek (*Pliegos poéticos de Munich*, núm. 14, pág. 191; *Las series valencianas*, núm. 79, pág. 188, como parte de una ensaladilla que empieza «Antona, Juana y Belisa»)

1600 *Romancero general*, 327v, y en la ed. de 1602

XVII MN 3913, 50

s.a. S.R.6.12 (13). *Tercero cuaderno de varios romances.* Pisa, Biblioteca Universitaria (*Pliegos poéticos de Pisa*, núm. 13, pág. 194)

Corpus, núm. 522 A

Tréuole, ay Jesús, cómo uele.

1597 *Flor novena.* Madrid, 44, y en la ed. de Alcalá 1600

1600 *Romancero general*, 327v, y en la ed. de 1602

XVII MN 3913, 50

s.a. S.R. 6. 12 (13). *Tercero cuaderno de varios romances.* Pisa, Biblioteca Universitaria (*Pliegos poéticos de Pisa*, núm. 13, pág. 193)

Corpus, núm. 1252A

Río Berde, río Berde / más negro bas que la tinta.

1550 *Cancionero de romances.* Millis 1550, 183v, y en las eds de Anvers 1550, Anvers 1555, Anvers 1568, Lisboa 1581

1550 *Primera silva.* Zaragoza, 97

1550 *Silva.* Barcelona, 87, y en la ed. de 1552

XVII MN 3913, 50

s.a. S.R.6.12 (13). *Tercero cuaderno de varios romances.* Pisa, Biblioteca Universitaria (*Pliegos poéticos de Pisa*, núm. 13, pág. 195)

s.a. *Cancionero de romances.* Anvers, 174v

s.a. *Aquí comienzan tres romances nuevos.* New York, The Hispanic Society

s.a. IX. H. 231 (81). *Aquí comienzan tres romances nuevos.* Sólo se da el primer verso. Praga, Biblioteca Nacional (*Pliegos poéticos de Praga*, II, núm. 81, pág. 321)

Catalán, *Catálogo general del romancero. El romancero pan-hispánico 2*, núm. 49

MBCR, II, pág. 728

NDic., núms. 695, 696

Este romance ha sido muy estudiado y comentado. Ver Juan Bautista de Avalle-Arce, «El romance "Río verde, río verde"». Para un buen resumen de todos estos estudios y de los problemas que ha presentado, véase Maximiano Trapero.

Mala noche me diste, casada.
XVII MN 3913, 50v
Corpus, núm. 658

John Gornall ha editado la ensalada «Quien madruga, Dios le ayuda» partiendo de las varias versiones. Véase su artículo «The ensalada». El mismo autor estudia la canción «Trébole, ay Jesús» como parte de la lírica de tipo tradicional y cita la ensalada de este códice y otras versiones en fuentes manuscritas e impresas de la época en su artículo «Variants, Stanzas»

74. *La del escribano, / la recién casada.*
    1586 MP 973, 407, con atribución a Francisco de la Cueva
    1589 RaC 263, 183
    1595 MN 17.556, 5 (*Poesias barias*, núm. 8)
    1596 *Flor octava.* Toledo, 90, y en la ed. de Alcalá 1597
    1600 NB V.A.16, 121v («Romancero de la Brancacciana», núm. 67)
    1600 *Romancero general*, 287v, y en la ed. de 1602
    1618 Chen, *Laberinto amoroso.* Barcelona, 91, y en la ed. de 1638
    1663 NH B 2482, 187v, «Obras del Doctor Juan de Salinas»
    XVII NH B 2481, 23v «Poesías manuscritas del Dr. Juan de Salinas, de Baltasar de Alcazar, Argensola i del Dr. Garai»
    XIX MN 3725-1, 108
    XIX NH B 2377, 51v, «Romancero de 1614»
    Colección de romances, núm. 1852
    MBCR, II, pág. 546 y IV, pág. 149

En *Juan de Salinas*, núm. 14, Bonneville da la fecha de «1589?».

75. *Riñó con Juanilla / su hermana Miguela.*
    1586 MP 973, 406, con atribución a Liñán
    1589 RaC 263, 181v
    1593 *Flor cuarta (Ramillete).* Lisboa, 59
    1593 MP 1581, 85v
    1594 *Flor sexta.* Toledo, 27v, y en las eds. de Alcalá 1595, Zaragoza 1596, Alcalá 1597
    1595 MN 17.556, 15v (*Poesias barias*, núm. 19)

1597 *Flor novena.* Madrid, 116v, y en la ed. de Alcalá 1600

1600 NB V.A.16, 26v («Romancero de la Brancacciana», núm. 14)

1600 *Romancero general*, 158v, y en la ed. de 1602

1600 RV Otto. 2882, 17v

XIX MN 3725-1, 89

XIX NH B 2377, 17 «Romancero de 1614»

Colección de romances, núm. 1830

MBCR, II, pág. 728

Corpus, núm. 117, «Si eres niña y has amor»

76. *Cansado estaba Tisandro / del engaño y de su dicha.*
    1582-1600 MN 3168, 143 (*Cancionero del Bachiller*, núm. 254)
    1586 MP 973, 414, con atribución a Liñán
    1595 *Flor séptima.* Madrid, 135v, y en las eds. de Toledo 1595 y Alcalá 1597
    1595 MN 17.556, 16v (*Poesias barias*, núm. 20)
    1600 *Romancero general*, 252v, y en la ed. de 1602
    MBCR, II, pág. 349

77. *El suelto cabello al viento / que desordena sus trenças.*
    1589 RaC 263, 186v
    1592 MN 4127, pág. 86 (Serrano y Sanz, «Un libro», pág. 330)
    1595 MN 17.556, 26 (*Poesias barias*, núm. 31)

78. *Agora, Tirse, quel tienpo / toma residencia al alma.*
    1595 MN 17.556, 27 (*Poesias barias*, núm. 32)
    1600 NB V.A. 16, 62 («Romancero de la Brancacciana», núm. 32)

79. *Mirando estaba Damón / desde vn risco solitario.*
    1592 MN 4127, pág. 129 (Serrano y Sanz, «Un libro», pág. 333)
    1595 MN 17.556, 30 (*Poesias barias*, núm. 35)

80. *Enlazados los cabellos / que a tantos an enlaçado.*
    1590-1600 BUB 125, 17v («Romancero de Barcelona», núm. 18)
    1595 MN 17.556, 30v (*Poesias barias*, núm. 36)
    1597 *Flor novena.* Madrid, 100v, y en la ed. de Alcalá 1600
    1600 *Romancero general*, 347v, y en la ed. de 1602
    1620 MN 3915, 193v
    MBCR, II, pág. 480

81. *Plega a Dios que si a otra mira.*

    1591 *Flor primera*. Barcelona. Adiciones, 145v

    1595 MN 17.556, 31 (*Poesias barias*, núm. 37)

    1600 NH B 2334, 86v

    1602 *Flor docena*. Zaragoza, 77, y en la ed. de Valladolid 1604

    1604 *Romancero general*, 426, y en la ed. de 1614

    MBCR, II, pág. 661 y IV, pág. 194

82. *Pensábase mi vecina / que por su caraza grande.*

    Góngora, núm. 187. Según Carreira, hay muy poca posibilidad de que sea de Góngora.

83. *Rabia le dé, madre.*

    1570? Timoneda, *Paquete de amor* (un posible *cancionerillo* de Timoneda, según Rodríguez-Moñino, ni conservado hoy ni aludido en otras fuentes)

    1589 RaC 263, 143, versión idéntica

    1593 *Flor cuarta (Ramillete)*. Lisboa, 61

    1593 SN.V.III.17 (2), *Segundo cuaderno de la segunda parte de varios romances*. Milano, Biblioteca Ambrosiana (*Pliegos poéticos de Milán*, núm. 2, pág. 29)

    1594 *Flor sexta*. Toledo, 29v, y en las eds. de Alcalá 1595, Zaragoza 1596, Alcalá 1597

    1595 LBL Add. 10.328, 200v

    1600 *Romancero general*, 159, y en la ed. de 1602

    XIX MN 3725-1, 29

    s.a. *Aquí se contienen muchas octavas*. München, Bayerische Staatsbibliothek (*Pliegos poéticos de Munich*, núm. 37, pág. 500; *Las series valencianas*, núm. 204, pág. 338)

    MBCR, II, págs. 576-577

    NDic., núms. 571.5, 722, 1126

84. *La noble Ximena Gómez / hija del conde Loçano.*

    1582-1600 MN 3168, 25 (*Cancionero del Bachiller*, núm. 103)

    1585-1605 TorN 1-14, 17v («El romancero musical de Turín», núm. 18), figuran las octavas, «Desdichada la dama cortesana», puestas a música

    1595 *Flor séptima*. Madrid, 144, y en las eds. de Toledo 1595 y Alcalá 1597

    1595 MN 17.556, 36v (*Poesias barias*, núm. 44)

    XVII-XIX NH B 2369-91, 327

    1600 *Romancero general*, 255v, y en la ed. de 1602

    1626 Metge, *Tesoro escondido*. Barcelona, 31

    Colección de romances, núm. 746

MBCR, II, pág. 553 y IV, pág. 151

Carolina Michaëlis lo imprime en su *Romancero del Cid*, pág. 40, tomándolo del *Romancero general*.

85. *Lo verde que da el abril / ya el otubre lo quitaba.*
     1592 *Flor tercera* (Flores/Mey). Lisboa, 177 [= 179], y en la ed. de Valencia 1593
     1595 MN 17.556, 38v (*Poesias barias*, núm. 47)
     MBCR, II, pág. 571
     Pedro Liñán de Riaza, pág. 229, núm. 23

86. *Mientras duermen los sentidos / y la vida los engaña.*
     1589 RaC 263, 142
     1592 *Flor tercera* (Flores/Mey). Lisboa, 199 [= 201], y en la ed. de Valencia 1593
     1593 *Flor tercera* (Moncayo). Madrid, 81v, y en las eds. de Madrid 1595, Alcalá 1595, Madrid 1597
     1593 MP 1581, 139
     1595 MN 17.556, 39 (*Poesias barias*, núm. 48)
     1600 *Romancero general*, 69, y en la ed. de 1602
     MBCR, II, pág. 587

     Que tocan al arma, Juana
     XVI   NH B 2475, 8, glosado a lo divino
     1575 MN 17.689, 43v, citado en el poema, «Señora, mi confianza»
     1580 Padilla, *Tesoro*, 334
     1581 Flecha, *Las ensaladas*, 18
     1589 RaC 263, 142, parte del mismo romance
     1592 *Flor tercera* (Flores/Mey). Lisboa, 199 [= 201], y en la ed. de Valencia 1593, como parte del mismo romance
     1593 *Flor tercera* (Moncayo). Madrid, 81v, y en las eds. de Madrid 1595, Alcalá 1595, Madrid 1597, como parte del mismo romance
     1593 MP 1581, 139, con atribución a Lope de Vega
     1595 MN 17.556 (*Poesias barias*, núm. 48), parte del mismo romance
     1599 RV Chigiano cod. L. VI 200, 32v (Acutis, «Presenza», pág. 181)
     1600 *Romancero general*, 69, parte del mismo romance
     Corpus, núm. 1137
     NDic., núm. 1056 (tono)

87. *Vn grande tahúr de amores / y vna jugadora tierna.*

 1593 *Flor tercera* (Moncayo). Madrid, 79, y en las eds. de Madrid 1595, Alcalá 1595 y Madrid 1597

 1593 MP 1581, 126v

 1595 MN 17.556, 43v (*Poesias barias*, núm. 53)

 1595 S.R.6.12 (16). *Séptimo cuaderno*. Valencia. Pisa, Biblioteca Universitaria (*Pliegos poéticos de Pisa*, núm. 16, pág. 240) y München, Bayerische Staatsbibliothek (*Pliegos poéticos de Munich*, núm. 29, pág. 393; *Las series valencianas*, núm. 166, pág. 281)

 1600 *Romancero general*, 68, y en la ed. de 1602

 Colección de romances, núm. 1720

 Floresta de poesías eróticas, núm. 141

 MBCR, II, pág. 795

 NDic., núms. 1162 [+ 1163]

88. *Belardo, aquel que otro tienpo / moraba el dorado Tajo.*

 1595 MN 17.556, 44v (*Poesias barias*, núm. 54)

89. *No quiso Fili a Belardo / ni a su Bartola Bireno.*

 1595 MN 17.556, 45v (*Poesias barias*, núm. 56)

90. *Hazme, niña, vn ramillete / de flores de tu jardín.*

 1593 SN.V.III.17 (5). *Quinto cuaderno de varios romances*. Valencia. Milano, Biblioteca Ambrosiana (*Pliegos poéticos de Milán*, núm. 5, pág. 56)

 1595 MN 17.556, 46v (*Poesias barias*, núm. 57)

 1600 NB V.A.16, 11 («Romancero de la Brancacciana», núm. 4)

 NDic., núm. 1146

91. *El escudo en quien fortuna / sus duros golpes descarga.*

 Góngora, núm. 150. Según Carreira, hay muy poca posibilidad de que sea de Góngora.

92. *Cansado y prolijo día / verdugo de mi esperança.*

 1593 *Flor quinta (Ramillete)*. Lisboa, 244v, con otro orden estrófico

 1594 *Flor sexta*. Toledo, 133, y en las eds. de Alcalá 1595, Zaragoza 1596, Alcalá 1597

 1595 MN 17.556, 52 (*Poesias barias*, núm. 64), la misma versión que en el MP 996

 1600 *Romancero general*, 192, y en la ed. de 1602, con otro orden estrófico

 1604-07 FN VII-353, 94v, versión más breve que la del MP 996

 1620 MN 3915, 71, 176v, ambas versiones más breves que la del MP 996

 En *Corpus*, núm. 1234, Frenk recoge las fuentes del estribillo

MBCR, II, pág. 349

93. *Riselo, pastor de agrabios / y de memorias que viben.*
    1595 MN 17.556, 52v (*Poesias barias*, núm. 65)
    Pedro Liñán de Riaza, pág. 237, núm 28

94. *Ya quel rutilante Febo / toda la tierra yllustraba.*
    1591 *Flor primera*. Barcelona, Adiciones, 151v
    1587-89   MN 22.028, 155
    1595 MN 17.556, 53 (*Poesias barias*, núm. 66)
    1611 *Jardín de amadores*. Zaragoza, 21v, y en las eds. de Barcelona 1611, Zaragoza 1637,
        Zaragoza 1644, Valencia 1679
    MBCR, II, pág. 318 y IV, pág. 260

95. *Don Rodrigo de Vibar*. Este romance se repite en el códice, ver el núm. 27.

96. *En medio de vn canpo solo / do la diosa Çeres planta.*
    1593 MP 1581, 80v
    1595 MN 17.556, 54 (*Poesias barias*, núm. 68)

97. *Lisardo en sus sotos mira / cómo sus manadas paçen.*
    1595 MN 17.556, 55 (*Poesias barias*, núm. 69)
    Pedro Liñán de Riaza, pág. 227, núm. 22

98. *Por las montañas de Rhonda / el brabo Almadán salía.*
    1582-1600   MN 3168, 8v (*Cancionero del Bachiller*, núm. 40)
    1595 MN 17.556, 58 (*Poesias barias*, núm. 73)
    1600 MN 2856, 51v
    1604-07   FN VII-353, 133
    1620 MN 3915, 175

99. *Con cabello y barba crespa / y con la color tostada.*
    1595 MN 17.556, 59 (*Poesias barias*, núm. 74)

100. *Ya nos mudamo[s], Marica, / Marica, ya nos mudamos.*
    Góngora, núm. 120. Según Carreira, hay muy poca posibilidad de que sea de Góngora.

101. *Sobre los tres hijos muertos, / dentro de la enpaliçada.*
    1595 17.556, 69 (*Poesias barias*, núm. 86)
    1600 NB V.A.16, 83v, *Romançe nuebo* («Romancero de la Brancacciana», núm. 47)

Impreso en Reig, *El cantar*, pág. 373, procedente del MP 996.

102. *Discurriendo en la vatalla / el rey Sebastián el brabo.*
    1592 *Flor tercera* (Flores/Mey). Lisboa, 155 [= 157], y en la ed. de Valencia 1593
    1593 *Flor tercera* (Moncayo). Madrid, 94, y en las eds. de Madrid 1595, Alcalá 1595, Madrid 1597
    1593 *Flor cuarta (Ramillete)*. Lisboa, 78v. En la tercera parte. Sólo figura el primer verso en la *Flor cuarta* y el epígrafe remite a la *Flor tercera*.
    1595 MN 17.556, 70 (*Poesias barias*, núm. 87)
    1600 *Romancero general*, 73v, y en la ed. de 1602
    XVII *Entremés famoso*, pág. 161, se cita el primer verso
    Colección de romances, núm. 1247
    MBCR, II, pág. 430

103. *Quedáos so ese peñasco, / qual mi ninfa, duro y sordo.*
    Góngora, núm. 197. Según Carreira, hay muy poca posibilidad de que sea de Góngora.

104. *Con luz blanca y rostro claro / Diana al canpo alunbraba.*
    1595 MN 17.556, 72v (*Poesias barias*, núm. 91)

    Reynolds, *Romancero de Hernán Cortés*, pág. 45, publica el texto de MN 17.556.

105. *De yerbas los altos montes, / de mieses los canpos llanos.*
    1595 *Flor séptima*. Madrid, 120, y en las eds. de Toledo 1595 y Alcalá 1597
    1595 MN 17.556, 74 (*Poesias barias*, núm. 93)
    1600 *Romancero general*, 248, y en la ed. de 1602
    XIX MN 3724, 56v
    Colección de romances, núm. 1518
    MBCR, II, pág. 423

106. *El cuerpo preso en Sansueña / y en París cauptiba el alma.*
    Este romance se repite en el códice, número 23 de esta edición; véase la nota correspondiente.

107. *Vínose Ynés del aldea, / adonde contenta estaba.*
    1593 *Flor cuarta (Ramillete)*. Lisboa, 18
    1594 *Flor sexta*. Toledo, 8v, y en las eds. de Alcalá 1595, Zaragoza 1596, Alcalá 1597
    1595 MN 17.556, 78v (*Poesias barias*, núm. 99)
    1600 *Romancero general*, 152v, y en la ed. de 1602

XIX   MN 3724, 130
Colección de romances, núm. 1596
MBCR, II, pág. 808

108. *Por los chismes de Chamorro / desterrado y perseguido.*
Góngora, núm. 145. Según Carreira, hay muy poca posibilidad de que sea de Góngora.

109. *Todos diçen que soy muerto, / no debe ser sin causa.*
Este poema se repite en el códice como el número 70 de la edición, ver nota a dicho poema.

110. *Suspensa está doña Vrraca / por las nuebas que le an dado.*
1582-1600 MN 3168, 42 (*Cancionero del Bachiller*, núm. 152), más breve que en las otras versiones
1595 MN 17.556, 85 (*Poesias barias*, núm. 104)

Reig, *El cantar*, pág. 385, lo saca de MP 996.

111. *El gallardo Palmerín, / caballero que en España.*
1595 MN 17.556, 87 (*Poesias barias*, núm. 106)

112. *Por qué me tapas la voca. / Es tu gusto que me aogue.*
1595 MN 17.556, 88 (*Poesias barias*, núm. 107)

113. *Tirsis, el pastor ausente / de Lausa su prenda cara.*
1595 MN 17.556, 89 (*Poesias barias*, núm. 108)

114. *Admírome tanto en verte / el vello donayre y gracia.*
1595 MN 17.556, 89v (*Poesias barias*, núm. 109)

115. *Rendidas armas y vida / queda Rodamonte el brabo.*
1595 MN 17.556, 90v (*Poesias barias*, núm. 110)
1597 *Flor novena*. Madrid, 124, y en la ed. de Alcalá 1600
1600 *Romancero general*, 355v, y en la ed. de 1602
Colección de romances, núm. 434
MBCR, II, pág. 724

116. *Galiana está en Toledo / señalando con el dedo.*
1595 MN 17.556, 91 (*Poesias barias*, núm. 111)

El poema que aquí se parodia es el núm. 11 de esta edición.

117. *Tronando las nubes negras / y espesos los claros ayres.*
  1589 *Flor de romances.* Huesca, 121
  1592 *Flor tercera* (Flores/Mey). Lisboa, 213 [=215], y en la ed. de Valencia 1593
  1593 *Flor tercera* (Moncayo). Madrid, 118, y en las eds. de Madrid 1595, Alcalá 1595, Madrid 1597
  1595 MN 17.556, 92 (*Poesias barias*, núm. 112)
  ?   MN 3714, 62v
  1600 *Romancero general*, 81v, y en la ed. de 1602
  1604-07   FN VII-353, 112v
  Colección de romances, núm. 1525
  MBCR, II, págs. 783 y 790
  Pedro Liñán de Riaza, pág. 183, núm. 3

  Las versiones de Huesca 1589, de la *Flor tercera* y otras versiones sefardíes han sido recogidas y estudiadas por nuestro admirado amigo Samuel G. Armistead y su colaborador Joseph Silverman. Ver *The Judeo-Spanish Ballad*, págs. 134-144.

118. *La niña que allá en la fuente / perdió sus çarçillos de oro.*
  1589 RaC 263, 179v
  1595 MN 17.556, 92v (*Poesias barias*, núm. 113)
  Corpus, núms. 1091 y 1474,

  Taño en vos
  Ver nota al núm. 47 de esta edición.

  No sé cómo
  1580-90 NH B 2486, 65v (*Cancionero sevillano*, núm. 80)
  1582 Silvestre, *Obras*, 127v

  Velador que el castillo velas
  1570 MP 617, 167 (*Cancionero de poesías varias*, núm. 173)
  1589 RaC 263, 180
  1595 MN 17.556, 93, (*Poesias barias*, núm. 113)

  Carreño, *Lope de Vega. Poesía selecta*, núm. 186, lo edita con una extensa nota bibliográfica. El tema de la pérdida de los zarcillos se encuentra en un romance de Liñán, núm. 13 de *Pedro Liñán de Riaza*; coinciden algunas imágenes con las del MP 996.

119. *A los boquirrubios, / damas de la villa.*

Góngora, núm. 142. Según Carreira, hay muy poca posibilidad de que sea de Góngora.

120. *Los que algún tienpo tubistes / noticia de Labapiés.*
     1595 MN 17.556, 96v (*Poesias barias*, núm. 117)

Ha sido publicado y estudiado por J. Entrambasaguas; ver «Los famosos», pág. 45 y siguientes.

121. *Ay, Amor, Amor / blando como Angeo.*
     Góngora, núm. 173. Según Carreira, hay muy poca posibilidad de que sea de Góngora.

Ver nota al poema 123.

122. *Yngrata Merisa mía, / tan hermosa quanto yngrata.*
     1595 LBL Add. 10.328, 169
     1595 MN 17.556, 100 (*Poesias barias*, núm. 120)
     1595 MN 17.557, 6

Ver nota al poema 123.

123. *De blanco y menudo aljófar, / cubierto cuerpo y cabeça.*
     1595 LBL Add. 10.328, 170
     1595 MN 17.556, 100v (*Poesias barias*, núm. 121)

Los números 121-123 aparecen en el mismo orden en el MP 996 que en el LBL Add. 10.328 y en el MN 17.556. En estos dos figura el romance «Cuando entendí que tenía», que no se copió en el MP 996; a continuación se copia en las tres fuentes el romance que aparece bajo el núm. 124.

124. *Corona el tienpo de flores / a su tiempo la canpaña.*
     1595 LBL Add. 10.328, 172
     1595 MN 17.556, 101v (*Poesias barias*, núm. 123)
     1595 MN 17.557, 44
     1596 *Flor octava.* Toledo, 120, y en la ed. de Alcalá 1597
     1600 *Romancero general*, 304, y en la ed. de 1602
     MBCR, II, pág. 378

Ver nota al poema 123.

125. *Delante de Alboaçén, / rey sarraçino en Granada.*
     1595 LBL Add. 10.328, 220v

1595 MN 17.556, 102v (*Poesias barias*, núm. 124)

126. *Niño Amor, nuestras peonças / y fralecicos de aba.*
    1595 LBL Add. 10.328, 209
    1595 MN 17.556, 105 (*Poesias barias*, núm. 126)

127. *Luego que al furioso Turno / lo dexó el funesto agüero.*
    1595 LBL Add. 10.328, 214v
    1595 MN 17.556, 106 (*Poesias barias*, núm. 127)
    1596 *Flor octava*. Toledo, 54v, y en la ed. de Alcalá 1597
    1600 *Romancero general*, 279, y en la ed. de 1602
    Colección de romances, núm. 490
    MBCR, II, pág. 572

128. *Bien aya la paz, / mal aya la guerra.*
    1595 LBL 10.328, 180v
    1595 MN 17.556, 107 (*Poesias barias*, núm. 128)
    1596 *Flor octava*. Toledo, 100v, y en la ed. de Alcalá 1597
    XIX MN 3725-1, 36
    1600 *Romancero general*, 300, y en la ed. de 1602
    Colección de romances, núm. 1815
    Corpus, núm. 975
    MBCR, II, pág. 340

    Los versos «Estos mis cabellos / quel viento los lleva» se citan y se glosan en muchas fuentes, ver *Corpus*, núm. 975.

129. *Hermano Perico, / baste ya la fiesta.*
    Góngora, núm. 119. Carreira explica las diferencias y avatares entre éste y "Hermano Perico / que estás a la puerta".

130. *Niña de los ojos negros, / y avnque ya pasas de niña.*
    1595 LBL Add. 10.328, 230v
    1595 MN 17.556, 109v (*Poesias barias*, núm. 131)
    1597 *Flor novena*. Madrid, 106, y en la ed. de Alcalá 1600
    1600 *Romancero general*, 349v, y en la ed. de 1602
    XVII MN 3700, 20
    MBCR, II, pág. 610

131. *Alcalde moro Aliatar, / con la reyna os congraçiastes.*
   1586 MP 973, 402, con atribución a Liñán
   1593 *Flor quinta (Ramillete)*. Lisboa, 181
   1594 *Flor sexta*. Toledo, 105, y en las eds. de Alcalá 1595, Zaragoza 1596, Alcalá 1597
   1595 MN 17.556, 110v (*Poesias barias*, núm. 132), versión parecida a la del manuscrito
   1600 *Romancero general*, 182v
   XIX MN 3723, 217
   Colección de romances, núm. 167
   MBCR, II, pág. 298

   Montesinos, «Algunas notas», pág. 371, comenta las versiones.

132. *Al baliente moro Açarque, / preso en la fuerça de Ocaña.*
   1593 *Flor tercera* (Moncayo). Madrid, 122, y en las eds. de Madrid 1595, Alcalá 1595, Madrid 1597
   1595 MN 17.556, 111v (*Poesias barias*, núm. 133)
   1600 *Romancero general*, 83, y en la ed. de 1602
   MBCR, II, pág. 461

133. *Cárçel heres tú, / dígote, escuela.*
   1595 MN 17.556, 115v (*Poesias barias*, núm. 136)

134. *Señora doña María, / vuesa merced se resuelba.*
   1593 *Flor tercera* (Moncayo). Madrid, 39v, y en las eds. de Madrid 1595, Alcalá 1595, Madrid 1597
   1595 MN 17.556, 116v (*Poesias barias*, núm. 138)
   1600 NB V.A.16, 4v («Romancero de la Brancacciana», núm. 2)
   1600 *Romancero general*, 55v, y en la ed. de 1602
   1663 NH B 2482, 180, «Obras del Doctor Juan de Salinas»
   XVII NH B 2481, 16v, «Poesías manuscritas del Dr. Juan de Salinas, de Baltasar de Alcazar, Argensola i del Dr. Garai»
   MBCR, II, pág. 739

   En *Juan de Salinas*, núm. 9, Bonneville da la fecha de 1592.

135. *Pastorçilla de la sierra / del fragoso Guadarrama.*
   1595 MN 17.556, 117v (*Poesias barias*, núm. 139)
   1597 *Flor novena*. Madrid, 130, y en la ed. de Alcalá 1600

1600 *Romancero general*, 357v, y en la ed. de 1602
MBCR, II, pág. 656

Si mi padre no me casa
En NH B-2486, 196v (*Cancionero sevillano*, núm. 380), y en *Corpus*, núm. 206, hay una letra que empieza de la misma manera que ésta pero que continúa de manera diferente.

136. *Casóse en Villabarba / Juan Sánchez el recuero.*
1595 MN 17.556, 118 (*Poesias barias*, núm. 140)
1600 NH B 2334, 78v, («Romancerillo de Sancho Rayón», pág. 95, núm. 7)

137. *Sin duda, hermana Juanica, / entiendes que naçí en Babia.*
1595 MN 17.556, 119 (*Poesias barias*, núm. 141)

138. *Confuso y falto de gloria, / copioso de pensamientos.*
1595 MN 17.556, 121v (*Poesias barias*, núm. 144)

Ver nota de R. Goldberg, *Poesias barias*, pág. 523, para más detalles sobre este romance y la influencia que recibe de «De amores está Fileno» y del romance de Timoneda «Pensativo está Sireno» en su *Rosa de amores*.

139. *Cantaba muy triste, / con vna boz grabe.*
1595 MN 17.556, 122 (*Poesias barias*, núm. 145)

140. *Quando sale el sol, señora, / yo sólo maldigo el sol.*
1595 MN 17.556, 122v (*Poesias barias*, núm. 146)

141. *Avsente, olbidado y solo / muere el más firme amador.*
1595 MN 17.556, 123 (*Poesias barias*, núm. 147)

142. *En tienpo de agrabios.*
1595 MN 17.556, 148 (*Poesias barias*, núm. 190), con la misma glosa que en MP 996
1663 NH B 2482, 210v, con la glosa de cuatro versos «La pena se amansa»
XVII NH B 2481, 72v, con la glosa de cuatro estrofas «La pena se amansa»

La letra ha sido citada también por Lope en *La Dorotea*. Para más fuentes de la glosa, ver *Juan de Salinas*, pág. 280.

143. *Baysos, amores.*
1585-1605 TorN 1-14, 38v («El romancero musical de Turín», núm. 38)
1593 MP 1581, 125

1593 SN.V.III.17 (3). *Tercero cuaderno de la segunda parte de varios romances*. Milano,
       Biblioteca Ambrosiana (*Pliegos poéticos de Milán*, núm. 3, pág. 38)
1595 MN 17.556, 148v, con tres estrofas más (*Poesias barias*, núm. 191)
1595 LBL 10.328, 235
1600 NH B 2334, 85v
1600 MoE Q 8-21, pág. 144 («Chansonniers musicaux», pág. 358)
XVII MN 3700, 75v
XVII MoE Alfa R.6-4
?   MN 14.070, papeles de Barbieri
Corpus, núm. 549 A
NDic., núm. 1131

Figura en la ensalada que es el núm. 47 de esta edición, con sólo la primera estrofa de la
glosa.

144. *No me engañaréis otra bez.*
     1595 MN 17.556, 149 (*Poesias barias*, núm. 192)
     Corpus, 668 C, sólo la letra

Figura en la ensalada, núm. 47 de esta edición, con otra glosa y los dos versos de la letra trocados. Allí se encontrarán las otras fuentes en que figura la ensalada con sus canciones.

145. *Trébole oledero, amigo.*
     Góngora, núm. 198. Según Carreira, hay muy poca posibilidad de que sea de Góngora.
     Está en la ensalada núm. 73 de esta edición con glosa distinta y variantes en la letra.

146. *Que si verde era la ribera.*
     1595 MN 17.556, 150 (*Poesias barias*, núm. 194)
     Corpus, núm 1254

147. *Yo que no sé nadar, morenica.*
     1570 MP 1577 (1), 93, como parte de la ensalada, «El Amor sale a pescar»
     1595 MN 17.556, 150 (*Poesias barias*, núm. 195)
     1595 LBL Add. 10.328, 174
     1600 NH B 2334, 83, versión más breve
     Corpus, núm. 967
148. *Desdeñaste a Pedro.*
     1595 MN 17.556, 151 (*Poesias barias*, núm. 196)

149. *Quien tubo en poco el perderme.*
     1595 MN 17.556, 151v (*Poesias barias*, núm. 197)

150. *Juramento lleban hecho / todos juntos a vna voz.*
     1592 *Flor cuarta.* Burgos, 33v, y en la ed. de Burgos 1594
     1593 *Flor quinta (Ramillete).* Lisboa, 161
     1595 MN 17.556, 152v (*Poesias barias*, núm. 198)
     1600 *Romancero general*, 97v, y en la ed. de 1602
     Colección de romances, núm. 699
     MBCR, II, pág. 541
     Menéndez Pidal, *Romancero tradicional*, vol. II, págs. 79-81.

151. *Jurado tiene Simocho / de no ser ya más poeta.*
     Góngora, núm. 192. Según Carreira, hay muy poca posibilidad de que sea de Góngora.

152. *Vendito sea Dios, / que á llegado el tienpo.*
     1595 MN 17.556, 154 (*Poesias barias*, núm. 200)

153. *De pechos sobre vna torre / que la mar conbate y cerca.*
     1585-1600 MCSIC R.M 3879, pág. 102
     1585-1605 TorN 1-14, 60v («El romancero musical de Turín», núm. 49)
     1593 *Flor cuarta (Ramillete).* Lisboa, 74v, *Romance de Lope de Vega quando se yua a Ingala-
            terra*
     1593 MP 1581, 132v
     1594 *Flor sexta.* Toledo, 36v, y en las eds. de Alcalá 1595, Zaragoza 1596, Alcalá 1597
     1595 MN 17.556, 156 (*Poesias barias*, núm. 202)
     1598 S.R.6.12 (5). *Sexto cuaderno de varios romances.* Valencia. Pisa, Biblioteca Universitaria
            (*Pliegos poéticos de Pisa*, núm. 5, pág. 71)
     1600 *Romancero general*, 161, y en la ed. de 1602
     s.a.   SN.V.III.17 (22) *Caso nuevamente acontecido.* Milano, Biblioteca Ambrosiana (*Pliegos
            poéticos de Milán*, núm. 22, pág. 239)
     XVII *Entremés famoso*, pág. 161, se cita una variante del primer verso «De pechos sobre una
            vara».
     MBCR, II, pág. 406
     NDic., núms. 768, 1156

J. de Entrambasaguas, en «Poesías nuevas», pág. 189, edita la versión de MP 1581. Arturo Zavala trata de reconstruir la versión original del romance en «Sobre una fisonomía».

Montesinos, «Algunas notas», pág. 367, comenta esta reconstrucción. Rita Goldberg estudia las varias versiones de este poema de Lope en «Una nueva versión». Carreño, *Lope de Vega. Poesía selecta*, núm. 20, lo edita con una extensa nota.

154. *Supo el Amor que en la Scitia / no abía gente que amase.*

    1589 *Tres romances modernos.* Valencia. München, Bayerische Staatsbibliothek (Pliegos poéticos de Munich, núm. 25, pág. 333; *Las series valencianas*, núm. 145, pág. 258), versión muy parecida a la del manuscrito 996

    1595 MN 17.556, 156v (*Poesias barias*, núm. 203)

    NDic., núm. 1112

155. *Daba sal Riselo vn día / a su manadilla pobre.*

    1593 *Flor tercera* (Moncayo). Madrid, 17v, y en las eds. de Madrid 1595, Alcalá 1595, Madrid 1597

    1593 SN.V.III.17 (6) *Sexto cuaderno de la segunda parte de varios romances.* Valencia. Milano, Biblioteca Ambrosiana (*Pliegos poéticos de Milán*, núm. 6, pág. 66)

    1595 MN 17.556, 157v (*Poesias barias*, núm. 204)

    1597 *Flor novena.* Madrid, 42, y en la ed. de Alcalá 1600

    1600 *Romancero general*, 325, y en la ed. de 1602

    MBCR, II, pág. 390

    NDic., núm. 1152

    Pedro Liñán de Riaza, pág. 219, núm. 18

156. *Soledad que aflige tanto, / qué pecho abrá que lo çufra.*

    Góngora, núm. 125. Según Carreira, hay muy poca posibilidad que sea de Góngora.

157. *Era la noche más fría / que tubo el lluvioso ynbierno.*

    1585-1605 TorN 1-14, 44v, («El romancero musical de Turín», núm. 44)

    1591 *Flor segunda.* Barcelona, 92, y en las eds. de Lisboa 1592, Valencia 1593, Madrid 1593, Madrid 1595, Alcalá 1595, Madrid 1597, versión distinta a partir del verso 25

    1595 MN 17.556, 160v (*Poesias barias*, núm. 207)

    1600 *Romancero general*, 31, y en la de de 1602

    s.a. *Flor segunda*, fragmento, 100

    MBCR, II, pág. 495

Parte de este poema es el núm. 52 de esta edición.

158. *Al arma, está voceando / vn bastardo Pensamiento.*

1595   MN 17.556, 161v (*Poesias barias*, núm. 208)

159. *De tus pasiones, Alçino, / y de tu infeliçe suerte.*
1595   MN 17.556, 162v (*Poesias barias*, núm. 209)

160. *En esta cárcel tenebrosa / y mazmorra de cautibos.*
1595   MN 17.556, 163v (*Poesias barias*, núm. 210)

161. *Estaba Filis vn día / con otras pastoras vellas.*
1595   MN 17.556, 167 (*Poesias barias*, núm. 213)

162. *Querellóse ante el alcalde / del lugar de Cienpoçuelos.*
1595   MN 17.556, 168v (*Poesias barias*, núm. 215)

163. *Vestido vn gabán morado, / señal de congoja y luto.*
1595   *Flor séptima*. Madrid, 86, y en las eds. de Toledo 1595, Alcalá 1597
1595   MN 17.557, 68v, con atribución a Lope
1597   *Quinto cuaderno de varios romances*. Valencia. München, Bayerische Staatsbibliothek (*Pliegos poéticos de Munich*, núm. 14, pág. 196; *Las series valencianas*, núm. 80, pág. 191)
1600   *Romancero general*, 237, 347v, y en la ed. de 1602
s.a.   SN.V.III.17 (20). *Cuaderno cuarto de Letrillas*. Valencia. Milano, Biblioteca Ambrosiana (*Pliegos poéticos de Milán*, núm. 20, pág. 211)
NDic., núms. 1139, 1149
MBCR, II, pág. 805

164. *Mil celosas fantasías, /que del esperar se engendran.*
Este poema se repite en el códice en versión más larga; ver el núm. 183.

165. *En el más soberbio monte / de los cristales de Tajo.*
1585-1605   TorN 1-14, 58v («El romancero musical de Turín», núm. 48)
1590-1600   BUB 125, 133v («Romancero de Barcelona», núm. 146).
1592   SN.V.III.17 (8). *Primer cuaderno*. Valencia. Milano, Biblioteca Ambrosiana (*Pliegos poéticos de Milán*, núm. 8, pág. 90), versión con doce versos más
1593   *Flor tercera* (Moncayo). Madrid, 14v, y en las eds. de Madrid 1595, Alcalá 1595, Madrid 1597, con doce versos más
1593   *Flor quinta (Ramillete)*. Lisboa, 179, con el mismo número de versos que la versión del manuscrito
1595   S.R.6.12 (17). *Séptimo cuaderno*. Pisa, Biblioteca Universitaria (*Pliegos poéticos de Pisa*, núm. 17, pág. 246), versión con doce versos más

1596 *Flor octava*. Toledo, 98v, y en la ed. de Alcalá 1597, versión más larga en la que coinciden sólo las primeras dos estrofas

1600 NB V.A. 16 («Romancero de la Brancacciana», núm. 46), la misma versión que en el manuscrito

1600 *Romancero general*, 48v, y en la ed. de 1602, versión con doce versos más

En NH B 2495, 87v hay un romance a lo divino que comienza «En el más dichoso monte»

Colección de romances, núm. 13

MBCR, II, pág. 469

NDic., núms. 1118, 1162

Montesinos, «Algunas notas», págs. 370-71, comenta sobre el «espinoso» problema que presenta este romance para la crítica textual, y en «Sobre el romance» edita la versión de la *Flor octava* que piensa ser de Lope, y da las variantes que se hallan en las otras versiones con las razones por las que cree que esta versión singular puede ser de Lope.

166. *Señor rey don Sancho Abarca, / agora que soys de hedad.*
1595 *Flor séptima*. Madrid, 126, y en las eds. de Toledo 1595 y de Alcalá 1597
1600 *Romancero general*, 250v, y en la ed. de 1602
Colección de romances, núm. 1214
MBCR, II, pág. 742

167. *No cubráys con negro belo / de aquese Tíbar las ebras.*

168. *Hermosas depositarias / de mil almas noueleras.*
Góngora, núm. 141. Según Carreira, hay muy poca posibilidad que sea de Góngora.

169. *Por entre riscas y peñas, / entre sonbras de jarales.*

170. *Entre las penas de amor, / algunos diçen que çelos.*
1590-1600 BUB 125, 13v («Romancero de Barcelona», núm. 15)
1596 *Flor octava*. Toledo, 121, y en la ed. de Alcalá 1597
1600 NH B 2334, 106v
1600 *Romancero general*, 304v, y en la ed. de 1602
MBCR, II, pág. 490

171. *Yaçe adonde el sol se pone / entre dos partidas peñas.*
1592 *Flor tercera* (Flores/Mey). Lisboa, 164 [= 154], y en la ed. de Valencia 1593
1595 *Flor séptima*. Madrid, 3v, y en las eds. de Toledo 1595 y de Alcalá 1597
1600 *Romancero general*, 209v, y en la ed. de 1602

1628 ZU 250-2, 449 (*Cancionero de 1628*, núm. 119); el texto no se edita, pero J. M. Blecua dice en una nota que en letra del siglo XIX se lee al final del romance el nombre de Cervantes)

XVII NB I.E.49, 94, *Romançe a una cueua muy escura*, por Miguel de Çeruantes («Antología inédita», pág. 712)

XIX MN 3724, 59

Colección de romances, núm. 1522

MBCR, II, págs. 531 y 825

Miguel de Cervantes, Viage, núm. 22, pág. 264.

E. Rivers dice en la pág. 34: «Avisados por un terceto del *Viage del Parnaso* (IV. 40-42) y ayudados por un manuscrito, podemos identificar con seguridad uno de sus romances, "el de los celos", que comienza "Hacia donde el sol se pone". Tanto por el tema de los celos como por los nombres pastoriles de Lauso y Silena, este romance puede relacionarse con la *Galatea* y con las escenas pastoriles de la comedia *La casa de los celos y selvas de Ardenia*, escenas en las que figura también el personaje Lauso.»

172. *En Fuenmayor, esa villa, / grandes alaridos dan.*

1584 MRAE 330, 176v, «Este romance se hizo a fray Rodrigo de Fuenmayor, porque andando pidiendo por su magestad el emprestido, pasando una noche en casa del cura, le pusieron un brasero de brasa sobre el seruicio y iéndose a sentar sobre él, sin saber que estaba allí la brasa, se quemó malamente»

1600 MN 2856, 105v, «A un frayle que se decía Fuenmayor, que yendo a pedir en nombre de su Magestad cierto seruicio, se sentó en vn brasero y se quemó el trasero yendo a sentarse en el seruidor», con atribución a Salinas

1615 MRAE E-29-6213 [Cancionero de 1615], 199

1628 ZU 250-2, 379 (Cancionero de 1628, núm. 49, no se edita el texto, pero el epígrafe dice «La quema de Fuenmaior»)

1654 Alfay, *Poesías varias*, pág. 5, «A uno que por assentarse en el seruicio, se assentó en un brasero» (Alfay, pág. 13)

1663 NH B 2482, 123, «Obras del Doctor Juan de Salinas».

Dice el epígrafe: «El Rey Don Felipe Segundo se valió de religiosos graues para pedir en su Reyno vn donatibo a sus vasallos. Vno dellos fue el M. Fray Juan de Fuen Mayor del orden de san Agustín que andando pidiendo en su distrito el donativo estando en vn lugar de Castilla le dexaron en el aposento donde dormía vn brasero encendido de lumbre; el religioso, a media noche, se lebantó necesitado, tan desalumbrado que se assentó en el brasero, quemóse de manera que vbo menester curarse; el Consejo de la Villa, sabiendo el accidente, le inuió vnguento blanco para curarse y el Doctor Juan de Salinas celebró el suceso con el siguiente Romance.»

XVII NH B 2361, 178v, «El Tostado de Juan de Salinas, poeta sebillano»

XVII NH B 2481, 76, «Poesías manuscritas del Dr. Juan de Salinas, de Baltasar de Alcazar, Argensola i del Dr. Garai». Dice el epígrafe: «Conpuso el doctor Juan de Salinas este romance al maestro fuen mayor, fraile agustino que salió a pedir el rey Felipe Segundo cierto enpestido general que tanbién salieron a pedir por toda España diferentes relijiosos y en sierta aldea, donde pasó el fraile la noche, le susedio leuantarse desalumbrado al seruicio y leuantarse sobre vn brasero donde se quemó: callólo hasta que aquejado del dolor fue necesario descubrirlo: y el consejo, para curarse, le enbio Ynguente blanco.» Para más fuentes y notas, ver *Juan de Salinas*, pág. 188. Fechado como de 1592.

173. *Desde Sansueña a París / dixo un medidor de leguas.*
 Góngora, núm. 26

174. *En el tienpo que su gloria / de Velardo está suspensa.*

175. *Al lado del coraçón, / y si es pusible allá dentro.*

176. *Buelbe los ojos, yngrata, / tus sinraçones aduierte.*

177. *Del rigor de mis desdenes / y de tus desdichas grandes.*

178. *Si con sólo el pensamiento / supe jamás agrabiarte.*

179. *Desnudando las memorias / de que se adorna y se viste.*

180. *Tan llena el alma de amores / como en tristes çelos puesta.*
 1592 *Flor tercera* (Flores/Mey). Lisboa, 201 [=203], y en la ed. de Valencia 1593
 1593 *Flor tercera* (Moncayo). Madrid, 114, y en las eds. de Madrid 1595, Alcalá 1595, Madrid 1597, versión con una estrofa más
 1600 *Romancero general*, 52, 80, y en la ed. de 1602
 MBCR, II, pág. 775
 Pedro Liñán de Riaza, pág. 232, núm. 25

 R. Goldberg edita la versión de MP 996 en la pág. 66 de *Poesias barias*. En la *Flor quinta (Ramillete)*, 204v, hay un romance que comienza «Jacinto un pastor mancebo» y que incluye una versión del estribillo que está en «Tan llena el alma»: «Oh dura ausencia, / quitas la vida

/ y acabas la paciencia»; y en la *Flor tercera* (Moncayo), 115, otro romance que empieza «Riselo un pastor de Tajo», que incluye el estribillo: «Ay dura ausencia, / acabe de acabarme / tu inclemencia».

181. *Descansa, vella Amarilis, / raçón será que descanses.*

182. *Para retar a don Olfos / armándose está don Bueso.*

183. *Mil çelosas fantasías / que del esperar se engendran.*
    1590-1600 BUB 125, 55 («Romancero de Barcelona», núm. 64)
    1592 SN.V.III.17 (12), *Quinto cuaderno de varios romances*, Milano, Biblioteca Ambrosiana (*Pliegos poéticos de Milán*, núm. 12, pág. 122)
    1595 *Flor séptima.* Madrid, 61v, y en las eds. de Toledo 1595, Alcalá 1597
    1595 MN 17.557, 80v
    1595 S.R. 6. 12 (5), *Sexto cuaderno de varios romances*, Pisa, Biblioteca Universitaria (*Pliegos poéticos de Pisa*, núm. 15, pág. 230)
    1600 *Romancero general*, 229, y en la ed. de 1602
    Colección de romances, núm. 381
    MBCR, II, pág. 588
    NDic., núms. 1145, 1153

    A las versiones de la *Flor* y del *Romancero general*, les faltan los vv. 42-45, 50-54. Este poema se repite en el códice, en versión más breve, ver el núm. 164.

184. *Yo soy Duero, / que todas las aguas vebo.*
    1597 *Flor novena.* Madrid, 99, y en la ed. de Alcalá 1600, sólo coincide el estribillo
    1600 *Romancero general*, 346v, y en la ed. de 1602, sólo coincide el estribillo
    MBCR, II, pág. 834

185. *El sueño, fácil engaño / de los tristes y afligidos.*

186. *En su ninpha el pensamiento, / de temor confusa el alma.*

187. *Así yo viua, Antonilla, / queres como vn pino de oro.*

188. *Acabe ya de llegar / esta pereçosa muerte.*
    1604 *Romancero general*, 385, y en la ed de 1614
    1616 *Flor oncena.* Cuenca, 8
    XVII NVE, I.E.49, 52, *Romançe de un galán desesperado; no se le saue autor*
    MBCR, IV, pág. 24

189. *Quándo cesarán las yras / de tus injustos desdenes.*

    1595 *Flor séptima.* Madrid, 60, y en las eds. de Toledo 1595, Alcalá 1597

    1600 *Romancero general*, 229, y en la ed. de 1602

    Colección de romances, núm. 1495. Durán lo atribuye a Lope, siguiendo la atribución de la *Colección de obras sueltas*, 1776-79.

    MBCR, II, pág. 692

190. *Al mejor tienpo del mundo / me dejaron tus desdenes.*

    1595 *Flor séptima.* Madrid, 44, y en las eds. de Toledo 1595, Alcalá 1597

    1600 *Romancero general*, 223v, y en la ed. de 1602

    MBCR, II, pág. 300

191. *Mira, Zayda, que te abiso / que de otra suerte me trates.*

    Ha sido editado por R. Goldberg en la pág. 74 de *Poesias barias*, quien lo ha tomado de MP 996.

    Lope tiene un romance muy conocido que empieza «Mira, Zaida, que te aviso», pero que continúa de manera distinta.

192. *En los solares de Burgos, / a su Rodrigo aguardando.*

    1590-1600 BUB 125, 146v (no se incluye en «Romancero de Barcelona»)

    1595 *Flor sexta.* Alcalá, 145 [= 157], y en la ed. de Alcalá 1597

    1595 *Flor séptima.* Madrid, 30, y en las eds. de Toledo 1595 y Alcalá 1597

    1600 *Romancero general*, 197v, 219, y en la ed. de 1602

    1605 Escobar, *Historia del Cid.* Lisboa, 25, y en las eds. de Lisboa 1610, Alcalá 1612, Alcalá 1614-15, Lisboa 1615, Zaragoza 1618, Segovia 1621, Madrid 1625, Segovia 1629, Sevilla 1639, Alcalá 1661, Madrid 1661, Madrid 1668, Sevilla 1682, Madrid 1688, Valladolid s.a., Madrid s.a., Cádiz 1702, Pamplona 1706, Madrid 1726, Madrid 1747

    1626 Metge, *Tesoro escondido.* Barcelona, 22

    s.a. *Aquí se contienen seys romances.* Madrid, Biblioteca del Marqués de Morbecq (*Los Pliegos poéticos del Marqués de Morbecq*, núm. 29, pág. 321)

    Colección de romances, núm. 557

    MBCR, II, pág. 482 y IV, pág. 118

    NDic., núm. 731

193. *Por la desdichada nueba / de la muerte arrebatada.*

194. *Damas de la frente arriba, / niñas de la çinta abajo.*

195. *Cuydando Diego Laýnez / en la mengua de su casa.*

 1595 S.R.6.12 (5) *Sexto cuaderno de varios romances*. Valencia. Pisa, Biblioteca Universitaria (*Pliegos poéticos de Pisa*, núm. 15, pág. 219)

 1597 *Flor novena*. Madrid, 133v, y en la ed. de Alcalá 1600

 1600 *Romancero general*, 362, y en la ed. de 1602

 1605 Escobar, *Historia del Cid*. Lisboa, 1, y en las eds. de Lisboa 1610, Alcalá 1612, Alcalá 1614-15, Lisboa 1615, Zaragoza 1618, Segovia 1621, Madrid 1625, Segovia 1629, Sevilla 1639, Alcalá 1661, Madrid 1661, Madrid 1668, Sevilla 1682, Madrid 1688, Valladolid s.a., Madrid s.a., Cádiz 1702, Pamplona 1706, Madrid 1726, Madrid 1747

 1626 Metge, *Tesoro escondido*. Barcelona, 3

 s.a. *Aquí se contienen seys romances*. Madrid, Biblioteca del Marqués de Morbecq (*Los pliegos poéticos del Marqués de Morbecq*, núm. 29, pág. 319)

 Colección de romances, núm. 725

 MBCR, II, pág. 387 y IV, pág. 77

 NDic., núms. 731, 1153

196. *Parió Marina en Orgaz.*

 1590-1600 BUB 125, 161 (no se incluye en el «Romancero de Barcelona», pero lo edita Foulché-Delbosc. Ver más abajo.)

 1593 MP 1581, 162

 1600 MN 861, pág. 660

 1600 MN 2856, 6v

 1604-07 FN VII-353, 88

 s.a. SC5 A 100 B595p (4) López, Juan. *Aquí se contiene un caso*. Harvard, Houghton Library (*Pliegos poéticos de Croft*, núm. 4)

 1626 Estrada y bocanegra, Matías de, *Aquí se contiene una graciosa contienda*. Barcelona, y en las eds. de Madrid 1651 y 1672. Pliego en que se cita la primera estrofa del poema «Parió Marina en Orgaz» (Wilson, «Samuel Pepys's, págs. 312-313)

 NDic., núm. 278

Foulché-Delbosc, en «Coplas de trescientas cosas más», edita este texto tomándolo de MN 2856 y de BUB 125. La versión de 996 es más larga que estas dos. Chevalier-Jammes lo imprimen utilizando las versiones del MN 861, MP 996 y MP 1581 para fijar el texto, pag. 371. John Hill, «Adiciones a las Coplas», edita unas que se encuentran en MN 3985 con las que se continúa la historia de Marina.

197. *De su esposo Pingar[r]ón.*

1593 MP 1581, 163v, a continuación del poema anterior, el núm. 196 de nuestra edición

1597 S.R. 6. 12 (8) *Tercero cuaderno del bautismo de Marina en Orgaz*. Valencia. Pisa, Biblioteca Universitaria (*Pliegos poéticos de Pisa*, núm. 8, pág. 106); München, Bayerische Staatsbibliothek (*Pliegos poéticos de Munich*, núm. 12, pág. 154; *Las series valencianas*, núm. 65, pág. 172)

NDic., núms. 1134 [+ 1135]

La versión manuscrita es más larga que la del pliego. Chevalier-Jammes lo imprimen aprovechando las versiones de MP 996 y MP 1581 para fijar el texto, págs. 375-78. Ver también la nota al poema anterior sobre la continuación de la historia de Marina. Ver también Periñán, pág. 16. Ver el interesante artículo de nuestro amigo José Manuel Pedrosa, «Rey Fernando, Rey don Sancho, Pero Pando, Padre Pando, Pero Palo, Fray Príapo, Fray Pedro: Metamorfosis de un canto de disparates (siglos XIV-XX)», *Bulletin Hispanique* 98 (1996): 5-27.

En cuanto a la atribución de este poema a Góngora hecha por Millé, Chevalier y Jammes dicen lo siguiente: «Il va sans dire (et ceci n'ôte rien à l'estime que nous devons aux travaux de Millé) que l'attribution à Góngora est dénuée de tout fondement», pág. 363. A. Carreira razona que el autor es Gabriel Lobo Lasso de la Vega; ver Góngora, núm. 5 de Apócrifos.

198. *Desterrado y perseguido.*

En el *Cancionero de López Maldonado*, f. 23, hay un poema distinto que comienza de la misma manera. En Leitão de Andrada. *Miscellanea do sitio*, pág. 135, con atribución a D. Rodrigo de Mendoça, figura un poema que comienza de la misma manera que en del 996. No nos ha sido posible ver esta obra de Andrada, por tanto difícil es saber si es el mismo poema.

199. *O libertad preciosa.*

200. *[Qué me queda que esperar]*

1591 Espinel, *Rimas*, f. 123, con glosa distinta de 4 estrofas que empieza «Tales son los defensores»

Con la glosa «Señora, pues claro sé»

201. *Dichoso tienpo de mi hedad primera.*

202. *Pues morir me siento.*

203. *Bien puede estar confiado.*

204. *Abiso a los rendidos o enredados.*

205. *[Oh dulçes prendas, por mi mal halladas].*
Con la glosa «Prendas, premio que Amor de mi fee pura»
Los versos que se glosan se encuentran en:
1575 MN 17.689, 81v
XVI MN 3993, 37

206. *Serenos ojos, ay, llenos de enojos.*

207. *Arrimado a vn olmo verde / mirando las dulçes aguas.*

208. *Çercada de pensamientos / tienes Jarifa a Sultana.*

209. *No me roguéys, madre.*

210. *Al pecho delicado.*
1584 MRAE 330, 46v

211. *Desterrado estaba el Cid / de su casa y de su tierra.*
1600 MP 570, 197
1605 Escobar, *Historia del Cid.* Lisboa, 85, y en las eds. de Lisboa 1610, Alcalá 1612, Alcalá
1614-15, Lisboa 1615, Zaragoza 1618, Segovia 1621, Madrid 1625, Segovia 1629, Sevilla
1639, Alcalá 1661, Madrid 1661, Madrid 1668, Sevilla 1682, Madrid 1688, Valladolid
s.a., Madrid s.a., Cádiz 1702, Pamplona 1706, Madrid 1726, Madrid 1747
Colección de romances, núm. 844
MBCR, IV, pág. 91

212. *Rey que a malsines escucha, / que juzgue derecho dudo.*
1596 *Flor octava.* Toledo, 142v, y en la ed. de Alcalá 1597
1600 *Romancero general*, 310, y en la ed. de 1602
Colección de romances, núm. 720
MBCR, II, pág. 727

213. *Haçiendo está sacrifiçio / de vnos yngratos papeles.*
Lo publica R. Goldberg en *Poesias barias*, pág. 61, y lo toma de este códice.

214. *Miraba el moreno vn día / los verdes canpos de Olid.*

215. *Çelestina cuya fama.*
1582 MN 3924, 23v, fragmento, y 140v (*Cancionero de Pedro de Rojas*, núms. 23 y 139)

1582-1600 MN 3168, 122 (*Cancionero del Bachiller*, núm. 221)

1587-89 MN 22.028, 199v

1588 MP 1587, 142v (*Cancionero de poesías varias*, núm. 227)

1597 *Aquí se contienen dos testamentos*. Barcelona. München, Bayerische Staatsbibliothek (*Pliegos poéticos de Munich*, núm. 33, pág. 441; *Las series valencianas*, núm. 181, pág. 308)

1600 NB V.A.16, («Romancero de la Brancacciana», núm. 50)

NDic., núm. 66

216. *Quién os engañó, señor.*

1570-80 RV 1635, 20, «Coplas de don Diego de Mendoça contra Francisco de Fonseca»

1582 MN 3924, 34, «Coplas a un caballero que tubo un concierto y no pudo concertarse» (*Cancionero de Pedro de Rojas*, núm. 35)

1584 MRAE 330, 138, «Respuesta del amigo»

1585 MP 531, 12, Coplas hech[as] p[or] d[on] J[uan] d[e] Al[meida] de don Fra[ncisco] d[e] F[onseca] y D[oña] J[uana] d[e] Az[cebedo]. Carranza (*Cartapacio de Francisco Morán*, núm. 64)

1586 MP 973, 62, «Carta de d. Juan Manuel a don Francisco de Fonseca»

1590 MP 1580, 66, «Coplas a un ynpotente»

1600 MP 570, 123v, «A un galán ynpotente»

1600 LN F.G. 3072, 7v

1600-10 Alfonso Cassuto, 145v, «Satira a certo amante indo ter com hûa dama contençaõ de satisfaçer seu deseio se achou burlado porque consentido ella se vu quis embriadas (sic) o sindeiro»

1620 MN 3915, 43, «A un capón que por serlo se descassó su muger»

1669 NH B-2428, 374, «A un impotente»

Alzieu, *Floresta*, pág. 191, saca el texto de MN 3924.

Blanco Sánchez, *Entre Fray Luis*, pág. 665, imprime y coteja las versiones contenidas en MP 531 y Gallardo, *Ensayo*, I, 85, y da las variantes que toma de las versiones de MN 3924 y de MP 1580.

Gallardo, *Ensayo*, I, col. 85, imprime el texto que, según Zarco del Valle y Sancho Rayón encargados de coordinar y aumentar la edición del *Ensayo*, Gallardo lo copió del manuscrito que describe como el núm. 93 del *Ensayo*, y que tiene el siguiente epígrafe: «Don Francisco Chacón casó en años pasados con doña Juana de Acebedo, y dentro de poco tiempo, á título de impotente, se deshizo el casamiento por sentencia, á este propósito hizo Baltasar de

Alcázar los versos que siguen».

En *Poesías de Baltasar de Alcazár*, ed. de Bibliófilos Andaluces, 1878, pág. 157, figura el poema copiado probablemente del *Ensayo* de Gallardo, porque tiene el mismo epígrafe y unas variantes muy leves en cuanto a la versión reproducida en el *Ensayo*. Sin embargo, Francisco Rodríguez Marín, en su *Poesías de Baltasar del Alcázar*, Madrid, RAE, 1910, no lo vuelve a imprimir ni a mecionar en su introducción. Jorge de Sena, *Francisco de la Torre e D. Joaõ de Almeida*, París: Fundaçaõ Calouste Gulbenkian, 1974, págs. 142-145, menciona y coteja varias de las versiones de las coplas, trata el tema de las atribuciones, poniendo en duda la atribución del poema a Alcázar y afirmando que la atribución a Carranza del MP 531 merece más atención. La autoría de este poema queda, por tanto, sin resolverse.

217. *Media noche era por filo, / la luna daba en la calle.*

Romance de carácter erótico que no hemos encontrado en ninguna de las fuentes que hemos consultado y que parece inspirarse en el conocidísimo romance del Conde Claros «Media noche era por filo / los gallos querían cantar», el cual figura en:

1550 *Segunda silva*. Zaragoza, y en la ed. de Zaragoza 1552

1551 *Tercera silva*. Zaragoza.

1561 *Silva recopilada*. Barcelona, y en las eds. de Barcelona 1578, Barcelona 1582, Barcelona 1587, Barcelona 1602, Barcelona 1611, Barcelona 1612, Zaragoza 1617, Barcelona 1622, Barcelona 1635, Barcelona 1636, Barcelona 1645, Zaragoza 1657, Zaragoza 1658, Barcelona 1666, Zaragoza 1673, Barcelona 1675/A, B, C, D, Barcelona 1684, Barcelona 1696

1594 S.R.6.12 (17) *Séptimo cuaderno de letrillas*, Pisa, Biblioteca Universitaria (*Pliegos poéticos de Pisa*, núm. 17, pág. 261); Milano, Biblioteca Ambrosiana, SN.V.III (*Pliegos poéticos de Milán*, núm. 7, pág. 85)

s.a.   *Libro de cincuenta romances*, Madrid, Biblioteca del Marqués de Morbecq

s.a.   *Cancionero de romances*. Anvers, y en las eds. de Millis 1550, Anvers 1550, Anvers 1555, Anvers 1568, Lisboa 1581

s.a.   Reinoso. *Romance del Conde Claros* [Williams College, Chapin Library]

s.a.   IX.H.231 (41), *Romance de don Roldán*. Praga, Biblioteca Nacional (*Pliegos poéticos de Praga*, II, núm. 41, pág. 7)

s.a.   IX.H.231 (5), *Romance del conde Claros*. Praga, Biblioteca Nacional (*Pliegos poéticos de Praga*, I, núm. 5, pág. 33)

s.a.   R 8183, *Romance del conde Claros*. Madrid, Biblioteca Nacional (*Pliegos poéticos de la Biblioteca Nacional*, II, núm. 64, pág. 145)

Colección de romances, núm. 362

MBCR, II, pág. 584
NDic., núms. 477, 936, 1004, 1017, 1018, 1160, 1161

218. *A Bartola dixo Blas.*
1597 S.R.6.12 (8) *Tercero cuaderno del bautismo de Marina en Orgaz.* Valencia. Pisa, Biblioteca Universitaria, (*Pliegos poéticos de Pisa*, núm. 8, pág. 109); München, Bayerische
Staatsbibliothek (*Pliegos poéticos de Munich*, núm. 12, pág. 157, y *Las series valencianas*,
núm. 66, pág. 174)
1600 MN 861, pág. 663
NDic., núms. 1134, [+ 1135]

La versión del pliego comienza «Prometióle Gil a Bras», tiene otro orden estrófico y dos
estrofas menos que la versión del manuscrito MP 996. Foulché-Delbosc, en «Coplas de
trescientas cosas más», II, publica una versión del texto con muchas variantes que encuentra
en la edición de 1767 de *El bufón de la corte.* Chevalier-Jammes imprimen el poema
utilizando las versiones de MN 861 y MP 996 para fijar el texto, pág. 390.

219. *Sacóme de la prisión / el rey Almançor vn día.*
1590-1600 BUB 125, 87v («Romancero de Barcelona», núm. 100)
1604-07 FN VII-353, 107v
1615 Hurtado Velarde, *Gran tragedia de los siete Infantes de Lara*
XVII MN 3985, 97, copia de la versión de la *Gran tragedia.*
s.a. S.R. 6. 12 (7) *Segundo cuaderno de varios romances.* [Valencia]. Pisa, Biblioteca
Universitaria (*Pliegos poéticos de Pisa*, núm. 7, pág. 103)
NDic., núm. 1124

En Menéndez Pidal, *Romancero tradicional, II, Romanceros de los condes de Castilla*, pág. 206,
se imprime una versión reconstruida del romance, aportando las variantes que se hallan en
las otras fuentes manuscritas e impresas, menos la de Florencia. A continuación se dan
muchos ejemplos de versiones tradicionales sefardíes. Errata en la cita: 966 por 996.

220. *Quién le mete, por su vida, / diga, señor hijo de algo.*
1600 MP 570, 180

221. *En nombre de Dios, yo, el Cid, / temido por este nombre.*
1593 MP 1581, 173
s.a. S.R. 6. 12 (7), *Segundo cuaderno de varios romances*, Pisa, Biblioteca Universitaria
(*Pliegos poéticos de Pisa*, núm. 7, pág. 98)
NDic., núm. 1124

222. *Vn biejo de ochenta y cinco / y vna mochacha de quince.*
    1592 MN 4127, pág. 121, con atribución a Salinas

    Bonneville, en su *Le poète sévillan*, pág. 137, nota 4, desecha esta atribución porque no aparece atribuido el poema a Salinas en ninguno de los manuscritos más importantes del poeta.

223. *Voto a Dios que me espanta esta grandeza.*
    1592 MN 4127, pág. 183, «Soneto al tumulo que se hizo en Sevilla por la muerte de d.
          Felipe 2°. De Cervantes»
    1600 MN 861, págs. 619-20 y 633
    1600-10   NH B 2558, 35v (*The Hispano-Portuguese*, pág.20)
    1604-07 FN VII-353, 1v
    1654 Alfay, *Poesías varias*, pág. 3 (Alfay, pág. 11)
    XVII NB I.E.49, 58? («Antologia inedita», pág. 715)
    XVII MP 2459, 97, «Al tumulo y honrras de Don Phelippe 2. que se hicieron en Sevilla, de
          un soldado vellacón»
    Miguel de Cervantes, Viage, núm. 26

    Ver los estudios de Rodríguez Marín, *Viaje del Parnaso*, págs. 513-527, y de Rivers, «Cervantes' Journey» para mayores detalles. Laskier publica el soneto en la página 210.

224. *Volved, pensamiento mío, / por el aire a vuestro çielo.*
    1585-1605 TorN 1-14, 10v («El romancero musical de Turín», núm. 11)

225. *En esta fresca arena.*

226. *Despertad, hermosa Celia, / si por ventura dormís.*
    Góngora, núm. 204. Según Carreira, hay muy poca posibilidad que sea de Góngora.

227. *O dura i terrible ausencia / prolixa, enfadosa y larga.*
    1593 *Flor tercera* (Moncayo). Madrid, 76, y en las eds. de Madrid 1595, Alcalá 1595, Madrid
          1597
    1600 *Romancero general*, 67v, y en la ed. de 1602
    XIX MN 3724, 167v
    MBCR, II, pág. 635

228. *Corazón, no desesperes / ni tengas tanta pasión.*
    1562 *Flor de enamorados*, 6v, y en las eds. de 1601, 1608, 1612, 1626, 1645, 1681, como

respuesta del Galán al poema recitado por la Galana «Corazón, sigue tu vía», y con la glosa de cuatro versos «No te fíes mucho en ellas».

1570 MP 617, 247, Villançico de Françisco Rei de França con la glosa de cuatro estrofas de Burguillos «Dexa el tiempo con paciencia» (*Cancionero de poesías varias*, núm. 382)

1589 RaC 263, 98, sin glosar.

MBCR, II, pág. 376

229. *Estos hijos de Habraán.*
1570 MP 1577 (1), 92v, versión de sólo dos estrofas
1589 RaC 263, 193
1590 MP 1580, 233v
1600 MP 570, 125

230. *Tú, Títiro, a la sonbra descansando.*
1669 NH B 2428, 157
Fray Luis de León. *Poesía completa*, núm. 37

Para los poemas de Fray Luis remitimos al número de la ed. de sus obras que preparó José Manuel Blecua, a no ser que añadamos alguna fuente más a ese trabajo.

231. *En fuego Coridón, pastor, ardía.*
1669 NH B 2428, 160
Fray Luis de León. *Poesía completa*, núm. 38

232. *Dime, es de Milebeo este ganado.*

1669 NH B 2428, 162v
Fray Luis de León. *Poesía completa*, núm. 39

233. *Vn poco más alcemos nuestro canto.*

1669 NH B 2428, 165v
Fray Luis de León. *Poesía completa*, núm. 40

234. *Pues nos allamos juntos, Mopso, agora.*
Fray Luis de León. *Poesía completa*, núm. 41

235. *Primero con el berso siciliano.*
1586 MP 973, 254
1604-07 FN VII-354, 423v

1669 NH B 2428, 171
Fray Luis de León. Poesía completa, núm. 42

236. *Devajo un rroble que, mobido al biento.*
Fray Luis de León. Poesía completa, núm. 43

237. *Al dulce y doto contender cantando.*
1590-1600 MRM E-30-6226, 398v
1595 FR 3358, 142v
1604-07 FN VII-354, 429
Fray Luis de León. Poesía completa, núm. 44

238. *A do, Meri, los pies te llevan aora.*
1669 NH B 2428, 180v
Fray Luis de León. Poesía completa, núm. 45

239. *Este favor de ti ques ya el postrero.*
1590 Rosal, pág. 342
Fray Luis de León. Poesía completa, núm. 46

240. *De claros rreyes claro decendiente.*
1585 MP 531, 230v
Fray Luis de León. Poesía completa, núm. 49

241. *Illustre decendiente.*
1669 NH B 2428, 61v
Fray Luis de León. Poesía completa, núm. 50

242. *Quién es, o Nisa ermosa.*
1604-07 FN VII-353, 191v
Fray Luis de León. Poesía completa, núm. 52

243. *Tornarás por bentura.*
1631 Francisco de la Torre, *Obras*, 142v
1669 NH B 2428, 199v
Fray Luis de León. Poesía completa, núm. 54

244. *La madre de Amor cruda.*
1669 NH B 2428, 202
Fray Luis de León. Poesía completa, núm. 55

245. *Uyes de mí esquiva.*
    Fray Luis de León. Poesía completa, núm. 57

246. *Ay, no te duelas tanto.*
    Fray Luis de León. Poesía completa, núm. 59

247. *Si, Nise, en tienpo alguno.*
    Fray Luis de León. Poesía completa, núm. 60

248. *No sienpre decendiendo.*
    Fray Luis de León. Poesía completa, núm. 33

249. *Con paso presuroso.*
    1669 NH B 2428, 207v
    Fray Luis de León. Poesía completa, núm. 62

250. *Deciende ya del cielo.*
    Fray Luis de León. Poesía completa, núm. 64

251. *Mientras que te agradava.*
    1604-07 FN VII-353, 193
    1669 NH B 2428, 213v
    Fray Luis de León. Poesía completa, núm. 66

252. *Por qué te das tormento.*
    1590-1600 MN 3698, 17v
    Fray Luis de León. Poesía completa, núm. 65

253. *Av[n]que de Citia fueras.*
    1604-07 FN VII-353, 192v
    Fray Luis de León. Poesía completa, núm. 67

254. *Agüero en la jornada.*
    Fray Luis de León. Poesía completa, núm. 69

255. *Despés de tantos días.*
    Fray Luis de León. Poesía completa, núm. 70

256. *Cumplióse mi deseo.*
    1604-07 FN VII-353, 197v
    Fray Luis de León. Poesía completa, núm. 71

257. *Ya comienza el ynbierno tenpestuoso.*
Fray Luis de León. Poesía completa, núm. 51

258. *El agua es bien precioso.*
Fray Luis de León. Poesía completa, núm. 74

259. *Huid, contentos, de mi triste pecho.*
1590 Rosal, pág. 233
Fray Luis de León. Poesía completa, núm. 17

260. *Dios de mi luz y bida.*
Fray Luis de León. Poesía completa, núm. 87

261. *En la feliz salida.*
1595 MP 3560, 40v
Fray Luis de León. Poesía completa, núm. 97

262. *Dige: Sobre mi boca.*
Fray Luis de León. Poesía completa, núm. 88

263. *Es bienabenturado.*
1595 MP 3560, 44
1620 MN 3915, 287v
Fray Luis de León. Poesía completa, núm. 79

264. *El pecho fatigado.*
Fray Luis de León. Poesía completa, núm. 90

265. *Avnque con más pesada.*
Fray Luis de León. Poesía completa, núm. 86

266. *Señor, da al Rrei la bara.*
Fray Luis de León. Poesía completa, núm. 91

267. *Los cielos dan pregones de tu gloria.*
1586 MP 973, 22
XVII MN 3698, 206v
Fray Luis de León. Poesía completa, núm. 85

268. *Quando presos pasamos.*
1585 MP 531, 64v

1620 MN 3915, 293v
Fray Luis de León. Poesía completa, núm. 100

269. *Herusalén gloriosa.*
1595 MP 3560, 39v
Fray Luis de León. Poesía completa, núm. 102

270. *Lo que vn zagal valiente.*

271. *Sobre los claros rríos.*
1560 MN 3902, 134v

272. *Estando en las rriberas.*
1586 MP 973, 85v

José Manuel Blecua publica el texto, tomándolo de MP 973. Ver «Sobre el salmo», págs. 113-126. Otro texto sobre el mismo salmo en BB, 143, v. 86, 169.

273. *Asta quándo, Dios bueno.*
Fray Luis de León. Poesía completa, núm. 83

274. *Como ni trastornado.*
1595 MP 3560, 39v
Fray Luis de León. Poesía completa, núm. 98

275. *Alava a Dios contino, alma mía.*
1586 MP 973, 15v
Fray Luis de León. Poesía completa, núm. 93

IV. BIBLIOGRAFÍA

A. Fuentes manuscritas, con indicación de ediciones e índices modernos

Bibliotecas españolas
  Barcelona. Universidad

125   Raymond Foulché-Delbosc. «Romancero de Barcelona». *Revue Hispanique* 29 (1913): 121-194.

1649   José Manuel Blecua. «El Cancionero del conde de Monteagudo», en *Homenaje a la memoria de don Antonio Rodríguez-Moñino 1910-1970*. Madrid: Castalia, 1975, págs. 93-114.

  Madrid. Nacional

2856   Manuel Serrano y Sanz. «Un cancionero de la Biblioteca Nacional». *Revista de Archivos, Bibliotecas y Museos* 4 (1900): 577-598.

3168   *Cancionero del Bachiller Jhoan López*, ed. de Rosalind J. Gabin. 2 tomos. Madrid: José Porrúa Turanzas, 1980.

3700   *Poesías diversas.*

3714   *Obras líricas y dramáticas.* Juan de Agramón y Toledo.

3723   *Romancero.*

3724   *Romancero.*

3725-1 *Romancero.*

3913   *Libro de diferentes y varias poesías.*

3915   *Por el conde de Ribadavia con el conde de Monterrey. De la mano y pluma de Jacinto López, músico de su Magestad, en la villa de Madrid a veynte días del mes de enero del anno passado de mil y seicientos y veinte.*

3924   *Cancionero de Pedro de Rojas*, ed. de José J. Labrador Herraiz, Ralph A. DiFranco, María Teresa Cacho. Prólogo de José Manuel Blecua. Colección Cancioneros Castellanos, núm. 1. Cleveland: Cleveland State University, 1988.

3993   *Cancionero de Gallardo*, ed. de José María Azáceta. Madrid: CSIC, 1962.

4072   José Manuel Blecua. «De nuevo sobre el Cancionero de Gabriel de Peralta», en *Homenaje a Álvaro Galmés de Fuentes*. II, Madrid: Gredos, 1985, 277-300.

4127   *Libro de romances nuebos con su tabla puesta al principio por el orden del A.B.C. echo en el anno de 1592*. Manuel Serrano y Sanz. «Un libro nuevo y un cancionero viejo». *Revista de Archivos, Bibliotecas y Museos* 5 (1901): 320-334.

5602   José Manuel Blecua. «El manuscrito 5602 de nuestra Biblioteca Nacional», en *Estudios sobre el Siglo de Oro. Homenaje al profesor Francisco Ynduráin*. Madrid: Editora Nacional, 1984, págs. 107-123.

6001   *Ramillete de flores o Colección de varias cosas curiosas* (1593).

14.070   *Papeles de Barbieri*.

15.351   *Mojiganga de Florinda*.

17.556   *Poesías barias y recreación de buenos ingenios. Manuscrito 17556 de la Biblioteca Nacional de Madrid*, ed. Rita Goldberg. 2 tomos. Madrid: José Porrúa Turanzas, 1984.

17.557   *Poesías varias*.

17.689   *Cancionero toledano*.

22.028   *Poesías MC*. José J. Labrador Herraiz, Ralph A. DiFranco, Lori A. Bernard. «Entre Fray Melchor y Fray Luis. Inventario anotado del manuscrito MN 22.028 con poesías de Acuña, Cetina, Góngora, Padilla, Silvestre y otros». *Analecta Malacitana* 21 (1998).

Madrid. Palacio

531   *Cartapacio de Francisco Morán de la Estrella*, ed. de Ralph A. DiFranco, José J. Labrador Herraiz, C. Ángel Zorita. Prólogo de Juan Bautista de Avalle Arce. Madrid: Patrimonio Nacional, 1989.

570   *Poesías varias*.

617   *Cancionero de poesías varias. Manuscrito No. 617 de la Biblioteca Real de Madrid*, ed. de José J. Labrador Herraiz, C. Ángel Zorita, Ralph A. DiFranco. Madrid: Visor Libros, 1994.

973   José J. Labrador Herraiz, Ralph A. DiFranco, Lori A. Bernard. *El manuscrito "Fuentelsol" (MP II-973) con poemas de Fray Luis de León, Fray Melchor de la Serna, Hurtado de Mendoza, Liñán, Góngora, Lope, y otros. Seguido ahora de un apéndice con las poesías del fraile benito Fray Melchor de la Serna.* Cleveland: Cleveland State University, 1997.

996   *Romances manuscritos.* José J. Labrador Herraiz. «Los cancioneros manuscritos de la Real Biblioteca de Palacio. Más fragmentos de un fragmento». *Reales Sitios* 93 (1987): 21-32.

1577   *Cartapacio de Pedro de Lemos.*

1581   *Cartapacio de P. de Penagos.* Antonio Cortijo Ortiz. «Inventario del Ms. II-1581 de la Biblioteca de Palacio de Madrid. *El Cartapacio de Pedro de Penagos». Reales Sitios* 125 (1995): 17-33.

1580   *Cartapacio de Ramiros Cid y Piscina.*

1587   *Cancionero de poesías varias. Manuscrito 1587 de la Biblioteca Real de Madrid*, ed. de José J. Labrador Herraiz, Ralph A. DiFranco. Prólogo de Samuel G. Armistead. Madrid: Visor Libros, 1994.

2803   *Cancionero de poesías varias.* Manuscrito 2803 de la Biblioteca Real de Madrid, ed. de José J. Labrador Herraiz, Ralph A. DiFranco. Prólogo de Maxime Chevalier. Madrid: Patrimonio Nacional, 1989.

Madrid. Real Academia Española de la Lengua

330   *Poesías varias.*

E-29-6213 Antonio Rodríguez-Moñino. «El Cancionero manuscrito en 1615», *Nueva Revista de Filología Hispánica* 12 (1958): 181-197.

E-30-6226 Antonio Rodríguez-Moñino. «Tres cancioneros manuscritos. (Poesía religiosa de los siglos de oro)». *Ábaco. Estudios sobre literatura española* 2 (1969): 127-272; 3 (1970): 87-227.

Madrid. Consejo Superior de Investigaciones Científicas

RM 3879 Antonio Rodríguez-Moñino. «Tres cancioneros manuscritos. (Poesía religiosa de los siglos de oro)». *Ábaco. Estudios sobre literatura española* 2 (1969): 127-272; 3 (1970): 87-227.

Zaragoza. Universitaria

250-2   *Cancionero de 1628*, ed. de José Manuel Blecua. Madid: CSIC, 1945.

Bibliotecas extranjeras
Berkeley. Bancroft

193, v. 86   *Cancionero de Fernando Carenas.*

Évora. Pública

CXIV 2-2   *Cancioneiro de Corte e de Magnates. MS. CXIV/2-2 da Biblioteca Pública e Arquivo Distrital de Évora*, ed. de Arthur L-F. Askins. University of California Publications in Modern Philology, volume 84. Berkeley and Los Angeles: University of California Press, 1968.

Florencia. Nazionale

VII-353   Marco Massoli, Enzo Norti Gualdani. «Manoscritti di materia ispanica di argomento letterario nelle biblioteche di Firenze (Fondo Magliabechiano della Biblioteca Nazionale)», en *Lavori ispanistici* (con il contributo del C.N.R.). Serie II. Firenze: D'Anna, 1970, págs. 313-358.

Florencia. Riccardiana

3358   *Rime Spagnole.*

Lisboa. Nacional

F.G. 3072

Londres. British

10.328

Módena. Estense

Alfa Q.8-21   Charles Aubrun. «Chansonniers musicaux espagnols du XVIIem siècle». *Bulletin Hispanique* 52 (1950): 313-374.

Alfa R 6-4   G. Bertoni. «Catalogo dei codici spagnuoli della Biblioteca Estense in Modena». *Romanische Forschungen* 20 (1907): 321-392.

Campori y.x.5.45 G.M. Bertini. «Codice Campori, APP.428, della Biblioteca Estense de Módena», en *La romanza spagnola in Italia*, eds. G.M. Bertini, C. Acutis, P.L. Ávila. Torino: G. Giappichelli, 1970, págs. 188-190.

Nápoles. Brancacciana

I. E. 49   *Cancionero de autor incierto*. E. Teza. «Di una antología inédita di versi spagnoli fatta del seicento». Real Instituto Veneto di Scienza, Lettere ed Arti. *Atti* 7 (1888-9): 709-739.

II. A.12   *Sonetos y otras cossas del conde de Villamediana*. Eugenio Mele y Adolfo Bonilla y San Martín. «Un cancionero del siglo XVII». *Revista de Archivos, Bibliotecas y Museos* 46 (1925): 180-216, 241-261.

V.A. 16   Raymond Foulché-Debosc. «Romancero de la Biblioteca Brancacciana». *Revue Hispanique* 29 (1925): 345-396.

Nueva York. Hispanic Society of America

B 2334   «Poesías varias». Antonio Rodríguez-Moñino. «Romancerillo de Sancho Rayón», en *Curiosidades bibliográficas. Rebusca de libros viejos y papeles traspapelados*. Madrid: Langa y Compañía, 1946, págs. 81-104.

B 2360   *Catálogo*, núm. CXLIII.

B 2361   *Catálogo*, núm. CXLV.

B 2362   *Catálogo*, núm. CXLVI.

B 2369-91   *Catálogo*, núm. XCIII.

B 2377   *Catálogo*, núm. XXXVII.

B 2425   *Catálogo*, núm. CLXIX.

B 2428   *Catálogo*, núm. LXV.

B 2465   *Catálogo*, núm. CXLIV.

B 2481   *Catálogo*, núm. LXXXII.

B 2482   *Catálogo*, núm. CCVI.

B 2486   *Cancionero sevillano de Nueva York*, ed. de Margit Frenk, José J. Labrador

Herraiz, Ralph A. DiFranco. Sevilla: Universidad de Sevilla, 1996.

B 2495   *Catálogo*, núm. XIV.

B 2534   *Catálogo*, núm. LXIX.

B 2558   *The Hispano-Portuguese Cancionero of the Hispanic Society of America*, ed. de Arturo Lee-Francis Askins. Chapel Hill: North Carolina Studies in the Romance Languages and Literatures, 1974.

Rávena. Classense

263   *Libro romanzero de canciones romanzes y algunas nuebas para passar la siesta a los que para dormir tienen gana. Alonso Nabarrette de Pisa en Madrid 1589. Antonio Restori.* Il cancionero classense 263. *Rendiconti della Reale Accademia dei Lincei. Classe di Scienze Morali, Storiche e Filologiche.* Serie quinta. 11 (1902): 99-136.

Roma. Vaticana

Chigiano cod. L.VI. 200   Cesare Acutis, «Presenza del romancero in Italia nei secc. XV, XVI e XVII», en *La romanza spagnola in Italia*, eds. G.M. Bertini, C. Acutis, P.L. Ávila. Torino: G. Giappichelli, 1970, págs 127-428

Reg. Cod. Lat.

1635   Harold G. Jones. «El cancionero español (*Cod. Reg. Lat.* 1635) de la Biblioteca Vaticana». *Nueva Revista de Filología Hispánica* 21 (1972): 370-392.

Ottoboni 2882   María Teresa Cacho. «Poesías castellanas manuscritas en el fondo Ottoboniano de la Biblioteca Apostólica Vaticana», en *Hommage à Robert Jammes*. (Anejos del *Criticón* 1). Toulouse: Presses Universitaires du Mirail, 1994, págs. 111-120.

Turín. Nazionale

1-14   Giovanni Maria Bertini. «El romancero musical de Turín», en *La romanza spagnola in Italia*, eds. G. M. Bertini, C. Acutis, P. L. Ávila. Torino: G. Giappichelli, 1970, págs. 55-123.

B. FUENTES IMPRESAS, PLIEGOS Y EDICIONES MODERNAS

Cancionero de romances sacados de las crónicas de España con otros compuestos por Lorenço de Sepúlveda. Sevilla: Fernando Díaz, 1584, ed. de Anonio Rodríguez-Moñino. Madrid: Castalia, 1967.

Espinel, Vicente. *Diversas Rimas*, ed. de Dorothy Clotelle Clarke. New York: Hispanic Institute, 1956.

Flor de varios romances diferentes de todos los impressos. Novena parte. Madrid: Juan Flamenco, 1597. (*Fuentes del Romancero general*, ed. de Antonio Rodríguez-Moñino. XI. Madrid: Real Academia Española, 1957).

[*Flor de varios romances nuevos, docena parte*]. *Zaragoza, por Alonso Rodríguez, 1602.*

Flor de varios romances nuevos, y canciones. Agora nuevamente recopilados de diversos autores, por el Bachiller Pedro Moncayo, natural de Borja. . (*Fuentes del Romancero general*, ed. de Antonio Rodríguez-Moñino. I. Madrid: Real Academia Española, 1957).

Flor de varios romances nuevos. Primera y segunda parte del Bachiller Pedro de Moncayo, natural de Borja. Barcelona: Jaime Cendrat, 1591. (*Fuentes del Romancero general*, ed. de Antonio Rodríguez-Moñino. II. Madrid: Real Academia Española, 1957).

Flor de varios y nuevos romances, primera y segunda parte. Ahora nuevamente recopilados y puestos por orden por Andrés de Villalta natural de Valencia. Añadióse ahora nuevamente la tercera Parte por Felipe Mey mercadel [sic] de libros. Valencia por Miguel Prados, 1593 (*Fuentes del Romancero general*, ed. de Antonio Rodríguez-Moñino. III. Madrid: Real Academia Española, 1957).

Flor de varios y nuevos romances, primera y segunda parte. Aora nuevamente recopilados y puestos en orden por el Bachiller Pedro de Moncayo, natural de Borja. Añadióse aora la tercera parte en esta última impresión collegida por Pedro de Flores Librero. Lisboa: Manuel de Lyra, 1592 [sic]

Flor de varios romances nuevos. Primera y segunda y tercera parte. Ahora nuevamente recopilados y puestos por orden, y añadidos muchos romances que se han cantado después de la primera impresión. Y corregidos por el Bachiller Pedro de Moncayo, natural de Borja. Madrid: Pedro Gómez de Aragón, 1593 (*Fuentes del Romancero general*, ed. Antonio Rodríguez-Moñino. III. Madrid: Real Academia Española, 1957).

Flores del Parnaso octava parte. Recopilado por Luis de Medina. Toledo: Pedro Rodríguez, 1596. (*Fuentes del Romancero general*, ed. de Antonio Rodríguez-Moñino. X. Madrid: Real Academia Española, 1957).

Fray Luis de León. Poesía completa, ed. de José Manuel Blecua. Madrid: Gredos, 1990.

Góngora. *Romances*, ed. de Antonio Carreira. 4 tomos. Barcelona: Quaderns Crema, 1998.

Historia del muy noble y valeroso caballero, el Cid Ruy Díez de Vivar. Recopilados por Juan de Escobar. Lisboa, 1605, ed. de Antonio Rodríguez-Moñino y Arthur Lee-Francis Askins, Madrid: Castalia, 1973.

Juan de Salinas. *Poesías humanas*, ed. de Henry Bonneville. Madrid: Castalia, 1987.

Labrador Herraiz, José J. Y Ralph A. DiFranco.*Tabla de los principios de la poesía española (siglos XVI-XVII)*. Prólogo de Arthur L-F. Atkins. Cleveland:Cleveland State University, 1993

Las series valencianas del romancero nuevo y los cancionerillos de Munich (1589-1602), ed. de Antonio Rodríguez-Moñino. Valencia: Institución Alfonso el Magnánimo, 1963.

Ledesma, Alonso de. *Conceptos espirituales*. Madrid: Juan Flamenco, 1604.

Leitaõ de Andrada, Miguel. *Miscellanea do sitio de N. Sa. De Luz do Pedrogaõ Grande*. Lxa.: Matheus Pinheiro, 1626.

Lope de Vega. Poesía selecta, ed. de Antonio Carreño. Madrid: Cátedra, 1984.

Los pliegos poéticos de la colección del Marqués de Morbecq (Siglo XVI), ed. facsímil y estudio de Antonio Rodríguez-Moñino. Madrid: Estudios Bibliográficos, 1962.

Los pliegos poéticos de Thomas Croft (Siglo XVI), ed. de Pedro Cátedra y Víctor Infantes. Primvs Calamvs, 2 vols. Valencia Albatros, 1983.

Onzena parte de varios romances. Compuesto por el Alférez Francisco de Segura, natural de la Villa de Atiença y soldado del capitán Juan Bravo de Lagunas, con algunos romances agenos. Cuenca: Salvador de Viader, 1616.

Miguel de Cervantes. Viage del Parnaso. Poesías varias, ed. de Elias Rivers. Madrid: Espasa Calpe, 1991.

Pedro Liñán de Riaza. Poesías, ed. de Julian F. Randolph. Barcelona: Puvill Libros, 1982.

Pérez de Hita, Ginés. *Guerras civiles de Granada*, ed. de Paula Blanchard-Demouge. Madrid: Bailly-Ballière, 1913.

Pliegos poéticos españoles de la Biblioteca Ambrosiana de Milán, ed. facsímil y estudio de María Cruz García de Enterría. 2 vols. Madrid: Joyas Bibliográficas, 1973.

Pliegos poéticos españoles de la Biblioteca del Estado de Baviera de Munich, ed. facsímil y estudio de María Cruz García de Enterría. 3 vols. Madrid: Joyas Bibliográficas, 1974.

Pliegos poéticos españoles de la Biblioteca Universitaria de Gotinga, ed. facsímil y estudio de María Cruz García de Enterría. 2 vols. Madrid: Joyas Bibliográficas, 1974.

Pliegos poéticos españoles de la Biblioteca Universitaria de Pisa, ed. facsímil precedida de una introducción por Giuseppe Di Stefano y estudio de María Cruz García de Enterría. 2 vols. Madrid: Joyas Bibliográficas, 1974.

Pliegos poéticos españoles en la Universidad de Praga. 2 vols. Madrid: Joyas Bibliográficas, 1960.

Poesias barias y recreacion de buenos ingenios. A Description of Ms. 17556 of the Biblioteca Nacional Matritense, with some Unpublished portions Thereof, ed. de John M. Hill. Indiana University Studies, vol. 10. Bloomington: Indiana University, 1923.

Poesías varias de grandes ingenios españoles recogidas por Joseph Alfay, ed. de José Manuel Blecua. Zaragoza: CSIC, 1946.

Primera parte del Jardín de amadores, en el qual se contienen las mejores y más modernos romances que hasta oy se han sacado. Recopilados por Juan de la Puente. Zaragoza: Juan de Larumbe, 1611.

Quarta y quinta parte de Flor de romances, recopilados por Sebastián Vélez de Guevara. Burgos: Alonso y Esteban Rodríguez, 1592. (*Fuentes del Romancero general*, ed. de Antonio Rodríguez-Moñino. IV. Madrid: Real Academia Española, 1957).

Ramillete de flores. Quarta, quinta y sexta parte de Flor de romances nuevos, nunca hasta agora impressos, llamado, Ramillete de Flores: De Pedro Flores librero: Y a su costa impresso. Y demas desto, va al cabo la tercera parte de el Araucana, en nueue romances, excepto la entrada de este reyno de Portugal que por ser tan notoria a todos no se pone. Con licencia y priuilegio. En Lisboa, por Antonio Álvarez Impressor. Anno de 1593. Vendese en casa de el mismo Flores, al Pelorinho Velho. (*Fuentes del Romancero general*, ed. de Antonio Rodríguez-Moñino. V, VI, VII. Madrid: Real Academia Española, 1957).

Rimas de Lupercio y Bartolomé L. de Argensola, ed. de José Manuel Blecua. 2 vols. Zaragoza: CSIC, 1950.

Romancero general, en que se contienen todos los romances que andan impressos en las nueue partes de romanceros. Aora nuevamente impresso, annadido y emendado. Anno 1600. Con licencia, en Madrid, por Luis Sanchez. A costa de Miguel Martinez, ed. facsímil de Archer Huntington. New York: De Vinne Press, 1904.

Romances en que están recopilados la mayor parte de los romances castellanos que fasta agora se an compuesto. Guillermo de Miles, 1550.

Séptima parte de Flor de varios romances nuevos recopilados de muchos autores. Por Francisco Enríquez. Madrid: la Viuda de Alonso Gómez, 1595. (*Fuentes del Romancero general*, ed. de Antonio Rodríguez-Moñino. IX. Madrid: Real Academia Española, 1957).

Sexta parte de Flor de romances nuevos recopilados de muchos autores por Pedro Flores, librero. Toledo: Pedro Rodríguez, 1594. (*Fuentes del Romancero general*, ed. de Antonio Rodríguez-Moñino. VIII. Madrid: Real Academia Española, 1957.

Tesoro escondido de todos los más famosos romances assí antiguos como modernos del Cid. Recopilados... por Francisco Metge. Barcelona: Sebastián Cormellas, 1626, ed. de Antonio Pérez Gómez, Valencia, 1952.

C. ESTUDIOS, ANTOLOGÍAS Y CATÁLOGOS

Alonso, Amado. *Materia y forma en poesía*. Madrid: Gredos, 1960.

Armistead, Samuel y Joseph Silverman.*The Judeo-Spanish Ballad Chapbooks os Yacob Abraham Yoná*. Berkeley/Los Angeles: University of California Press, 1971.

Avalle-Arce, Juan Bautista de. «El romance "Río verde, río verde"», en *Homenaje a Álvaro Galmés de Fuentes*, I. Oviedo y Madrid: Gredos, 1985, págs. 359-370.

Blanco Sánchez, Antonio. *Entre Fray Luis y Quevedo. En busca de Francisco de la Torre.* Salamanca: Universidad de Salamanca, 1982.

Blecua, José Manuel. «Sobre el salmo *Super flumina*», en *Homenaje a Eugenio Asensio*. Madrid: Gredos, 1988, págs. 113-126.

Colección de romances. Ver *Romancero general*.

Carrasco-Urgoiti, María. *The Moorish Novel. «El Abencerraje» and Pérez de Hita*. Boston: Twayne, 1976.

_____. *El moro de Granada en la literatura. Del siglo XV al XX*. Madrid: Revista de Occidente, 1956.

Carreira, Antonio. *Nuevos poemas atribuidos a Góngora*. Barcelona: Sirmio. Quaderns Crema, 1994.

_____. «Los romances de Góngora: Transmisión y recepción». *Edad de Oro*, 12 (1993): 33-40.

_____. «Nuevos textos y viejas atribuciones en la lírica áurea». *Voz y Letra*, I (1990): 15-142.

Carreño, Antonio. *El romancero lírico de Lope de Vega*. Madrid: Gredos, 1979.

Catalán, Diego, et. al. *Catálogo general del romancero. El romancero pan-hispánico. Catálogo general descriptivo.*. Madrid: Seminario Menendez Pidal, 1982.

Chevalier, Maxime. *Los temas ariostescos en el romancero y la poesía española del Siglo de Oro*. Madrid: Castalia, 1968.

_____ y Robert Jammes. «Supplément aux *Coplas de disparates*». *Bulletin Hispanique* 64bis (1962): 358-393.

Entrambasaguas, Joaquín de. «Poesías nuevas de Lope de Vega, en parte autobiográficas». *Revista de Bibliotecas, Archivos y Museos* 9 (1934): 49-84, 151-203.

_____. «Los famosos "Libelos contra los cómicos", de Lope de Vega», en *Estudios sobre Lope de Vega*. Madrid: CSIC, 1946-58, III, págs. 8-74.

Floresta de poesías eróticas del Siglo de Oro, ed. de Pierre Alzieu, Robert Jammes, Yvan Lissorgues. Toulouse: Université de Toulouse-Le Mirail, 1975.

Foulché-Delbosc, Raymond. «Coplas de trescientas cosas más». *Revue Hispanique* 9 (1902): 261-268.

_____. «Coplas de trescientas cosas más. II». *Revue Hispanique* 10 (1903): 234-235.

Frenk, Margit. *Corpus de la antigua lírica popular hispánica (siglos XV a XVII)*. Madrid: Castalia, 1987, y *Suplemento*. Madrid: Castalia, 1992.

Gallardo, Bartolomé José. *Ensayo de una biblioteca española de libros raros y curiosos*, 4 vols. Madrid: Gredos, 1968.

Goldberg, Rita. «Una nueva versión manuscrita del romance de Lope "De pechos sobre una torre"». *Hispanic Review* 35 (1967): 348-354.

Gornall, John. «The *ensalada* "Quien madruga, Dios le ayuda": A Critical Edition», *Journal of Hispanic Philology* 12 (1987): 25-35.

_____. «Variants, Stanzas, and Sequences: The *Trébole* Song as *Lírica de tipo tradicional*. *La Corónica* 22 (1993): 57-65.

Goyri, María, y Ramón Menéndez Pidal,. *Romancero tradicional de las lenguas hispánicas (español-portugués-catalán-sefardí)*. I. *Romanceros del rey Rodrigo y de Bernardo del Carpio*, edición y estudio a cargo de R. Lapesa, D. Catalán, A. Galmes, J. Caso. Madrid: Gredos, 1957, y II. *Romanceros de los condes de Castilla y de los Infantes de Lara*, edición y estudio a cargo de D. Catalán con la colaboración de A. Galmes, J. Caso y M.J. Canellada. Madrid: Gredos, 1963.

Goyri de Menéndez Pidal, María. *De Lope de Vega y del Romancero*. Zaragoza: Librería General, 1953.

_____. «Los romances de Gazul». *Nueva Revista de Filología Hispánica* 7 (1953): 403-416.

Hill, John M. «Adiciones a las Coplas de trescientas cosas más». *Revue Hispanique* 72 (1928): 527-529.

La romanza spagnola in Italia, ed. de Giovanni Maria Bertini, C. Acutis, P. Ávila. Torino: G. Giappichelli, 1970.

Labrador Herraiz, José J. «Poesías inéditas del alcarreño Pedro Liñán de Riaza (1555?-1607)». *Selected Proceedings of the Pennsylvania Foreign Language Conference*, ed. de Gregorio C. Martin. Pittsburgh: Duquesne University, 1988: 103-110.

Lida de Malkiel, María Rosa. *Dido en la literatura española, su retrato y defensa*. London: Tamesis Books, 1974.

López Estrada, Francisco. *El Abencerraje (Novela y romancero)*. Madrid: Cátedra, 1997.

Menéndez Pidal, Ramón. *Romancero hispánico (hispano-portugués, americano y sefardí). Teoría e historia*. 2 vols. 2ª ed. Madrid: Espasa-Calpe, 1968.

Millé y Giménez, Juan. «Apuntes para una bibliografía de las obras no dramáticas atribuidas a Lope de Vega». *Revue Hispanique*, 74 (1928): 345-572.

_____. *Sobre la génesis del Quijote*. Barcelona: Araluce, 1930.

Montesinos, José F. «Algunas notas sobre el *Romancero Ramillete de Flores*». *Nueva Revista de Filología Hispánica* 6 (1952): 352-378.

_____. *Estudios sobre Lope*. México: El Colegio de México, 1951.

_____. «Notas a la primera parte de *Flor de Romances*». *Bulletin Hispanique* 54 (1952): 386-404.

_____. «Sobre el romance "En el más soberbio monte"», en *Ensayos y estudios de literatura española*, ed. de Joseph H. Silverman. México: Ediciones de Andrea, 1959, págs. 119-131.

Pérez Gómez, Antonio. «Miscelánea cidiana», en *Estudios dedicados a Menéndez Pidal*. VI. Madrid: CSIC, 1956, págs. 447-462.

Pérez Pastor, Cristóbal. *Bibliografía madrileña*. 3 vols. Madrid: Tipografía de los Huérfanos, 1891-1907.

Periñán, Blanca. *Poeta ludens. Disparate, perqué y chiste en los siglos XVI y XVII*. Pisa: Giardini, 1979.

Reig, Carola. *El cantar de Sancho II y cerco de Zamora*. Madrid: CSIC, 1947.

Rennert, Hugo A. y Américo Castro. *Vida de Lope de Vega*. Madrid: Sucesores de Hernando, 1919.

Reynolds, Winston A. *Hernán Cortés en la literatura del Siglo de Oro*. Madrid: Centro Iberoamericano de Cooperación/Editora Nacional, 1978.

Rivers, Elias. «Cervantes' Journey to Parnassus». *Modern Language Notes* 75 (1970): 243-248.

Rodríguez-Moñino, Antonio. *El «Jardín de amadores» romancerillo del siglo de oro (1611-1679). Noticias bibliográficas*. Oviedo, 1960.

_____. *Manual bibliográfico de cancioneros y romanceros impresos durante el siglo XVI*, coordinado por Arthur L-F. Askins. 2 vols. Madrid: Castalia, 1973.

_____. *Manual bibliográfico de cancioneros y romanceros impresos durante el siglo XVII*, coordinado por Arthur L-F. Askins. 2 vols. Madrid: Castalia, 1977-78.

_____. *Nuevo diccionario bibliográfico de pliegos sueltos poéticos (Siglo XVI)*, edición corregida y actualizada por Arthur L.-F. Askins y Víctor Infantes. Madrid: Castalia/Editorial Regional de Extremadura, 1997.

_____ y María Brey Mariño. *Catálogo de los manuscritos poéticos castellanos existentes en la Biblioteca de The Hispanic Society of America. (Siglos XV, XVI, XVII)*. 3 vols. New York: The Hispanic Society of America, 1965-1966.

Romancero de Hernán Cortés, ed. de Winston Reynolds. Madrid: Ediciones Alcalá, 1967.

Romancero del Cid. Nueva edición, ed. de Carolina Michaëlis. Leipzig: F.A. Brockhaus, 1871.

Romancero general o Colección de romances castellanos anteriores al siglo XVIII, ed. de Agustín Durán. 2 vols. Madrid: Sucesores de Hernando, 1924.

Trapero, Maximiano. «El romance Río verde: sus problemas históricos y literarios», en *Actas do IV congreso da Associação hispánica de literatura medieval* (Lisboa, 1-5 outubro 1991), IV. Lisboa: Cosmos, 1993, 161-168.

Trueblood, Alan. «Role-Playing and the Sense of Illusion in Lope de Vega». *Hispanic Review* 33 (1964): 304-318.

Vega Carpio, Lope de. *Poesías líricas*, ed. de José F. Montesinos. 2 vols. Madrid: Espasa Calpe, 1926.

Wilson, Edward. «Samuel Pepys's Spanish Chap-Books, Part II». *Transactions of the Cambridge Bibliographical Society* 2(1956): 229-322.

Zavala, Arturo. «Sobre una fisonomía inicial del romance de Lope "De pechos sobre una torre"». *Revista de Bibliografía Nacional* 6 (1945): 311-324.

V. ÍNDICES

ÍNDICE DE AUTORES

ÍNDICE DE POEMAS QUE COMPARTE CON OTRAS FUENTES

A) Fuentes manuscritas

MN 17.556:
1, 2, 4, 5, 9, 10, 11, 13, 14, 16, 18, 19, 23/106, 25, 26, 27/95, 28, 32, 40, 47 [«Vaisos, amores»; «Cerotico de pez»], 48, 52/157, 70/109, 74, 75, 76, 77, 78, 79, 80, 81, 82, 84, 85, 86, 87, 88, 89, 90, 91, 92, 93, 94, 96, 97, 98, 99, 100, 102, 103, 104, 105, 107, 108, 110, 111, 112, 113, 114, 115, 117, 118, 119, 120, 121, 122, 123, 124, 125, 126, 127, 128, 129, 130, 131, 132, 133, 134, 135, 136, 137, 138, 139, 140, 141, 142, 143, 144, 145, 146, 147, 148, 149, 150, 151, 152, 153, 154, 155, 156, 157, 158, 159, 160, 161, 162

MN 3915:
1, 3, 4, 5, 6, 9, 11, 13, 14, 16, 19, 21, 26, 32, 33, 37, 47 [«Taño en vos»], 80, 92, 98, 216, 263, 268

MP 973:
1, 2, 9, 10, 11, 13, 14, 18, 28, 29, 40, 74, 75, 76, 108, 131, 151, 191, 216, 235, 267, 272, 275

MP 1581:
5, 6, 10, 11, 13, 16, 25, 40, 47, 53, 75, 86, 87, 96, 143, 144, 153, 196, 197, 221

MN 3168:
4, 5, 6, 16, 18, 19, 21, 25, 26, 28, 33, 34, 36, 76, 84, 98, 110, 145, 215

LBM Add. 10.328:
12, 18, 19, 47, 49, 83, 121, 122, 123, 124, 125, 126, 127, 128, 130, 143, 144, 147

BUB 125:
43, 45, 46, 48, 58, 62, 63, 64, 66, 80, 165, 170, 183, 192, 196, 219, 226

FN VII-353:	25 [sólo el pv «Los pámpanos en sarmientos»], 37, 54, 92, 98, 100, 117, 196, 219, 223, 242, 251, 253, 256
NH B 2334:	1, 3, 4, 13, 23, 32, 47 [«Vaisos, amores»], 81, 82, 136, 143, 147, 170
MN 3724:	4, 28, 40, 43/71, 58, 59, 105, 107, 108, 156, 171, 226, 227
NB V.A. 16:	4, 13, 42, 46, 74, 75, 78, 90, 101, 134, 165, 215
NH B 2428:	216, 230, 231, 232, 235, 238, 241, 243, 244, 249, 251
MN 17.557:	47 [«No lloréis»], 50, 57, 59, 66, 82, 122, 124, 163, 183
RaC 263:	18, 32, 74, 75, 77, 83, 86, 118, 228 (l), 229
MN 3723:	5, 11, 12, 13, 18, 26, 46, 131, 191
MN 4127:	43, 44, 46, 62, 77, 79, 191, 222, 223
MP 1587:	5, 7, 9, 14, 25, 28, 47 [«Taño en vos»], 215
TorN 1-14:	47 [«Vaisos, amores»; «No lloréis»], 52/157, 84, 143, 153, 157, 165, 224
ZU 250-2:	42, 54, 62, 103, 171, 172, 173
NH B 2482:	59, 69, 74, 134, 142, 172
MN 3725-1:	74, 75, 83, 128, 129
MN 3924:	19, 35, 36, 215, 216
NB I.E. 49:	42, 171, 188, 223
MH B 2377:	47, 74, 75, 129, 156
NH B 2481:	59, 74, 134, 142, 172
MN 2856:	42, 98, 172, 196
MN 3700:	47, 130, 143, 144
NH B 2377:	40 [«No lloréis»], 74, 75, 156
MP 570:	211, 216, 220, 229
NH B 2377:	47 [«No lloréis»], 74, 75, 156
NH B 2465:	13, 55, 119, 173
MP 531:	216, 240, 268
MP 1577:	147, 173, 229
MRAE 330:	172, 210, 216
NH 2360:	13, 55, 173
MN 4072:	55, 191
MN 17.689:	861 [«Que tocan al arma»], 205 [«Oh dulces prendas»]
MoE Q 8-21:	47 [«Vaisos, amores»], 143
MP 617:	118, 228

B) Fuentes impresas

1550, *Cancionero de romances*: 73 [«Río verde»]

1550, *Primera silva*: 73 [«Río verde»]

1589, *Tres romances modernos* (pliego, Munich): 154

1589, *Flor de romances*: 1, 4, 5, 9, 10, 11, 13, 16, 18, 19, 21, 28, 33, 100, 117

1591, *Flor primera*: 1, 3, 4, 5, 6, 11, 14, 16, 18, 28, 33, 44 [adiciones], 81 [adiciones], 94 [adiciones], 156 [adiciones]

1591, *Flor segunda*: 2, 9, 10, 13, 19, 23, 25, 52/157

1591, Espinel, *Rimas*: 200 (l)

1592, *Flor cuarta*: 22, 43, 150

1592, *Flor quinta*: 54, 63, 69

1592, *Flor tercera* (Flores/Mey): 34, 48, 70, 85, 86, 91, 102, 117, 171, 180, 191

1592, *Primer cuaderno de varios romances* (pliego, Milán): 165

1592, *Quinto cuaderno de varios romances* (pliego, Milán): 47 [«No lloréis»], 51, 164/183

1593, *Flor cuarta* (Ramillete): 5, 6, 14, 16, 46, 50, 59, 62, 75, 83, 91, 102, 107, 153

1593, *Flor quinta* (Ramillete): 25, 27, 34, 48, 92, 131, 150, 165

1593, *Flor sexta* (Ramillete): 18, 43, 63

1593, *Flor tercera* (Moncayo): 34, 46, 47 [«No lloréis»], 57, 62, 70, 86, 87, 91, 102, 108, 117, 119, 132, 134, 155, 165, 180, 227

1593, *Quinto cuaderno de varios romances* (pliego, Milán): 62, 90

1593, *Segundo cuaderno de varios romances* (pliego, Milán): 63

1593, *Segundo cuaderno de la segunda parte* (pliego, Milán): 83, 168

1593, *Sexto cuaderno de la segunda parte* (pliego, Milán): 155

1593, *Tercer cuaderno de la segunda parte*, (pliego, Milán): 47 [«Vaisos, amores»], 143

1594, *Aquí comienza una boda* (pliego, Palacio): 1, 10

1594, *Flor sexta*: 27, 50, 59, 75, 83, 92, 107, 131, 153, 192

1594, *Primer cuaderno de varios romances* (pliego, Milán): 45

1595, *Flor séptima*: 20, 21, 45, 48, 51, 55, 58, 64, 66, 76, 84, 105, 163, 166, 171, 183, 189, 190, 192

1595, *Flor sexta*. Alcalá: 192

1595, Pérez de Hita, *Historia*: 18

1595, Pérez de Hita, *Guerras de Granada*: 1, 191

1595, *Séptimo cuaderno de varios romances* (pliego, Pisa/Munich): 87, 165

1595, *Sexto cuaderno de varios romances* (pliego, Pisa): 164/183, 195

1596, *Flor octava*: 12, 26, 44, 48, 66, 74, 124, 127, 128, 156, 165, 170, 212

1597, *Aquí se contienen dos testamentos* (pliego, Munich): 215

1597, *Flor novena*: 40, 73, 75, 80, 115, 121, 130, 135, 155, 184, 195

1597, *Quinto cuaderno de varios romances* (pliego, Munich): 73 [«Como cogeré»], 163

1597, *Tercer cuaderno del bautismo* (pliego, Pisa/Munich): 197, 218

1598, *Sexto cuaderno de varios romances* (pliego, Pisa): 153, 226

1600, *Romancero general*: 1, 2, 3, 4, 5, 6, 9, 10, 11, 12, 13, 14, 16, 18, 19, 20, 21, 22, 23, 25, 26, 27, 28, 33, 34, 40, 43, 44, 45, 46, 47 [«No lloréis»], 48, 50, 51, 52/157, 54, 55, 57, 58, 59, 62, 63, 64, 66, 69, 70, 73, 74, 75, 76, 80, 83, 84, 86, 87, 91, 92, 102, 105, 107, 108, 115, 117, 119, 121, 124, 127, 128, 130, 131, 132, 134, 135, 150, 153, 155, 156, 163, 165, 166, 170, 171, 180, 183, 184, 189, 190, 192, 195, 212, 227

1602, *Flor docena*: 81, 82, 151, 168

1604, *Romancero general*: 81, 82, 151, 168, 188

1605, Escobar, *Historia del Cid*: 27, 34, 48, 192, 195, 211

1611, *Jardín de amadores*: 5, 6, 11, 13, 18, 28, 94

1616, *Flor oncena*: 188

1618, Chen, *Laberinto amoroso*: 74

1626, Metge, *Tesoro escondido*: 27, 34, 48, 66, 84, 192, 195

1654, Alfay, *Poesías varias*: 103, 172, 223

s/a, *Aquí comienzan tres romances* (pliego, Hispanic Society): 73 [«Río verde»]

s/a, *Aquí comienzan tres romances* (pliego, Praga): 73 [«Río verde»]

s/a, *Aquí se contiene un caso* (pliego, Harvard): 196

s/a, *Aquí se contienen muchas octavas* (pliego, Munich): 83

s/a, *Aquí se contienen seis romances* (pliego, Gotinga): 9, 11

s/a, *Aquí se contienen seis romances* (pliego, Morbecq): 66, 192, 195

s/a, *Caso nuevamente acontecido* (pliego, Milán): 153

s/a, *Cuaderno cuarto de letrillas* (pliego, Milán): 163

s/a, *Flor primera* (fragmento): 1, 3, 4, 5, 6, 11, 14, 16, 18, 28, 33

s/a, *Flor segunda* (fragmento): 2, 9, 10, 13, 23, 25, 52, 157

s/a, *Segundo cuaderno de varios romances* (pliego, Pisa): 62

s/a, *Segundo cuaderno de varios romances* (pliego, Pisa): 219, 221

s/a, *Tercer cuaderno de varios romances* (pliego, Pisa): 73

ÍNDICE DE ESTRIBILLOS

Índice de los estribillos que se encuentran en los romances. El número corresponde al de la edición:

ÍNDICE DE NOMBRES PROPIOS

ÍNDICE DE PRIMEROS VERSOS

LÁMINAS

Romanze
Es de Gongora.

Aquel Rayo de la guerra
alferes mayor del Reyno
tan galan como baliente
y tan noble como fiero.
de los moços. ymbidiado.
y Admirado de los viexos.
y de los niños; y el bulgo.
señalado con el dedo.
el querido de las damas
por cortesano y discreto.
Hijo a sta alli Regalado.
de la fortuna y el tiempo.
el que bistio las mezllitas
de bictoriosos tropheos.
el que poblo la camara[?] morre
de fustian o[?] caualleros.
el que dos beses Amado.

1 5?

Ni poner gorguera
la cofia me ofende
los carcillos me pesan
los corales me tan
cansa la patena
quien con tanto tiene
mire no le pierda
que no estima el bien
quien el mal no prueba
Por su pecho Juana
cantaba estas quejas
llorando memorias
de tristeza llenas

OTRO.

Hermano Periquito
basta ya la fiesta
que no soy mujer
de niños de escuela
andar yo para ña
es ya cosa vieja
desde los botines
asta el albanega
y prendas, ponedte
tu camisa nueba
que no me desluñoran
calças de estameña

ni eras ostesinas
para mi son buenas
que ya para mi
las burlas son veras
mi madre a jurado
que no he de ser fea
y la del Alcalde
me llama su nuera
no hieres tu el galan
que ha de darme pena
que heres hico y como
delgado de piernas
mi: quartos de casa
mis garbanços heran
mis chochos de Oro
Vivas mis muñecas
Ya me estan hiçiendo
Una saya entera
de tiritaña
forrada en Vayeta
y tengo en el arca
chapin de Valencia
con cintas açules
y bostilla abierta
dicese que entienp
de mas aquellas
las

obra de quien se sirua que le cada
cosa y aquellos de fuerça ya la drada
del vlises so tijola no blana muda
yen el profundo pie cuyo domora
y mistes los madres y marineros
dos pedaço crual con perros fieros
a como te sera de ta ser
los miembros tras formados los manjares
los dones al contrihecindo y sus
que le dio si lo uela y los pesares
con que vanso su Jara y dice alos
los ales que la lleuaron lugares
desiertos con que buelta des sichada
Su buela aun tos era su morada
Todo lo quira se voy a cantando
al glana bantiendo curota aoçdo
abra çel aflo continuado
Conhian sus caudales a prendido
Si leno lo can tar aray tu so ma tido
los vallesa los ciales va al sonido
asta que ya las truillas a prucaiendo
del y ost los obefos sui coçiendo
Egloga 7ª forte sub
dexa Jorn noblegue obidon albierto
Vnido blanço a aie el daire estaua
y tir si y cosi don al mismo asierto
suato badauno amena ja va
al tirsis conducia obey se cierto
cavias al cosidon a pacentaua
an los prgales ballos an tos diestros
yen tiespon der cantando mis maestros
Alli sue en quan to cubro de san diaçdo
los mur tos del mal ciurte de sman di dos
del a ta un oçion mis y Josisia velo

El *Romancero de Palacio* acabóse de imprimir el día
6 de mayo, festividad de San Juan ante Portam
Latinam, patrón de libreros, impresores,
encuadernadores, grabadores, y
de los que tratan con vino:
toneleros y viñadores.
MADRID, 1999